# BEFREITES CHRISTENTUM

## CHRIST SEIN OHNE KIRCHE

### KARLHEINZ BENNINGER

© 2020 Karlheinz Benninger

Befreites Christentum – Christ sein ohne Kirche

Umschlaggestaltung: tredition GmbH

Titelbild: Michael, Wahrheit, zertritt der Schlange Religion den Kopf.

Nach einem Motiv von Guido Reni, „Der Kampf des Erzengels Michael mit dem Satan", ca. 1636 (Wikimedia Commons)

Verlag & Druck: tredition GmbH, Halenreie 40-44, 22359 Hamburg

ISBN Taschenbuch:    978-3-347-07239-8
ISBN Hardcover:      978-3-347-07240-4
ISBN e-Book:         978-3-347-07241-1

Abbildungen aus: Othmar Keel, Die Welt der altorientalischen Bildsymbolik und das Alte Testament, 3. Aufl. 1984. Benzinger Verlag Zürich, Lizenzausgabe für die Wissenschaftliche Buchgesellschaft Darmstadt

Bibliografische Information der Deutschen Nationalbibliothek: Die Deutsche Nationalbibliothek verzeichnet diese Publikation in der Deutschen Nationalbibliografie; detaillierte bibliografische Daten sind im Internet über http://dnb.d-nb.de abrufbar.

Karlheinz Benninger

# Befreites Christentum

## Christ sein ohne Kirche

# Inhalt

Der naive Glaube – darüber dürfen wir uns nicht täuschen – besteht heute nicht mehr, auch nicht in den breiten Schichten des Volkes, und er lässt sich auch nicht mehr durch rückwärts gerichtete Betrachtungen und Maßregeln wieder lebendig machen.

Max Planck, Religion und Naturwissenschaft


Eine Religion, die sich vor Wissenschaft fürchtet, schändet Gott und begeht Selbstmord.

Sobald wir unsere Augen gebrauchen, verlassen wir diese Sekten oder gedankenlosen Gemeinschaften und verbinden uns mit Gott in einer einzigen Gemeinschaft.

Ralph Waldo Emerson – Tagebücher


Es ist möglich, dass sich die Menschheit an der Schwelle eines goldenen Zeitalters befindet, wenn dies jedoch der Fall ist, muss zuerst der Drache getötet werden, der den Eingang bewacht, und dieser Drache ist die Religion.

Bertrand Russel


Ihr werdet die WAHRHEIT erkennen, und die WAHRHEIT wird euch frei machen.

Johannes 8, 32


Michael und seine Engel kämpften gegen den Drachen ... und niedergeworfen wurde der große Drache, die alte Schlange, Diabolus und Satan geheißen, der die ganze Welt irreführt. Er wurde auf die Erde geworfen und seine Engel mit ihm.

Offenbarung 12, 7 ff

# Einladung

**S**ie haben die Kirche über Bord geworfen. Und GOTT gleich hinterher? Keine besonders gute Idee! Denn was hat das eine mit dem anderen zu tun? Nichts! Sinnlosigkeit gibt Ihnen aber weder Halt noch bietet sie Orientierung.

Das alte, von der Kirche vor Jahrhunderten festgeschriebene Gottesbild ist allerdings schon längst hoffnungslos veraltet und von der Wissenschaft in so gut wie allen Punkten als unstimmig widerlegt. Es taugt bestenfalls noch fürs Museum. Überdies hat es mit dem Gottesbild, das Jesus der Christus verkündete, herzlich wenig zu tun. Jesus wollte seine Lehre in keine religiös organisierte Form einzwängen. Die christliche Lehre enthält eine Lebensphilosophie und fußt wie die platonische auf einem durch und durch positiven Bild von GOTT und auf der Überzeugung, dass sich die Gotteserkenntnis stetig und unaufhaltsam weiterentfalten und der heilenden Wahrheit annähern wird. Diese Philosophie hat bis heute nichts von ihrem Wert, ihrer Schönheit und ihrer sinnstiftenden Kraft verloren, ja ihre Richtigkeit wird gerade heute durch die Erkenntnisse der Quantenphysik bestätigt und erhält durch sie eine ganz neue Aktualität.

Die Lektüre dieses Buches kann eine erhellende und befreiende Wirkung für Sie haben: Sie werden erkennen, dass der »Vater«, von dem Jesus spricht, alles andere als ein strafender Gott, sondern ein Gott der LIEBE ist. Diese Erkenntnis macht Sie frei für die Kraft einer LIEBE, die Sie zu immer höherer geistiger Entfaltung und in die *Freiheit der Kinder GOTTES* führen will.

## Ein Hinweis an den Leser

Alle Kapitel wurden so verfasst, dass sie, auch wahlweise gelesen, leicht verständlich sind.

# Prolog

**W**enn wir die menschliche Geschichte betrachten, beobachten wir vordergründig, wie große Reiche und Staatsideologien entstehen, wachsen, blühen und untergehen. Hinter all diesen Kreisläufen des Rades der Fortuna sahen die Griechen ein Naturgesetz am Wirken, das sie anánke (Gesetz) oder díke (Gerechtigkeit) nannten. Die Babylonier hatten es me, die Ägypter ma´at genannt. Platon definiert dieses Gesetz so: *Gott hält, wie ja auch ein alter Spruch sagt, Anfang und Ende wie auch die Mitte aller seienden Dinge, und er kommt geradewegs zum Ziel auf einer Kreisbahn, wie es seiner Natur entspricht. Ihn begleitet aber stets Dike als rächende Strafe für die, die vom göttlichen Gesetz abweichen. An sie hält sich demütig und in die Ordnung eingefügt, wer glücklich sein will. Wer aber in Starrsinn sein Haupt hebt, ... der bleibt von Gott verlassen und allein. In dieser Verlassenheit aber zieht er noch andere, die seinesgleichen sind, auf seine Seite. Er tanzt aus der Reihe und bringt damit zugleich die gesamte Gesellschaftsordnung ins Wanken. Und auf viele macht er großen Eindruck. Es dauert aber gar nicht lange, und er zahlt an Dike eine empfindliche Strafe: Er hat sich persönlich, sein Haus und den Staat von Grund auf ruiniert* (Nomoi/Gesetze 716).

Auf der Metaebene ist die göttliche Kybernetik der Philosophia Perennis zu erkennen, die die geistige Evolution steuert. Das ganze Geschehen lässt sich mit dem Jahreszyklus eines Apfelbaumes vergleichen: Im Frühling entfalten sich die Knospen, im Sommer wachsen die Früchte, sie reifen im Herbst, und im Winter fallen Früchte und Blätter ab und er steht wieder kahl da – ein sich immer wiederholender Kreislauf. Und doch, beim näheren Hinsehen sind Stamm und Äste gewachsen.

Dike ist auch der Name für eine Göttin. Göttin deshalb, weil das kybernetische Gesetz als ein universales, unentrinnbares Naturgesetz erkannt wurde.

*(Euer Vater im Himmel) lässt seine Sonne aufgehen über Böse und Gute und spendet Regen für Gerechte wie Ungerechte*, heißt es in der Christlichen Bibel. Weiter bei Paulus: *All das wird vom Licht aufgedeckt und offenkundig gemacht; denn alles, was zu Tage kommt, ist Licht.*

Dieses Gesetz des Wachstums gilt also für Gerechtes und Ungerechtes, für Gutes und Böses. Das eine wird zu weiterer Entfaltung angespornt, das andere wie eine Seifenblase in die Selbstzerstörung getrieben.

*Alle Menschen streben von Natur aus nach Erkenntnis* (Aristoteles, Metaphysik). Ihnen kommt der göttliche LOGOS zu Hilfe. Dieser LOGOS war schon zu Anfang da. Er bringt für den menschlichen Verstand das Licht der Einsicht, und das mentale Dunkel kann ihm keinen Widerstand entgegensetzen (nach Johannes 1, 1 ff).

Zu jeder Zeit und in jeder Tradition gab und gibt es für die WAHRHEIT empfängliche Denker und Seher. Der Hindu Ram Adhar Mall sagt es so: *Die göttlichen Seher sind gleichsam sehr feine Empfangsstationen für die ewige Offenbarung, die unaufhörlich ausströmt* (Mall, Hinduismus 24). *Die zentrale Behauptung der Philosophia Perennis lautet, dass der Mensch wachsen und sich über die ganze Hierarchie bis hin zu GEIST entwickeln kann, wo er die »höchste Identität« mit der Gottheit verwirklicht, dem ens perfectissimum, dem alles Wachstum und alle Evolution zustrebt* (Wilber, Das Wahre 77). Die großen Seher, von Platon Propheten genannt, haben sich aus der Grauzone menschlichen Wissens hinauf zu mehr Licht bewegt. Sie haben gewisse Einsichten in die WAHRHEIT gewonnen und veraltete Vorstellungen abgeworfen. Um sich ihren Zeitgenossen verständlich zu machen, mussten sie dabei zur Bilder- und Vorstellungswelt ihrer Gegenwart greifen, wollten damit aber keineswegs ein Weltbild festschreiben.

Da ihre Aussagen inzwischen oft Jahrtausende zurückliegen und das zugrunde liegende Weltbild von der modernen Physik in vielem berichtigt worden ist, weisen ihre Darlegungen inzwischen zwangsläufig eine veraltete, zum Teil unverständlich gewordene Bildhaftigkeit auf – sie begegnen uns gewissermaßen in sehr altertümlicher Kleidung, die schon lange aus der Mode gekommen ist. Wird die Jahrtausende alte Bilderwelt jedoch in die moderne Semantik übersetzt, vielleicht in die philosophischen Begriffe, so ergeben die alten Erkenntnisse zusammen mit unserem heutigen Wissen ein zusammenhängendes, stimmiges Gesamtbild. So gleicht die Philosophia Perennis einem Fackellauf, bei dem große Seher das Licht ihrer Erkenntnis an den nächsten, der dafür empfänglich ist, weiterreichen.

Auf diesem langen Stufenweg hin zu GEIST ist auch die christliche Lehre des Evangeliums ein bedeutendes, fortschrittliches Glied und eine der schönsten Perlen in der langen Kette der philosophischen Tradition, weil sie bereits vom griechisch-hellenistischen Geist beeinflusst ist und von seinem wissenschaftlich-philosophischen Instrumentarium Gebrauch machen konnte.

Überall da, wo eine Wahrheit als zündende Idee bei einem empfänglichen Geist einschlägt, schafft sie Licht. Und dieses Licht bleibt jetzt in seinem Wirken irreversibel wie der Stern von Bethlehem, der ein völlig neues Paradigma von GOTT und Mensch aufleuchten ließ.

# Kapitel 1

## Ein-Gott-Glaube und Monotheismus

**O**bwohl sich der **Ein-Gott-Glaube** immer als Monotheismus ausgibt, müssen beide strikt auseinandergehalten werden. Der Ein-Gott-Glaube, griechisch Henotheismus, geht davon aus, dass es nur einen einzigen Gott gibt. Zur Zeit gibt es drei Religionen, die diesen Ein-Gott-Glauben unter dem Namen Monotheismus verfechten. Aber siehe da – sie haben von diesem einzigen Gott jeweils ein völlig anderes Bild entworfen. Ihre Gottesbilder berufen sich jeweils auf Offenbarungen, die seit vielen Jahrhunderten in ihren heiligen Schriften fixiert sind. Dem steht aber das Wesen des GEISTES gegenüber: Die Offenbarwerdung des Absoluten, besser: die Selbstpräsentation des GEISTES (Erich Jantsch), dauert zeitlos an. Es ist eine *Sünde wider den GEIST* (Mt 12, 31), Offenbarung jemals für abgeschlossen zu erklären: *Der GEIST weht, wo er will ... aber man weiß nicht, woher er kommt und wohin er weht* (Joh 3, 8). Zudem sind diese altüberlieferten Gottesbilder keineswegs untereinander kompatibel. Können denn ganz und gar gegensätzliche Gottesvorstellungen oder Gottesbilder denselben Gott abbilden? Wohl kaum. Wir erleben die Anhänger des Ein-Gott-Glaubens als intolerant, denn sie lassen nur ein einziges Gottesbild gelten, nämlich ihr eigenes.

In einem Punkt stimmen die gegenwärtigen Formen des Ein-Gott-Glaubens allerdings überein: In jeder hat Gott noch eine andere Macht als Gegenspieler, einen Widersacher, Teufel oder Satan genannt. Wo geglaubt wird, dass es neben dem **einen** PRINZIP des Guten auch ein Prinzip des Bösen gebe, neben der Allmacht noch ein weitere Macht, weil es zu allem auch ein Gegenteil geben müsse, dort liegt kein Monotheismus vor, sondern eine Spielart des Dualismus.

*In einem regelrechten, noch nie erlebten Rausch der Zerstörung – den viele Nichtchristen voll Entsetzen beobachteten – richtete die christliche Kirche im 4. und 5. Jahrhundert eine schier unfassbare Anzahl von Kunstwerken zugrunde. Klassische Statuen wurden von ihren Sockeln gestoßen und verunstaltet, Arme und Beine abgeschlagen. Tempel wurden eingerissen und niedergebrannt. Einen Tempel, der weithin als prächtigster im ganzen Imperium galt, machten die Christen buchstäblich dem Erdboden gleich. ... Auch Bücher, die damals vielfach in Tempeln aufbewahrt wurden, blieben nicht verschont. Die Relikte der größten Bibliothek der Antike, die einst an die 700 000 Bände umfasst hatte, wurden ebenfalls von den Christen vernichtet. Es sollte mehr als tausend Jahre dauern, bevor es wieder eine Bibliothek mit auch nur annähernd so vielen Büchern geben sollte. Die Werke der zensierten Philosophen waren verboten, und im ganzen Reich brannten Scheiterhaufen, auf denen die verbotenen Bücher landeten. ... Gerade einmal ein Hundertstel der lateinischen Literatur überlebte die Jahrhunderte. 99 Prozent sind für immer verschwunden* (Nixey, Zorn 19 bis 21). *Mit Äxten bewaffnete Mönche hatten ein Haus überfallen, das als Schrein*

*„dämonischer" Götzenbilder galt, und es vollkommen zerstört. Die Gewalt hatte sich rasch ausgebreitet. In ganz Alexandria hatten die Christen sämtliche Darstellungen der alten Götter beschlagnahmt; sie hatten sie aus Thermen und Privatwohnungen geholt, mitten in der Stadt zu einem großen Scheiterhaufen aufgetürmt und in Brand gesteckt ... In Alexandria hatten die Christen mit Folter, Mord und Zerstörung dafür gesorgt, dass das geistige Leben mehr oder weniger zum Stillstand gekommen war ...* (Nixey, Zorn 318 und 320).

Die Legitimation für ihre Zerstörungswut holten sich die Christen aus dem Alten Testament: *Du sollst keine anderen Götter haben neben mir. ... Du sollst sie nicht anbeten noch ihnen dienen. Denn ich, der HERR dein Gott, bin ein eifersüchtiger Gott, der das Vergehen der Väter heimsucht bis in die dritte und vierte Generation an den Kindern derer, die mich hassen* (5 Mos 5, 7 und 9). *Zerstört alle heiligen Stätten, wo die Heiden, die ihr vertreiben werdet, ihren Göttern gedient haben, es sei auf hohen Bergen, auf Hügeln oder unter grünen Bäumen, und reißt um ihre Altäre und zerbrecht ihre Steinmale und verbrennt mit Feuer ihre heiligen Pfähle, zerschlagt die Bilder ihrer Götzen und vertilgt ihren Namen von jener Stätte* (5 Mos 12, 2 f) .
*2015 begann der IS – der sogenannte Islamische Staat – im Irak die in seinen Augen „gottlose" altassyrische Stadt Nimrud südlich von Mossul zu zerstören. Die Bilder, die um die Welt gingen, zeigten IS-Kämpfer, die drei Jahrtausende alte Statuen von den Sockeln stürzten und mit dem Hammer bearbeiteten: Die „Götzenbilder" mussten zerstört werden. In Palmyra wurde die große Athenestatue, deren Überreste Archäologen sorgsam restauriert hatten, erneut attackiert. Wieder wurde die Göttin enthauptet; wieder wurde ihr der Arm abgehackt* (Nixey, Zorn 24).

Der reine **Monotheismus** lässt keinerlei Dualismus zu. Das griechische *monos* bedeutet »allein« oder »nur«. Monotheismus bedeutet: Es gibt *nur* Gott, nur *eine einzige Macht, das Gute*. Warum das Gute? Weil das Wirkliche oder Seiende das Positive oder Gegebene ist. Das, was das Seiende negiert, ist per definitionem das Negative. Das Negative hat keine Eigenexistenz, es ist lediglich die Verneinung des Positiven, ersetzt es aber nicht. Wer auf Nichtwirkliches, also Nichtseiendes setzt, mit Illusionen statt mit Ideen das Haus seines Bewusstseins baut, macht böse Erfahrungen (Erfahrungen mit dem Bösen), denn er steht, wenn er Halt und Schutz sucht im Nichts – im Nihilismus.

Der erste reine Monotheist, von dem wir wissen, war der Pharao Amenophis IV. Echnaton (1365-1347 vor). Für ihn und Zarathustra (~ 800 vor) gibt es als Wirklichkeit nur das allgegenwärtige Licht, neben dem es keine Finsternis geben kann. Die nächsten Monotheisten sind Parmenides von Elea (ca. 515-445 vor), Platon (427-347 vor), für den Gott das Gute ist, und Jesus von Nazareth. Der reine Monotheismus hat in keiner der Religionen überlebt, die sich auf sie als Gründer berufen.

Die reinen Monotheisten greifen zur Verdeutlichung ihrer Einsicht und Lehre zur »Licht-Finsternis«-Symbolik[1]. Sie sehen jedoch »Licht« und »Finsternis« nicht als Dualismus von Gott und einem Teufel, nicht als Kampf zweier widerstreitender Mächte, des Guten und des Bösen, die sich auf Augenhöhe im Kampf gegenüberstehen. Was sich da gegenüberzustehen scheint, ist Seiendes und Nichtseiendes. Es gibt eine Lichtquelle, aber keine Quelle, die Finsternis verströmt. Man kann in einem riesigen dunklen Raum ein kleines Licht anzünden: auch die größte Finsternis kann das kleinste Licht nicht zum Verlöschen bringen: *Das Licht erleuchtet in der Finsternis, und die Finsternis kann es nicht überwältigen* (Joh 1, 5). Auch kann man in einen hellen Raum keine Finsternis einleiten und so das Licht schwächen oder zum Verlöschen bringen. »Raum« ist wie »Haus« ein Symbol für Bewusstseinskapazität: sie kann erleuchtet sein, dann ist es hell; sie kann unterbelichtet sein, dann herrscht mentale Finsternis. Auch kann GOTT, die Quelle des Guten, nicht gleichzeitig die Quelle des Bösen sein. *Lässt denn die Quelle aus demselben Loch Süßwasser und Meerwasser fließen* (Jak 3, 11)? GOTT ist nach Paulus Alles in Allem (1 Kor 15, 28). *GOTT ist Licht und in ihm gibt es keinerlei Finsternis* (1 Joh 1, 5). – wenn der Unwissende belehrbar ist. Er kann auch kein Vergehen gegen seine Gesetze bestrafen, indem er Unheil schickt, um den Übeltäter zu züchtigen und krank zu machen. Im monotheistischen Gottesbild kennt Gott das sogenannte Böse gar nicht, weil es nicht zur Wirklichkeit, sondern in die Nicht-Wirklichkeit gehört. Ebenso kann die Mathematik keine Fehler kennen oder bestrafen, weil Fehler in der Mathematik nicht enthalten sind. Sie sind außerhalb, in einer sogenannten mutmaßlichen Nicht-Mathematik.

Monotheisten aus wissenschaftlicher Überzeugung kennen keine militante Intoleranz. Sie wissen: Wer da behauptet, 2 x 2 sei 5, ist einfach unwissend. Unwissenheit kann aber nicht mit physischer Gewalt bekämpft werden, sie kann nur durch das Licht der Erkenntnis Aufklärung erfahren und verschwinden – wenn sich der Unwissende belehren lässt. Aus der Toleranz würde aber Tollheit werden, würde man sein Schicksal einem Überseeschiff anvertrauen, das von einem blinden oder in der Seefahrtkunst unkundigen Kapitän gesteuert wird. In ein Haus, dessen Bau auf einer falschen Statik beruht, sollte man klugerweise nicht einziehen.

---

[1] Vgl. Exkurs Licht und Finsternis

# Kapitel 2

## GOTT und die Gottesbilder

> Du sollst dir kein Bild noch irgend ein Gleichnis machen,
> weder von dem, was oben im Himmel ist,
> noch von dem, was unten auf Erden ist, ...
> bete sie nicht an und diene ihnen nicht!
> 2 Mos 20, 4 (Luther 84)

**ID•** as Göttliche oder Unvergängliche, wie Epikur es ausdrückt, ist ein Neutrum, d.h. es ist keinem menschlichen Geschlecht zuzuordnen.

Der Lehre der Sophisten, dass der Mensch das Maß aller Dinge sei, tritt Platon entgegen mit dem Wort, dass *Gott das Maß aller Dinge* sein müsse und nicht ein Mensch. Und mit Gott meint Platon das Absolute, die Trinität des Guten, Wahren und Schönen.
Gibt es aber ein Absolutes, einen ewig unveränderten Maßstab für alles menschliche Handeln? Wer sich nach GOTT umschaut, dem halten tausend verschiedene Religionen ihr jeweiliges Gottesbild vor Augen und fordern Anbetung. Und verwirrt fragt man sich mit Horaz: Belua multorum es capitum, nam quid sequar aut quem – Du bist ein Ungeheuer mit vielen Gesichtern, was soll ich annehmen, auf wen soll ich hören?
Die Psyche schafft einen Gott nach ihrem Bild und Gleichnis: das Gottesbild, das sie entwirft, spiegelt den psychischen Zustand eines Einzelnen oder einer Gruppe wider. In einem Brief an einen Anhänger seiner Lehre schrieb Epikur (341 - 270 vor): *Halte Gott für ein unvergängliches und glückseliges Wesen, wie die allgemeine Gotteserkenntnis vorgeprägt wurde. Schreibe ihm nichts zu, was mit seiner Unvergänglichkeit und Glückseligkeit unvereinbar ist. ... Denn Götter gibt es; ihre Erkenntnis ist ja evident. Wofür sie aber die Masse hält, so sind sie nicht. Denn die hält sich nicht an die Vorstellung, an die sie glaubt. Ein Gotteslästerer aber ist nicht, wer die Götter [Gottesbilder] der Masse beseitigt, sondern wer die Auffassungen der Masse den Göttern anhängt. Denn die Aussagen der Masse über die Götter sind keine echten Intuitionen, sondern irrige Annahmen. Von ihnen zieht man sich den größten Schaden und Nutzen von Seiten der Götter zu. Denn indem die Masse ihre eigenen Eigenschaften völlig richtig und gut findet, schließt sie auf ebenso geartete Götter, denn alles, was nicht so ist wie sie selbst, hält die Masse für abwegig* (Epikur an Menoikeus 123 f).

Die Psyche produziert viele Gottesbilder nach dem Grundsatz: divide et impera – spalte und herrsche: *Mittelfristig wird die parallele Entwicklung der religiösen Bewegungen, die alle die Welt zurückerobern wollen, unvermeidlich zur Konfrontation führen. So scheint der Konflikt zwischen den »Gläubigen« vorprogrammiert, die das Wiedererstarken ihrer religiösen*

*Identität zum Maßstab ihrer ebenso ausschließlichen wie begrenzten Wahrheiten machen* (Kepel, Rache 289).

*Wenn ich als Gast in einer Moschee bete, bete ich zu dem Gott, der sich in der Bibel offenbart.* Er ist derselbe, zu dem Juden und Muslime beten, alle mit ihren Worten, ich mit dem christlichen Vaterunser (Ehrhardt Körting, Berliner Innensenator (SPD), in der *Berliner Zeitung* vom 15. Oktober 2010) Doch ist dem so? Aus Indien kommt ein Gleichnis: Ein König versammelte einst alle Blinden der Stadt an einem Platz und ließ ihnen einen Elefanten vorführen, damit sie sich ein Bild von ihm machen könnten. Die Blinden standen um den Elefanten herum und betasteten ihn: die einen den Kopf, die anderen das Ohr, andere den Stoßzahn, den Rüssel, den Rumpf, den Fuß, das Hinterteil und die Schwanzhaare. Darauf fragte der König diese Blinden: Was für einen Eindruck habt ihr? Wie sieht der Elefant aus? Und je danach, welchen Teil sie betastet hatten, antworteten sie: Er ist wie ein geflochtener Korb! ... Nein, er ist wie ein Topf! ... Nein, er ist wie eine Pflugstange! ... Nein, er ist wie ein Speicher! ... Nein, er ist wie ein Pfeiler! ... Nein, er ist wie ein Mörser! ... Nein, er ist wie ein Besen!

Darüber gerieten die Blinden untereinander in heftigen Streit, und mit dem Geschrei, er sei so oder so und nicht anders, stürzten sie sich aufeinander und schlugen sich mit Fäusten.

Der König soll sich mit zynischem Lachen abgewandt und entfernt haben.

*Neidisches Vorenthalten ist mit dem göttlichen Wesen unvereinbar,* schreibt auch Aristoteles in seiner Metaphysik (982 b). GOTT ist offenbar, die einzige Gegenwart, *doch die Menschen sehen es nicht* (Log 113). Das menschliche Bewusstsein macht sich ein Bild von ihm und kann mit wachsender geistiger Kapazität immer mehr von ihm erfassen.

Wenn wir diese geistige Evolution, wie sie LEBEN erzwingt, erfasst haben, ist uns klar, dass kein Gottesbild als ewig oder endgültig festgeschrieben werden darf. Wie das Gottesbild der Vorfahren uns heute nicht mehr genügen kann, so wird auch unser Gottesbild die Fragen der Zukunft nicht mehr beantworten.

*Die Starrheit unserer Religionen; die Annahme, dass die Zeit der Inspirationen vorüber und die Bibel abgeschlossen sei; die Furcht, Jesus herabzusetzen, wenn man ihn als Menschen auffasst: alles dies zeigt klar genug, welch falsche Wege unsere Theologie wandelt. Des wahren Predigers Aufgabe ist es, uns zu zeigen, dass Gott* **ist**, *nicht dass er* **war**; *dass er* **spricht**, *nicht dass er gesprochen* **hat** (Ralph Waldo Emerson, Essays 46).

Kapitel 3

## Die eine Bibel? - Zwei gegensätzliche Gottesbilder

Mose nahte sich dem Dunkel, darinnen der HERR war.
2 Mos 20, 21

Der Herr aller Herren ... wohnt in einem Licht,
zu dem niemand kommen kann.
1 Tim 6, 16

**D**as Gottesbild der Jüdischen und das der Christlichen Bibel könnten verschiedener nicht sein. Zwei so gegensätzliche Bilder können aber nicht denselben Gott abbilden.

Die beiden religiösen Strömungen unter den Juden zur Zeit von Jesus waren die Pharisäer und die Sadduzäer. Matthäus, der selbst aus dem Judentum kam, erkannte die Gefahr, die von hier aus auf die neue Lehre ausging, und überliefert die Warnung Jesu: *Augen auf und habt Acht auf den Sauerteig der Pharisäer und Sadduzäer* (Mt 16, 6). Ein wenig Sauerteig durchsäuert und verändert den ganzen Teig (1 Kor 5, 6). Doch wie Matthäus gleich im Anschluss berichtet, kapierten seine Schüler die Warnung nicht und meinten, sie hätten Brot vergessen. Sie waren nicht die letzten, die diese Warnung nicht verstehen sollten. So nahm auch die werdende Kirche in ihrer Überzeugung, die ganze Entwicklung Israels laufe auf sie hinaus, die alten Schriften für sich in Anspruch und fügte aus den zwei unverträglichen Teilen ein unstimmiges Ganzes zusammen. In den Gottesdiensten der Kirchen werden bis heute Lesungen aus beiden Testamenten verwendet.

*Indem die christliche Kirche das unheilvolle Erbe dieses Aspektes von Religion samt seinem Gottesbegriff aus dem Judentum übernahm, waren praktisch Gewaltanwendungen in der Kirche vorprogrammiert, wobei die Kriegstheologie des Alten Testament als Vorbild diente. Und bis heute scheint das Gottesbild der christlichen Kirchen noch stark von dem Gewalt anwendenden Gott des Alten Testaments vorgeprägt zu sein, dem ohne Widerrede zu gehorchen sei. Aber wie soll ein solcher Gott in unseren demokratischen Traditionen und dem hier stark verankerten Toleranzbegriff ein Zuhause finden?* (Lüdemann, Unheilig 117)

In seiner vielbändigen Kriminalgeschichte des Christentums sagt Karlheinz Deschner vom Gottesbild des Alten Testaments: *Dieser Gott aber, von Absolutheit besessen wie keine Ausgeburt der Religionsgeschichte zuvor und von einer Grausamkeit, die auch keine danach übertrifft, steht hinter der ganzen Geschichte des Christentums. ... Dieser Gott genießt nichts so wie Rache und Ruin. Er geht auf im Blutrausch. Seit der „Landnahme" sind die geschichtlichen Bücher des Alten Testaments „auf lange die Chronik eines immer erneuten Gemetzels ohne Grund und Schonung"* (Brock) *„Sehet nun, dass ich´s allein bin und kein Gott neben mir! ...So wahr ich ewig lebe: wenn ich mein blitzendes Schwert schärfe und meine Hand zur Strafe greift, so will ich* *mich rächen an meinen Feinden ... will meine Pfeile mit Blut trunken machen, und mein Schwert soll Fleisch fressen, mit dem Blut von Erschlagenen und Gefangenen, von den Köpfen streitbarer Feinde."*5 Mos 32, 39 ff (I 75).

Die Jüdische Bibel enthält Bücher, die mit Recht zu den großen Weisheitsbüchern der Menschheit zählen. Doch das Gottesbild, besonders ab dem zweiten Mosebuch, ist mit dem christlichen Gottesbild keineswegs kompatibel.

Der HERR des Alten Testaments wohnt im Dunkeln (2 Mos 20, 21), er bereut seine Schöpfung, weshalb er sie von der Erde vertilgen will, was indes misslingt (1 Mos 6, 7). Er führt Abraham in Versuchung, indem er von ihm verlangt, seinen lang ersehnten Sohn und Erben auf einem Opferaltar zu töten.

Er ruft auf zum heiligen Krieg: *Ich will alle Heiden zusammenbringen und will sie ins Tal Joschafat (= Gott richtet) hinabführen. ... Bereitet euch zum heiligen Krieg! ... Macht aus euren Pflugscharen Schwerter und aus euren Sicheln Spieße. ... Die Heiden sollen sich aufmachen und heraufkommen zum Tal Joschafat; denn dort will ich sitzen und richten alle Heiden ringsum. Greift zur Sichel, denn die Ernte ist reif! Kommt und tretet, denn die Kelter ist voll, die Kufen laufen über, denn ihre Bosheit ist groß. ... Und der Herr wird aus Zion brüllen und aus Jerusalem seine Stimme hören lassen, dass Himmel und Erde erbeben werden* (Joel 4)[2].

*Der HERR ist zornig über alle Heiden ... er wird an ihnen den Bann vollstrecken und sie zur Schlachtung hingeben. Und ihre Erschlagenen werden hingeworfen werden, dass der Gestank von ihren Leichnamen aufsteigen wird und die Berge von ihrem Blut fließen. ... Des HERRN Schwert ist voll Blut* (Jes 34, 2 ff).

*Der HERR ist der rechte Kriegsmann, HERR ist sein Name* (2 Mos 15, 3). *Der HERR dein Gott ist in deiner Mitte, der große und schreckliche Gott* (5 Mos 7, 21). Er ist auch ein *großer und furchtbarer Gott* (Neh 1, 5).

Er fordert die Ausrottung vieler Völker und verlangt, dass der Bann an ihnen vollstreckt wird: *So spricht der HERR Zebaoth ... So zieh nun hin und schlag Amalek und vollstrecke den Bann an ihm und allem, was er hat; verschone sie nicht, sondern töte Mann und Frau, Kinder und Säuglinge, Rinder und Schafe, Kamele und Esel* (1 Sam 15).

Als der HERR Mose zum Pharao schickt mit der Aufforderung, die Israeliten auswandern zu lassen, sagt er: *Du sollst alles reden, was ich dir gebieten werde ... ich aber will das Herz des Pharao verhärten ... und der Pharao wird nicht auf euch hören. Dann werde ich meine Hand auf Ägypten legen ...* (2 Mos 7, 2 ff). Es folgen 10 schreckliche Plagen für die Ägypter. Demnach hätte also Gott den ägyptischen König absichtlich verstockt, so dass er nicht auf Mose hörte, um ihn und dessen Volk dann für diesen Ungehorsam grausam bestrafen zu können.

Ist das mit dem christlichen Gottesbild kompatibel?

---

[2] Dieses und die folgenden Zitate aus dem Alten Testament aus Luther 84

Auch seinem eigenen auserwählten Volk gegenüber ist er ein *eifernder Gott, der die Missetat der Väter heimsucht bis ins dritte und vierte Glied an den Kindern derer, die mich hassen* (2 Mos 20, 5). Er kennt keine Vergebung, sondern nur blutige Rache nach dem Talionsgesetz: *Entsteht ein dauernder Schaden, so sollst du geben Leben um Leben, Auge um Auge, Zahn um Zahn, Hand um Hand, Fuß um Fuß, Brandmal um Brandmal, Beule um Beule, Wunde um Wunde* (2 Mos 21).

Jeden Ungehorsam seines Volkes bestraft er grausam. Es hat die Wahl zwischen Gehorsam und Ungehorsam, zwischen Segen und Fluch: *Wenn du nun der Stimme des HERRN, deines Gottes, gehorchen wirst, dass du hältst und tust alle seine Gebote, die ich dir heute gebiete, so wird dich der HERR, dein Gott, zum höchsten aller Völker der Erde machen, und weil du der Stimme des HERRN, deines Gottes, gehorsam gewesen bist, werden über dich kommen und dir zuteil werden alle diese Segnungen: Gesegnet wirst du sein ... Gesegnet wird sein die Frucht deines Leibes ... Und der HERR wird deine Feinde, die sich gegen dich erheben, vor dir schlagen ... Der HERR wird dich zum heiligen Volk für sich erheben ... und alle Völker auf Erden werden sehen, dass über dir der Name des HERRN genannt ist, und werden sich vor dir fürchten. Und der HERR wird machen, dass du Überfluss an Gutem haben wirst ... und du wirst immer aufwärts steigen und nicht herunter sinken, weil du gehorsam bist den Geboten des HERRN, deines Gottes ... und nicht abweichst von all den Worten, die ich euch heute gebiete, weder zur Rechten noch zur Linken, und nicht anderen Göttern nachwandelst, um ihnen zu dienen.*

*Wenn du aber nicht gehorchen wirst der Stimme des HERRN, deines Gottes, ... so werden all diese Flüche über dich kommen und dich treffen: Verflucht wirst du sein in der Stadt, verflucht auf dem Acker ... Verflucht wird sein die Frucht deines Leibes ... Der HERR wird unter dich senden Unfrieden, Unruhe und Unglück in allem, was du unternimmst, bis du vertilgt bist und bald untergegangen bist ... Der HERR wird dir die Pest anhängen ... Der HERR wird dich schlagen mit Aussatz, Entzündung und hitzigem Fieber, Getreidebrand und Dürre ... Der HERR wird dich vor deinen Feinden schlagen ... Der HERR wird dich schlagen mit ägyptischem Geschwür, mit Pocken, mit Grind und Grätze, dass du nicht geheilt werden kannst. Der HERR wird dich schlagen mit Wahnsinn, Blindheit und Verwirrung des Geistes ... Den Ertrag deines Ackers und alle deine Arbeit wird ein Volk verzehren, das du nicht kennst, und du wirst geplagt und geschunden werden ein Leben lang und wirst wahnsinnig werden bei dem, was deine Augen sehen müssen. ... Der Fremdling, der bei dir ist, wird immer höher und über dich emporsteigen; du aber wirst immer tiefer herunter sinken ... er wird der Kopf sein, und du wirst der Schwanz sein. Alle diese Flüche werden über dich kommen und dich verfolgen und treffen, bis du vertilgt bist, weil du der Stimme des HERRN, deines Gottes, nicht gehorcht und seine Gebote und Rechte nicht gehalten hast, die er dir geboten hat* (5 Mos 28, 1-45, Luther 84).

Die vom römischen Papst ausgerufenen Kreuzzüge gegen die südfranzösischen Ketzer und die Hexenverbrennungen finden keinerlei

Legitimation in den Schriften der Christlichen Bibel, wohl aber im Gottesbild des Alten Testamentes. Sich einer anderen Religion, d.h. einem anderen Gottesbild zuzuwenden hat Steinigung zur Folge. Der Freund muss den Freund, der Gatte die Gattin denunzieren: *Wenn dich dein Bruder, deiner Mutter Sohn, oder dein Sohn oder deine Tochter oder deine Frau in deinen Armen oder dein Freund, der dir so lieb ist wie dein Leben, heimlich überreden würde und sagen: Lass uns hingehen und andern Göttern dienen, die du nicht kennst noch deine Väter, von den Göttern der Völker, die um euch her sind, sie seien dir nah oder fern, von einem Ende der Erde bis ans andere, so willige nicht ein und gehorche ihm nicht. Auch soll dein Auge ihn nicht schonen, und du sollst dich seiner nicht erbarmen und seine Schuld nicht verheimlichen, sondern sollst ihn zu Tode bringen. Deine Hand soll die erste wider ihn sein, ihn zu töten, und danach die Hand des ganzen Volks. Man soll ihn zu Tode steinigen, denn er hat dich abbringen wollen von dem* HERRN, *deinem Gott, der dich aus Ägyptenland, aus der Knechtschaft, geführt hat, auf dass ganz Israel aufhorche und sich fürchte und man nicht mehr solch Böses tue unter euch* (5 Mos 13, 7-12; Luther 84).
*Die Zauberinnen sollst du nicht am Leben lassen. Wer einem Vieh beiwohnt, der soll des Todes sterben. Wer den Göttern opfert und nicht dem* HERRN *allein, der soll dem Bann verfallen* (2 Mos 20. 17 ff Luther 84). *Wer seinem Vater oder seiner Mutter flucht, der soll des Todes sterben. ... Wenn jemand die Ehe bricht mit der Frau seines Nächsten, so sollen beide des Todes sterben* (3 Mos 20, 8 f Luther 84). *Wenn jemand bei einem Mann liegt wie bei einer Frau, so haben sie getan, was ein Gräuel ist, und sollen beide des Todes* sterben (3 Mos 20, 13 Luther 84). Wenn *ein Mann oder eine Frau Geister beschwören oder Zeichen deuten kann, so sollen sie des Todes sterben; man soll sie steinigen, ihre Blutschuld komme über sie* (3 Mos 20, 27 Luther 84).

Auch die Psalmen, unter denen sich viele herrliche Stücke wie z.B. Ps 23, 27, 91 und viele andere finden, sind nicht alle erhebend. So heißt es in Psalm 149: *Der* HERR *hat Wohlgefallen an seinem Volk... Die Heiligen sollen fröhlich sein... Ihr Mund soll Gott erheben; sie sollen scharfe Schwerter in ihren Händen halten, dass sie Vergeltung üben unter den Heiden, Strafe unter den Völkern, ihre Könige zu binden mit Ketten und ihre Edlen mit eisernen Fesseln, dass sie an ihnen vollziehen das Gericht, wie geschrieben ist. Solche Ehren werden alle seine Heiligen haben. Halleluja!*
In den Fluchpsalmen Ps 69, Ps 109 und Ps 137 werden schreckliche Wünsche ausgesprochen wie: *An den Wassern Babylons saßen wir und weinten. ... Tochter Babel, du Verwüsterin, wohl dem, der dir vergilt, was du uns angetan hast! Wohl dem, der deine jungen Kinder nimmt und sie am Felsen zerschmettert!* (Ps 137 Luther 84)

*Die Bibel des Alten Testaments und des Neuen Testaments hat ihren Mittelpunkt in Jesus Christus als der Mitte der Zeiten. ... Dabei darf nicht übersehen werden, dass das Alte Testament eine eigenständige Gottes- offenbarung enthält, die durch Christus anerkannt und aufgenommen und bestätigt worden ist* (Calwer 160). Letztere Behauptung stimmt absolut nicht. Das Gottesbild der Jüdischen Bibel ist mit dem der Christlichen Bibel in keiner Weise vereinbar. Jesus sprach selbst davon, dass seine Lehre als skandalös empfunden werden könnte (Mt 11, 6). Als gotteslästerlich wurde sie sowieso ausgelegt, was denn auch zu seiner Hinrichtung führte.

Besonders das Matthäus-Evangelium, das sich bekanntlich an die Juden richtet, stellt gleich zu Anfang viele Unterschiede deutlich heraus. Schon in der Bergpredigt (Mt 5) sagt Jesus sechs Mal: *Ihr habt gehört ... Ich aber sage euch.* Auch widerspricht er der im Alten Testament oftmals geforderten Steinigung (Joh 8, 3 ff).

Sicher überliefert ist auch, dass Jesus oftmals am Sabbat heilte, was nach dem Gebot in der Thora mit dem Tode bestraft werden sollte (2 Mos 31, 14 f). Allgemein als echt anerkannt wird die Bemerkung Jesu dazu: *Der Sabbat wurde für den Menschen gemacht, nicht der Mensch für den Sabbat* (Mk 2, 27). An die Kolosser schreibt Paulus: *Keiner soll euch kritisieren beim Essen oder Trinken oder wegen eines Feiertags, eines Neumondes oder Sabbats. All das ist ein Schatten der zukünftigen Dinge, das Substantielle gehört zum Christus* (Kol 2, 16 f).

Auch die Tieropfer finden sich nicht mehr: *Denn es ist unmöglich, dass das Blut von Stieren und Böcken die Sünden wegnimmt* (Hebr 10, 4).

Jesus der Christus bezeichnet alle, die vor ihm gekommen waren, als *Diebe und Raubmörder. ... Ich bin die Tür, wenn jemand durch mich hineingeht, wird er errettet werden* (Joh 10, 8 f). Der Weg zu GOTT führt nur über seinen Christus, keineswegs über die Werkgerechtigkeit nach jüdischer Lehre: *Weh euch Pharisäern! Denn ihr gebt den Zehnten von Minze und Raute und von jedem einzelnen Kohlkopf. Aber am entscheidenden Punkt, nämlich der LIEBE GOTTES, daran geht ihr vorbei. Aber nein: das hier hätte man tun und jenes dort nicht unterlassen sollen. ... Weh euch Schriftgelehrten! Denn ihr ladet den Menschen Lasten auf, die kaum zu tragen sind. Und ihr selbst rührt sie mit keinem Finger an. ... Weh euch Theologen! Denn ihr habt den Schlüssel der Erkenntnis fortgenommen. Selbst seid ihr nicht eingetreten, und die eintreten wollten, habt ihr daran gehindert* (Lk 11, 42-52).

Der jüdische Gelehrte Ben Chorin bemerkt dazu: *Die Pharisäer bildeten die Partei der Schriftgelehrten. ... Ihr Streben war die Einheiligung des ganzen Lebens, das in Gesetz und Brauch dem geoffenbarten Willen Gottes unterstellt werden sollte. Nichts lag außerhalb dieser einzuheiligenden Sphäre: Essen und Trinken, Arbeit und Ruhe, Geschlechtsleben und Hygiene, Kleidung und Haartracht, und nichts war zu gering, um nicht mit letztem Ernst in den Dienst Gottes mit hineingenommen zu werden. Damit wurden die Pharisäer ... zu den geistigen Vätern der späteren jüdischen Orthodoxie.*

*Wir können an der Realität und Problematik der heutigen jüdischen Orthodoxie die Pharisäer des Neuen Testamentes wie in einem Spiegel erkennen. Tiefer Ernst, bedingungslose Hingabe an das Gesetz Gottes, minutiöse Pflichttreue gegenüber diesem Gesetz zeichnen die Enkel der Pharisäer noch heute aus.*

*Andererseits sehen wir bei ihnen die Gefahren einer Entartung, von der das Neue Testament fast ausschließlich spricht. Diese Entartung besteht darin, dass der Gläubige in einen Panzer von 613 Geboten und Verboten eingeschnürt wird, so dass der Regung des lebendigen Glaubens nicht mehr der nötige Raum gegeben ist* (Ben Chorin, Jesus 17 f).

Der christliche »neue Weg zu GOTT« geht von einem völlig neuen Gottesbild aus. Aus dem alttestamentlichen »HERRN« ist der liebende »Vater« geworden, im philosophischen Sinne also das schöpferische PRINZIP, das zugleich LEBEN und LIEBE ist. Als GEIST ist dieser Vater und Schöpfer unendlich, allgegenwärtig. Er ist uns immer nah, untrennbar mit uns verbunden wie die Lichtquelle mit dem Licht. Unsere einzige Aufgabe ist es, sich dies bewusst zu machen. Falsche Gottesbilder führen in die Irre. *Sie sollen GOTT suchen, ob sie ihn fassen und ihn finden können, ihn, der ja nicht weit entfernt von jedem einzelnen von uns ist. Denn in ihm leben wir, in ihm bewegen wir uns, und in ihm sind wir, wie es auch einige von den Dichtern bei euch ausgesprochen haben: "Denn wir stammen von ihm"* (Apg 17, 27 f).

GOTT ist nicht mehr der Verborgene, der im Dunkeln wohnt. Matthäus berichtet vom Tode Jesu und schreibt: *Und siehe, der Vorhang des Tempels riss entzwei von oben bis unten* (Mt 27, 51). Wohl kein historischer Vorgang, wohl eher sinnbildlich gemeint: Die neue Lehre verkündet, dass jeder Mensch freien Zutritt zu GOTT hat (Eph 3, 11 f). GOTT wohnt im Licht: *Und die Botschaft, die wir von ihm gehört haben, besteht in folgendem: GOTT ist Licht und in ihm ist keinerlei Finsternis* (1 Joh 1, 5).
Der Jahwe des alten Gottesbildes fordert von seinem Volk geliebt und gefürchtet zu werden: *Höre, Israel, der HERR ist unser Gott, der HERR allein! Und du sollst den HERRN deinen Gott, lieben von ganzem Herzen, von ganzer Seele und mit aller deiner Kraft* (5 Mos 6, 4). *So hüte dich, dass du nicht den HERRN vergisst, ... , sondern du sollst den HERRN, deinen Gott, fürchten und ihm dienen ... Denn der HERR, dein Gott, ist ein eifernder Gott in deiner Mitte, dass nicht der Zorn des HERRN, deines Gottes, über dich entbrenne und dich vertilge von der Erde* (5 Mos 6, 12 ff).
In starkem Gegensatz dazu will der christliche GOTT nicht gefürchtet werden. Er ist sogar die primäre, vorbehaltlose und unverlierbare LIEBE (1 Joh 4, 19), die nur absolute Zuwendung kennt: *Furcht gibt es nicht in der LIEBE, sondern die vollkommene LIEBE treibt die Furcht aus, weil Furcht mit Strafe rechnet. Wer sich aber fürchtet, der ist nicht vollendet in der LIEBE. Lasst uns lieben, denn er hat uns zuerst geliebt* (1 Joh 4, 17 ff). Dieser GOTT kennt auch keine Strafe. Jakobus bekräftigt: *Jede gute Gabe und jedes vollkommene Geschenk stammt von oben; es kommt herab vom Vater der Lichter, bei dem es keine Veränderung gibt noch Verschattung im Wechsel* (Jak 1, 17). Jakobus bringt hier noch eine Präzisierung, wenn von GOTT als dem *Vater der Lichter* spricht. Vater bedeutet Schöpfer und Ursache, hier also Lichtquelle: GOTT ist die Lichtquelle, die das Licht schafft. Und deswegen lässt Johannes den Christus sagen: *Ich bin für die Welt das Licht.*

*Wer sich mir anschließt, wird nicht in der Finsternis wandeln, sondern er wird das Licht des LEBENS haben* (Joh 8, 12). Licht ist auch das Symbol für den LOGOS der griechischen Kirchenlehrer.

GOTT führt auch niemanden in Versuchung: *Keiner soll in der Versuchung sagen: Von GOTT werde ich versucht, denn GOTT ist nicht versuchbar zum Bösen, und er selbst versucht niemanden. Jeder, der versucht wird, wird es, weil er sich von seiner eigenen Begierde fortreißen und ködern lässt* (Jak 1, 13 f). Die reine LIEBE kennt nur Vergebung, sie ist nicht eifersüchtig und rechnet das Böse nicht zu. Sie kennt es ja gar nicht. Als Petrus Jesus fragt, ob es genügt, siebenmal zu vergeben, antwortet ihm der Meister: *Ich sage dir: Nicht bis zu 7 mal, sondern bis zu 77 mal* (Mt 18, 22).
Als verbindend wird auch gerne ein Wort aus Levitikus zitiert: *Du sollst dich nicht rächen noch Zorn bewahren gegen die Kinder deines Volks. Du sollst deinen Nächsten lieben wie dich selbst; ich bin der HERR* (3 Mos 19, 18). Doch wird hier meist übersehen, dass hier nur *die Kinder deines Volks* gemeint sind. Shlomo Sand, Professor für Geschichte in Tell Aviv, sagt dazu: *Bekanntlich studierten die Juden über Jahrhunderte viel intensiver den Talmud als die hebräische Bibel. ... Die Zurücksetzug des nichtjüdischen Anderen kommt kaum irgendwo so deutlich zum Ausdruck wie in dem talmudischen Satz „Ihr werdet Mensch genannt und nicht die Völker der Welt werden Mensch genannt"* (Babylonischer Talmud, Jevamot 61a). *Nicht von ungefähr schreibt Abraham Isaak Kook, Architekt der Nationalisierung der jüdischen Religion im 20. Jahrhundert und erster Oberrabbiner der sich in Palästina ansiedelnden Gemeinde, in seinem berühmten Werk »Lichter«: „Der Unterschied zwischen der israelischen Seele, ihrem Wesen, ihren inneren Wünschen, ihrem Streben, ihrer Beschaffenheit und ihrer Haltung, und der Seele der Gojim, ungeachtet ihrer Entwicklungsstufe, ist größer und tiefer als der Unterschied zwischen der Seele des Menschen und der Seele des Viehs. Zwischen Letzteren nämlich besteht ein quantitativer, zwischen Ersteren aber ein qualitativer Unterschied."* Hierbei ist zu bedenken, dass die Schriften Kooks den nationalreligiösen Siedlern in den besetzten Gebieten bis heute als geistiger Leitfaden dienen (Sand, Jude 113 f). Weil diese Auffassung von Gott und Mensch bis heute ihre negative Auswirkung zeigt, erklärt Shloma Sand am Ende seines Buches: *Jetzt, da ich klar erkenne, dass man mich in Israel per Gesetz einem fiktiven Ethnos von Verfolgern und deren Unterstützern zuschlägt und überall auf der Welt einem geschlossenen Club von Auserwählten und deren Bewunderern, möchte ich nun aus diesem austreten und aufhören, mich selbst als Juden zu betrachten* (Sand, Jude 148).

Jacob Neusner arbeitet in seinem Buch *Ein Rabbi spricht mit Jesus – ein jüdisch-christlicher Dialog,* von Josef Kardinal Ratzinger beurteilt als *das bei weitem wichtigste Buch für den jüdisch-christlichen Dialog, das in den letzten zehn Jahren veröffentlicht worden ist,* noch viele andere Unterschiede heraus, die seine Aussage untermauern, dass *Judentum und Christentum gänzlich unabhängig voneinander zu sehen sind. Das Christentum ist nicht die*

*„Tochterreligion", und es gibt keine gemeinsame fortlaufende „jüdisch-christliche Tradition".* Ihm stimmt der Theologe Nikolaus Walter zu, indem er betont, *dass zwischen Altem und Neuen Testament ein Paradigmenwechsel liegt. ... Dieser Paradigmenwechsel macht eine glatte, ungebrochene Übernahme oder Weiterführung alttestamentlicher Glaubensaussagen in die christliche Theologie unmöglich. Auch der Versuch, hier mit einer durchgehend allegorischen Auslegung alttestamentlicher Texte weiterzukommen (wie Paulus an einem Beispiel in 1 Kor 10, 1-11 vorführt), scheint mir nicht angemessen zu sein, da auf diese Weise das hermeneutische Problem nicht gelöst, sondern nur verschleiert wird* (Dohmen / Söding, Zwei Testamente 312).

1961 formulierte der Deutsche Evangelische Kirchentag folgende Feststellung: *Da die Juden Gottes Volk sind, bedürfen sie der Botschaft von Jesus Christus nicht* (Judentum 181). Jesus Christus muss also in argem Irrtum befangen gewesen sein, als er gerade den Juden seine neue Botschaft verkündete. Oder hat sich die Evangelische Kirche so weit von der genuinen christlichen Lehre verabschiedet, als sie doch den jüdischen Sauerteig verwendete?
Jedenfalls missachtet sie die Mahnung des Meisters, ein altes Kleid nicht mit neuem Stoff zu flicken und keinen frischen Most in alte Schläuche zu füllen, weil sonst die Gärung die alten Schläuche zerreißt und der Wein verschüttet wird. Vielmehr müsse neuer Wein in neue Schläuche gefüllt werden, damit beide heil bleiben (Mt 9, 16 f).

Die christliche Lehre wächst zweifellos auf jüdischer Wurzel und ist ohne diese wissenschaftlich nicht zu verstehen. Die neue Lehre wendet sich ja an Juden und muss an deren Vorstellungswelt ansetzen. Doch, vergleichbar mit den heutigen europäischen Kulturreben, die nicht „wurzelecht" sind, ist am von Paulus und Johannes gezogenen Weinstock ein vollkommen neuer griechisch-christlicher Wein gereift, wie das Johannes-Evangelium (Kap. 2, 6-10) gleichnishaft lehrt.
Ein Christ, der beide Gottesbilder miteinander vermengt und vom »Herrgott«, dem Jahwe-Elohim der Paradiesesparabel, spricht statt vom »Vater«, hat den Aufruf Jesu zum Umdenken nicht verinnerlicht und vollzogen. Er wandelt in einem religiösen Irrgarten.

Kapitel 4

# Die christliche Lehre - Das neue Bild von GOTT und Mensch

**D**ie Lehre des Wanderpredigers Jesus von Nazareth ist der Funke, der die Idee des Christustums[3] wie eine Morgensonne aufgehen ließ. Von seiner Abstammung berichten zwei mit einander unvereinbare Stammbäume. Biographisch Verwertbares finden wir in den vier Evangelien nur über seine letzten drei Lebensjahre, so seine Taufe durch Johannes, seine Lehrtätigkeit und seine Hinrichtung am Kreuz um etwa 30 nach. Für seine berichtete Auferstehung gibt es keine Zeugen, nur für das leere Grab. Seine Himmelfahrt vierzig Tage nach seinem Tode wollen Augenzeugen gesehen haben.

Die Frage, ob Jesus Jude war, wird von den allermeisten mit einem rückhaltlosen Ja beantwortet; denn wer von einer jüdischen Mutter geboren wurde, ist damit offiziell Jude. Tatsächlich wurde der Neugeborene nach dem Gesetz am achten Tag beschnitten (Lk 2, 21), allerdings ohne dafür befragt worden zu sein. Paulus meint dazu: *Nicht der ist ein Jude, der es äußerlich ist, auch ist nicht das die Beschneidung, die äußerlich am Fleisch geschieht, sondern der ist ein Jude, der es inwendig verborgen ist, und das ist die Beschneidung des Herzens, die im Geist und nicht im Buchstaben geschieht* (Röm 2, 28 f). Auch sollte uns die Antwort des atheistischen Evolutionsbiologen Richard Dawkins nachdenklich machen: *Unsere Gesellschaft einschließlich ihrer nicht religiösen Teile hat den absurden Gedanken akzeptiert, dass es normal und richtig sei, kleine Kinder mit der Religion ihrer Eltern zu indoktrinieren und ihnen religiöse Etiketten anzuhängen - »katholisches Kind«, »protestantisches Kind«, »jüdisches Kind«, »muslimisches Kind« und so weiter. Andere vergleichbare Etiketten dagegen gibt es nicht: keine konservativen Kinder, keine liberalen Kinder, keine republikanischen Kinder, keine demokratischen Kinder. ... Ein Kind ist weder ein christliches noch ein muslimisches Kind, sondern es ist ein Kind christlicher oder muslimischer Eltern* (Dawkins, Gotteswahn 472).

Was sicher ist: Jesus wurde von jüdischen Eltern geboren und ist in Nazareth in Galiläa in einer jüdischen Umgebung aufgewachsen. Sicher ist auch, dass sich Jesus anfangs als Prophet verstand, der nur zu den Juden gesandt war. Im ältesten Evangelium, dem des Markus (Mk 7, 24 ff), bittet ihn eine syrophönizische Griechin um die Heilung ihrer Tochter. Jesus wies die Frau zu seinen Füßen zunächst schroff ab mit dem Hinweis, dass er zu den Kindern Israels gesandt sei und nicht zu den Heiden. Die Frau entgegnete, dass doch auch die Kinder vieles unter den Tisch fallen ließen, was die Hunde dann fräßen. Da lobte Jesus ihre kluge Antwort, korrigierte seine bisherige Ansicht und heilte ihr Kind.

---

[3] Die Bezeichnung Christustum wird hier gewählt, wenn die reine Christus-Lehre gemeint ist, in Abgrenzung zu den Religionen, in die die Christenheit zerfallen ist, und zu den dogmatischen Lehren der verschiedenen Kirchen.

Das Markus-Evangelium beginnt mit den Worten: *Anfang der Botschaft von Jesus dem Christus, dem Sohn GOTTES*. Hier steht bereits eindeutig zu lesen, dass die vier Evangelisten an persönlichen Daten über Jesus wenig interessiert sind. Sie wollen lediglich sein dreijähriges Wirken und seine Christus-Lehre darlegen. Der Geburtsmythos bei Lukas schildert in schönen Bildsymbolen die strahlende Ankunft der Christus-Idee in der finsteren Welt, einer Welt ohne Wissen um die WAHRHEIT.

Von einer jungfräulichen Geburt des kleinen Jesus weiß Paulus noch nichts. Allgemein galt Jesus als der Sohn des Josef. Die Stammbäume bei Matthäus und Lukas sind frei erfunden und später manipuliert worden, und dies noch sehr ungeschickt. Dies erkennt man daran, dass beide Stammbäume Josef als einen Nachkommen aus dem Hause Davids darlegen wollen, da ja der Messias aus dem Hause Davids kommen sollte, um dann am Ende zu sagen, dass Josef aber doch nicht der leibliche Vater von Jesus war!

Jesus war nicht verheiratet, denn Ehe und Familie binden. Große Seher wie Zarathustra, Buddha, Platon und viele andere sehen ein Ziel vor Augen, auf das sie unbehindert zueilen wollen. Der Weg, auf dem sie voranstürmen, trennt sie unausweichlich von rein leiblicher Verwandtschaft (Mt 10, 36 f).

In Platons Symposion spricht die Priesterin Diotima von Menschen, *die eher Lust haben, in Seelen zu zeugen als in Leibern, und zwar das, was der Seele zukommt, zu zeugen und zu gebären. Und das sind: Vernunft und andere geistige Fähigkeiten. Auch die Dichter sind alle solche Schöpfer und die kreativen von den Künstlern. Die weitaus größte und schönste Weisheit ist die, die den Staat und das Hauswesen ordnet. Ihr Name ist Besonnenheit und Gerechtigkeit. Wer nun diese von Jugend auf in seiner Seele trägt, ist ein göttlicher Mensch. Er wird, wenn er ins rechte Alter kommt, befruchten und zeugen wollen* (Symp 209 a/b).

## Die Schriften

Keine von den Schriften der Christlichen Bibel behauptet, das »Wort GOTTES« oder durch göttliche Verbalinspiration, d.h. göttliches Diktat, übermittelt worden zu sein.

Die Jesus-Worte, wie wir sie in den vier kanonischen Evangelien und im Thomas-Evangelium lesen, geben weniger den originalen Wortlaut wieder als vielmehr den später erinnerten Wortsinn. Sie sind durch hellenistische Ohren gegangen. Sie verdolmetschen die neue Lehre für ein mit griechischer Philosophie weniger oder tiefer vertrautes Bewusstsein bei Juden und Heiden.

Gerd Lüdemann[4] hat in seiner subtilen Arbeit gezeigt, dass nur wenige überlieferte Jesus-Worte so aus seinem Mund stammen können.

---

[4] Lüdemann, 2000

Die Bibelwissenschaft unterscheidet längst zwischen „echten" und „unechten" Jesus-Worten. Mit vollem Recht kann man sagen, dass sich im Johannes-Evangelium so gut wie gar kein „echtes" Jesus-Wort findet. Ist also die Christus-Lehre bei den Evangelien durchweg gefälscht? Wer diesen Vorwurf erhebt, hat einen Denkfehler begangen und zwar folgenden: Es wird in den Evangelien nicht unterschieden zwischen Worten, die der historische Jesus von Nazaret tatsächlich gesagt hat und dem, was das durch Jesus ans Licht gekommene neue Christus-Paradigma lehrt.

Ein schwerer Fehler – auch die meisten Theologen begehen ihn – ist der, zu glauben, dass alle Jesus-Worte persönliche Aussagen aus dem Munde des galiläischen Propheten sein wollen. Es ist vielmehr fast immer der Christus[5], der spricht. So lehrt bei Johannes, dem philosophischen Evangelium, durchweg der Christus. Und dieser Christus benutzt den historischen Jesus als Sprachrohr.

Auch aus dem Munde des Königs Ödipus spricht in der Tragödie nicht ein mythischer König, sondern der altersweise Sophokles, aus dem Munde des Sokrates spricht in den Dialogen Platon, aus dem Munde Hamlets spricht Shakespeare, aus dem Munde Fausts spricht die Lebenserfahrung Goethes. Wer würde denn da: Fälschung, Fälschung! rufen?

*Ich bin schon, bevor es Abraham gegeben hat* (Joh 8, 58). *Ich bin das Licht der Welt. Wer sich mir anschließt, wird nicht in der Finsternis wandeln, sondern er wird das Licht des LEBENS haben* (Joh 8, 12). Das kann doch nicht Jesus über Jesus gesagt haben, hier spricht die Christus-Idee, so alt wie GOTT. Wem sie im Bewusstsein aufleuchtet, dem zeigt sie den Ausweg aus der irdischen Misere.

**Die Paulus-Briefe** sind die ersten schriftlichen Zeugnisse für die christliche Lehre. Sie wurden zwischen 38 und 50 in griechischer Sprache geschrieben.

Paulus wurde unter dem jüdischen Namen Schaul in Tarsus, Kilikien (heute Türkei), geboren. Er hatte durch seine Eltern das römische Bürgerrecht. Aus frommem jüdischen Hause und eifriger Rabbinen-schüler verfolgte er mit ganzem Widerwillen die neue Lehre als Irrlehre. So wohnte er auch der Steinigung des jungen Christen Stephanus durch die Juden bei. *Saulus aber hatte Gefallen an seinem Tode*, heißt es in der Apostelgeschichte des Lukas. Paulus selbst berichtet im Lehrbrief an die Galater: *Ihr habt ja von meinem früheren Leben im Judentum gehört, wie ich die Gemeinde GOTTES über die Maßen verfolgte und sie zu zerstören suchte und im Judentum viele meines Alters im Volk weit übertraf und über die Maßen für die Satzungen der Väter eiferte* (Gal 1, 13 f).

Nach seiner Bekehrung zum Christustum wurde er der eifrigste Verfechter und Propagandist dieser neuen geistigen Bewegung. Er

---

[5] Vgl. Exkurs Christus

unternahm ausgedehnte Reisen im gesamten Mittelmeerraum, bei denen er jüdische Gemeinden aufsuchte, um bei ihnen die Ankunft des erwarteten Messias zu verkünden. Doch trug er seine Botschaft auch zu Nichtjuden. Er setzte gegen die Gesetzesgerechtigkeit, die die peinliche Einhaltung aller Gebote der Thora fordert, den befreienden Glauben an den Christus. Dank seiner umfassenden hellenistischen Bildung wurde er zum bedeutendsten Theologen der christlichen Frühzeit.

Bei seinen Zitaten aus der Schrift benutzt Paulus die Septuaginta (LXX), also die im dritten vorchristlichen Jahrhundert in Ägypten ins Griechische übersetzte Hebräische Bibel.

*Von der jüdischen Tradition herkommend, ist er als Exponent eines einflussreichen gebildeten Hellenismus zu verstehen, der das Christentum in Sprache und Stil, in Theologie und Bildung zur Vollendung geführt hat. Paulus ist in seiner Person ein typisch hellenistischer Denker gewesen, der in seiner Wirksamkeit wie kein anderer das Christentum als Heidenmissionar im Römischen Reich gelehrt und verbreitet hat* (Richert, Christus 45).

Nicht alle unter dem Namen des Paulus überlieferten Briefe stammen aus seiner Feder. Mindestens drei sind von Paulusschülern verfasst. *Gemeinsam ist allen diesen Schriften, dass sie die Autorität des Paulus in Anspruch nehmen. Ihre Verfasser wollen damit nicht täuschen, ... sondern zum Ausdruck bringen, wie ihr Wort verstanden und aufgenommen werden soll – nämlich als verbindliches, der Sache nach von der Autorität des Apostels getragenes Wort. Paulus war ihnen der Garant der Wahrheit, sein Name das Siegel, das sie legitimieren sollte. ... Klingt der Kolosserbrief noch gut paulinisch, lassen die Briefe an Timotheus und Titus das theologische Profil des Apostels nur noch schwach erkennen* (Iber, NT 329 f).

**Die vier kanonischen Evangelien.** Nach dem neuesten wissenschaftlichen Stand beruhen alle Evangelien auf einem Ur-Evangelium, das nach mancherlei Bearbeitungen und Erweiterungen zum heutigen Lukas-Evangelium wurde. Sie liegen allesamt nicht in der Urfassung vor, vielmehr wurden sie in den folgenden Jahrhunderten mehrfach überarbeitet, das Johannes- und das Markus-Evangelium um einen Schluss erweitert. Die Evangelien haben auch sonst erläuternde Erweiterungen erfahren, zum Teil verhängnisvolle. Die Endfassung hat wohl um das Jahr 150 vorgelegen.

**Das Markus-Evangelium** galt lange als das älteste der Evangelien. Es endete ursprünglich nach Kap. 16, 8 und wurde später erweitert mit den Erscheinungen des Auferstandenen und der Himmelfahrt. Die Endredaktion erfolgte um 70 nach, vermutlich in Rom.

Markus war mit Paulus bei dessen erster Missionsreise unterwegs, er gehört aber zum Kreis um Petrus, dessen Lehre das Evangelium in der Hauptsache wiedergibt.

**Das Matthäus-Evangelium** erfuhr seine Endredaktion um 80 nach. Es wurde wohl nicht vom Jünger geschrieben, sondern ist hervorgegangen aus der Katechetenschule des Apostels Matthäus. Der Verfasser hat das Markus-Evangelium benutzt und eine Quellenschrift (Q), die überlieferte Jesus-Worte enthielt.

Die Adressaten sind Juden in der syrischen Diaspora. Mit vielen Zitaten aus der Jüdischen Bibel soll der Nachweis geführt werden, dass Jesus der verheißene Messias und Davidsohn ist.

Wie kein anderes Evangelium verwendet Matthäus die altorientalische Zahlensymbolik, so besonders die »7« und die »4«. Ein deutlicher Hinweis auf die Sieben Schöpfungstage, deren Gottesbild die Lehre Jesu übernimmt.

Als der Fels, auf den die christliche Gemeinde gebaut ist, wird Petrus herausgehoben.

**Das Lukas-Evangelium.** Nach Klinghardt[6] entstand nach der Zerstörung des Tempels im Jahr 90 ein Ur-Evangelium, schlicht »Evangelium« geheißen. Es ist die erste Fassung des späteren Lukas-Evangeliums. Dieses Ur-Evangelium lag Markion vor. Seine Urfassung wurde zusammen mit den drei übrigen Evangelien in der 2. Hälfte des 2. Jahrhunderts in Rom überarbeitet. Bei dieser Überarbeitung kam es zu vielen Einfügungen, die einen Bezug zum Alten Testament herstellen sollten. Diese überarbeitete und erweiterte Form liegt uns heute als Lukas-Evangelium vor. *Heute gilt ... das Evangelium des Markion als grundlegende Basis der drei Synoptiker* (Fried, Tod 51).

**Das Johannes-Evangelium** wird allgemein dem Apostel Johannes aus dem von Jesus berufenen Zwölferkreis zugeordnet. Es ist von Anfang an in griechischer Sprache abgefasst und *ist die erste philosophisch gehaltene Schrift des Neuen Testaments, die das theologische Gespräch mit den hellenistisch Gebildeten seiner Zeit gesucht hat. ... Hatte doch die Hellenisierung, so kann man allgemein sagen, sowohl im Juden- als auch im Christentum alle Bereiche des politischen, kulturellen und alltäglichen Lebens weit und tief durchdrungen. Infolge dessen ist die damalige geistige Welt in Literatur, Religion, Philosophie, Kunst und Gesellschaft ohne die vorherrschende griechische Sprache, Koine genannt, nicht zu denken* (Richert, Christus 34).

*Die Datierung der kanonisierten Version, in der auch das Markus- und das Lukas-Evangelium verbreitet wurden, schwankt zwischen dem frühen zweiten Jahrhundert und der definitiven Redaktion des neutestamentlichen Kanons (zwischen 144 und 155). Umstritten ist, wie viele Autoren diesem »Johannes« die Feder führten. Prolog und Schlusskapitel verweisen auf je unterschiedliche Verfasser; der Passions- oder der Kreuzigungsbericht will dem Augenzeugnis*

---

[6] Vgl. Klinghardt, Matthias, Das älteste Evangelium und die Entstehung der kanonischen Evangelien. Tübingen 2015

*des Jüngers, „den Jesus liebte", folgen; die Abschiedsreden und weitere Anekdoten verdanken sich vielleicht noch anderen Mitwirkenden* (Fried, Tod 19 f).

Es stammt also nicht von einer Hand. Einzelne Schichten der Bearbeitung sind leicht zu erkennen. Da ist einmal die von Paulus inspirierte Schicht, die noch vom Opfertod Jesu für die Sünden der Welt spricht, und die andere Schicht, die wohl die spätere sein dürfte. Diese neue theologische Sicht verkündet die Erlösung durch die Erhöhung der Christus-Idee. Diese theologische Sichtweise kommt dem platonischen Denken sehr nahe. Als Griechisch sprechende Juden sich für die Lehre Jesu interessieren, lässt das Johannes-Evangelium Jesus in Jubel ausbrechen (Joh 12, 23). Es ist nicht von der Hand zu weisen, dass diese Juden in der griechischen Philosophie bewandert waren. Ein jüdischer Zeitgenosse von Jesus, Philon von Alexandrien, war ja mit Platon ebenso vertraut wie mit den jüdischen Schriften.

An einer Stelle legt das Evangelium Jesus die Worte in den Mund, alles Heil käme von den Juden (Joh 4, 22), obwohl das Evangelium im wohl spätesten Teil des Werkes, dem Prolog, die Gegensätzlichkeit des christlichen Paradigmas zum jüdischen betont. Drei Kapitel später wird auch der jüdische Lehrer Nikodemus von Jesus als unwissend bezeichnet (Joh 3, 10).

Doch um die einzelnen Schichten klar von einander zu trennen, bedürfte es einer tiefer gehenden Untersuchung, wofür hier nicht der Ort ist.

Deutlich wird jedoch: Zwischen den Paulus-Briefen und dem Johannes-Evangelium liegen mehr als 50 Jahre. Auch wenn Paulus die Christus-Lehre als das Ende des Alten Testamentes bezeichnet hatte (Röm 10, 4), blieb er in vielem den alten Vorstellungen verhaftet, so dass seine Aussagen oft widersprüchlich bleiben. So besonders deutlich in der Aussage, GOTT erbarme sich der einen und verstocke die anderen, wie er will (Röm 9, 18), ein eindeutiger Hinweis auf die Worte des alttestamentlichen HERRN, dass er die Ohren des Pharao absichtlich taub machen werde gegen die Worte des Mose, nur um die Ägypter dann mit schrecklichen Strafen heimsuchen zu können (2 Mos 7, 3). Ein schlimmer Fehler des Paulus, auf den sich die Prädestinationslehre des Kirchenlehrers Augustinus und später Calvin berufen werden.

Die Schule des Johannes wird sich mehr und mehr davon lösen, bis im ersten Johannes-Brief die reine Lehre am klarsten zum Ausdruck kommt.

Das Johannes-Evangelium richtet sich in der Hauptsache gegen die Lehre der christlichen Gnosis und polemisiert gegen den Apostel Thomas (Thomas-Evangelium, Thomasakten), den es als den „Ungläubigen" bezeichnet, weil er die leibliche Auferstehung anzweifelt.

Johannes selbst wird – nur in diesem Evangelium - mehrmals als der „Lieblingsjünger" von Jesus bezeichnet, als der also, der dem Meister besonders am Herzen lag, weil er seine Lehre am besten verstanden hatte.

Auch Petrus und seine Schule werden in Joh 21, 15 ff abgewertet, als hätten sie die neue Lehre nicht in allem richtig verstanden. Obwohl das Johannes-Evangelium mit Sicherheit die wenigsten authentischen Jesusworte enthält, hat es die neue Lehre am besten erfasst und sie für die hellenistische Umwelt begreiflich dargestellt. Die Jesusworte bei Johannes wollen nicht sagen: „Jesus selbst hat es gesagt", sondern: „Der Christus lehrt". Nicht Jesus spricht bei Johannes, sondern so gut wie immer der Christus.

Das Johannes-Evangelium wendet sich an die hellenistische Ökumene und ist mit der griechischen Philosophie eng vertraut, wie insbesondere der LOGOS-Prolog seines Evangeliums zeigt. Ein deutlicher Hinweis auch, dass er die Christus-Lehre als philosophischen Weg versteht.

Johannes betont, dass nur die Erkenntnis der Wahrheit frei macht (Joh 8, 32). »Wahrheit«, »wahr« und »wahrhaftig« kommen bei Johannes insgesamt 83 mal vor, »erkennen« 87 mal. Leicht ist hier in der Theologie des Johannes die geistige Nähe zur Philosophie Platons und den Gnostikern zu erkennen. Das Johannes-Evangelium wollte die früheren Evangelien ersetzen.

Im Johannes-Evangelium spricht kein Teufel mehr mit Jesus und auch kein Engel. Blitz und Donner von Matthäus sind verstummt. Als die jüdischen Zuhörer einmal eine Stimme aus dem Himmel, andere einen Donner, wieder andere einen Engel gehört haben wollten, erklärte der Meister, dass dies für ihre Ohren, d.h. ihr Auffassungsvermögen bestimmt gewesen sei, *aber nicht um meinetwillen* (Joh 12, 28 ff).

Wie Platon den Denkansatz seines Lehrers Sokrates in ein wissenschaftliches System gebracht hatte, so bauten Johannes und seine Schule das neue Paradigma, das neue Bild von GOTT und Mensch, das der Wanderlehrer Jesus von Nazareth verkündet hatte, zu einem systematischen Denkgebäude auf, in dem die neue Lehre auch von Nichtjuden erfasst und sich weiter entfalten und verbreiten konnte.

**Die drei Johannes-Briefe** sind wohl von einem Schüler des Johannes um 100 nach geschrieben.

**Die Offenbarung des Johannes** (90 - 95 nach) steht der spätjüdischen Apokalyptik nahe und stammt weder vom Apostel noch von einem Evangelisten. Wie im Matthäus-Evangelium spielen auch hier die Symbolzahlen 4, 7 und 12 eine wichtige Rolle.

**Fünf Briefe** sind von den Aposteln Petrus, Jakobus und Judas verfasst oder ihnen zugeschrieben.

Nicht kanonisch ist das Jakobus-Evangelium und andere vom Konzil in Nicäa verworfene Evangelien und Schriften.

*Das Thomasevangelium ... ist den Kirchenvätern bekannt gewesen (...). Dieser Sachverhalt weist auf ein Vorhandensein des EvTh bereits im 2.*

*Jahrhundert hin. ... Die Gattung des EvTh ist eindeutig als Spruchsammlung zu bestimmen. Es fehlt eine Rahmenhandlung, lediglich der Prolog weist auf die Übermittlung geheimer Lehren durch Jesus an seine Jünger hin. ... Das Material der Sprüche des EvTh findet sich etwa zur Hälfte auch in den synoptischen Evangelien. Viele der nicht-synoptischen Logien haben Parallelen in gnostischen Texten; einige waren schon als Agrapha Jesu bekannt (z.B. Log 42). ... Es scheint sich mittlerweile die These von der Unabhängigkeit des EvTh durchzusetzen. Damit ist es sehr wahrscheinlich, dass das EvTh unbekannte »echte Jesusworte« bewahrt hat, die keinen Eingang in kanonische Schriften gefunden haben. Ein Beispiel stellt Log 98 dar, das wegen seiner Radikalität einer moralischen Zensur zum Opfer gefallen sein könnte. In seiner großen Ähnlichkeit zu echten Jesusworten weist jedoch gerade der unerhörte Radikalismus von dem Log 98 zeugt, auf Jesus als Unheber hin. ... Es sind bestimmte, immer wiederkehrende Topoi festzustellen. Dazu gehören Weltverachtung (Log 55, 56, 80 u.ö.) sowie die Annahme des göttlichen Ursprungs des Menschen (Log 3, 85, 87), der lediglich unwissend sei. Wenn er auf den lebendigen (=auferstandenen) Jesus hört, erkenne er seinen Ursprung. Weiter ist das Fehlen von apokalyptischen Aussagen auffällig: Das »Reich Gottes«, ein zentraler Terminus im EvTh, wird als gegenwärtig und inwendig verstanden (vgl. Log 113). Ekklesiologische Gedanken bietet das EvTh nicht, die Jünger sind stets »Einzelne«* (Lüdemann, Häretiker 129 ff).

Das Thomas-Evangelium wurde ebenfalls auf dem Konzil von Nicäa (325 nach) exkommuniziert, blieb seitdem unbekannt, bis es dann mit anderen Schriften 1945 in Oberägypten[7] wiederentdeckt wurde. Es enthält 114 Jesus-Logien, gesammelte Aussprüche des Meisters. Es ist ursprünglich sicher in Griechisch geschrieben, uns aber nur in koptischer Übersetzung erhalten. Diese Logien-Sammlung ist älter als alle Evangelien. *Das Thomas-Evangelium entwirft ein ganz eigenes Bild von Jesu Wirken, das sich grundlegend von allen Evangelien oder von Paulus unterscheidet. Hier tritt uns ein anderer Jesus entgegen, kein Gottessohn, wohl aber ein Glaubensprediger und Glaubenserneuerer. Auch ihm folgten bald ganze Gemeinden* (Fried, Tod 129).

Das Thomas-Evangelium bezeichnet Thomas als den „Zwilling" von Jesus und will damit die enge Geistesverwandtschaft zwischen Jesus dem Christus, und dem Apostel Thomas zum Ausdruck bringen. Es spricht in Log 13 davon, dass Jesus den Jünger Thomas beiseite genommen habe, um ihm Dinge anzuvertrauen, die die anderen Jünger nicht hätten verstehen können. Hiergegen polemisiert das Johannes-Evangelium (20, 27) heftig, indem es Thomas als „Ungläubigen" bezeichnet, Johannes dagegen als den Lieblingsjünger von Jesus. Ein Opfertod Jesu am Kreuz findet sich bei Thomas nicht, ebensowenig eine Auferstehung aus dem Grab.

---

[7] Vgl. Exkurs Nag Hammadi

Die **Apostelgeschichte** des Lukas, »das Wirken der Apostel« steht gesondert vom Evangelium. Sie gibt sich als Geschichtsschreibung ohne den Anspruch, eine „heilige Schrift" sein zu wollen. Sie beginnt damit, dass sich Jesus seinen Schülern (Jüngern) als Überlebender nach seinen Leiden vorstellte und er ihnen dies 40 Tage lang zu beweisen suchte. Er sprach vom Königreich GOTTES, sie aber fragten, ob er das Königreich Davids wiederherstellen werde.

## 4.1 Himmelreich und Quantenphysik

Dieses Kapitel nimmt den Faden der Philosophia Perennis aus der »Einladung« wieder auf. Es soll Ihnen die Entfaltungsgeschichte des menschlichen Geistes deutlich machen in der Zeitspanne von Parmenides bis zur Quantenphysik. Dabei steht natürlich die christliche Botschaft, wie sie Jesus verkündete, im Mittelpunkt unseres Interesses.

*Es gibt mittlerweile viele anerkannte Wissenschaftler, die bestens belegte Argumente dafür liefern, dass die traditionellen Weisheiten sehr genau mit den Erkenntnissen der modernen Physik übereinstimmen. Aber woher hatten die Altvorderen ihr Wissen, das wir uns heute mühselig über Theorie und Experiment aneignen müssen?*

*Es handelt sich höchstwahrscheinlich um durch Innenschau oder Versenkung gewonnene Erkenntnisse. Im Mittelpunkt dieser Innenschau steht das sogenannte Einheitserlebnis. Es entspricht der Erfahrung eines undifferenzierten, unpolarisierten »Urfeldes«. Ich nenne es das »Meer aller Möglichkeiten«. Aus diesem Urfeld heraus sind offensichtlich viele bedeutende Erkenntnisse gewonnen worden und auch heute noch zu gewinnen, und zwar für jeden* (Warnke, Quantenphilosophie 21).

Die Evangelien berichten nichts darüber, wo Jesus sich aufhielt vom zwölften bis zu seinem dreißigsten Lebensjahr. Die Evangelien erwähnen aber an vielen Stellen, dass er oftmals die Nacht über auf **dem** Berg betete. Es bedarf wohl tiefster Versenkung, um zu den höchsten Einsichten zu gelangen.

Gerade der Quantenphysiker Erwin Schrödinger hat oftmals auf Übereinstimmungen von Einsichten, wie sie in den Upanishaden[8] überliefert sind, mit den Ergebnissen der Quantenphilosophie hingewiesen.

### Das Feld der Ideen oder universellen Konstanten

Der Philosoph Parmenides schildert in seinem Lehrgedicht seinen Aufschwung aus dem von den Sinnen gewonnenen Weltbild, das er das »Haus der Nacht« nennt, in das Lichtreich der Wahrheit, wo es nur Seiendes in höchster Vollendung gibt. Dieses Seiende ist ungeworden und unvergänglich und bleibt ewig mit sich identisch. Alles Werden und Vergehen ist bloßer Schein, eine irrige Vorstellung.

---

[8] Vgl. Erklärungen

Platon, von Hause aus Mathematiker, greift das Bild des Parmenides im Dialog Phaidros (246 ff) auf. Er versteht »Seele« (psyché) als Bewusstsein. In diesem Bewusstsein sieht er drei Schichten, die zusammen ein unteilbares Ganzes bilden. Und dieses Ganze ist unsterblich. Platon malt dazu das gleichnishafte Bild vom »Seelenwagen«. Es stammt von den Spielen in Olympia: Ein einachsiger Rennwagen mit zwei Pferden und einem Lenker. Der Wagenlenker ist der Geist. Von den beiden Pferden ist das eine die Vernunft, die sich leicht und willig vom Geist lenken lässt. Das andere Pferd steht für die emotionale und gefühlsbetonte Schicht: das Unterbewusstsein. Diese Kraft lässt sich nur mit äußerster Mühe vom Geist im Zaum halten und lenken.

Um sich nun dem absoluten Bewusstsein, dem GEIST, zu nähern, muss sich dieser geflügelte Seelenwagen über die Bahnen der sieben Planeten, die alle um die Erde kreisen, hinaus bis in den Fixsternhimmel, den Bereich der absoluten göttlichen Ideen oder Informationen erheben. Dieser Fixsternhimmel dreht sich in umgekehrter Richtung, d. h. in ihm gelten andere Gesetze als in der physischen Welt.

*Diesen überhimmlischen Bereich aber hat noch kein Dichter von den hiesigen besungen, noch wird er ihn besingen, wie es angemessen ist. Er ist aber so anzusehen, denn ich muss versuchen, die Wahrheit zu sagen, zumal wenn ich über die Wahrheit spreche: Das wahre Sein, ohne Farben, unkörperlich und stofflos, nur dem geistigen Sinn, dem Lenker der Seele, sichtbar, und mit dem sich die Fachrichtung der wahren Wissenschaft befasst, ist hier angesiedelt. Die Weide, die dem edelsten Teil der Seele angemessen ist, findet sich gerade auf dieser Wiese. Und die Natur des Gefieders, durch das die Seele hochgehoben wird, findet hier ihre Nahrung.*

Intuition in die Welt der wahren Ideen kann der Geist nur gewinnen, wenn das Pferd Vernunft seinen Gespanngenossen Emotion in die Höhe mitreißen kann. Gelingt dies, dann kann der Geist göttliche Ideen erfassen und auf dieser Weide aufbauende Nahrung finden. Je länger er sich in dieser geistigen Höhe halten kann, umso mehr nimmt sein Gefieder zu, sodass er sich von Höhenfahrt zu Höhenfahrt länger auf der Ebene der Ideen halten und mehr und mehr von ihnen erfassen kann. Jeder Seele, die bei dieser Fahrt etwas von den wahren Dingen erblickt hat, nimmt das Gefieder zu, und es widerfährt ihr bis zur nächsten Fahrt kein Leid. Kann sie jedes Mal so dabei sein, bleibt sie ohne Schaden. Durch den Anblick des Schönen und Vollkommenen wächst das Gefieder, durch den Anblick des Hässlichen aber nimmt das Gefieder ab. Viele erreichen die himmlischen Sphären nicht oder noch nicht. Ihr Bewusstsein muss sich in den unterhimmlischen, den irdischen Sphären von menschlichen „Ideen", Gedanken, Vorstellungen und Begriffen ernähren. Es lebt von scheinhafter Nahrung und bleibt der Scheinwelt der sinnlichen Illusionen verhaftet.

Seele oder Bewusstsein ist für Platon unsterblich. Es überlebt in seiner Struktur die materielle Daseinsform. Wie die Pythagoreer war auch

Platon von der »Seelenwanderung« oder Reinkarnation fest überzeugt. Er schreibt darüber in den Dialogen Phaidon und Staat (614 b).

## Das Feld der Quanten oder Potentiale

Die Geburtsstunde der Quantenphysik, die sich mit dem Verhalten subatomarer Teilchen beschäftigt, fällt ins Jahr 1900. In diesem Jahr entdeckte der Physiker Max Planck bei der Untersuchung der Strahlung schwarzer Körper eine neue Naturkonstante, die nach ihm »Plancksches Wirkungsquantum« benannt ist. *Diese Entdeckung führte letztlich zur Ablösung der klassischen Physik durch die Quantenphysik und markiert deshalb den Übergang zum modernen physikalischen Weltbild. Er erhielt dafür 1918 den Nobelpreis für Physik* (Dürr, Physik 341).

*Wohl keine Entwicklung in der modernen Wissenschaft hatte das menschliche Denken nachhaltiger beeinflusst als die Geburt der Quantentheorie. ... Bis zum heutigen Tag währen die Qualen, die dieser Prozess der Neuorientierung bereitete. Im Grunde genommen haben die Physiker einen schweren Verlust erlitten: Sie verloren ihren Halt an der Realität* (Bryce Dewitt/Neill Graham, Quantenphysiker).

*Hinter der ein Jahrhundert dauernden Auseinandersetzung um die Quantenmechanik steht eine grundlegende Meinungsverschiedenheit über das Wesen der Wirklichkeit – eine Meinungsverschiedenheit, die, wenn sie unaufgelöst bleibt, sich zu einem Streit über das Wesen der Naturwissenschaft zuspitzt* (Smolin, Quantenwelt 18). Es stehen sich im Wesentlichen zwei Lager gegenüber. Die eine Gruppe schart sich um Albert Einstein. Sie glaubt, dass es *da draußen* eine natürliche Welt gibt, die vom menschlichen Geist unabhängig existiert. Sie vertritt daher den Standpunkt, *dass es eine wirkliche Welt da draußen gibt, deren Eigenschaften in keiner Weise von unserem Wissen oder unserer Wahrnehmung von ihr abhängen* (s.o. 18).

Das zweite Lager um Niels Bohr ist sich sicher, *dass die Eigenschaften, die wir Atomen und Elementarteilchen zuschreiben, diesen Objekten nicht innewohnen, sondern nur durch unsere Interaktionen mit ihnen erzeugt werden und nur zu dem Zeitpunkt existieren, zu dem wir sie messen* (s.o. 21).

Sind wir nun *außerhalb* stehende Beobachter oder agieren wir mit dem Ganzen und sind ein Teil *in* ihm? *Wir sprechen zwar von Elementarteilchen, aber alles Quantenartige, einschließlich Atome und Moleküle, ist sowohl ein Teilchen als auch eine Welle. ... Wenn zwei Teilchen miteinander interagieren und sich dann voneinander wegbewegen, bleiben sie in dem Sinne miteinander verflochten, dass sie Eigenschaften zu teilen scheinen, die sich nicht in Eigenschaften aufschlüsseln lassen, die jedes Teilchen für sich besitzt* (s.o. 35). *Bohr behauptete, dass, sobald wir diesen revolutionären Wandel in unser Denken einbezögen, die Vollständigkeit der Quantenmechanik unausweichlich wäre, weil sie ein wesentlicher Bestandteil dessen sei, dass wir Teilnehmer der Welt sind, die wir zu beschreiben versuchen* (s.o. 40).

*Mehrere Autoren, beginnend mit Heisenberg und einschließlich meines Lehrers Abner Shimony, haben vorgeschlagen, dass die Welt des Möglichen als Teil der Wirklichkeit mit einbezogen werden muss – weil der Quantenphysik zufolge das Mögliche die Zukunft des Wirklichen beeinflusst. ... Dinge, die nicht wirklich, aber möglich sind, gehorchen nicht dem Satz des ausgeschlossenen Dritten, aber sie müssen als Teil des Wirklichen betrachtet werden, weil sie das Tatsächliche beeinflussen können. Dieser Perspektive zufolge ist das das Andere und Neue an der Quantenphysik* (s.o. 262 f).

Das Reich des Geistes ist ja das Feld der Informationen und damit der Potentiale, der Möglichkeiten, die die Energie haben, zu unserer Wirklichkeit zu werden.

Den Zusammenbruch eines alten Weltbildes durch fortschreitende Erkenntnis sollten wir nicht schmerzlich bedauern, sondern freudig willkommen heißen. Denn was zusammenbricht, war zuvor schon überaltert und ist jetzt lediglich ganz unhaltbar geworden. Weltbilder veralten und müssen einer neuen, erweiterten Sicht auf die Realität Platz machen: Nach jedem Akt muss der Vorhang fallen, damit er für den nächsten Akt wieder aufgehen und den Blick auf ein neues Szenario im großen Weltgeschehen der geistigen Evolution freigeben kann. Auch dafür wird wieder der Vorhang fallen und wieder aufs Neue hochgehen.

Die Quantenphysik zeigt, dass das, was unsere fünf Sinne als Materie und feste Substanz wahrnehmen, bloßer Schein ist. In Wirklichkeit ist Materie *auf subatomarer Ebene ... ein äußerst bewegliches Netzwerk instabiler energetischer Beziehungen. Subatomare Teilchen entstehen und vergehen so schnell, dass der Begriff des Teilchens gar nicht mehr wirklich zutreffend ist. Unter einem Teilchen stellen wir uns ein eindeutig bestimmbares und lokalisierbares Objekt vor, doch subatomare Teilchen sind eher temporäre Erscheinungen in einer beweglichen energetischen Welt* (Knapp, Quantensprung 221).

Schwer vorstellbar, und doch Wirklichkeit: Das ganze Universum; unsere Erde, auf der wir stehen; das Haus, in dem wir wohnen; ja unser Körper, mit dem wir uns identifizieren – sie alle haben keinerlei Substanz. Sie *bestehen zu mehr als 99,999999999 % des Raumvolumens aus masseleerem »Vakuum«. Würde man es entfernen, blieben weniger als 20 µm Größe übrig. Man müsste unseren so veränderten Körper mit dem Mikroskop suchen. Das Unglaubliche an diesem Fakt ist, dass wir zwar unser ganzes Leben mit den Massen unseres Körpers verbinden – wir identifizieren uns geradezu mit ihnen - , aber mengenmäßig sind sie eigentlich ein Nichts. Sie machen nur 0,000000001 Prozent des Körpervolumens aus* (Warnke, Quantenphilosophie 60).

Die Welt, die wir mit den Augen wahrzunehmen glauben, ist in Wahrheit ein masseloses »Urfeld«, auch »Psi-Feld«, »universelles Geistfeld«, »universelles Informationsfeld«, auch »Meer aller Möglichkeiten« oder »Feld der Potentiale« genannt.

Platon spricht von diesem Feld als einer »Wiese« oder »Weide«, auf der sich das menschliche Bewusstsein ernähren kann.

Das »Feld der Potenziale« ist *nichts als eine unermessliche Symphonie von Schwingungen und Überlagerungen von Schwingungsmustern. Alle Formen, Strukturen und Gestalten, die wir sehen, sind von der Schwingungsaktivität der Elektronen und Atomkerne abhängig, die sich in dem betreffenden Körper befinden. Wenn sie von einem Energieniveau zum andern springen, absorbieren oder senden (reflektieren) Elektronen Photonen, die das Bild jedes Körpers übermitteln. Wir und alle anderen Körper aus Materie sind also nicht das, was uns als Bild vom Gehirn präsentiert wird, sondern komplizierte Schwingungs- und Feldhologramme. ... Dieses Feld ist zwar leer an Massen, dafür aber voll von unvorstellbar viel Energie und Information – allerdings nur als Möglichkeit, deshalb virtuell* (Warnke, Quantenphilosophie 66 f).

Dieses »Feld der Potentiale« bildet gleichsam ein universelles Bewusstsein, in das sich alles, was wir denken, spontan überträgt, integriert und ab jetzt auch interagiert. Wie Atome sich zu Molekülen und Zellen vereinen, so bilden im Geistfeld Informationen Formen und Strukturen und werden zu »Morphogenetischen Feldern«, die durch »Morphische Resonanz« auf ähnliche Strukturen formend und strukturierend einwirken. *Vergleichbare Aktivitäts- oder Schwingungsmuster greifen wieder auf, was sich zuvor nach ähnlichen Mustern abgespielt hat* (Sheldrake, Spiritualität 164 f).

Alles, was in diesem »Feld der Potentiale«, diesem »Feld der Möglichkeiten« eingespeist ist, kann bei Resonanz auf den Geist überspringen. Wenn es dem Geist gelungen ist, das Bewusstsein mit dem Unterbewusstsein zu vereinen, kann er entscheiden, welche Information er einlässt und welche er nicht zulässt. Gültigkeit hat ein Gesetz, auf das Platon immer wieder hinweist: Gleiches zieht Gleiches an. *Wahrnehmung wird möglich, weil universelle Energiewellen, die das »Meer aller Möglichkeiten« ausfüllen, zu Teilchen mit besonderen Eigenschaften kollabieren. Diese Teilchen beeinflussen unsere Körpermaterie, indem sich Kräfte an Massen entwickeln. Die dem zugrunde liegenden Mechanismen beschreibt die Quantenphysik und, soweit die Seele und der Geist eines Individuums im Mittelpunkt stehen, die Quantenphilosophie* (Warnke, Quantenphilosophie 165).

Wenn wir entscheiden können, welche Informationen aus dem »Feld der Potentiale« wir zulassen und welche nicht, dann entscheiden wir auch über unseren Gesundheitszustand und über Heilung: *Der Mediziner Luciano Bernardi von der Universität Pavia sagt: Es ist sehr heilsam, in sich zu gehen. Dabei muss das Gesundwerden als Auftrag gegeben werden. ... Dies ist eine hervorragende Anleitung zur Kommunikation mit der universellen Informationsmatrix. Es geht darum, ein klares Ziel anzugeben und dann die richtigen Gefühle zu investieren. Die Absicht muss präzise und kurz formuliert und auf das Endergebnis konzentriert werden. Zwingend ist außerdem eine positive, freundliche Stimmung. ... Die Angebotswelle lässt eine mögliche Zukunftsvariante kollabieren und sendet das entsprechende konkrete Energiemuster aus diesem Geschehen zum Absender zurück. Dann setzt unser Bewusstsein es als Information in die Realität um. Man kann diesen ständig ablaufenden Vorgang geradezu als Naturgesetz ansehen. ... Je stärker die Wahrnehmung der Einheit bewusst ist, desto mehr Informationen werden Realität* (Warnke, Quantenphilosophie 247 ff).

Was die Unsterblichkeit der Seele anbelangt, ob sie ein religiöses Versprechen oder wissenschaftlich zumindest wahrscheinlich ist, auch auf diese Frage hält die Quantenphilosophie eine Antwort bereit: *Wenn Bewusstsein also etwas ist, das nicht durch das Gehirn und im Gehirn entsteht, sondern universell und zeitlos existiert; wenn wir mithilfe eines universellen Bewusstseins unser Leben in einer Materiekonstruktion leben, um Erfahrungen zu machen, die wir mit unseren Elementarteilchen nicht machen können, und wenn wir schließlich alle unsere Erfahrungen für immer in einem »Meer aller Möglichkeiten« abspeichern – dann wäre das, was wir Geist und Seele nennen, unsterblich. Dann allerdings müsste es irgendwo auch Hinweise auf frühere Leben geben. Ein früheres Leben könnte dann unser jetziges Leben mitbestimmen. Unser jetziges Leben wäre eine Wiedergeburt* (Warnke, Quantenphilosophie 188 f). Wir wären demnach von Natur Geistwesen, die, um zu lernen, eine materielle Erfahrung durchmachen. Auf wissenschaftlich untersuchte Fälle von Reinkarnation weisen Warnke (S. 189 f) hin und in einem ganzen Buch Jan Stevenson[9].

✳

Max Planck, der Entdecker der Quantenphysik, betont nachdrücklich, welche kulturellen Leistungen der religiöse Glaube hervorgebracht hat: *Allzu eindrucksvoll lehrt uns die Geschichte aller Zeiten und Völker, dass gerade aus dem naiven, durch nichts beirrbaren Glauben, wie ihn die Religion ihren im täglichen Leben stehenden Bekennern eingibt, die stärksten Antriebe zu den bedeutenden schöpferischen Leistungen, auf dem Gebiet der Politik nicht minder als auf dem der Kunst und der Wissenschaft, hervorgegangen sind* (Dürr, Physik 22).
In der Tat hat ja der (nicht organisierte) Götterglaube des klassischen Griechenlands gewaltige Leistungen in den Wissenschaften und Künsten hervorgebracht. Und zurecht sagt Friedrich Hölderlin: *Ihr guten Götter, arm ist, wer euch nicht kennt.*
Was die religiös organisierte Lehre des Christentums an schöpferischen Leistungen gerade auf dem Gebiet der Wissenschaft hervorgebracht hat, beurteilt sein Berufskollege Erwin Schrödinger im Jahr 1925 ganz anders als Planck: *Jahrhundertelang von der Kirche in der schändlichsten Weise geknechtet, haben die Naturwissenschaften ihr Haupt erhoben und im*

---

[9] Vgl. Literaturverzeichnis

*Bewusstsein ihres heiligen Rechts, ihrer göttlichen Sendung wuchtige, hasserfüllte Hiebe gegen ihre alte Peinigerin geführt, nicht achtend, dass diese - wenn auch unzulängliche, ja pflichtvergessene - dennoch die einzige bestellte Hüterin des heiligsten Gutes der Väter war* (Schrödinger, Leben 51).
In einem freilich sind sich beide Physiker einig: *Dieser naive Glaube – darüber dürfen wir uns nicht täuschen – besteht heute nicht mehr, auch nicht in den breiten Schichten des Volkes, und er lässt sich auch nicht mehr durch rückwärts gerichtete Betrachtungen und Maßregeln wieder lebendig machen* (M. Planck in: Dürr, Physik 22). Die Folgen beschreibt Schrödinger so: *Die Mehrzahl ist halt- und führerlos geworden. Sie glaubt an keinen Gott und keine Götter, kennt die Kirche nurmehr als politische Partei und die Moral als eine lästige Beschränkung, die mit der Stütze, die man ihr lange untergeschoben, dem Glauben an unmöglich gewordene Popanze, jeden Halt verloren habe. ... Die okzidentale Menschheit droht gänzlich auf die schlecht überwundene frühere Entwicklungsstufe herabzusinken* (Schrödinger, Leben 51).

Max Planck schließt seinen Aufsatz »Religion und Naturwissenschaft« mit der Aufforderung: *Es ist der stetig fortgesetzte, nie erlahmende Kampf gegen Skeptizismus und gegen Dogmatismus, gegen Unglauben und gegen Aberglaube, den Religion und Naturwissenschaft gemeinsam führen. Und das richtungweisende Losungswort in diesem Kampf lautet von jeher und in alle Zukunft: Hin zu Gott!* (Dürr, Physik 39)
Physik, insbesondere als Quantenphysik, kann den Kampf der Aufklärung nicht mit der Religion gemeinsam führen. Sie muss es allein tun und **gegen** Religion jeder Art. Denn letztere ist ja gerade die Hüterin des Feuers der Hexenverbrennungen, der Inquisition und jeder Spielart von Aberglauben. Sie hindert gemäß ihrem Wesen mit ihrem Dogmatismus den Geist daran, seine Flügel zu entfalten und sich in die Höhen des LEBENS aufzuschwingen. Die organisierten Kirchen haben sich der christlichen Lehre bemächtigt, sie von einer vernünftigen Lebensphilosophie zu einer Religion herabgewürdigt und unkenntlich gemacht.
Max Plancks *richtungweisendes Losungswort in diesem Kampf lautet von jeher und in alle Zukunft: Hin zu Gott!* Aber jetzt, da die Quantenphysik das Tor zur Metaphysik aufgestoßen hat, eröffnet sich für uns ein Weg zu einem neuen, wissenschaftlich untermauerten Gottesbild, das für die Religionen revolutionär sein wird, weil es die durch „heilige Schriften" festgeschriebenen Gottesbilder vom Sockel stürzen wird.

Eine Frage, auf die die Quantenphilosophie bisher noch keine Antwort gefunden hat, ist die: Gibt es in diesem »Meer aller Möglichkeiten«, in diesem unendlichen »Feld der Potentiale« eine universale Intelligenz, ein lenkendes und ordnendes PRINZIP für »Schönheit« und »Harmonie«, das die Evolution steuert im Sinne Platons? Gibt es die zentrale Sonne der Pythagoreer, den LOGOS des Heraklit und des Johannes-Evangeliums oder den Geistgott der Schöpfungstage, der da sagt: *Es werde Licht?*

sodass wahre und falsche Informationen zu unterscheiden sind, wie es die Priesterschrift am ersten und zweiten Schöpfungstag lehrt? Dass Platons Vorstellung von einem Ideenreich kein Hirngespinst ist, wie Aristoteles meinte, sondern tatsächlich existiert, wenn wir es heute auch anders benennen, hält der Quantenphysiker Erwin Schrödinger für eine großartige Intuition.

*Das Universum als Ganzes kann nur dann eine Ursache und einen Zweck haben, wenn es durch eine bewusste Kraft geschaffen wurde, die über es selbst hinausgeht. Dieses transzendentale Bewusstsein würde sich im Gegensatz zum Universum nicht auf ein Ziel hin entwickeln, vielmehr fände es sein Ziel in sich selbst. Es würde nicht auf eine endgültige Form zustreben, da es in sich selbst bereits vollständig ist.*
*Wenn dieses transzendente bewusste Sein die Ursache des Universums und alles darin Existierenden wäre, hätte alles Erschaffene in irgendeiner Weise teil an seiner Natur. Die mehr oder weniger begrenzte »Ganzheit« von Organismen auf allen Ebenen der Komplexität könnte demnach als Spiegelung der transzendenten Einheit betrachtet werden, von der sie abhängen und von der sie letztlich abstammen.*
*So bejaht diese vierte metaphysische Position die ursächliche Wirksamkeit des bewussten Selbstes und die Existenz einer Hierarchie kreativer Instanzen, die der Natur innewohnen, und die Realität eines transzendenten Ursprungs des Universums* (Sheldrake, Universum 245).
*Nach dieser Art zu denken ist der Geist der Tiere, einschließlich der Insekten, die Seinsgrundlage für die Schönheit der Blumen. Mit ihrem Geist haben sie teil am göttlichen Sein und helfen somit auch, die Schönheit der Blumen hervorzubringen. Mit ihrem Geist und Schönheitssinn haben sie teil am Wesen Gottes als dem letzten Ursprung des Wahren, Schönen und Guten. Gott ist kein Ingenieur, der eine für sich bestehende mechanische Welt erschaffen hat, wie es einige mechanistisch denkende Theologen vertreten haben. Gott ist in der Natur, in jedem Teil von ihr, so wie die Natur in Gott ist und an Gottes Sein und Bewusstsein teilhat* (Sheldrake Spiritualität 164).

## Die himmlischen Felder

Die Quantenphysik hat uns darüber belehrt, dass es einzig nur ein schwingendes Energiefeld gibt, in dem Massen oder Materie nur vorübergehende Phänomene sind. Glauben wir dennoch weiterhin, dass sich unser Leben auf der Erde abspielt, über der ein Himmel ist mit einem Gott darin, zu dem wir am Ende unserer Tage zu kommen hoffen? Vor zweieinhalb Jahrtausenden schon belehrte ein Traumgesicht einen jungen Römer: *Diejenigen leben, die aus den Fesseln ihrer Leiber wie aus einem Käfig entflogen sind. Euer sogenanntes Leben aber ist der Tod. ... Dieses Leben ist der Weg in den Himmel und in die Gemeinschaft derer, die schon gelebt haben und, vom Körper gelöst, jenen Ort bewohnen, den du siehst – es war aber jener zwischen Flammen hervorleuchtende Ring von strahlendem*

*Glanz, den ihr, wie von den Griechen übernommen, Milchstraße nennt. ... Du aber arbeite dich hoch und sei dir dessen gewiss: Sterblich ist nicht dein Selbst, sondern nur dieser Körper da. Denn das, wofür dich diese körperliche Gestalt erklärt, bist nicht du, vielmehr macht das Bewusstsein (mens) eines jeden seine Individualität aus und nicht das Äußere, auf das man mit dem Finger zeigen kann. Sei dir also dessen bewusst, dass du Teil von Gott bist, wenn jedenfalls das Gott ist, was stark ist und fühlt, was erinnert und voraussieht, was diesen Körper, der ihm untersteht, so regiert, leitet und bewegt wie der regierende Gott diese Welt* (Somnium Scipionis III bis VIII). Dieses Traumgesicht gibt pythagoreisches Gedankengut wieder.

Im Thomas-Evangelium fragen die Schüler den Meister, wann das Reich GOTTES kommen werde. Und er antwortet ihnen: *Es wird nicht kommen, indem man darauf wartet. Man wird nicht sagen: Schau, es ist hier! oder Schau, es ist dort! Das Reich des Vaters ist vielmehr ausgebreitet über die Erde, und doch sehen es die Menschen nicht* (Log 113). Das »Feld des Geistes« kennt weder Zeit noch Raum, es ist Allgegenwart, die weder Vergangenheit noch Zukunft kennt, sondern nur ein ewiges »Jetzt!«.
GOTT ist *ja nicht weit entfernt von jedem einzelnen von uns. Denn in ihm leben wir, in ihm bewegen wir uns, und in ihm haben wir unser Dasein* (Apg 17, 27 f), lehrt Paulus in Athen. Es ist nur die Frage, ob wir uns dessen auch bewusst sind: *Man muss es so sehen: Das Reich GOTTES ist in eurem Innern* (Lk 17, 20 f).

Hinken wir den wissenschaftlichen Erkenntnissen so weit hinterher oder machen wir uns endlich bewusst, dass wir bereits im Himmel, im »Feld der Ideen oder Potentiale« leben und uns darin bewegen, wie es die christliche Lehre verkündet und die Quantenphilosophie bestätigt? Wir brauchen nur die geistigen Augen zu öffnen (Joh 4, 35), um in diesem Reich zum Bewusstsein zu erwachen. Denn wer ohne das rechte Bewusstsein ist – gerade die werden doch in der christlichen Bibel immer wieder als die »Toten« bezeichnet.
Im Logion 51 fragen die Schüler: *An welchem Tag werden die Toten zur Ruhe kommen? Und an welchem Tag wird die neue Welt kommen? Er sagte ihnen: Jener Tag, auf den ihr wartet, ist schon gekommen, aber ihr nehmt ihn nicht wahr.* Die Frage ist also: Sind wir uns dessen bewusst oder verharren wir noch immer im materiellen Weltbild der Atomisten vor zweieinhalb Jahrtausenden? Die Toten, von denen hier die Rede ist, das sind die, die noch nicht aus dem materiellen Weltbild auferstanden sind, die noch nicht verinnerlicht haben, dass GOTT, GEIST, alles in allem ist und dass die Menschen jetzt schon Kinder GOTTES (1 Joh 3, 1; Röm 8, 16 und 21) und das vollkommene »Bild und Gleichnis« dieses GEISTES sind (1 Mos 1, 27 und 31). Es sind die, die noch im Körper wohnen, den Pythagoras und Platon als »Grab der Seele« bezeichnen: *Solange wir im Leib wohnen, weilen wir fern von dem Herrn. ... Wir sind aber getrost und haben vielmehr Lust, den Leib zu verlassen und daheim zu sein bei dem Herrn*, sagt Paulus (2

Kor 5, 6 und 8; Luther 84). Es sind die, die noch nicht den überhimmlischen Ort der Ideen durch Versenkung und Meditation geschaut haben.

Besonders aufschlussreich ist, was Jesus im Thomas-Evangelium noch lehrt: *Das Reich ist vielmehr in euch drinnen und es ist außerhalb von euch. Wenn ihr euch erkennt, dann werdet ihr erkannt werden, und ihr werdet wissen, dass ihr die Söhne des lebendigen Vaters seid. Wenn ihr euch aber nicht erkennt, dann seid ihr in der Armut, und ihr seid die Armut* (Log 3). Hier wird die Frage erörtert, wie wir zu diesem »Feld der Potentiale« Kontakt aufnehmen können, damit diese Potentiale für uns zu Informationen werden, die sich positiv auf unsere seelische und körperliche Verfassung auswirken. *Es gibt eine direkte Wirkung von geistiger Information auf Materie. Es gibt Information, die Eigenschaften von Molekülstrukturen entstehen lässt. Es gibt Information auf übergeordneter Ebene, die Massenkonstrukte, unabhängig von Raum und Zeit, beeinflussen kann.* (Warnke, Quantenphilosophie 188).
Eine Information aus dem »Feld der Potentiale« wird für uns aber erst durch Verstehen zur Information.
Das »Geistfeld« ist ein »Meer **aller** Möglichkeiten«. *Information wird darin aufgenommen, erkannt, gespeichert, intelligent (zielgerichtet) verwertet, mit Sinn und Bedeutung verknüpft, also insgesamt mit einem Bewusstsein verarbeitet, das Erfahrung ermöglicht* (Warnke, Quantenphilosophie 68). Es enthält also, platonisch gedacht, wahre Ideen und wahnhafte Idole, paulinisch gedacht, gute Geister und Dämonen. Und wir, wir stehen nicht außerhalb dieses Feldes als Betrachter, wir sind vielmehr Teil des Geschehens in diesem Feld energetischer Bewusstseinsstrukturen, die für eine gewisse Zeit gleichsam zu Materie geronnen sind. Aber auch in dieser scheinbaren Masse ist, wie Heraklit sagt, immer *alles im Fließen.* Das »Feld der Potentiale« ist ein Feld, in dem Potentielles jederzeit Realität werden kann, entsprechend der Qualität unserer Gedanken.

Wenn das Reich GOTTES vollkommen ist, wie Jesus lehrt, und einzige Gegenwart, dann kann es nur Vollkommenes geben und alles Unvollkommene kann nur Illusion sein. Und er bewies die Richtigkeit seiner Lehre durch seine Heilungen, wozu er anmerkte: *Mein Vater ist bis heute am Wirken, und ich wirke auch* (Joh 5, 17).
Im selben Evangelium spricht auch Jesus von »Feldern«, die zur Ernte bereitstehen:
Macht eure Augen auf und betrachtet die Felder:
Sie sind weiß zur Ernte. Schon jetzt erhält seinen Lohn,
wer erntet, und er fährt Frucht ein zum ewigen LEBEN.      Joh 4, 35 f
Wie also vollzieht sich diese Ernte auf dem »Feld der Potentiale« *schon jetzt?* Mit den Augen der Quantenphilosophie betrachtet kann Heilung geschehen, wenn unser Bewusstsein mit dem Himmelreich der göttlichen Ideen in der universellen Informationsmatrix kommuniziert,

wenn wir bewusst in diesem Hologramm[10] als integrativer Teil leben: *Die Angebotswelle lässt eine mögliche Zukunftsvariante kollabieren und sendet das entsprechende konkrete Energiemuster aus diesem Geschehen zum Absender zurück. Dann setzt unser Bewusstsein es als Information in die Realität um* (Warnke, Quantenphilosophie 248).

Heilung kann im meditativer Versenkung geschehen:
Du aber geh, wenn du beten willst,
in das innerste Zimmer deines Hauses,
verschließe die Tür und bete zu deinem Vater,
der im Verborgenen ist. Und dein Vater, der im Verborgenen ist,
wird dir geben vor aller Augen. Mt 6, 6

In dem großen »universellen Geistfeld«, in das alle Gedanken sofort eingespeist werden, wird es dann aber auch *Angebotswellen* unterschiedlicher Qualität geben, die nicht alle konstruktiv auf uns einwirken könnten. Parmenides und Platon teilen ja dieses Reich in einen Bereich der unterhimmlischen Idole und einen der überhimmlischen Ideen ein.

In der Christlichen Bibel (Neues Testament) finden wir ebenfalls das Bild von zwei Bereichen. Da gibt es einmal das himmlische Reich des Schöpfers (Vaters), das geistige Lichtreich der göttlichen Ideen (1 Tim 6, 16), ferner ein irdisches Reich des Diabolus und seiner bösen Geister (1 Joh 5, 19). Wie das Himmelreich weder oben noch unten ist (Log 3), so ist es auch mit dem Reich des »Fürsten dieser Welt«, dem Reich der Finsternis. In Wirklichkeit gehen beide Reiche ineinander und es gibt nur das »Feld der Potentiale«. In welchem Reich wir leben, ist ganz und gar Sache unseres Bewusstseins.

Das Reich des GEISTES ist das Reich des LEBENS, das materielle Reich gilt als das Reich der Schlafenden und der Toten. Bei Johannes spricht Jesus vom Fürsten, der diese Welt beherrscht und fügt die Aufforderung an: *Erwacht und steht auf, lasst uns von hier weggehen!* (Joh 14, 3). Hier ist natürlich nicht von einem Ortswechsel die Rede. Aufstehen heißt auferstehen, wie in Kapitel 10 dargelegt wird. Das Dasein im Reich des Bösen ist lediglich ein Alptraum, aus dem wir aufgeweckt werden durch das anbrechende Tageslicht (Röm 13, 11 f).

In einem Lehrschreiben an die christliche Gemeinde in Korinth sagt Paulus: *Denn wenn es auch sogenannte Götter gibt, sei es im Himmel oder auf der Erde - es gibt ja viele Götter und viele Herren - so gibt es für uns doch nur einen Gott, den Vater, aus dem alles ist, und auch wir zu ihm.* ... (1 Kor 8, 5 f).

Das Böse existiert nur als Schatten im Reich des Schlafes und der Finsternis. Hier geht der *Widersacher, der Diabolus, umher wie ein brüllender Löwe auf der Suche, wen er verschlingen kann* (1 Petr 5, 8). *Lass dich vom Bösen nicht besiegen, besiege vielmehr das Böse im Guten*, fordert Paulus, und im

---

[10] Vgl. Erklärungen

Brief an die Gemeinde von Ephesus erklärt er: *Unser Kampf ist kein Kampf gegen Fleisch und Blut, sondern gegen die Machtbereiche, gegen die Herrschaftsansprüche, gegen die Weltherrscher dieser Finsternis, gegen die bösartigen mentalen Mächte unter dem Himmel* (Eph 6, 12). Das Böse ist also nicht Person.

Die destruktiven Geister oder Dämonen werden durch das Licht der göttlichen WAHRHEIT ausgetrieben. So hatte schon Zarathustra gelehrt. In seiner gleichnishaften Rede spricht er vom Geistgott Ahura Mazda, dem Quell aller Lichter. Dessen Zwillingsbruder Ahriman kann nur versuchen, diese Lichtschöpfung mit seinem schwarzen Rauch zu vernebeln. Außerdem sind da noch die drugs, die Lügengeister, die die Menschen von der Wahrheit abbringen wollen.

Paulus ruft dazu auf: *Lasst uns die Waffen des Lichtes anlegen* (Röm 13, 12); denn *unsere Strategie stützt sich nicht auf materielle Waffen* (2 Kor 10, 4). *Habt nicht Gemeinschaft mit den unfruchtbaren Werken der Finsternis; deckt sie vielmehr auf! ... Wenn es vom Licht widerlegt wird, fliegt alles auf* (Eph 5, 8-13).

Auch Jesus spricht von diesen bösen Geistern im Zusammenhang mit dem Reich GOTTES: *Wenn ich aber in GEIST, GOTT, die dämonischen Mächte austreibe, dann ist doch das Reich GOTTES schon bei euch angekommen* (Mt 12, 28).

Der erste Petrusbrief spricht von GOTT, *der euch gerufen hat aus der Finsternis in sein wunderbares Licht* (1 Petr 2, 9). Der Mensch kann diesem Ruf GOTTES folgen oder nicht. Man kann aber nicht gleichzeitig in zwei entgegengesetzte Richtungen gehen: *Niemand schafft es, zwei Herren zu dienen. Entweder wird er den einen ablehnen und den anderen lieben, oder er wird sich an den einen halten und den anderen abweisen. Ihr könnt nicht GOTT dienen und der materiellen Welt* (Mt 6, 24).

Was wir durch das Gesetz der Resonanz an uns ziehen, zeigt, wes Geistes Kind wir sind. Eine solche Lehre musste Jesus auch seinen Schülern erteilen. Als sie durch das Gebiet der Samariter kamen, stießen sie auf Ablehnung, worüber seine Schüler empört waren und fragten, ob sie Feuer vom Himmel herabrufen sollten, damit es diese Menschen verzehre. Jesus aber *wandte sich um und tadelte sie mit den Worten: Wisst ihr nicht, welchem Geist ihr angehört?* (Lk 9, 54 f)

Meditieren wir also darüber und vergewissern wir uns der Allheit GOTTES, die sich darlegt als Vater, Sohn und Heiliger Geist: Schöpfer, Schöpfung und deren unteilbare Einheit: *Schon jetzt sind wir Kinder GOTTES. Und doch ist das, was wir sein werden, noch nicht voll zum Ausdruck gebracht ... Und jeder, der diese Aussichten hat, zu ihm zu gelangen, der macht sich genauso heilig, so wie GOTT heilig ist* (1 Joh 3, 2 f). Krankheiten kommen aus dem Geistfeld. Wir können sie berichtigen. Positives Denken genügt dabei nicht, weil es menschlich erdacht wird. Wir müssen die Gedanken GOTTES denken. Nur göttliche Ideen sind das wahre Gegenbild, sind richtige Informationen. Viele richtige Informationen finden wir in den Ideen der Sieben Schöpfungstage, weitere lassen sich aus den

Seligpreisungen und dem Vaterunser ableiten. Ideen aus dem Reich des Vaters, der WAHRHEIT, sagen: *Es werde Licht! Und es ward Licht,* heißt es weiter. Dieses Licht treibt die *bösartigen mentalen Mächte unter dem Himmel* (Eph 6, 12) aus, ebenso die *fruchtlosen Machenschaften der Finsternis* (Eph 5, 11). Licht[11] bringt ja Finsternis zum Verschwinden, das Licht der Erkenntnis bedeutet das Ende von Trug und Täuschung.

Heilung kann sich im physischen Bereich schrittweise vollziehen, aber auch spontan (Spontanheilung), denn im Himmelreich der Ideen oder Potentiale spielen Raum und Zeit keine Rolle, alle Übermittlung geschieht hier unmittelbar. Der Schlüssel zu diesem Himmelreich ist das tiefe Bewusstsein, dass das Ideenreich GOTTES die einzige Realität und Wirklichkeit ist.

Kommen wir nun zu der Frage, ob die Reinkarnation in der christlichen Lehre enthalten ist. Jesus hat sie weder gelehrt noch ausdrücklich abgewiesen, wie wir aus Johannes 3 ersehen können. Er hat sie lediglich als Weg zum ewigen LEBEN abgelehnt. Jesus lehrte die Auferstehung, den Ausstieg aus dem Kreislauf der Wiedergeburten, denn ewiges LEBEN heißt Nichtmehrsterben: *Was aus Materie entstanden ist, ist Materie, was aus GEIST entstanden ist, ist GEIST. Verwundere dich nicht, wenn ich dir sage, ihr müsst von oben geboren werden* (Joh 3, 6 f). Von oben geboren werden heißt, seine Herkunft von GOTT, GEIST, herleiten. Der Mensch kommt aus dem Reich GOTTES, das er nie verlassen hat:

Mein Sohn, du bist allezeit bei mir,
und alles, was mein ist, das ist dein. Lk 15, 31

Einen Hinweis auf Reinkarnation kann man im Matthäus-Evangelium finden. Dort erzählt Jesus ein Gleichnis: Ein Mann wollte eine Zeitlang außer Landes gehen und vertraute währenddessen seinen drei Untergebenen sein Silber an, jedem nach seinen Fähigkeiten, die er ihm zutraute. So gab er dem ersten fünf Talente[12], dem zweiten zwei Talente, dem dritten ein Talent. Nach seiner Rückkehr forderte er Rechenschaft darüber, wie sie die anvertrauten Talente angelegt hätten. Der erste hatte aus seinen fünf anvertrauten Talenten zehn gemacht, auch der mit den zwei Talenten hatte sie verdoppelt. Nur der dritte hatte sein Talent in der Erde vergraben und nichts daraus gemacht.

Zu den beiden ersteren sagte der Herr: „Gut gemacht! Ihr wart rechtschaffen und habt weniges getreu vermehrt. Darum werde ich euch zu Verwaltern von vielem machen. Seid willkommen in meinem Hause." Dem dritten aber, der aus seinem anvertrauten Talent nichts gemacht und es auch noch in der Erde vergraben hatte, wurde auch dieses eine Talent noch weggenommen. Denn: Wer sein Talent nicht vermehrt hat, der verliert auch noch das, was ihm geliehen wurde. Er wurde hinaus-

---

11 Vgl. Exkurs Licht und Finsternis
12 Das griech. tálanton ist eine Gewichtseinheit.

geworfen in die Finsternis, den Ort des Wehklagens und der Angst – Absturz in die unterhimmlischen Sphären, wie Platon, Rückfahrkarte ins »Haus der Nacht«, wie Parmenides sagen würde.

Wer die Reinkarnation als Tatsache ansieht, der geht mit seiner Lebenszeit bewusster und verantwortungsvoller um, weil er weiß, dass er inmitten eines großen Schöpfungsprozesses steht, der ewig vor sich geht. Die geistige Evolution führt uns auf dem Weg, dass wir schrittweise vollkommener werden. Ärztliche Heilung ist bei Krankheit willkommen und wir dürfen sie in Anspruch nehmen. Wo aber nur Symptome beseitigt werden, wirkt die Ursache weiterhin. Wir sollten bedenken, was Jesus zu einem Mann gesagt hat, nachdem er ihn von seiner Krankheit geheilt hatte: *Siehe, du bist gesund geworden. Höre auf, falsch zu denken, damit dir nichts Schlimmeres zustößt!* (Joh 5, 14) Jesus heilte, um die Gegenwart des Gottesreiches zu beweisen (Mt 12, 28), den geistigen Aufstieg aber muss jeder von uns selber machen. Fortschritt ist der ewige Befehl der geistigen Evolution. Die Allgegenwart des Gottesreiches und die Auferstehung[13] sind die zentralen Lehren des Christustums[14]: *Steh auf und wandle!* (Mt 9, 5; Apg 3, 6).

Die Quantenphysik hat das Tor für weitere Schritte auf dem Weg der geistigen Evolution aufgestoßen. Wir stehen vor vielen neuen Fragen. Wenden wir einstweilen bei Problemen die Einsichten der großen Weisen an, die noch weiter gesehen haben. Erwin Schrödinger hat auf sie hingewiesen: Die Veden, die platonischen Ideen, das Evangelium. Machen wir einen Versuch mit dem Licht der göttlichen Ideen[15]. Vielleicht gelingen uns so Gottesbeweise, die zu Gewissheiten werden und unserem Leben Sinn geben.

> Ihr werdet die WAHRHEIT erkennen,
> und die WAHRHEIT wird euch frei machen.      Joh 8, 32

Wie Kopernikus das Jahrtausende alte, falsche Weltbild berichtigt hat, so werden auch die Quantenphysik und die Quantenphilosophie die durch Dogmen und Glaubenszwänge verschüttete christliche Quelle freilegen und so das Christentum wieder vom Kopf auf die Beine stellen.

## 4.2 Was nicht zur christlichen Botschaft gehört

Es sind dies neben dem Dogma der jungfräulichen Geburt Jesu, die selbst von den Evangelien widerlegt wird,

---

[13] Vgl. Kap. 7 Auferstehung
[14] Vgl. Erläuterungen
[15] Vgl. Kap 4

1. der Opfertod des Gottessohnes am Kreuz und
2. seine leibliche Auferstehung aus dem Grab.

## Der Opfertod am Kreuz

> Wir verkünden den gekreuzigten Christus.
> Für die Juden ist es ein Skandal,
> für die Heiden ein Blödsinn.
> (Paulus)

Stellen wir uns folgende Szene vor, die sich täglich vielerorts ereignen kann: Ein Nichtchrist besichtigt mit seinen Kindern einen christlichen Dom. Sie werden am Hochaltar vorbeikommen, wo ein gekreuzigter Toter hängt, überlebensgroß, meist blutüberströmt wie auf dem Isenheimer Altar. Der Vater erklärt seinen Kindern: „Das ist der Gott, zu dem die Christen beten."

Wenn der Vater gebildet ist, wird er seinen Kindern weiter erklären, dass dieser Gott Jesus einen Gottvater habe, der verlangt hat, dass sein unschuldiger Sohn auf solch blutige Weise zu Tode komme, weil er auf andere Weise den Menschen eine bis in mythische Zeiten zurückreichende Schuld des Ur-Menschen Adam nicht vergeben könne.

Vielleicht kann er auch etwas zur Heiligen Messe sagen: Bei jedem Messopfer wird dieser Opfertod auf geheimnisvolle Weise wieder vollzogen. Brot und Wein werden in Fleisch und Blut des Gottessohnes verwandelt und unter die Gläubigen zum Verzehr verteilt.

Wird sich ein Kind, das derlei sieht und hört, nicht eher innerlich abgestoßen, als sich zum christlichen Glauben hingezogen fühlen?

Jesus von Nazareth wurde von den Römern am Kreuz hingerichtet, weil sein neues, revolutionäres Gottesbild, besonders aber sein radikales Auftreten im Tempel vor dem Pesach-Fest, zu dem viele jüdische Pilger nach Jerusalem zusammengeströmt waren, die Römer neuerliche Unruhen unter den Juden befürchten ließ.

*Das Wort schon »Christentum« ist ein Missverständnis -, im Grunde gab es nur einen Christen, und der starb am Kreuz. Das »Evangelium« starb am Kreuz. ... Und von nun an tauchte ein absurdes Problem auf: „Wie konnte Gott das zulassen!" Darauf fand die gestörte Vernunft der kleinen Gemeinschaft eine geradezu schrecklich absurde Antwort: Gott gab seinen Sohn zur Vergebung der Sünden, als Opfer. Wie war es mit einem Male zu Ende mit dem Evangelium! Das Schuldopfer, und zwar in seiner widerlichsten, barbarischsten Form, das Opfer des Unschuldigen für die Sünden der Schuldigen! Welches schauderhafte Heidentum! Jesus hatte den Begriff »Schuld« selbst abgeschafft - er hat jede Kluft zwischen Gott und Mensch geleugnet, er lebte diese Einheit von Gott und Mensch als seine »frohe Botschaft«* (F. Nietzsche, Der Antichrist 39 und 41).

Der Atheist Richard Dawkins spottet, dass Christen, wäre Jesus in den USA hingerichtet worden, wohl einen elektrischen Stuhl aus Silber oder Gold am Halse trügen.

Es sei an dieser Stelle angemerkt: Die Parallele vom Sohnesopfer Gottes und dem Sohnesopfer Abrahams – oftmals von Malern in den Domen einander gegenübergestellt – ist keineswegs zutreffend. Nach kirchlicher Lehre ließ der neutestamentliche Gott der Liebe seinen Sohn am Kreuz verbluten, während der HERR des Alten Testamentes mit Abraham wesentlich gnädiger verfahren war. Denn Abraham durfte seinen Sohn Isaak, der schon auf dem Opferaltar lag, schonen und an seiner Stelle einen Widder opfern (1 Mos 22, 11 ff).

Nach kirchlicher Lehre ist die Versöhnung zwischen Gott und Mensch durch den Kreuzestod Jesu wiederhergestellt und der Mensch erlöst von seiner Erbschuld. Doch ist das ein Gott, zu dem man Abba, lieber Vater, sagen kann, wie Paulus ansonsten erklärt? Diese Theorie wird schon durch ein Jesus-Wort im Johannes-Evangelium widerlegt: *Und ich weiß: GOTTES Gebot ist das ewige LEBEN* (JOH 12, 50). Wird denn ewiges LEBEN durch den Tod gewonnen? Gar noch durch den grausamen Tod eines Unschuldigen? Paulus widerspricht sich auch selbst, denn er bezeichnet den Tod gerade als den Feind, der besiegt werden muss (1 Kor 15, 26). Muss oder darf aber das besiegt werden, was Gott verhängt hat? An anderer Stelle sagt es Paulus noch deutlicher: Das bloße Sterben ist nicht die Pforte zum ewigen LEBEN (1 Kor 15, 50) .

Dass die Menschen weiterhin von denselben Übeln bedroht und dem Tode ausgeliefert, ja alles andere als Erlöste sind, schien nicht zu stören. Der Pfarrersohn Friedrich Nietzsche bat die Kirche, ihm doch einen einzigen Erlösten zu zeigen, dann wolle er gerne an die christliche Lehre glauben.

Das Kreuz mit 4 gleich langen Balken ist aber auch ein altes Symbol. Es zeigt die 4 Himmelsrichtungen und die 4 Ecken der Welt, bildlich dargestellt in den 4 Strömen des Paradieses[16].

Hinter den Altären sollte anstelle des blutigen Kreuzes besser ein Auferstandener zu sehen sein: der *lebendige* Christus. Statt eines Kreuzes sollten die Christen wie die Urchristen einen Fisch am Halse tragen. Die Buchstaben des griechischen Wortes Fisch, ichthys - i-ch-th-y-s, bedeuten: Jesus Christus, GOTTES Sohn (und) Retter.

Die orthodoxe Ostkirche hat in der Apsis ihrer Kirchen das majestätische Bild des Pantokrators, des auferstandenen Christus, der von sich verkündet: *Mir ist ganze Vollmacht gegeben worden im Himmel und auf der Erde* (Mt 28, 18).

Die leibliche Auferstehung Jesu aus dem Grab

---

[16] ausführlich in: Benninger, Offenbarung 170

*Zahlreiche christliche Theologen aller Konfessionen zweifeln heute an ihrem innersten Geheimnis, der Auferstehung* (Fried, Tod 166). *Weiter täusche man sich nicht über den inneren Zustand der christlichen Kirchen heute. Viele sind innerlich ausgehöhlt und äußerlich unglaubwürdig. Selbst Kirchenfunktionäre glauben nicht mehr, was in den Bekenntnissen steht. ... Für die Kirche ist die Auferstehung gleichwohl nach wie vor ein unentbehrliches Requisit, so dass man frei nach Christoph Türcke sagen möchte: Die Leiche im Keller der Kirche ist der auferstandene Gottessohn* (Lüdemann, Unheilig 122-125).

In der Tat ist die leibliche Auferstehung Jesu aus dem Grabe äußerst unwahrscheinlich und in den Bereich des Glaubens der späteren Kirche zu weisen.

Einer, der sich wie Jesus bewusst gemacht hat, *dass wir, solange wir im Leib wohnen, außerhalb von GOTT wohnen,* wird eher seine Freude darin finden, *bei GOTT seine Heimat zu haben* (2 Kor, 5, 6 ff) und im Bewusstsein von SEELE und GEIST zu verbleiben als in einen geschundenen materiellen Körper zurückzukehren.

Wenn Jesus in den Evangelien seine Auferstehung prophezeit, so wurden ihm diese Worte erst viel später in den Mund gelegt.

Erst auf dem Konzil zu Nicäa 325 nach wurde die „leibliche Auferstehung Jesu" durch ein Dogma als Glaubenssatz festgeschrieben, Evangelien, die die Auferstehung im geistigen Sinne verkündeten, wurden aus dem Verkehr gezogen und weitgehend vernichtet.

Augenzeugen für eine leibliche Auferstehung Jesu werden auch in den Evangelien keine angeführt.

Überdies: Was sollte Jesus nach der Himmelfahrt eben dort mit einem fleischlichen Leib anfangen, wenn doch die, die im Fleische sind, GOTT gar nicht gefallen können, da ja GOTT GEIST ist?

Die Lehre vom Opfertod ist für das griechische Denken widersinnig. Jesus lehrt nach Johannes, dass es sein göttlicher Auftrag sei, zum *ewigen LEBEN* aufzurufen (Joh 12, 50). Der Tod ist aber nicht das Eingangstor zum LEBEN, sondern die Überwindung des Sterbens (1 Kor 15, 26) führt zu GOTT, LEBEN.

Im zweiten Jahrhundert nach bekämpft der Platoniker Kelsos (Celsus) den Auferstehungsglauben der Christen als vernunftlosen Aberglauben: *Töricht ist auch ihr Glaube, dass ... sie dagegen allein fortbestehen würden, und zwar nicht nur die Lebenden, sondern auch die längst schon Gestorbenen; diese würden wieder aus der Erde hervorkommen, bekleidet mit dem nämlichen Fleische wie früher. Es ist das eine Hoffnung, die geradezu für Würmer passend ist. Denn welche menschliche Seele dürfte sich wohl noch nach einem verwesten Leibe sehnen? Ist doch diese Lehre nicht einmal bei einigen von euch (Juden), auch nicht bei den Christen allgemein anerkannt; und wie sie ganz abscheulich und verwerflich ist, so kann sie auch unmöglich bewiesen werden. Denn welcher*

*völlig zerstörte Leib wäre wohl imstande, zu seiner ursprünglichen Beschaffen-*
*heit und zu ebenjenem ersten Zustand, aus dem er gelöst wurde, zurück-*
*zukehren? Da sie hierauf nichts zu antworten wissen, so behelfen sie sich mit*
*der höchst abgeschmackten Ausflucht, dass für Gott alles möglich sei* (Deschner,
Christentum 25).
Kelsos lebte, wie gesagt, im zweiten Jahrhundert nach, als die kirchliche
Lehre die Menschwerdung Gottes, sein stellvertretendes Leiden für die
Sünden der Menschen durch seinen Tod am Kreuz, seine leibliche
Auferstehung aus dem Grab und seine Himmelfahrt verkündete. Wir
erfahren jedoch durch Kelsos auch, dass die Auferstehungslehre zu
dieser Zeit *auch nicht bei den Christen allgemein anerkannt* wurde. So
erfahren wir im zweiten Brief an Timotheus, der übrigens nicht aus der
Feder des Paulus stammt, von den beiden Christen Hymenäus und
Philetus: *Sie sind von der Wahrheit abgeirrt, als sie sagten, die Auferstehung*
*sei schon[17] geschehen. Sie bringen den Glauben mancher auf Abwege* (2 Tim 2,
18).

Die Frage stellt sich: Was hat denn Paulus, der ja in seinen Lehrbriefen
als erster die Christus-Lehre darlegte, mit »Auferstehung« gemeint?
In seiner Apostelgeschichte berichtet Lukas vom Aufenthalt des Paulus
in Athen, wie er in der Synagoge redete und auf dem Marktplatz mit den
Menschen über die neue Lehre sprach. *Einige von den Anhängern der*
*epikureischen und stoischen Philosophie stritten mit ihm und manche sagten:*
*Was könnte denn dieser Quatschkopf meinen? Etliche aber: Er scheint ein*
*Verkünder fremder Gottheiten zu sein. Paulus verkündete nämlich die Botschaft*
*von Jesus und der Auferstehung.* Von Jesus lehrte er, dass GOTT *ihn hatte*
*aufstehen lassen aus den Toten. ... Als sie aber von Auferstehung der Toten*
*hörten, machten sich die einen lustig, die anderen sagten: Wir werden dir*
*darüber ein andermal zuhören* (Apg 17, 16-32).
Hier war es allerdings zu einem kleinen Missverständnis gekommen,
denn Paulus sprach von der Auferstehung Jesu *aus den (Reihen der) Toten*
und nicht von einer *Auferstehung der Toten.*

### 4.3 Grundlagen des Verständnisses

Das Gottesbild der Christlichen Bibel

Das Gottesbild der Christlichen Bibel greift das Gottesbild der Sieben
Schöpfungstage auf. Diese Schöpfungstage am Anfang des Alten Testamentes sind zugleich eines seiner jüngsten Stücke. Diese Schöpfung ist
keine creatio ex nihilo, keine Schöpfung aus dem Nichts, sondern die
Selbstoffenbarung oder die Selbstpräsentation GOTTES in 7 Erkenntnis-
stufen. Besonders das Evangelium des Matthäus, das sich an die Juden
richtet, baut in vielen Teilen auf den Symbolzahlen 4 und 7 auf.

---

[17] Vgl. Kap. 7 Die Auferstehung von den Toten

Dieses Gottesbild wird nun in der christlichen Lehre erweitert, indem das, was am 6. Tag als »Mensch« bezeichnet wird, deutlicher ausgestaltet wird.
Der Eingangsvers beteuert, dass Elohim Himmel und Erde, also alles geschaffen **hat**. Dem setzt Jesus entgegen:
> Mein Vater ist bis heute am Wirken. Joh 5, 17

Von diesem alleinigen Schöpfer heißt es in den Schöpfungstagen weiter:
> ... der GEIST Elohims schwebte über den Wassern.

Der Schöpfergott ist also GEIST.

Bei Matthäus (3, 16) zeigt sich dieser „GEIST GOTTES" in Gestalt einer Taube über Jesus bei seiner Taufe.
> Und er sah den GEIST GOTTES wie eine Taube herabfahren
> und über sich kommen.

Eine Taube hatte Noah in der Arche verkündet, dass die Sintflut zu Ende war (1 Mos 8, 12).
In der Christlichen Bibel schärfen besonders Paulus und Johannes vielmals ein, dass GOTT GEIST ist:
> Aber es kommt die Zeit und es ist schon jetzt so weit,
> da die wahren Anbeter den Vater in GEIST und WAHRHEIT
> anbeten werden.
> GOTT ist GEIST, und die ihn verehren,
> müssen ihn in GEIST und WAHRHEIT anbeten. Joh 4, 23 f

> GEIST ist es, was lebendig macht, das Materielle ist nutzlos.
> Joh 6, 63

> Der Herr aber ist der GEIST. 2. Kor 3, 17

Wenn nun der Schöpfer GEIST ist und die Schöpfung nichts anderes als die Selbstpräsentation dieses Schöpfergottes, und wenn GOTT, wie Paulus mehrmals versichert, *Alles in allem* (1 Kor 15, 28) ist, dann ist die materielle Welt nichts anderes als die illusionäre Schattenwelt, wie sie Platon im Höhlengleichnis zeichnet.

✳

Die erste Schöpfung von Elohim, GEIST, ist Licht:
> Und Elohim sprach: Es werde Licht!
> Und es ward Licht.
> Und Elohim sah: Das Licht ist gut.

Der Prolog des Johannes-Evangeliums (1, 1 ff) nimmt sehr deutlich Bezug auf diesen ersten Schöpfungstag:

Am Anfang war der LOGOS. ...
In ihm war das LEBEN,
und das LEBEN war für die Menschen das Licht.
Das Licht erleuchtet in der Finsternis,
und die Finsternis kann es nicht überwältigen.

Der Christus betont bei Johannes immer wieder:
Ich bin für die Welt das Licht.
Wer sich mir anschließt, wird nicht in der Finsternis wandeln,
sondern er wird das Licht des LEBENS haben.                    Joh 8, 12


Ich bin als Licht in die Welt gekommen,
dass, wer an mich glaubt, nicht in der Finsternis bleibt.
                                                              Joh 12, 46

Licht bedeutet: Erleuchtung, Intelligenz, Orientierung, Führung, ...

✳

Am sechsten Schöpfungstag wird der »Mensch« geschaffen. Mensch ist im Alten Orient, wie wir im Gilgamesch-Epos gesehen haben, Symbol für Bewusstsein.
Der Mensch des sechsten Schöpfungstages wird »Bild und Gleichnis« Elohims genannt, wobei Bild »Ausdruck« und Gleichnis die »Qualität« meint. Was hier »Mensch« genannt wird, ist also das Zum-Ausdruck-Kommen Elohims als GEIST. Diese Schöpfung Elohims ist gesegnet und wird als „sehr gut", d.h. vollkommen bezeichnet.
Der am sechsten Schöpfungstag geschaffene »Mensch« kann folglich nicht der Sterbliche mit all seinen Fehlern sein. Was hier als »Mensch« bezeichnet wird, ist die göttliche Idee Mensch, das geistige Ideal, durch das Elohim, GEIST, voll zum Ausdruck kommt. Die geistige Schöpfung ist so alt wie der ewige Schöpfer.
Diesem geistigen Menschen wird die Herrschaft über die Schöpfung zugesagt (1 Mos 1, 28). Der mit der Herrschaft beauftragte Stellvertreter wurde schon im Alten Ägypten vom Pharao mit Öl gesalbt. Auch das griechische christós bedeutet nichts anderes als »der Gesalbte«.

Auch in der Christlichen Bibel ist GOTT GEIST und die Schöpfung geistig:
Denn alle, die vom GEIST GOTTES getrieben werden,
die sind Kinder GOTTES. ...
Derselbe GEIST gibt Zeugnis unserem Geist, dass wir Kinder GOTTES sind. ...
Die Schöpfung wird frei werden von der Sklaverei der Vergänglichkeit hin zur Freiheit
der Offenbarwerdung der Kinder GOTTES.          Röm 8, 14; 16; 21

Da GEIST unendlich ist, kann man ihn nicht lokalisieren, nicht sehen, nicht mit ihm in Berührung kommen:
Der Selige und allein Mächtige, der König der Regierenden und Herr der Herrschenden. Er hat allein Unsterblichkeit und wohnt in unzugänglichem Licht. Ihn hat keiner von den Menschen je gesehen, noch ist er befähigt, ihn zu schauen.    1 Tim 6, 15 f

Keiner hat GOTT jemals gesehen. Der einzige Sohn, im Schoß des Vaters, er hat ihn uns dargelegt.    Joh 1, 18

Wie aber wird nun Gott erfahren? Wie kommt er zum Ausdruck? Durch seinen Sohn, den LOGOS oder Christus.
Johannes schreibt, dass er diesem LOGOS oder Christus begegnet ist; dass, obwohl dieser LOGOS des LEBENS schon von Anfang war, er ihn hören, mit Augen sehen und mit Händen berühren durfte (1 Joh 1). Es war Jesus der Christus, den er hören, sehen und berühren durfte. Jesus hatte diese Vollendung, die Christus genannt wird, an sich verwirklicht und dazu aufgefordert, es ihm nachzutun, seinen Weg zu gehen, ihm nachzufolgen, um das ewige LEBEN zu erlangen. Der Christus ist der *einzige Sohn*, es gibt keinen anderen Weg.
Die frühen griechischen Kirchenväter sprechen oft von Christus als dem LOGOS.
Wenn das Johannes-Evangelium davon spricht, dass der Sohn im Schoß des Vaters ist, dann ist damit gesagt: Das »Bild und Gleichnis« ist nicht von GOTT getrennt, es ist vielmehr untrennbar mit ihm verbunden, so wie der Lichtstrahl nicht von der schöpferischen Lichtquelle getrennt zu denken ist.
Wer GOTT sehen, ihn am eigenen Leib erfahren will, der muss sich zum Christus machen:
Ich [Christus] bin der Weg, die WAHRHEIT und das LEBEN. Niemand kommt zum Vater, es sei denn durch mich.
...
Wer mich gesehen hat, hat den Vater gesehen.
Joh 14, 6; 9

Wer mich sieht, der sieht den, der mich ausgesandt hat.
Joh 12, 45

Ich und der Vater bilden eine Einheit.    Joh 10, 30

Als Jesus der Christus sich von allem Irdischen gelöst hatte, konnte er von sich sagen:
Mir ist ganze Vollmacht gegeben worden im Himmel und auf der Erde. ...
Siehe, ich bin mit euch alle Tage bis zur Vollendung der Weltzeit.    Mt 28, 18; 20

GOTT, das Potential des Guten, ist die Ursache, die nur durch ihre Wirkung wahrgenommen wird. Die Lichtquelle wird nur am Licht erkannt. Das Gesetz der Schwerkraft ist auch nicht mit den Augen zu sehen. Wir erkennen die Ursache nur an ihrer Wirkung.

Die geistige Idee GOTTES, sein »Bild und Gleichnis« ist also immer verfügbar und es kennt nur eines: allgegenwärtige Vollendung, Heilsein und Heilung.

✳

Der siebte Schöpfungstag, unter dem Synonym LIEBE, ist der Tag der Vollendung, der Vollkommenheit, der Ruhe, des Segens und der Heiligung.

Elohim ist seiner Schöpfung zugetan, er liebt sie voraussetzungslos wie eine Mutter ihr Kind. Segnen, griechisch eulogein, bedeutet: nur Gutes über jemanden sagen. Man kann sich diesen Segen nie verscherzen, wie das Gleichnis vom verlorenen Sohn (Lk 15, 11 ff) zeigt. Unser Bewusstsein kann sich von GOTT abwenden, die Allgegenwart der LIEBE aber kann nie von uns gehen.

Vollendung und Heiligung haben mit Heilsein und Heilung zu tun. Jesus heilt immer wieder am Sabbat, am 7. Tag, obwohl dies bei den Juden als Verstoß gegen das Gesetz galt. Hätte der Mann am Teich Betesda (Joh 5, 1 ff), der schon 38 Jahre krank lag, nicht noch einen Tag warten können? Jesus heilte dennoch gerade am Sabbat, um die ewige Unversehrtheit von GOTTES Schöpfung zu demonstrieren, wie sie der 7. Schöpfungstag darlegt.

Was die Christliche Bibel dem Gottesbild der Schöpfungstage weiter hinzufügt, ist, dass Jesus GOTT »Vater« nennt. Paulus nennt ihn »lieber Vater« (Röm 8, 15). Der 1. Johannesbrief betont sogar nachdrücklich:

GOTT ist LIEBE, und wer in der LIEBE bleibt,
der bleibt in GOTT und GOTT in ihm.                          1 Joh 4, 16

Platon sagt in Bezugnahme auf Gott, dass das Gleiche dem Gleichen lieb ist (Nomoi 716 c).

Wer sich zu GOTTES Bild und Gleichnis macht, an dem kommt GOTT in all seinen Eigenschaften zum Ausdruck. Er bringt je nach dem Grad seiner Gleichheit, seiner Christus-Ähnlichkeit, die Vollkommenheit GOTTES zum Ausdruck. Er ist heil und kann auch andere heilen: *Vater verherrliche deinen Sohn, damit der Sohn dich verherrliche* (Joh 17, 1). Das griechische Wort könnte auch mit »offenbaren« übersetzt werden.

Die Selbstpräsentation GOTTES, auch Offenbarung genannt, hört niemals auf. In dem Maße, wie unsere geistige Kapazität zunimmt, erfassen wir mehr und mehr:

Der Vater, der in mir weilt, tut seine Werke. ...

Wer an mich glaubt, der wird die Taten, die ich vollbringe,
auch vollbringen, ja er wird noch größere vollbringen als sie.

Joh 14, 10; 12

Jesus

GOTT ist nicht Mensch geworden; denn der Schöpfer kann nicht zu
seinem Geschöpf werden. Jesus war nicht GOTT; denn das Unendliche
kann nicht in einen endlichen und begrenzten Körper eingehen. Ewiges
kann nicht geboren werden, Unsterbliches kann nicht sterben. GOTT
stirbt nicht, er ist ja ewiges LEBEN (Joh 5, 26).
Der historische Jesus von Nazareth sei den Opfertod am Kreuz gestorben
und aus dem Grab auferstanden. So versichern es die vielfach
redigierten kanonischen Evangelien ausdrücklich. Stirbt aber ein Gott
mit dem Schrei: *Mein Gott, mein Gott, warum hast du mich verlassen?*, wie
das älteste Evangelium von Jesus berichtet (Mk 15, 34)? Ein göttliches
Mysterium hier zu vermuten, bleibe den religiösen Predigern überlassen.
Für die Philosophische Theologie muss gelten: *Die Vernunft hat den
Vorrang; wo die Offenbarung der Vernunft widerspricht, kann die Offenbarung
nicht die Offenbarung Gottes sein* (Jaspers, Glaube 56).

Die Evangelien bieten wenig, was für eine Biographie von Jesus
verwertbar wäre. Sie wollen lediglich seine neue Lehre, seine befreiende
Botschaft verkünden. »Evangelium« heißt ja auch: Gute Botschaft.
Jesus wurde in Nazareth geboren als Sohn eines Zimmermanns, bzw.
Baumeisters. Er blieb in Nazareth wohl mindestens bis zu seinem
zwölften Lebensjahr. Das Evangelium nach Matthäus (13, 55 f) nennt vier
Brüder von Jesus mit Namen und erwähnt noch mindestens zwei
Schwestern.
Die Geburt in Bethlehem muss als Mythos des Griechen Lukas verstanden werden. Dieser Mythos will nicht die Geburt von Jesus, sondern
das strahlende Kommen des Christus in die Finsternis dieser Welt
darlegen[18]. Auch der Kindermord des jüdischen Königs Herodes ist
unhistorisch. Er steht gleichnishaft für die Gefährdung jeder innovativen
Idee, die das etablierte Weltbild ins Wanken bringt. Man kann dieses
Gleichnis auf zwei Ebenen verstehen. Erstens: Der Gewaltherrscher lässt
alle, die seiner alleinigen Machtstellung gefährlich werden könnten, aus
dem Weg räumen. Zweitens: Die Profiteure des herrschenden Zeitgeistes
bekämpfen rücksichtslos das Aufkeimen eines neuen, fortschrittlichen
Weltbildes, das sie vom Thron stoßen müsste.
Wir begegnen Jesus erst wieder, als er sich von Johannes taufen lässt. Zu
diesem Zeitpunkt ist er bereits 30 Jahre alt (Lk 3, 23). Das Johannes-
Evangelium (Joh 1, 29 ff) betont nachdrücklich, dass Jesus damals schon
der Vollendete war, d.h. er war bereits zum Christus geworden (Joh 1, 30)

---

[18] Vgl. Kap. 2.6

und einer Taufe durch Johannes den Täufer nicht bedürftig, dies bestätigt auch Matthäus (Mt 3, 14).
Wie und wo ist Jesus zum Christus geworden? Es liegt auf der Hand, dass dies an dem Ort geschah, der »Wüste« genannt wird, ein Ort der Versuchung durch den Widersacher GOTTES (Mt 4, 1). Die Wüste ist das Paradies auf Erden[19]. In der Paradies-Parabel wird der Mensch *von der alten Schlange, das ist der Teufel und der Satan* (Off 20, 2; Luther 84) versucht und zu Fall gebracht. Dabei ist sehr wahrscheinlich, dass die ersten drei Evangelien, die ja weitgehend voneinander abgeschrieben haben und daher die Synoptiker heißen, zwei Begebenheiten miteinander vertauschen. Denn die Versuchung in der Wüste ist doch wohl zeitlich vor die Taufe durch Johannes zu setzen.
Ebenso wenig wie die Parabel vom Paradies ist diese Begegnung Jesu mit dem Teufel nicht wörtlich zu nehmen, sondern muss als gleichnishafte Erzählung aufgefasst und verstanden werden. Darauf weist schon die Symbol-Zahl 40 hin: 40 Jahre waren die Israeliten in der Wüste unterwegs, ehe sie das Gelobte Land erreichten, 40 Tage fastete Jesus in der Wüste, ehe er seine Vollendung erreichte. Diesem irdischen Paradies mit seinen Verlockungen entsagte Jesus durch sein Fasten. Denn fasten bedeutet bei Jesus nichts anderes als allen Verlockungen der sinnlich-materiellen Welt widerstehen[20].
Und am Ende dieser Erfahrungen stand die Prüfung. Zunächst soll er aus seinem erworbenen Wissen und der damit verbundenen Macht Geld machen, d.h. sein Brot als Heiler verdienen. Er aber will das Wort GOTTES (Mt 4, 4), das neue, befreiende Paradigma von GOTT und Mensch verkünden. Dann soll er sich öffentlichen Ruhm und Ansehen verschaffen durch Zur-Schau-Stellung seiner erworbenen Fähigkeiten. Jesus aber weiß: Heilungen dienen einzig und allein dem Zweck, das ewige Wirken GOTTES durch den Menschen zu demonstrieren: *Mein Vater ist bis heute am Wirken, und ich wirke auch ... was immer jener tut, das tut der Sohn in gleicher Weise. Denn der Vater liebt den Sohn und zeigt ihm alles, was er selbst tut* (Joh 5, 17 ff). Die dritte Versuchung ist das Streben nach weltlicher Macht. Jesus weist sie zurück. Denn nur der Wille GOTTES, des göttlichen PRINZIPS, geschieht *im Himmel und auf Erden* (Mt 6, 10)[21].
Nach dieser Zurückweisung des »Fürsten dieser Welt« kann Jesus in der Vollmacht[22] des Christus mit der Verkündung seiner Botschaft beginnen, denn der Versucher wich von ihm und *es traten Engel zu ihm und dienten ihm* (Mt 4, 11) – die göttlichen Ideen in seinem Bewusstsein standen ihm für seine machtvollen Demonstrationen zu Gebote (Joh 18, 36).

---

[19] Vgl. Benninger, Offenbarung 168 ff
[20] Vgl. Log 17 und 27
[21] Vgl. auch: Joh 18, 36 und Joh 6, 15
[22] Vgl. Mt 7, 29

Jesus war ein göttlicher Mensch, so wie der stoische Philosoph Panaitios Platon den „göttlichen Platon" genannt hat, weil von ihm Göttliches, Wahres gesehen und gelehrt wurde. Jesus ist nicht der Stifter des real existierenden Christentums und auch nicht der Ahnherr dieser Christenheit. Er hat, soweit wir wissen, als erster die Christus-Idee[23], d.h. die wahre Identität des Menschen, klar erfasst, sie verwirklicht und mit starken Zeichen gelehrt. Dieses völlig neue Welt- und Gottesbild hat bei seinen orthodoxen Zeitgenossen Ärgernis erregt.

*Die Motive für die Hinrichtung Jesu durch den Römer Pilatus sind klar. Er sah in ihm einen politischen Aufrührer, den es politisch unschädlich zu machen galt. Offensichtlich ist Jesus von Teilen der ihm feindlich gesonnenen Jerusalemer Priesterschaft in Reaktion auf sein eschatologisch-messianisches Auftreten, das vielleicht den Anspruch seiner eigenen Identität mit dem kommenden Richter-Menschensohn einschloss, als politischer Aufwiegler verleumdet worden* (Lüdemann, Auferstehung 191).

*Die Selbstaussagen Jesu, der Sohn Gottes zu sein, der für die Sünden der Welt stirbt, sind mit Sicherheit unecht; die frühen Christen haben sie Jesus in den Mund gelegt* (Lüdemann 2000 S. 10).

Es entstand sehr früh das Missverständnis, dass Jesus der einzige Christus sei. So wurde Christus ausschließlich auf ihn bezogen und wie ein Beiname gebraucht. Ein schlimmes und verhängnisvolles Missverständnis in der christlichen Theologie bis heute; denn das war ja gerade der zentrale Punkt seiner Lehre, dass jeder Mensch dieses göttliche Ideal, den Christus, nach dem von ihm aufgezeigten Weg verwirklichen müsse. Frühe, später geächtete Kirchenlehrer wie Origenes (185-254 nach) wussten dies noch.

Die diese Erkenntnis als Ketzerei verurteilt haben, für sie gilt der Weheruf Jesu:

> Weh euch Theologen!
> Denn ihr habt den Schlüssel der Erkenntnis fortgenommen.
> Selbst seid ihr nicht hineingegangen, und die eintreten wollten,
> die habt ihr abgehalten.      Lk 11, 52

## 4. 4  Der Neue Weg

Alles Lebendige will weiterleben und nicht seinem Gegenteil, dem Tod, zum Opfer fallen. Und so begegnen wir in allen Kulturen Vorstellungen von einem Weiterleben in einem Jenseits, sei dies ein düsteres Schattenreich, seien es die Inseln der Seligen oder der Himmel bei Gott.

Im Gilgamesch-Epos hat sich der König auf den Weg bis ans Ende der Welt gemacht, um das ewige Leben zu erlangen. Auf der Suche begegnet er der Schenkin Siduri, die ihm rät: *O Gilgamesch, wohin noch willst du laufen? Das Leben, das du suchst, wirst du nicht finden, denn als die Götter*

---

[23] Vgl. Exkurs Christus

*einst die Menschen schufen, da teilten sie den Tod der Menschheit zu, das Leben aber nahmen sie für sich* (Schmökel, Gilgamesch).
Die Prüfungen besteht Gilgamesch nicht, und auch das Kraut, das stete Verjüngung schenkt, raubt ihm eine Schlange.

## Der neue und lebendige Weg zu GOTT
### (Hebräerbrief 10, 19 ff)

Als den Schülern nach der Kreuzigung des Meisters die bisher unverstandene Christus-Idee aufzudämmern begann – an Pfingsten soll das Wunder geschehen sein – da begannen sie die neue Lehre unter ihren jüdischen Glaubensgenossen zu verkünden. Doch sie stieß auf Ablehnung. Der jüdische Eiferer Saulus erbat sich Vollmachten vom Hohenpriester, *wenn er einige fände, die zu dem Weg gehörten* (Apg 9, 2). Nachdem aus dem Saulus ein Paulus geworden war, verkündete er in Makedonien die neue Lehre.

Zu seinem Verdruss rief ihm dort eine wahrsagende Sklavin tagelang hinterher: *Diese Menschen sind Diener GOTTES, des Allerhöchsten. Sie verkünden euch den Weg zum Heil* (Apg 16, 16 ff). In Caesarea verhaftet, sagte Paulus vor dem Landpfleger Felix: *Ich gestehe dir, dass ich nach dem Weg, den man eine Sekte (hairesis) nennt, dem Gott meiner Väter diene* (Apg 24, 14). Dass das neue Gottesbild nicht der Gott seiner Väter war, sollte er erst später richtig begreifen.
Bei Johannes sagt Jesus oftmals: *Ich gehe zum Vater.* Die Jünger fragten sich jedes Mal, was er damit meine. Schließlich deuteten sie es auf seinen Kreuzestod hin, während Jesus lediglich betonte, dass der Weg des Lebens, d.h. der Sinn des Lebens, zu GOTT führt über das Erkennen und Akzeptieren der ewigen Christus-Idee:
Ihr wisst den Weg, wohin ich gehe.
Thomas sagt zu ihm: Herr, wir wissen nicht, wohin du gehst; wie können wir den Weg wissen?
Jesus spricht zu ihm: Ich (Christus) bin der Weg, die WAHRHEIT und das (ewige) LEBEN; niemand kommt zum Vater, wenn nicht durch mich (Christus).    Joh 14, 4-6

Das ist das ewige LEBEN: Dich erkennen, den alleinigen wahren GOTT, und den, den du gesandt hast, Jesus Christus.    Joh 17, 3

Der Weg zu GOTT, zum ewigen LEBEN, weg vom „alten Adam" und heraus aus einem Weltbild voll Sünde, Krankheit und Tod, führt also über die Akzeptanz der Christus-Idee, die von GOTT nicht zu trennen ist, so wie sie von Jesus verwirklicht und gelehrt wurde.

Im Lehrbrief an die Philipper schreibt Paulus: *Brüder, mein nüchterner Verstand sagt mir, dass ich es noch nicht völlig begriffen habe. Eines aber habe ich begriffen: Was hinter mir liegt, das vergesse ich; nach dem, was vor mir liegt, strecke ich mich mit aller Kraft. Ich jage nach dem Ziel, dem Siegespreis; und der besteht in meiner göttlichen Berufung nach oben in Christus* (Phil 3, 13 f).

Der Hebräerbrief ermuntert ebenfalls zu einem solchen Lauf: *In Ausdauer lasst uns den vor uns liegenden Wettlauf zurücklegen, die Augen auf Jesus gerichtet, der den Glauben als erster begonnen und vollendet hat. Er hat anstelle der Freude, die er hätte haben können, die Schmach missachtet, das Kreuz ertragen und sich zur Rechten des Thrones GOTTES gesetzt* (Hebr 12, 1 f).

Matthäus und Lukas bringen einen Bericht darüber, wie ein Jüngling kam, der den Christus-Weg gehen, aber noch warten wollte, bis sein Vater gestorben war. Und was sagte Jesus zu ihm?

Folge mir und lass die Toten ihre Toten begraben! Mt 8, 22

Ein anderer wollte sich zuerst von seinen Angehörigen verabschieden. Ihm gab Jesus den Bescheid:

Keiner, der seine Hand an den Pflug gelegt hat
und sich nach dem, was hinter ihm liegt, umblickt,
ist für das Reich GOTTES geeignet.           Lk 9, 62

Wieder einen anderen, der ihm nachfolgen wollte, forderte er auf, all seine Habe zu veräußern und den Erlös den Armen zu schenken. Matthäus berichtet, dass der Jüngling betrübt davonschlich, *denn er hatte viele Besitztümer* (Mt 19, 22).

Es folgt dann der berühmte Spruch, dass eher ein Kamel (eigentlich: Schiffstau) durch ein Nadelöhr gehe als einer, der am materiellen Besitz hängt, ins Himmelreich.

Harte Worte, wie uns scheint. Und es heißt auch: *Als seine Schüler dies hörten, erschraken sie sehr und sagten: Wer kann denn da selig werden?*
Es ist aber der Weg, den Jesus selbst gegangen ist.

Als er öffentlich lehrte, heißt es: *Sobald es die Seinen hörten, machten sie sich auf, um ihn mit Gewalt abzuhalten; denn sie sagten: Er hat den Verstand verloren* (Mk 3, 21). Als die Leute von Jesus sagten, er sei vom bösen Geist besessen, kamen seine Mutter samt seinen Brüdern und Schwestern und ließen ihn rufen. Er aber distanzierte sich von seiner Familie, indem er erklärte, dass er nur geistige Verwandtschaft anerkenne:

Wer immer den Willen meines Vaters im Himmel tut,
der ist mein Bruder, meine Schwester und meine Mutter.
                                                 Mt 12, 50

Jesus wusste also aus leidvoller eigener Erfahrung um die Hindernisse und Gefahren, die einen Menschen von seinem Christus-Weg abbringen können. Nicht umsonst blieben viele große Denker und Visionäre unverheiratet.

Die meisten Menschen wollen zur Gemeinschaft gehören, in der sie leben und aufgewachsen sind. Daher bleiben fast alle der Religion treu, in die sie hineingeboren wurden, weil ein Abweichen als Abfall, ja Untreue gewertet und zum Teil auch heute noch mit dem Tode bestraft wird. Sie beten lieber nach, was ihnen vorgebetet wird. Die Schwächsten kleiden sich, wie die andern sich kleiden, um doch ja nicht aufzufallen oder aus dem gesellschaftlichen Rahmen zu fallen. Die Gesellschaft nimmt es auch einem „schwarzen Schaf" zumeist übel. Gesellige Wesen leben lieber in „Frieden, Freude, Eierkuchen".

Anders alle großen Denker und neue Maßstäbe setzende Menschen wie Jesus der Christus:

> Glaubt ja nicht, ich sei gekommen, Frieden auf die Erde zu werfen:
> ich bin nicht gekommen, Friede auf die Erde zu werfen,
> sondern das Schwert.
> Denn ich bin gekommen, den Menschen von seinem Vater,
> die Tochter von ihrer Mutter und die Schwiegertochter von ihrer
> Schwiegermutter zu entzweien.
> Die Feinde des Menschen sind seine Verwandten.
> Wer Vater oder Mutter mehr liebt als mich,
> der ist meiner nicht wert;
> und wer Sohn oder Tochter über mich stellt,
> ist meiner nicht wert.
> Wer nicht sein Kreuz nimmt und mir nachfolgt,
> ist meiner nicht wert. Mt 10 34-38

Sein „Kreuz nehmen und Jesus nachfolgen" bedeutet nicht, dass der Leidensweg zum Kreuz die richtige Nachfolge wäre. Das „Kreuz nehmen" heißt vielmehr: die wahre Identität im Bewusstsein aufrichten[24], sich zu seinem göttlichen Selbst bekennen und den Christus-Weg zu gehen.

Der weise Seneca sagt in seiner Schrift »Das Glück« Ähnliches: *Man muss daher klar vor Augen haben, wohin man will. ... Solange wir uns freilich treiben lassen ohne einem Führer zu folgen, sondern dem Getöse und dem misstönenden Geschrei derer, die uns in verschiedene Richtungen rufen, wird unser Leben zwischen Irrtümern zerrieben, auch wenn wir uns Tag und Nacht um gute Einsicht bemühen. ... Am wichtigsten ist, dass wir nicht wie das Vieh der Herde der Vorangehenden folgen und dass wir nicht dahin laufen, wohin man läuft, anstatt dahin, wohin man laufen müsste. Nun verstrickt uns ja nichts in größere Übel, als wenn wir uns nach dem richten, was die Leute sagen, und wenn wir das für das Beste halten, was auf breite Zustimmung stößt und was viele so machen, und wenn wir uns nicht nach der Vernunft richten, sondern es*

---

[24] Vgl. Kap. 7 Auferstehung

*machen wollen wie die anderen auch. ... Du kannst dies im ganzen Leben
beobachten: Niemand irrt sich nur zum eigenen Schaden, sondern er ist auch
Ursache und Anstifter zum Schaden für andere. Es ist nämlich schädlich, sich
den Vorangehenden anzuschließen. Und solange jeder einzelne lieber glaubt, als
dass er sich ein eigenes Urteil bildet, kommt er niemals zu einem klaren Urteil,
was Leben eigentlich ist. Immerfort wird blind geglaubt, und der von Hand zu
Hand weitergereichte Irrtum treibt uns um und stürzt uns ins Verderben.
Durch das Beispiel Fremder gehen wir zugrunde; unsere Heilung erfolgt nur,
wenn wir uns vom großen Haufen trennen. Nun aber steht der Vernunft das
Volk entgegen als Verteidiger seines Übels* (Seneca, de vita beata I 2-5).

Wer von dem Chaos der materiellen Finsternis erlöst werden und „in
den Himmel kommen" will, zu GOTT, muss wissen: Dies schaffen nur
die Kinder GOTTES. *GOTT ist GEIST, und die ihn verehren, müssen ihn in
GEIST und WAHRHEIT anbeten* (Joh 4, 24). *Wer nun einem solchen Wesen lieb
werden will, der muss nach Kräften möglichst selbst so werden, und dem
Gesagten entsprechend ist einer mit Bewusstsein Gott lieb, denn er ist ihm
gleich. Wem das Bewusstsein mangelt, der ist ihm ungleich, er ist ihm feind und
ist ungerecht* (Platon, Nomoi 716 c-d).
Der von Jesus dem Christus vorgezeichnete Weg zu GOTT und in den
Himmel, die göttliche Harmonie, fordert:
> Ihr sollt vollkommen sein,
> wie euer himmlischer Vater vollkommen ist.     Mt 5, 48

## 4. 5  Was bedeutet »Glaube« in der Christlichen Bibel?

> Dir geschehe, wie du geglaubt hast.

Der Glaube, der in der Christlichen Bibel gefordert wird, ist kein blinder
Glaube, kein bloßes Vermuten, Dafürhalten oder Wähnen. Er ist auch
kein Nachbeten von Lehrsätzen oder Dogmen, die von einer der
unzähligen christlichen Gemeinschaften, in die das real existierende
Christentum zersplittert ist, unterschiedlich verkündet werden. Denn
hier muss jeder an die Lehrsätze seiner religiösen Gemeinschaft glauben,
in die er zumeist hineingeboren wurde und darf nicht glauben, was die
anderen glauben.

Die zentrale Lehre des Christustums ist: Denkt um, GOTT ist das
schöpferische PRINZIP, und seine Idee ist der Christus oder Messias. In
dieser Idee kommt der vollkommene Schöpfer vollkommen zum Ausdruck. Ihre untrennbare Einheit ist ewige Gegenwart:
> Ich (Christus) bin der Weg, die WAHRHEIT und das LEBEN;
> niemand kommt zum Vater, es sei denn durch mich.
> Joh 14, 6

Der christliche Glaube ist ein wissenschaftlicher Glaube[25]. Der griechische Text verwendet für Glaube das Wort pístis – Vertrauen, Treue. Das dazugehörige Adjektiv pistós bedeutet: treu, zuverlässig. Der erste Johannesbrief nennt GOTT "treu und gerecht" (1, 9); gerecht aber bedeutet gesetzmäßig. Wer ein mathematisches oder physikalisches Gesetz anwenden will, muss als Erstes einmal davon ausgehen, dass dieses Gesetz auch wirklich existiert, ferner muss er es getreu anwenden. Dann wird die mathematische oder physikalische Gesetzmäßigkeit ihm auch treu und zuverlässig das richtige Ergebnis liefern. In den biblischen Worten des Hebräerbriefes:

Wer zu GOTT kommen will, der muss glauben,
dass es ihn gibt und dass er denen, die ihn suchen,
ihren Lohn gibt.                                        Hebr 11, 6

Wer mit einer Berechnung beginnt, sieht die Lösung noch nicht, doch wird er zweifellos von dem Glauben ausgehen, dass es eine Lösung gibt:
Glaube ist das Voraussetzen von Dingen,
die man zuversichtlich erwartet;
er ist die Beweisführung für Tatsachen,
die noch nicht zu sehen sind.
Denn in diesem Glauben
fanden die früheren Denker ihre Bestätigung.          Hebr 11, 1 f

Wer die gesuchte Lösung gefunden hat, weiß dass er auf eine mathematische Wahrheit gestoßen ist, die es aber immer schon gegeben hat; denn die Mathematik liegt ja schon ewig vollendet vor, wenn auch in dieser Form noch nicht vor aller Augen:
Durch den Glauben nehmen wir geistig wahr,
dass durch das Wort GOTTES die Welt vollendet ist. Hebr 11, 3

Mit dem »Wort GOTTES« ist der ewige göttliche Impuls des ersten Schöpfungstages gemeint, der sich an jedem weiteren Tag wiederholt: GOTT sprach: Es werde (Licht im Bewusstsein)!

Kein Kind, für das in der Grundschule der Mathematikunterricht beginnt, käme auf die Idee, vom Lehrer zuerst einmal den Beweis für die tatsächliche Existenz der Mathematik und die Gültigkeit ihrer Regeln zu fordern. Unsere Erfahrung zeigt, dass die Kinder rückhaltlos zu rechnen beginnen, um später niemals die Existenz der Mathematik infrage zu stellen. Eben diese geistige Offenheit für sein neues Paradigma fordert Jesus:
Lasst die Kinder herkommen zu mir und hindert sie nicht daran;
denn (nur) wer so ist wie sie, dem gehört das Reich GOTTES.
Wahrlich, ich sage euch:

---

[25] Vgl. Exkurs Glaube

Wer das Reich GOTTES nicht annimmt wie ein Kind,
der wird schwerlich hineinkommen.  Lk 18, 16 f

Wenige im Erwachsenenalter besitzen noch diese kindliche Fähigkeit, die rückhaltlose Offenheit für Neues, die unerlässlich ist für den ewigen Prozess der Selbsttranszendenz.
Von Petrus und Andreas berichtet Matthäus, dass sie auf den Anruf von Jesus hin sofort ihre Fischernetze verließen, um seinen Weg zu gehen (Mt 4, 20), doch den meisten fiel und fällt der Glaube, die Annahme des Paradigmas vom Menschen als dem ewig vollkommenen »Bild und Gleichnis GOTTES«, schwer. Sie rufen vielleicht wie der Vater des Besessenen: *Ich glaube, hilf meinem Unglauben!* (Mk 9, 24). Doch der große Lehrer konnte für seine Lehre den Nachweis ihrer Stimmigkeit führen und dazu auffordern:
Wenn ich die Werke meines Vaters nicht tue,
dann glaubt mir nicht!
Wenn ich sie aber tue und ihr mir schon nicht glaubt,
dann glaubt doch den Werken, damit ihr erkennt und wisst,
dass in mir der Vater ist und ich im Vater.  Joh 10, 37 f

Es ging dem Meister nicht um Wunderzeichen. Er bewies lediglich, dass hinter dem Weltbild des Scheines die Welt der WAHRHEIT, GOTTES, steht und dass dieses Weltbild der Finsternis dem Lichte durch göttliches Verständnis weicht, ja weichen muss.
Seine Schüler forderte der Meister auf, durch Annahme seines neuen Paradigmas zu „Kindern des Lichtes" zu werden:
Ihr seid das Licht der Welt.
Es kann eine Stadt, die auf einem Berg liegt,
nicht verborgen bleiben.
Man zündet auch kein Licht an und stellt es unter einen Scheffel,
sondern auf einen Leuchter. Und es leuchtet allen im Hause.
So soll euer Licht leuchten vor den Menschen,
damit sie eure guten Werke sehen
und euren Vater im Himmel verherrlichen.  Mt 5, 14-16

Die Schüler und Nachfolger von Jesus waren aufgefordert, das neue Paradigma den Juden und aller Welt zu verkünden und dessen Wirklichkeit durch »Zeichen« zu beweisen:
Verkündet auf eurem Weg: Das Reich der Himmel ist nahe.
Heilt Kranke, weckt Tote auf, reinigt Aussätzige,
treibt dämonische Mächte aus.  Mt 10, 7 f

Als der Meister einmal 70 Schüler aussandte, meldeten sie bei der Rückkehr freudestrahlend: *Herr, auch die Geister ordnen sich uns unter in deinem Namen* (Lk 10, 17). Das Markus-Evangelium schließlich lässt Jesus sagen:

Macht euch auf in die ganze Welt
und verkündet die Frohe Botschaft der ganzen Schöpfung.
Wer glaubt und die Taufe empfängt, wird gerettet werden.
Wer den Glauben nicht annimmt, wird verurteilt werden.
Folgende Dinge werden denen, die den Glauben annehmen,
als Beweise folgen:
In meinem Namen werden sie Dämonen austreiben
und werden in neuen Sprachen sprechen.
Sie werden Schlangen aufheben,
und wenn sie etwas Tödliches trinken,
wird es ihnen nicht schaden.
Kranken werden sie die Hände auflegen,
und es wird ihnen gut gehen.                              Mk 16, 15-18

Der Meister hatte gar noch größere Werke mit fortschreitender Erkenntnis verheißen:
Wer an mich (Christus) glaubt, der wird die Taten,
die ich vollbringe, auch vollbringen,
ja er wird noch größere vollbringen als sie.              Joh 14, 12

Die Apostelgeschichte des Lukas berichtet, wie Petrus und Johannes
einen Gelähmten heilten (Apg 3). Petrus erweckte eine Tabita vom Tode
(Apg 9, 40). Paulus selbst wurde von einem Ananias von Blindheit geheilt
(Apg 9, 12). Allgemein heißt es von den Aposteln:
Durch die Hände der Apostel geschahen Zeichen und Wunder
in großer Zahl im Volk. ...
Es kamen aber immer mehr hinzu, die an den Herrn glaubten,
ein Menge Männer und Frauen, so dass sie die Kranken auf die
Straße trugen und auf Tragbahren und Betten legten,
damit, wenn Petrus vorbeikäme, sein Schatten
auf einen von ihnen fiele.
Es kam aber auch eine Menge aus den Städten
rings um Jerusalem und brachten Kranke
und von unreinen Geistern Geplagte.
Sie alle wurden gesund.                                   Apg 5, 12 - 16

Irenäus, im zweiten Jahrhundert Bischof von Lyon, berichtet von
Wundern, die sich zu seiner Zeit ereigneten: *Seine wahren Schüler, die von
ihm die Gnade empfangen haben ... treiben wahrhaft und bestimmt Geister aus
... Die anderen schauen in die Zukunft, haben Gesichte und weissagen. Wieder
andere legen den Kranken die Hände auf und machen sie gesund. Ja sogar Tote
sind auferstanden, wie wir bereits gesagt haben, und lebten unter uns noch
etliche Jahre. Doch wer vermöchte alle die Gnaden aufzählen, welche die Kirche
auf der ganzen Welt empfängt und zum Heile der Völker im Namen Jesu Christi
... Tag für Tag ausspendet. Und keinem nimmt sie sein Geld ab. Denn was sie*

*umsonst von Gott empfangen hat, teilt sie umsonst auch aus* (Irenäus, adversus haereses 2, 32, 4).[26]
Diese Fähigkeit zur Beweisführung wurde in der Kirche nicht weitergepflegt und ging schließlich ganz verloren.
Der Deutschrömer Ferdinand Gregorovius berichtet in seinen Tagebüchern unter dem 19. Juni 1870: *Der Papst hat vor kurzem seine Infallibilität probieren wollen, ... auf einem Spaziergange hat er einem Paralytischen* [Gelähmten] *zugerufen: erhebe dich und wandle. Der arme Teufel versuchte es und stürzte zusammen. Dies hat den Vizegott sehr verstimmt. Die Anekdote wird bereits in Zeitungen besprochen. Ich glaube wirklich, dass er verrückt ist.*

## 4. 6 Die Weihnachtsgeschichte des Lukas –
## Der Geburtsmythos des Christus

Weihnachten! Das schönste Fest der Christenheit. Diese Seele des Christentums wird uns durch das Lukas-Evangelium geschenkt.
Lukas, Kurzform für Lukios, war Grieche, Heidenchrist aus dem syrischen Antiochien. *Lukas war mit der ganzen Welt des Hellenismus wohl vertraut und schrieb für heidenchristliche Gemeinden ... Lukas will Historiker sein und sich der historischen Methode der damaligen Zeit befleißigen* (Lk 1, 1-4); (Apg 1, 1) ... *Er sucht sich auf Augenzeugen zu berufen, will eine sachgemäße Ordnung des Stoffes herstellen und sucht seinem Leser Zuverlässigkeit in der Berichterstattung zu übermitteln* (Calwer 838).

Lukas beginnt sein Evangelium mit der Ankündigung der Geburt Johannes des Täufers durch den Engel des Herrn. Nach der Geburt des Johannes wird sein Vater Zacharias weissagen: *Du, Kind, wirst der Prophet des Höchsten genannt werden, denn du wirst vor dem Herrn hergehen, um seine Wege vorzubereiten und seinem Volk Erkenntnis von der Rettung geben in der Verzeihung ihrer Sünden ..., worin uns aufsuchen wird das Aufleuchten aus der Höhe, um zu erscheinen denen, die in Finsternis und Todesschatten sitzen, und unsere Füße auf den Weg des Friedens zu richten* (Lk 1, 76 ff).
Nach der Ankündigung der Geburt des Johannes wird der Erzengel Gabriel von GOTT zur Jungfrau Maria nach Nazareth in Galiläa gesandt, *die einem Mann namens Josef aus dem Hause David verlobt war; und die Jungfrau hieß Maria.* Ihr verkündet der Engel: *Du wirst schwanger werden und einen Sohn gebären, und du sollst ihm den Namen Jesus geben. Der wird groß sein und Sohn des Höchsten genannt werden; GOTT der Herr wird ihm den Thron seines Vaters David geben, er wird König sein über das Haus Jakob in Ewigkeit und sein Reich wird kein Ende haben ... Der heilige Geist wird über dich kommen und die Kraft des Höchsten wird dich überschatten; darum wird auch das Heilige, das geboren wird, GOTTES Sohn genannt werden* (Lk 1, 27 ff).

---

[26] zitiert nach Pagels, Fünftes Evangelium 96

Es ist mehr als unwahrscheinlich, dass Jesus in Bethlehem geboren wurde. Das Johannes-Evangelium berichtet, wie Philippus Nathanael trifft und ihm sagt, der verheißene Messias sei gefunden, es sei *Jesus, Sohn des Josef, aus Nazareth* (Joh 1, 45). Auch eine Begründung, dass Josef sich in die Steuerlisten in Bethlehem habe einschreiben müssen, weil er aus dem Hause Davids stammte, ist nicht stichhaltig. Denn Josef hatte seinen Zimmermannsbetrieb in Nazareth und war dort steuerpflichtig, eine Anwesenheit der Ehefrau war ebenfalls nicht notwendig. Ferner wäre der 130 km weite Reiseweg von Galiläa hinauf nach Bethlehem auf einem Esel für eine hochschwangere Frau kaum zumutbar oder zu bewältigen gewesen.

Dennoch ist die Kritik der Theologin Uta Ranke-Heinemann verfehlt, wenn sie sagt: *Lukas hat sich durch seinen willkürlichen Umgang mit der Geschichte als unhistorischer Berichterstatter, als Märchenerzähler erwiesen* (Heinemann, Nein 23).

Die Geschichte von Bethlehem will nicht Historiographie sein, sie ist ein Mythos. Was aber hat ein Mythos bei einem griechischen Schreiber zu tun, der seine Quellenkritik ausdrücklich betont? In Platons Dialogen finden sich 19 Mythen eingestreut. Dieser größte Denker der Griechen, der als erster auch den Wissenschaftsgedanken entwickelte und von dem Alfred North Whitehead sagte, dass die philosophische Tradition Europas lediglich *aus einer Reihe von Fußnoten zu Platon* bestehe, kann sicher nicht als Märchenerzähler bezeichnet werden.

Welche Funktion hat aber der Mythos bei Platon zum Beispiel? *So ist eben der Mythos nicht Verleugnung, sondern nur Verkleidung der Wahrheit. Er ist nicht Lüge, sondern indirekte, umweghafte wahre Aussage – er spricht nicht im abstrakten Begriff, sondern im konkreten Bild. Nicht logische Deduktion, sondern lebendige Erzählung redet zum Hörer, und dieser Bericht leitet ihn auf dem Pfade der sinnlichen Vorstellung zur selben Wahrheit wie der Weg der rationalen Argumentation. ... Was die Ratio verdichtet hat, das entfaltet das Mythische in vollem Glanz. Zum Philosophen tritt der Poet hinzu, zum Erzieher der Erzähler, zum Logiker der Visionär* (Kytzler, Mythen 214 f).

Erinnern wir uns auch, was der Ägyptologe Jan Assmann zu den ägyptischen Mythen sagt: *Die Geschichten, die von den Göttern erzählen, sollen den sinnhaften Aufbau der Wirklichkeit zur Anschauung bringen. Mythen spielen immer in der Vergangenheit und beziehen sich immer auf die Gegenwart. Was sie von der Vergangenheit erzählen, soll auf die Gegenwart Licht werfen. Sie erzählen die Vergangenheit nicht um ihrer selbst willen, sondern als Vorgeschichte der Gegenwart, sie diagnostizieren die Gegenwart in Form einer genetischen Projektion* (Assmann, Ägypten 137). *Mythische Orte sind überall und nirgends, so wie auch mythische Zeiten nach der berühmten Definition des Sallustios*[27] *„nie geschehen sind, aber immer sind"* (Assmann, Ägypten 161).

---

[27] Neuplatoniker im 4. Jahrhundert nach

Lukas will mit seinem Mythos also nicht die Geburt des historischen Jesus von Nazareth schildern, seine Intention ist es, darzulegen, wie die Christus-Idee immer wieder aufleuchtet und wie sie um die Zeitenwende wieder neu erschienen ist. »Christus« ist ein anderes Wort für »WAHRHEIT«. Geistiges muss sich übersetzen, um sichtbar zu werden und zum Ausdruck zu kommen. Das Philippus-Evangelium lehrt: *Die Wahrheit kam nicht nackt in die Welt. Sie kam in Sinnbildern und Abbildern. Man kann sie auf keine andere Weise erfassen* (67).

Daher hüllt Lukas die Ankunft des Christus in einen Geburtsmythos von Jesus, der keineswegs von Geburt an ein Vollendeter sein konnte, vielmehr sich erst vollkommen machte, die Christus-Idee zum Ausdruck brachte und sie durch Demonstration lehrte.

Mit seinem Mythos von der Geburt des Jesus, der ganz in der in ihm Fleisch werdenden Christus-Idee aufgehen wird, will Lukas zeigen, wie auch wir dieser Christus-Idee, die in unserem Bewusstsein geboren werden soll, Geburt geben und zur Entfaltung verhelfen können.

## Lukas 2, 1-14

In jenen Tagen geschah es, dass vom Kaiser Augustus ein Dekret erlassen wurde, die ganze Menschheit aufzuzeichnen. ...
Und alle gingen, sich eintragen zu lassen, jeder in seine Stadt.

Augustus, der Erhabene, Herrscher über den gesamten Erdkreis, steht für den »Fürsten dieser Welt«. Jeder lässt sich bei der Gemeinde eintragen, zu der er sich zählt.

Worin sehen wir unsere Identität: Im Nachkommen des Darwinschen Affen, wofür der Augenschein spricht, oder im geistigen Bild und Gleichnis GOTTES, wofür die geistige Evolution spricht? Im Thomas-Evangelium gibt uns Jesus die Antwort: *Wenn man euch fragt "Woher seid ihr gekommen?", sagt zu ihnen "Wir sind aus dem Licht gekommen, dem Ort, wo das Licht durch sich selbst geworden ist." ...Wenn man euch fragt "Wer seid ihr?", sagt "Wir sind seine Söhne und wir sind die Auserwählten des lebendigen Vaters"* (Log 50). *Wenn ihr euch erkennt, dann werdet ihr erkannt werden, und ihr werdet wissen, dass ihr die Söhne des lebendigen Vaters seid. Wenn ihr euch aber nicht erkennt, dann seid ihr in der Armut, und ihr seid die Armut* (Log 3).

Auch Josef stieg hinauf von Galiläa aus der Stadt Nazareth
ins jüdische Land zur Stadt Davids, die Bethlehem heißt
- denn er war aus dem Haus und Geschlecht Davids -
um sich eintragen zu lassen mit Maria, seinem angetrauten Weib;
die war schwanger.

Die Eltern des erwarteten Kindes wollen sich mit ihm aber nicht in Nazareth, unten im „Galiläa der Heiden", eintragen lassen. *Was kann denn aus Nazareth Gutes kommen?* so das Urteil der Zeitgenossen (Joh 1, 46). Sie steigen daher hinauf – nicht nach Jerusalem, wie zu erwarten - sondern nach Bethlehem und wollen sich mit ihrem Kinde im Geburtsort Davids, des großen Königs von Israel, eintragen lassen und ihr Geburtsrecht in Anspruch nehmen.

Und sie gebar ihr erstes Kind, einen Sohn, wickelte es in Windeln und legte es in einer Höhle in die Futterkrippe; denn in der Herberge gab es keinen Platz für sie.

Das Bild und Gleichnis GOTTES, der neue Weltenherrscher, wird nicht da geboren, wo es allgemein erwartet wird, in der Zentrale weltlicher Macht und in der Hochburg des Priestertums. Im sterblichen Bewusstsein - Herberge für alle irdischen Vorstellungen und Idole - kann die göttliche Idee keinen Platz finden.

Wenn die erleuchtende Idee eintritt in die unterirdische Grabhöhle des sterblichen Bewusstseins, kann sie, wie die Zarathustrapriester es gesehen haben, nur in jungfräulicher Zeugung empfangen werden. Sie bedarf sorgfältiger Kindespflege. Nach der Auferstehung, wenn sie sich aller materiellen Hüllen entledigt hat, werden diese Tücher zusammengewickelt und beiseite gelegt im verlassenen, leeren Grab liegen (Joh 20, 6 f).

In derselben Gegend weilten auch Hirten unter freiem Himmel, die in der Nacht Wache hielten über ihre Herde. Da trat ein Engel des Herrn zu ihnen, und die Herrlichkeit des Herrn leuchtete rings um sie. Und sie gerieten in großen Schrecken.

*Das Volk, das in der Finsternis saß, hat ein großes Licht erblickt. Und denen, die im Land des Todesschattens saßen, ihnen ist ein Licht aufgegangen* (Mt 4, 16). Der erste Schöpfungstag zeigt, wie das irdische Tohuwabohu in mentale Finsternis gehüllt ist, ehe das Licht des göttlichen LOGOS darüber aufgeht. Aber wachsame Hirten hüten die Herde ihrer Gedanken und warten auf das Aufgehen des verheißenen Sterns. Sie haben ihre Lampen gefüllt mit dem Öl der Inspiration und sind nicht eingeschlafen, als um Mitternacht der Bräutigam kommt. *Darum wachet! Denn ihr wisst weder den Tag noch die Stunde, in der die Idee Mensch kommen wird,* so beschließt Jesus sein Gleichnis (Mt 25, 13). Die Herrlichkeit GOTTES ist der Aufgang seines Lichtes, das sich darlegt in den 7 Farben des Regenbogens.

Auch die, die auf den Anbruch der neuen Zeit, des neuen Weltbildes, gewartet haben, erschrecken. Denn der neue Himmel und die neue Erde, das neue Bewusstsein, das *von GOTT aus dem Himmel herabkommt* (Off 21, 1 f), zwingt das alte Paradigma, sich selbst zu zerstören. Und groß ist die Versuchung auch für die, die es vorhergesehen haben, dass sie sagen: Nach mir die Sintflut, aber nicht jetzt!

Der Engel sagte zu ihnen: Habt keine Angst!
Denn seht, ich bringe euch eine gute Botschaft,
eine große Freude, die allen Leuten zuteil werden soll:
Euch wurde heute ein Retter geboren,
er ist der Messias des Herrn in der Stadt Davids.
Und das soll für euch das Kennzeichen sein:
Ihr werdet ein Neugeborenes finden,
das in Windeln gehüllt ist und in einer Futterkrippe liegt.

In der Offenbarung sieht Johannes 7 Engel, die 7 Schalen mit 7 Plagen oder Schlägen über das materielle Weltbild ausgießen mit entsetzlichen Verheerungen. Aber der Engel nimmt ihm die Furcht und fordert den Seher auf: *Komm! ... Und er führte mich hin im Geist auf einen großen und hohen Berg und zeigte mir die heilige Stadt Jerusalem hernieder kommen aus dem Himmel von GOTT, die hatte die Herrlichkeit GOTTES* (Off 21, 9 ff).
Bethlehem heißt »Haus des Brotes«. Wieder wird hier die Futterkrippe genannt. Der neugeborene Christus, WAHRHEIT, liegt in der Krippe: *Der Mensch lebt ... von jedem Worte, das aus dem Munde GOTTES kommt* (Mt 4, 4). Die Worte GOTTES aber sind, wie die Schöpfungstage zeigen, seine Ideenschöpfung. Von sich selbst sagt der Christus: *Ich bin das lebendige Brot, das vom Himmel gekommen ist, wer von diesem Brot isst, der wird leben in Ewigkeit* (Joh 6, 51).

Und plötzlich war bei dem Engel eine große Anzahl des
himmlischen Heeres. Die priesen GOTT und sagten:
Die Herrlichkeit gehört GOTT in der Höhe,
und auf der Erde ist bei **den** Menschen Friede,
die vor ihm Wohlgefallen finden.

Gott Zebaot heißt »Herr der Heerscharen«. Diese Heerscharen werden bereits zur Zeit von Jesus in den Schriftrollen aus Qumran als Engel gedeutet. Im philosophischen Denken und seiner Terminologie sind es die göttlichen Ideen, in denen sich das schöpferische PRINZIP zum Ausdruck bringt. Der vollkommene Ausdruck GOTTES, seine Offenbarwerdung oder Manifestation, sein Bild und Gleichnis, ist der Christus, der Gesalbte, d.h. der, dem alle Machtfülle übertragen ist, wie es der 6. Schöpfungstag darlegt.
*Ich bin das Licht der Welt*, wird der Christus bei Johannes (8, 12) sagen. Der Christus ist *nicht gekommen, um der Erde Frieden zu bringen* (10, 34). Licht schließt mit der irdischen Finsternis weder Frieden noch einen Kompromiss, sondern hellt sie auf bis zum Verschwinden. Nur den nennt GOTT seinen *lieben Sohn* (Mt 3, 17), der den Weg des Lebens, den Weg der

geistigen Evolution, bis zu Ende gegangen ist: *Seid vollkommen, wie euer himmlischer Vater vollkommen ist!* (Mt 5, 48) Dieselbe Aussage findet sich auch in der 7. Seligpreisung (Mt 5, 9). In Christus wohnt die ganze Fülle der Gottheit leibhaftig und in ihm seid ihr vollkommen (Kol 2, 10).

Matthäus (2, 1 ff) bereichert den Mythos des Lukas:
Als Jesus in Bethlehem in Judäa geboren war
in den Tagen des Königs Herodes,
da kamen Magier aus dem Osten nach Jerusalem
und sagten: Wo ist der neugeborene König der Juden?
Wir haben nämlich seinen Stern gesehen
und sind gekommen, um ihm zu huldigen.

In Mesopotamien weist das Keilschriftzeichen Stern beim Namen des Königs auf dessen göttliche Herkunft hin.
Den Persern hatte der Prophet Zarathustra vorhergesagt, dass am „Ende der Tage" der »Große König« geboren werden soll, ein neuer Stern werde diese Fleischwerdung des Lichtgottes aus dem Schoß einer Jungfrau anzeigen. Jahrhunderte später sahen persische Priester aus dem Stamm der Magoi vom Osten aus den Stern von Bethlehem, erkannten seine Bedeutung und folgten ihm bis zum *neugeborenen König* (Mt 2, 2), um ihm zu huldigen.
Diese Magoi waren auch Astronomen. Pico della Mirandola bezeichnete ihre Kunst als *die Wissenschaft von den göttlichen Dingen.* Als sie den Stern aufgehen sahen, der im Alten Orient die Geburt eines Königs verkündete, deuteten sie die Zeichen der Zeit richtig: die Weissagung war eingetreten, die ankündigte, *dass der Saosyant die Toten „aufrütteln" und alle Menschen auferstehen lassen wird. Am Ende wird dann die Verklärung stattfinden, die „das Ziel hat, dass die Welt unsterblich sei bis in alle Ewigkeit".*

In Jerusalem indessen wurde die Ankunft des lange ersehnten und von den Propheten verheißenen »Gesalbten GOTTES« weder vom weltlichen noch vom priesterlichen Establishment willkommen geheißen:
Als der König Herodes dies hörte, geriet er in Bestürzung
und mit ihm ganz Jerusalem.

Auch die Hirten, die in der Nacht auf den Anbruch der neuen Tagwerdung warteten, waren zunächst erschrocken, kamen aber zu dem neugeborenen Kind und verkündeten die Ankunft der Christus-Idee.
Herodes ließ indessen nach dem neugeborenen Kind suchen, um es zu töten. Die etablierten Mächte wissen, dass ihre Zeit abgelaufen ist, doch sie schlagen um sich, Galilei sei anstelle von tausend Namen genannt.
Als die Magoi, von einem Traumgesicht gewarnt, nicht nach Jerusalem zurück kehrten,
da sah Herodes, dass er von den Magiern
zum Narren gehalten worden war, und geriet in großen Zorn.

Er schickte Leute aus und ließ alle Kinder in Bethlehem
und der ganzen Umgebung töten,
die zwei Jahre alt und darunter waren entsprechend der Zeit,
die er von den Magiern erkundet hatte.

Eine neugeborene göttliche Idee kann aber nicht unterdrückt oder in
ihrem Wirken gehemmt werden.
Josef war von einem Engel gewarnt worden und mit dem Kind nach
Ägypten geflohen. Sorgsame Eltern schützen ihr Kind und bringen es
aus der Gefahrenzone: Wenn uns in unserem Bewusstsein eine neue Idee
geboren wurde, die Zeit aber oder das Umfeld noch nicht dafür bereit
ist, ist es besser, sie einstweilen im Herzen verborgen zu halten und
wachsen zu lassen: *Gebt das Heilige nicht den Hunden, werft eure Perlen
nicht vor die Säue, dass sie sie nicht zertreten zwischen ihren Klauen, sich
gegen euch wenden und euch zerreißen* (Mt 7, 6).
Wir müssen es nicht zulassen, dass uns Böswillige eine kostbare
Erkenntnis in den Schmutz treten und sie unansehnlich machen. Nichts
zwingt uns, unsere Einsicht auf den Marktplätzen zu verkünden.

## 4. 7 Die jungfräuliche Geburt

> Wenn einer nicht aus dem Wasser **und** dem GEIST geboren worden ist,
> kann er nicht ins Reich GOTTES hineinkommen.
> Joh 3, 5

*Die junge jüdische Mutter Maria hätte nicht schlecht darüber gestaunt zu
hören, was die christlichen Kirchen ihr und ihrem Sohn später andichten
würden* (Lüdemann, Jungfrauengeburt 150).

Auf dem Konzil von Ephesos 431 machte die Kirche aus der Mutter von
Jesus die »Gottesgebärerin«, auf der Lateran-Synode 649 wurde sie die
»immerwährende Jungfrau«. Papst Pius IX. setzte 1854 das Dogma der
»unbefleckten Empfängnis« durch, wonach Maria ohne die sonst allen
anhaftende Erbsünde geboren wurde – wie hätte der Sohn GOTTES auch
aus einem sündhaften Leib geboren werden können? Maria war ja gar
nicht getauft. Papst Pius XII. verkündete 1950 ihre »leibliche Aufnahme
in den Himmel«, was nur logisch war, nachdem ihr schon im Mittelalter
die Ehre der »Himmelskönigin« zuteil geworden war.

Im Evangelium nach Markus (~ 70), findet sich noch keinerlei Hinweis
auf eine jungfräuliche Empfängnis, ebenso wenig in den noch früheren
Paulus-Briefen. Erst bei Matthäus (~ 80) und bei Lukas (~ 90), der das
Matthäus-Evangelium kannte, findet sich die vom Engel angekündigte
Empfängnis durch den Heiligen Geist.
Bei Matthäus (1, 18-25) liest sich der Hergang folgendermaßen:
Die Geburt von Jesus Christus geschah aber so:
Als Maria, seine Mutter, dem Josef vertraut war,

fand es sich, ehe er sie heimholte,
dass sie schwanger war vom Heiligen Geist.

Zu Josef, der seine Braut deshalb zu verlassen gedachte, spricht ein
Engel im Traum:
Was sie empfangen hat, ist vom Heiligen Geist.
Das ist aber alles geschehen, damit erfüllt würde,
was der Herr durch den Propheten gesagt hat,
der da spricht:
„Siehe, eine Jungfrau wird schwanger sein
und einen Sohn gebären, und sie werden ihm den Namen
Immanuel geben" (Jes. 7, 14), d.h. Gott mit uns. ...

Und Josef berührte sie nicht, bis sie einen Sohn gebar;
und er gab ihm den Namen Jesus.

Warum gab er ihm nicht den Namen Immanuel, den doch der künftige
Erlöser tragen sollte?
Das für Juden geschriebene Matthäus-Evangelium lässt hier den Engel
einen Jesaja-Text nach der Septuaginta (LXX), also der ins Griechische
übersetzten Jüdischen Bibel, zitieren.
Im hebräischen Jesaja-Urtext war aber gar nicht von einer Jungfrau die
Rede gewesen, sondern von einer „jungen Frau" (alma). Erst später bei
der Übersetzung ins Griechische war aus dieser jungen Frau eine
Jungfrau (parthenos) geworden. Auch hatte der Prophet Jesaja keinerlei
Messias-Verheißung ausgesprochen. Als im Jahr 730 vor Jerusalem von
den Königen Reza und Pekach belagert wurde, zeigte Jesaja auf eine
schwangere junge Frau und prophezeite dem König Ahas, dass das
Reich der beiden feindlichen Könige zerstört sein werde, noch ehe der
neugeborene Knabe mit Namen Immanuel (Gott mit uns) das Alter von
vier Jahren erreicht habe. Von der Verheißung eines künftigen Erlösers
kann also keine Rede sein.

Das erst durch den Nag-Hammadi-Fund bekannt gewordene gnostische
Philippus-Evangelium bezeichnet die Jungfrauengeburt durch den
Heiligen Geist als eine Absurdität. Denn Geist, ruach, ist im Hebräischen
feminin: *Einige sagten: „Maria ist vom Heiligen Geist schwanger geworden."*
*Sie sind im Irrtum. Sie wissen nicht, was sie sagen. Wann ist je eine Frau von*
*einer Frau schwanger geworden?* (Spruch 17). Porphyrios (~ 233-305 nach) war
Schüler des großen Neuplatonikers Plotin. Augustinus nannte ihn ob
seiner abgrundtiefen Gelehrsamkeit »doctissimus philosophorum«.
Doch Porphyrios hatte die christliche Religion entschieden abgelehnt.
Über die jungfräuliche Geburt äußerte er sich so: *Selbst wenn einer unter*
*den Griechen stumpfsinnig genug wäre, anzunehmen, dass die Götter in den*
*Standbildern hausen, so hätte er eine viel weniger trübe Vorstellung als*
*derjenige, der glaubt, dass die Gottheit in den Leib der Jungfrau Maria*

*eingegangen sei, dass sie zum Fötus geworden und nach der Geburt in Windeln gelegt worden sei, bedeckt vom Blut des Mutterkuchens, von Galle und noch viel größeren Widerwärtigkeiten* (zit. nach Deschner, Christentum 31).

Wie kam nun die Vorstellung einer Jungfrauengeburt in die Evangelien?

### Die Jungfrauengeburt im Alten Orient

Das Judentum kennt keine Jungfrauengeburt. Wie gesehen, beruht der Hinweis auf die Prophezeiung in Jesaja 7, 14 auf einem Übersetzungsfehler der LXX.

Der König von Israel nannte sich zwar auch »Sohn Gottes«, aber er wurde dies erst bei der Thronbesteigung durch Adoption:

Mein Sohn bist du, heute habe ich dich gezeugt.           Ps 2, 7

Im Alten Orient entstand der Mythos von der »Heiligen Hochzeit«. Herodot, der Vater der Geschichtsschreibung, beschreibt im fünften Jahrhundert vor, wie sie im Etemenanki, dem siebenstufigen Turm von Babylon stattfindet: *In der Mitte des Heiligtums ist ein Turm gebaut, ohne Innenraum, ein Stadion lang und breit, und auf diesen Turm ist ein weiterer Turm gekommen und dann immer noch einer drauf, bis es acht (!) sind. ... Auf dem letzten Turm aber steht ein großes Gotteshaus, und in dem Haus steht ein großes Ruhebett mit schönen Decken und daneben ein goldener Tisch. Aber ein Götterbild ist nicht darinnen aufgestellt. Und nachts schläft auch kein Mensch dort, außer zuweilen eine Frau alleine, die sich der Gott auserwählt hat aus allen Frauen des Landes, wie die Chaldäer sagen, die die Priester dieses Gottes sind. Diese behaupten auch – ich selber aber glaube nicht daran -, dass der Gott selber in den Tempel kommt und auf dem Bette ruht ganz wie im ägyptischen Theben, wo es die Ägypter behaupten, denn auch dort ruht im Heiligtum des ägyptischen Zeus eine Frau, und beide Frauen, erzählt man, nahen sich nie dem Lager eines Mannes, und ganz wie in Patara in Lykien die Verkünderin des Gottes, wenn er da ist; denn das Orakel wird dort nicht immer erteilt. Ist der Gott aber gekommen, dann wird sie nachts mit eingeschlossen im Innern des Tempels* (Herodot, Historien I 181 f).

In den griechischen Mythen sucht sich der Göttervater Zeus immer wieder Frauen aus, mit denen er Heroen zeugt, so den berühmten Herakles.

In historischer Zeit konnte man sich das In-die-Welt-Kommen großer Geister nicht anders als durch göttliche Befruchtung, durch den von oben überspringenden geistigen Funken, vorstellen, so bei Pythagoras, Platon und Alexander dem Großen.

Die Vorstellung, dass der König aus göttlicher Zeugung hervorgeht, reicht weit zurück. Schon bei den Sumerern galt der König als Sohn eines Gottes oder einer Göttin. Viele Könige setzten vor ihren Namen das

Gottes-Determinativ, den Stern. König Gudea (2141-2122 vor) sagt in seinem Gebet an die Göttin Gatumdug:
Ich habe keine Mutter; du bist meine Mutter.
Ich habe keinen Vater; du bist mein Vater.
Meines Vaters Samen nahmst du in deinen Mutterleib auf,
Du gebarst mich im Heiligtum.

## Die Zeugung des Königs durch den Geistgott im Alten Ägypten

In Ägypten kommt der König, der immer als der Herrscher über die »vier Enden der Erde«, also als Weltenherrscher (Pantokrator) angesehen wurde, durch Jungfrauengeburt zur Welt.
Der Pharao Echnaton (1365-1347 vor) ist der erste nachweisliche Monotheist reinsten Wassers. Er hat seine neue Lehre in seinem »Sonnenhymnus« formuliert und dargelegt. Darin bezeichnet er sich, den König, als Sohn des Lichtgottes Aton:
... kein anderer ist, der dich kennt, außer deinem Sohn ...,
den du dein Wesen und deine Macht erkennen lässt. ...
Seit du die Welt gegründet hast, erhebst du sie für deinen Sohn,
der aus deinem Leib hervorgegangen ist.

Der ägyptische König Ramses II. (~ 1300 vor) spricht zum Sonnengott Re:
*Ich bin dein Sohn, den du auf den Thron gesetzt hast. Du hast mir dein Königtum übergeben, du hast mich erzeugt nach deinem Bild, du hast mich erben lassen, was du geschaffen hast.*

*Die Doppelnatur Pharaos wird mythisch umschrieben durch eine Geburtsgeschichte, die ihn Sohn nennt einer irdischen Mutter und eines himmlischen Vaters. Nach dieser Geschichte, die auch hymnisch gestaltet ist, naht sich der Geistgott Amun in Gestalt des regierenden Königs der jungfräulichen Königin und erzeugt mit ihr den Gottkönig* (Brunner-Traut, Ägyptenkunde 103). *Nach ägyptischer Vorstellung ist es der Geistgott, der den Pharao zeugt. Zur Geburt des Gottkönigs wird Amun zusammen mit seiner menschlichen Partnerin, der künftigen Mutter des Königs, gewissermaßen in eine übergeordnete Sphäre gehalten von den beiden unter ihm sitzenden Gottheiten. ... Dass es sich um Amun handelt, zeigt ... die Kopfbedeckung aus Federn. Diese sollen die „Luftigkeit" des Gottes unterstreichen, die Nähe zum Wind, zum Sturm ... und eben das Pneumatische zum Ausdruck bringen.*

*Hier also sitzt Amun der Königsmutter in erhabener und gewiss so als über-irdisch empfundener Position gegenüber, berührt zart ihre Hände und reicht ihr das „Anch"-(d.h. Lebens-) Zeichen an die Nase, um sie mit Leben zu erfüllen. Es handelt sich hier um eine bildliche Darstellung der Empfängnis durch den Geist Gottes. Empfangen durch den Heiligen Geist. Auf eine ungemein eingängige und lebensnahe Weise haben die Ägypter ihren Glaubensgrundsatz von der Abkunft des Pharao aus Gott dargestellt, obwohl sie genau wussten, wer die menschliche Mutter und der menschliche Vater des Pharao waren. Sie haben in der Tat keinerlei Gegensatz zwischen einer biologischen und einer glaubens-mäßigen Abkunft gesehen* (Görger, Nilgans 89).

Die Pharaonen bezeichneten sich auch als »Sohn des Re«, Sohn des Sonnengottes. Sie galten auch als »Abbild Gottes« und waren die Wahrer von Recht und Ordnung.
Symbol des Sonnengottes Re ist der »Himmelsfalke«.

In leicht veränderter Form steht dieser »Himmelsfalke« auch über den Abbildungen der Perserkönige als Symbol für Ahura Mazda, den unsichtbaren Himmelsgott Zarathustras.

Als Jesus nach seiner Taufe im Jordan heraus aus dem Wasser ans trockene Land gestiegen war, kam, so berichtet Matthäus (3, 16), der »Geist Gottes« als Taube aus den Himmeln über ihn herab. Der Himmelsfalke nimmt also in der Christlichen Bibel die Gestalt einer Taube an. Denn es ist eine Taube, die Noah das Ende der Sintflut verkündet (1 Mos 8, 10 ff).

## Die Geburt des Erlösers bei Zarathustra

Das bedeutendste Vorbild für die Verheißung eines Erlösers findet sich in der Lehre Zarathustras. Hier wird das Kommen eines Welterlösers vorhergesagt. Er wird ein von einer Jungfrau geborenes göttliches Wesen mit menschlichem Leben sein und stammt aus dem Samen Zarathustras. Er wird der Gesandte von Gott, Wahrheit, und die Verkörperung von Recht und Wahrheit sein.

Dieser eschatologische Erlöser wird die endgültige Herrschaft der guten Mächte auf Erden aufrichten.

Im Matthäus-Evangelium begegnen wir den »Weisen aus dem Morgenland«. Im griechischen Text werden sie Magoi genannt. Von diesen Magiern heißt es, sie kämen aus dem Osten. Die Magier oder Mager waren eine persische Priesterkaste, denen der Kult, die Wahrsagung und die Traumdeutung oblag. Sie sind also Priester der persischen Religion, die auf Zarathustra zurückging.

Matthäus will damit sagen, dass mit der Geburt von Jesus der Erlöser geboren war, den auch Zarathustra vorhergesagt hatte.

Die Vorbilder für die *jungfräuliche* Geburt des Erlösers weisen also *nicht* ins Alte Testament, sie haben ihren Ursprung in Ägypten und im Iran.

## Die Retuschierung der Evangelien

Die jungfräuliche Geburt von Jesus – dem Markus-Evangelium noch unbekannt – taucht zum ersten Mal bei Matthäus auf und wurde von Lukas übernommen.

Es gibt mehrere starke Indizien dafür, dass die Urfassungen von Matthäus und Lukas die jungfräuliche Geburt noch nicht kannten, dass diese vielmehr später eingefügt wurde, wobei natürlich noch andere Änderungen vorgenommen werden mussten. Die Retuschierungen sind jedoch nicht vollkommen geglückt. Zunächst aber musste Josef als Vater von Jesus verschwinden.

Das Markus-Evangelium (6, 3) nennt vier Brüder Jesu mit Namen und spricht von mindestens zwei Schwestern. Auch Matthäus und Lukas kennen Geschwister, nennen daneben aber nur Maria, Josef fehlt. Er wurde wegretuschiert. Stellen wie Mk 3, 31 ff, Mt 12, 46 ff und Lk 8, 19 ff mussten stehen bleiben, weil Jesus die leibliche Verwandtschaft zugunsten der geistigen zurückweist: *Wer den Willen GOTTES tut, der ist mein Bruder und meine Schwester und meine Mutter.*

In den Evangelien des Lukas und des Johannes wird Josef mehrfach als Vater Jesu bezeichnet:

[Maria macht dem 12-jährigen Jesus einen Vorwurf:]
Dein Vater und ich haben dich mit Schmerzen gesucht.  Lk 2, 48

Und alle ... wunderten sich über die Worte der Gnade,
die aus seinem Mund kamen, und sagten:
Ist das nicht der Sohn des Josef?  Lk 4, 22

Philippus findet Nathanael und spricht zu ihm:
Wir haben den gefunden, von dem Mose im Gesetz und
die Propheten geschrieben haben, Jesus,
den Sohn des Josef, aus Nazareth.  Joh 1, 45

Ist das nicht Jesus, der Sohn des Josef,
dessen Vater und Mutter wir kennen?
Wie kommt er jetzt dazu zu sagen:
Aus dem Himmel bin ich gekommen?  Joh 6, 42

Und dann sind da noch die Stammbäume, die nachweisen wollen, dass Jesus, in Bethlehem, dem Geburtsort Davids, geboren, auch aus dem Herrscherhaus Davids stammt, wie der Prophet Micha (5, 1) es prophezeite.

Matthäus (1, 1-17) beginnt mit dem Stammvater Abraham:
Abraham zeugte Isaak,
Isaak zeugte Jakob,
Jakob zeugte Juda und seine Brüder,
Juda zeugte Perez
........
Jesse zeugte den König David,
der König David zeugte Salomo.
Salomo zeugte ...
........
Mattan zeugte Jakob,
Jakob zeugte Josef, den Mann der Maria,
von der geboren ist Jesus, Christus genannt.

Mit dem plötzlichen Schwenk auf Maria ist dies keine ganz ungeschickte Retuschierung.

Deutlicher doch weniger geschickt bei Lukas (3, 23). Er beginnt bei Jesus und führt den Stammbaum bis auf den mythischen Adam zurück. Doch auch sonst stimmen die beiden Stammbäume außer dem Ahnherrn David nicht überein:

Und Jesus war, als er begann, etwa 30 Jahre alt.

Er wurde gehalten für einen Sohn Josefs,
der war ein Sohn Elis,
der war ein Sohn Mattats,
der war ein Sohn Levis,
........
der war ein Sohn Davids,
......
der war ein Sohn Jesses,
der war ein Sohn des Enosch,
der war ein Sohn Sets,
der war ein Sohn Adams,
der war der Sohn Gottes.

Damit schien das Ärgernis einer leibliche Vaterschaft Josefs beseitigt. Was aber gerade durch die Stammbäume bewiesen werden sollte, dass nämlich Jesus von David abstammte, das entfiel jetzt auch. Denn Maria war nicht aus dem Hause Davids, was bei ihr als Frau auch nicht gezählt hätte. Der Messias sollte aus dem Hause Davids geboren werden. Josef war *aus dem Hause und Geschlechte Davids* (Lk 4, 4), wie auch die Stammbäume belegen. Nun ist aber Jesus nach den Stammbäumen, die dies ursprünglich belegen sollten, nach der Retuschierung gar nicht mehr der Sohn des Josef, er wurde lediglich *dafür gehalten.* Also stammt Jesus gar nicht aus dem Hause David.

Jesus selbst hat sich nie auf eine Herkunft aus dem Stamme David berufen. Er hat sich stets mit dem Messias oder Christus identifiziert, dessen Vater der „himmlische" ist.

Er hat seine Schüler aufgefordert, dasselbe zu tun:

Ihr sollt niemanden unter euch Vater nennen auf Erden;
denn nur einer ist euer Vater: der himmlische.          Mt 23, 9

Paulus kennt eine jungfräuliche Geburt noch nicht.

Der erste, der in Form von Lehrbriefen für die christliche Lehre warb, war Paulus. Seine Lehrschreiben fallen in die Jahre 38 bis 56. Im Brief an die Galater (4, 4 f) sagt er:

Als aber die Zeit erfüllt war, sandte GOTT seinen Sohn,
von einer Frau geboren, geboren unter das Gesetz,
um die unter dem Gesetz loszukaufen,
damit sie die Sohnschaft empfingen.

Paulus spricht von einer Frau, und nicht von einer Jungfrau. Kurz zuvor (3, 10) hatte er dargelegt, wie der Christus vom Fluch der Thora befreit, indem er dem Menschen seine Gotteskindschaft offenbart.

Im Brief an die Römer (1, 3-4) bezeichnet sich Paulus als einen *Knecht Jesu Christi, von GOTT berufen, die Botschaft zu verkünden*
… über seinen Sohn,
der geboren wurde aus dem Samen Davids
gemäß dem Fleisch,
der eingesetzt wurde zum Sohn GOTTES in Kraft
gemäß dem GEIST der Heiligkeit
seit seiner Auferstehung von den Toten.

Die Geburt nach dem Fleisch bedeutet: Jesus war der Sohn des Josef. Einziger Träger der gesamten Erbmasse war nach damaliger biologischer Kenntnis der Same des Mannes. Josef stammte aus dem Hause Davids. Die Geburt von Jesus war also ein vollkommen natürlicher Vorgang ohne übernatürliches Eingreifen. Erst durch seine „Auferstehung von den Toten" wurde Jesus zum Sohn oder Kind Gottes.
Diese Auferstehung von den Toten[28] muss aber im Leben geschehen, nicht erst nach dem Tode.
Aufzuwachen aus dem Grab irdisch-materieller Vorstellungen und sich zur Kindschaft GOTTES, des GEISTES, zu bekennen, das ist der Kern der christlichen Botschaft:
Wach auf, der du schläfst, und steh auf von den Toten,
so wird dir Christus aufleuchten.                    Eph 5, 14

Ihr seid mit ihm (Jesus) begraben durch die Taufe,
seid mit ihm auch auferweckt durch den Glauben
an das Wirken GOTTES,
der ihn auferweckt hat von den Toten.                    Kol 2, 12

Matthäus (3, 16 f) schildert die Taufe von Jesus so: *Nachdem er untergetaucht war, stieg Jesus sofort hinauf vom Wasser. Und siehe, die Himmel wurden geöffnet, und er sah den GEIST GOTTES niedersteigen* … Das Untertauchen in die Wasser des Jordan bedeutet das Begrabensein in den Wassern unter dem Himmel (2. Schöpfungstag). Das Hinaufsteigen aufs trockene Land bedeutet die Auferstehung (3. Schöpfungstag). Durch dieses Betreten des Landes der göttlichen Ideen wird der Mensch zum Kind GOTTES: *Und siehe, eine Stimme aus den Himmeln sagte: Dieser ist mein geliebter Sohn, an dem ich mein Wohlgefallen gefunden habe.*

---

[28] vgl. Kapitel 7 Die Auferstehung von den Toten

## Die geistige Zeugung bei Johannes

Die Schule des Johannes wollte bekanntlich mit ihrem Johannes-Evangelium alle früheren Evangelien ersetzen und verdrängen. Auch dieses Evangelium spricht von einer jungfräulichen Geburt, jedoch in einem ganz anderen Sinne. Nicht der sterbliche Mensch Jesus, sondern der LOGOS, die Christus-Idee, wurde und wird noch immer jungfräulich empfangen und geboren.

Im 3. Kapitel 3 ff wirft der jüdische Rabbi Nikodemus die Frage auf, ob es möglich ist, durch Reinkarnation oder Wiedergeburt den Weg zu GOTT zu gehen, und muss sich belehren lassen, dass dies nicht möglich ist:

Was gezeugt ist aus Fleisch, das ist Fleisch,
und was gezeugt ist aus dem GEIST, das ist GEIST.
Wundere dich nicht, dass ich gesagt habe,
ihr müsst von oben gezeugt werden.
Der Wind / GEIST (πνεῦμα) bläst, wo er will,
und man hört seine Stimme, aber man weiß nicht,
woher er kommt und wohin er geht.
So ist jeder aus dem GEIST Gezeugte. ...
Und noch keiner ist in den Himmel hinaufgestiegen,
wenn nicht der, der aus dem Himmel niedergestiegen ist,
die Idee Mensch, die im Himmel *ist.*

Nicht dadurch dass man sich auf Erden abmüht und nach dem Himmel strebt, gelangt man dorthin - das wäre die Lehre des Alten Testamentes – auch nicht durch einen langen Kreislauf von Wiedergeburten, wie es Pythagoras und Empedokles lehrten, sondern durch die Annahme des neuen Paradigmas, das Auferstehung und ewiges LEBEN bedeutet, in der Christlichen Bibel meist als »Glaube«[29] bezeichnet.

Noch scheint aber die Möglichkeit einer jungfräulichen Geburt, wie in den Evangelien nach Matthäus und Lukas vertreten, nicht ganz widerlegt, wären da nicht noch andere Worte des Christus wie:

Der GEIST ist es, der LEBEN schafft, das Fleisch ist ganz nutzlos.

Joh 6, 63

GOTT, das geistige PRINZIP der Evolution, arbeitet nicht mit der Sterblichkeit zusammen, denn die beiden sind nach Paulus Gegenteile:

Die Wunschvorstellungen der Materie richten sich
gegen den GEIST, die des GEISTES gegen die Materie;
denn die beiden letzteren sind Gegensätze.     Gal 5, 17

---

[29] Vgl. Exkurs Glaube

Es wird indes im Prolog zum Johannes-Evangelium noch eine andere Darlegung zur jungfräulichen Geburt dargeboten, um die Versionen bei Matthäus und Lukas zu widerlegen. Denn wenn nur Jesus durch übernatürliche Zeugung geboren worden wäre, seine Schüler und Nachfolger jedoch, von sterblichen Vätern gezeugt, dazu aufriefe, ihm nachzufolgen – wäre das nicht grotesk? Es wäre gerade so, als ob eine Schwalbe die Frösche andauernd aufforderte, doch endlich zu ihr hochzufliegen.

Im gesamten Prolog wird der Christus als »LOGOS« bezeichnet, ebenso wie es auch die späteren griechischen Kirchenlehrer tun werden. Nachdem eingangs betont worden war, dass die Christus-Idee oder der LOGOS schon immer da war – als Ausdruck GOTTES muss er ja so alt sein wie GOTT selbst – wird dargelegt, dass jeder dieser Christus-Idee in seinem Bewusstsein Geburt geben muss, damit an ihm GOTT zum Ausdruck kommt:

Allen aber, die ihn [das Christus-Paradigma] annahmen,
ihnen hat er die Macht gegeben,
Kinder GOTTES zu werden, denen,
die an seinen Namen glauben.
Diese sind nicht aus Blut
[Sie bestehen nicht aus Fleisch und Blut.]
und auch nicht aus einem Willen des Fleisches
[und nicht aus menschlichem Bemühen]
und auch nicht aus dem Willen eines Mannes,
[auch nicht aus männlicher Zeugung]
sondern sie sind aus GOTT gezeugt worden.
[Sie wurden vom GEIST gezeugt.]

Jesus der Christus hat diese Neugeburt vollzogen, ist den Weg vorangegangen und lehrte ihn; denn einzig die Christus-Idee bedeutet wahre Sohnschaft, Gotteskindschaft:

Und der LOGOS ist Fleisch geworden
und hat bei uns Wohnung genommen,
und wir bekamen seine Offenbarwerdung zu sehen
wie die eines einzigen Sohnes vom Vater her.

GOTT hat nicht zweierlei Söhne, den Adam und den Christus. Seine einzige Schöpfung ist sein Bild und Gleichnis vom sechsten Schöpfungstag.

*Und das Wort ist Fleisch geworden.*
So steht es in jeder Übersetzung. Welches Wort? Die Erlöserverheißung der Propheten? Die hat es in dieser Form doch gar nicht gegeben. Und was heißt *Fleisch geworden*? Wo es so gedeutet wird, dass GOTT Mensch geworden sei, ist es Unsinn. Wird der Schöpfer zur Schöpfung? Oder wie »Mensch« vulgo verstanden wird: Kann Gott zu seinem Gegenteil

werden, so dass aus GEIST Materie, das Unendliche zum Endlichen, das Unsterbliche sterblich wird?

Kein Wunder, wenn kein Vernünftiger derlei heute noch nachzuvollziehen vermag. Allerdings, das ganze Problem ist verursacht durch eine Fehlübersetzung. Subjekt im ganzen Prolog ist der LOGOS, das erste Synonym für GOTT, der in der Hauptaussage das Aufleuchten der Idee darlegt.

Was bedeutet es nun, dass der LOGOS Fleisch geworden ist?

Geistiges wie »Schönheit« oder »Harmonie« sind an sich selbst nicht sichtbar. Oder hat jemand die »Gerechtigkeit« und die »Ordnung« schon einmal gesehen? Sie können nur zum Ausdruck kommen, wenn sie in die Tat umgesetzt werden. Jesus ist zum Christus geworden, als sich an ihm die Christus-Idee manifestierte. An ihm ist Göttliches zum Ausdruck gekommen, als er es zuließ durch Hintansetzung des eigenen Willens, des sterblichen Egos. Darum lässt Johannes den Christus, den LOGOS, sagen: *Wer mich sieht, der sieht den, der mich gesandt hat* (Joh 12, 45) und: *Wer mich sieht, der sieht den Vater* (Joh 14, 9).

Die jungfräuliche Geburt ist kein biologisches Geschehen, kein historisches Einzelereignis, kein göttliches Geheimnis, kein Wunder durch ein Eingreifen des Heiligen Geistes.

Die jungfräuliche Geburt ist die geistige Evolution, durch die der Mensch zu seiner wahren Identität findet und sich als »Kind GOTTES« erkennt. GOTT hat nicht zweierlei Kinder. Die Schöpfung, Ausdruck seiner Vollkommenheit, ist so vollkommen wie er, sie ist sein Bild und Gleichnis, Christus genannt.

Paulus lehrt:
> Wenn einer in Christus ist, ist er eine Neuschöpfung.
> Die alten Vorstellungen sind Vergangenheit.
> Etwas Neues ist da. 2 Kor 5, 17

> Ich lebe, aber nicht mehr als mein (altes) Ego,
> sondern in mir lebt Christus.
> Wenn ich jetzt in der Materie lebe,
> lebe ich darin im Glauben an den Sohn GOTTES,
> der mir seine Liebe erwiesen
> und seine Identität dargelegt hat für mich. Gal 2, 20

### 4. 8 Buße tun? - Das radikal neue Weltbild

Im Evangelium des Markus, lesen wir:
> Johannes der Täufer war in der Wüste
> und predigte die **Bußtaufe zur Vergebung der Sünden.**
> Und das ganze jüdische Land und alle Einwohner Jerusalems
> bekannten ihre Sünden und ließen sich im Jordan von ihm taufen.
> Mk 1, 4 f

*Was Johannes der Täufer und später auch Jesus den jüdischen Volksmengen predigte, war »SCHUWU!«* - ein Aufruf, der im Grunde der Botschaft aller Propheten gleichkommt. *Gemeint ist hiermit eine Abkehr vom falschen Kult, vom Nachhuren nach den Abgöttern der Götzendiener, auf die eine Rückkehr zum Gott der Väter folgt, als Heimkehr zu den religiösen Ursprüngen des alten Israel* (Lapide, Bibel 117).

*Später auch Jesus?* Diese Deutung geht ganz fehl! In der Lehre, die Jesus verkündete, spielt der Begriff »Buße« absolut keine Rolle. Wenn Jesus heilte, fragte er zuvor niemals nach eventuell begangenen Sünden oder aufrichtiger Reue oder dass einer Buße tun müsse. Er lässt noch nicht einmal die Möglichkeit zu, Krankheit und Sünde miteinander in Verbindung zu bringen. Als er bei einem Blinden von seinen Schülern gefragt wurde, wer in diesem Falle gesündigt habe, er oder seine Eltern, antwortete er ihnen: Weder noch, *das Wirken GOTTES soll an ihm offenkundig gemacht werden* (Joh 9, 3).
Das Johannes-Evangelium betont ausdrücklich, dass Jesus nicht so wie Johannes taufte (Joh 4, 2). Jesus predigte nicht »*SCHUWU!*«, er wollte keine Rückkehr zum alten Gottesbild, sondern: *Ihr habt gehört, dass zu den Alten gesagt ist ... Ich aber sage euch!* (Mt 5, 21-43) Jesus rief vielmehr auf zur »Metánoia«, zu einem radikalen Umdenken. Wenn er redete, kam nicht das ganze jüdische Land und alle Einwohner Jerusalems, vielmehr *erschrak die Menge über seine Lehre* (Mt 7, 28). Das Evangelium des Markus, berichtet gleich im ersten Kapitel:
Am Sabbat ging er sofort in die Synagoge und lehrte.
Und sie waren wie vor den Kopf geschlagen über seine Lehre;
denn er lehrte sie wie einer, der Vollmacht hat,
und nicht wie ihre Schriftgelehrten.                    Mk 1, 21 f

Schon als das Kind zum ersten Mal in den Tempel gebracht wurde, lässt Lukas den greisen Simeon prophezeien:
Siehe, dieser ist gesetzt zum Fall und zur Auferstehung vieler
in Israel und zu einem Zeichen, dem widersprochen wird.
                                                        Lk 2, 34

Lukas berichtet weiter: Als Jesus zu Anfang seiner Laufbahn in seiner Heimatstadt Nazareth predigte, wurden *alle Zuhörer in der Synagoge von Wut erfüllt. Sie standen auf, jagten ihn aus der Stadt, führten ihn zum Abhang des Berges, auf dem ihre Stadt erbaut wurde, um ihn hinabzustürzen* (Lk 4, 28 f). Seine Predigten wurden als todeswürdige Gotteslästerung empfunden.

Diese Vorgänge belegen sehr deutlich, dass Jesus eben nicht zur Rückkehr zum alten Gott aufrief. Vielmehr verkündete er den Anbruch einer neuen Zeit und rief auf zu einem neuen Denken, zu einem neuen Gottesbild:

Als aber Johannes gefangen gesetzt war,
kam Jesus nach Galiläa und predigte die Frohe Botschaft von GOTT:
Die Fülle der Zeit ist da [d.h. die Zeit des Wartens ist zu Ende],
**das Reich GOTTES ist gekommen.**
**Denkt um** und vertraut auf die Frohe Botschaft!          Mk 1, 14 f

Die Zeichen und Wunder, die Jesus wirkte, dienten dazu, das neue geistige Weltbild zu beweisen. Die Annahme eines neuen Weltbildes bewirkt einen Bewusstseinswandel, der dem Menschen nicht leichtfällt. Ein Quantensprung wird erforderlich. Oftmals heißt es daher, dass die Zuschauer entsetzt waren und außer sich gerieten, wenn sie diese Demonstrationen sahen.[30] *Verwirrung ist zunächst einmal ein Zeichen dafür, dass die gewohnten Gedankenformen ihre ordnende Funktion nicht mehr selbstverständlich ausüben können. ... Eine »neue Dimension« fordert ein neues Orientierungssystem, das wir erst nach und nach entwickeln können. Wenn wir uns darauf einlassen, herrscht allerdings erst einmal Dunkelheit und Verwirrung. Ein neues Orientierungssystem zu entwickeln, ist immer ein Risiko. Wir wissen nicht, wie lange es dauert, wir wissen nicht, wie es unser Weltbild verändern wird, und wir werden niemals mehr glauben können, die Welt sei so beschränkt wie unsere Wahrnehmungsfähigkeit und unser Vorstellungsvermögen* (Knapp, Quantensprung, 131 und 166).

Der große christliche Denker Markion[31] (geb. ~ 85 nach) war, wie es scheint, der einzige, der dies in der Folgezeit richtig begriff. Nach seinem Verständnis ruft GOTT nicht seine verirrten Kinder aus der Fremde zu sich zurück, vielmehr ruft er seine Kinder zu sich in seine Fremde. Markion verwarf das Gottesbild der Jüdischen Bibel und schied das Alte Testament aus den Lehrschriften aus.

Matthäus berichtet, wie Jesus dämonische Mächte austrieb. Mit diesen „daimónia" sind irre Wahnvorstellungen gemeint, die vom Menschen Besitz ergreifen, ihn beherrschen und umtreiben können. Diese Heilungen sind Beweis für die Richtigkeit seiner Lehre von der Allgegenwart eines Schöpfers, der nur seine vollkommene Schöpfung kennt:
Wenn ich im GEIST GOTTES die dämonischen Mächte austreibe,
dann **ist doch das Reich GOTTES schon zu euch gekommen.**
Mt 12, 28

Es gibt keine Dämonen, denn alles, was GOTT nicht geschaffen hat, ist bloße Illusion.
Matthäus bringt das erste öffentliche Auftreten von Jesus dem Christus mit einer Prophezeiung des Propheten Jesaja (9, 1) in Verbindung:

---

[30] Vgl. Kap. 8 Der Satan und seine Dämonen
[31] Vgl. Kap. 13 Markion der Ketzer

„Das Volk, das in der Finsternis saß, hat ein großes Licht erblickt.
Und denen, die im Land des Todesschattens saßen,
ihnen ist ein Licht aufgegangen."
Von da an begann Jesus mit seiner Verkündigung und sagte:
**Denkt um; denn das Himmelreich ist** [zum Greifen] **nah.**

Mt 4, 16

Der Menschheit geht also mit Verkündigung der neuen Lehre ein Licht
auf. So lässt Johannes den Christus sagen: *Ich bin für die Welt das Licht.*
*Wer sich mir anschließt, wird nicht in der Finsternis wandeln, sondern er wird*
*das Licht des* LEBENS *haben* (Joh 8, 12). *Ich bin als ein Licht in die Welt*
*gekommen, dass, wer an mich glaubt, nicht in der Finsternis bleibt* (Joh 12, 46).

Im Lukas-Evangelium geht Jesus am Sabbat in Nazareth in die Synagoge, steht auf und begehrt zu lesen. Und es wird ihm die Jesaja-Rolle
zur Lesung gereicht.
Er öffnete sie und fand die Stelle, wo geschrieben stand:
„Der Geist des Herrn ruht auf mir, deshalb hat er mich gesalbt,
damit ich den Bettlern gute Kunde bringe. Er hat mich abgesandt,
den Gefangenen die Freiheit zu verkünden, den Blinden das
Augenlicht, die Gebrochenen freizugeben und
**zu verkünden das Erlassjahr des Herrn**" (Jes 61, 1 f).
Er schloss die Buchrolle, gab sie dem Diener und setzte sich.
Und aller Augen in der Synagoge waren auf ihn gerichtet.
Und er begann zu ihnen zu sprechen:
**Heute ist diese Schriftstelle erfüllt in euren Ohren.**     Lk 4, 17-21

Das Erlassjahr wurde nach 7 mal 7 Jahren im 50. Jahr gefeiert. Dieses
Jubeljahr bedeutete für alle Juden, die in Schuldhaft waren, die Frei-
lassung und den Erlass all ihrer Schulden.
Die Lehre des Christus in der jüdischen Synagoge: GOTT kennt nur seine
vollkommene Schöpfung, und dies im »ewigen Jetzt und Heute«. GOTTES
Bild und Gleichnis hat nie gesündigt und ist nie von ihm abgefallen;
denn GOTTES Gleichnis, sein Ausdruck, die Christus-Idee, kann sich nie
von ihm lösen und verloren gehen. Der Ausdruck von Licht kann nie
Finsternis sein.

Diese Botschaft wurde denn auch in der Synagoge als skandalös
empfunden, wie oben gezeigt.
Im Johannes-Evangelium verwandelt Jesus bei einer Hochzeit zu Kana
am dritten Wochentag sechs Krüge Wasser, die *für die Reinigung nach*
*jüdischer Sitte* gedacht waren, zu Wein: *Diesen Anfang seiner Zeichen*
*machte Jesus in Kana in Galiläa und offenbarte seine Herrlichkeit. Und seine*
*Schüler glaubten an ihn* (Joh 2, 11).
Der 3. Wochentag ist nach jüdischer Sitte der Tag für Hochzeiten. Am 3.
Schöpfungstag erscheint die göttliche Schöpfung in ihrer ewigen

Identität. Der Mensch vom 6. Schöpfungstag muss nicht durch das Wasser der Taufe gereinigt werden. Aus dem Wasser wird der Wein der Inspiration: die Einsicht in die ewig unversehrte Idee GOTTES, Christus genannt, sie vereinigt das Männliche wie das Weibliche in sich. Jesus selbst hat denn auch, wie Johannes betont, nicht getauft wie Johannes der Täufer (Joh 4, 2). So grenzt auch Johannes wie später Paulus das alte Paradigma klar gegen das neue ab: *Denn das Gesetz [Thora] wurde durch Mose gegeben, die Gnade und* WAHRHEIT *ist durch Jesus Christus zuteil geworden* (Joh 1, 17). Die göttliche Gnade ist die neugeschenkte Einsicht, dass der gottgeschaffene Mensch nie in der Schuldhaft war, nie in der Gottesferne. So sagt im Gleichnis der Vater zum Sohn: *Mein Sohn, du bist allezeit bei mir, und alles, was ich habe, gehört dir* (Lk 15, 30).

Es gibt keine zwei Reiche, ein göttliches im Himmel und eine Welt der Sterblichen auf der Erde. Es gibt auch kein Warten, bis das Reich GOTTES kommt oder anbricht. Die Frage ist nicht: Wann kommt das Reich GOTTES? sondern: Wann kommt uns die Allgegenwart des Gottesreiches zum Bewusstsein?

Auf die Frage der Pharisäer,
wann denn das Reich GOTTES kommen werde,
gab er ihnen zur Antwort:
Das Reich GOTTES kommt nicht mit äußeren Anzeichen.
Man wird auch nicht sagen: Schau dahin! Schau dorthin!
Man muss es so sehen:
**Das Reich GOTTES ist in eurem Innern.**                    Lk 17, 20 f

Seine Schüler sprachen zu ihm:
An welchem Tag (...) wird die neue Welt kommen?
Er sagte ihnen:
**Jener Tag, auf den ihr wartet, ist schon gekommen,**
aber ihr erkennt ihn nicht.                                 Log 51

Seine Schüler fragten ihn: An welchem Zeitpunkt wird das Königreich kommen? -
Es wird nicht kommen, indem man darauf wartet.
Man wird nicht sagen: Schau, es ist hier! oder:
Schau, es ist dort!
**Das Reich des Vaters ist vielmehr ausgebreitet über die Erde,**
**und doch sehen es die Menschen nicht.**                    Log 113

Das hebräische Schuwu in der Jüdischen Bibel bedeutet Rückkehr zum alten Gott oder Gottesbild; das griechische metánoia in der Christlichen Bibel heißt Umdenken, Bewusstseinswandel, ähnlich der periagogé, die Platon in der Ausdeutung des Höhlengleichnisses fordert, es bedeutet das Umwenden der Sichtweise um 180 Grad. Dieses Umdenken bedeutet einen Paradigmenwechsel, nämlich die Abkehr von dem Weltbild, das sich die Psyche mit Hilfe der trügerischen Sinne[32] macht, und das Hinwenden der Sicht auf die wahre Welt der ewigen geistigen Ideen.

Darum grenzt Matthäus auch den Aufruf Johannes des Täufers scharf ab von dem, was Jesus wollte. Er lässt den Täufer sagen:
Ich taufe euch **mit Wasser zur Umkehr.** Der aber nach mir kommt, hat mehr Kraft als ich; ich bin nicht fähig, seine Sandalen zu tragen. Er wird euch **im Heiligen Geist** und **im Feuer** taufen.     Mt 3, 11

Bei Lukas finden wir dazu eine Erläuterung aus dem Munde von Jesus:
**Feuer auf die Erde zu werfen,** dazu bin ich gekommen; und was wollte ich lieber, als dass es schon entfacht ist?     Lk 12, 49

Im Thomas-Evangelium finden sich zwei ähnliche Stellen:
Ich habe **Feuer über die Welt** geworfen,
und siehe, ich hüte es, bis es brennt.     Log 10
Wer mir **(Christus) nahe** ist, ist **dem Feuer nahe.**
Und wer mir fern ist, ist dem Königreich fern.     Log 82

Mit dem „mir" ist wie immer die **Christus-Idee** gemeint. **Feuer** bedeutet immer **Läuterung** oder **Vernichtung. Feuer auf die Erde** bedeutet Vernichtung eines veralteten materiellen Weltbildes. Vernichtet, d.h. als Nichts erwiesen werden muss die Vorstellung von einer materiellen Erde und einem fernen unsichtbaren GOTT. Der **Heilige Geist** ist das geistige Verständnis, dass GOTT und seine Schöpfung, das schöpferische PRINZIP und seine Ideenschöpfung eine Einheit bilden und die einzige Gegenwart sind.
Wer glaubt, in eine gottverlassene irdische Welt, in die Gottesferne verbannt, gar ins Reich des Bösen geworfen zu sein durch die Urschuld eines sündigen Vorfahren und durch seine eigene Schuldhaftigkeit, der ist arm dran.
So lehrt es das Thomas-Evangelium:
Jesus sprach: Wenn die, die euch führen, zu euch sagen:
"Seht, das Reich ist im Himmel!"
dann werden die Vögel des Himmels vor euch dort sein.
Wenn sie zu euch sagen: "Es ist im Meer",
dann werden die Fische vor euch dort sein.
**Wenn ihr euch erkennt, dann werdet ihr erkannt werden,**
**und ihr werdet wissen,**
**dass ihr die Söhne des lebendigen Vaters seid.**
**Wenn ihr euch aber nicht erkennt,**
**dann seid ihr in der Armut, und ihr seid die Armut.**
Log 3

---

[32] Vgl. Exkurs Parmenides und Platon

Aus dem Tal des Todes führt nur die Erkenntnis der WAHRHEIT:
Das aber ist das ewige LEBEN: Dich zu erkennen, den einen
wahren GOTT, und Jesus den Christus, den du gesandt hast.

Joh 17, 3

Der Vater liebt den Sohn (Christus) und hat ihm alles in seine
Hand gegeben. Wer an den Sohn glaubt, der hat das ewige LEBEN.

Joh 3, 35 f

Der Glaube[33], von dem Jesus spricht, ist kein blinder Glaube, kein
Nachbeten des Gehörten. Der Glaube, den Jesus fordert, ist die Akzeptanz der Christus-Idee als der einzigen WAHRHEIT. Es gibt keinen Adam
neben dem Christus.

Das schöpferische PRINZIP bringt nicht zwei gegensätzliche Schöpfungen
hervor: *Niemals lässt die Quelle aus derselben Öffnung Süßwasser und
Meerwasser hervorfließen* (Jak 3, 11). Christus ist der eingeborene Sohn, d.h.
der einzige Sohn GOTTES (Joh 1, 14).

Macht eure Augen auf und betrachtet die Felder:
Sie sind reif zur Ernte. Schon jetzt erhält seinen Lohn,
wer erntet, und er fährt Frucht ein zum ewigen LEBEN. Joh 4, 35 f

## 4.9 Der Johannesprolog - Das Erscheinen des LOGOS

Vorbemerkung: Im ganzen Prolog ist der LOGOS das Subjekt. Die meisten
Übersetzer geben LOGOS als „das Wort" wieder, das dann mit „es"
jeweils aufgegriffen und weitergeführt wird. Dann aber kommt es zu
einer heillosen Verwirrung, wenn es in Vers 10 plötzlich unvermittelt
weitergeht mit: *Er kam in sein Eigentum* ... Gemeint ist Jesus oder
Christus, von dem aber bisher gar keine Rede war. Nur das rechte
Verständnis von LOGOS hilft hier zur Klarheit: LOGOS ist Subjekt im
gesamten Prolog.

Ein weiteres Missverständnis in den Übersetzungen: Sie geben den Vers
16 meist so wieder: *Und von seiner Fülle haben wir alle genommen Gnade um
Gnade* (Luther 84). Der Sinn wäre dann der, dass der Mensch eine Gnade
nach der anderen erhält – eine bloße Behauptung.

Der griechische Urtext lautet: charin anti charitos; entsprechend der Text
in der Vulgata: gratiam pro gratia. Sowohl das griechische charis als
auch das lateinische gratia haben aber zwei Bedeutungen: 1. Gunst,
Wohlwollen, Gnade 2. Dank. Beide Bedeutungen treffen sich in dem
Wort »Zuneigung«.

Sowohl das griechische anti wie das lateinische pro haben nicht die
Bedeutung „um" im Sinne von „eins ums andere", sondern: „das würde
ich nicht tun um alles in der Welt".

---

[33] Vgl. Exkurs Glaube

Die Übersetzung, die den Sinn des Johannes-Evangeliums trifft, ist dann die: *aus seiner Fülle haben wir alle Zuneigung um (den Preis von) Zuneigung erhalten.*

Im Gegensatz zum jüdischen Paradigma, in dem der HERR viele Vorgaben für seine Gnadenerweise verlangt, ist nach dem christlichen Paradigma dem Menschen die Gottessohnschaft bereits geschenkt, voraussetzungslos: *Seht doch, was für eine Liebe uns der Vater erwiesen hat: Wir wurden »Kinder GOTTES« genannt, und wir sind es auch. ... Meine Lieben, schon jetzt sind wir Kinder GOTTES ...* (1 Joh 3, 1 f).

Der Mensch muss diese Liebe GOTTES lediglich akzeptieren und GOTT als seinen Vater und Schöpfer anerkennen – eine Forderung und eine Verheißung.

✳

Das Johannes-Evangelium zeigt die Geburtsstunde der Christus-Idee im philosophischen Licht.

Der Auftakt zum Prolog lässt bewusst den ersten Schöpfungstag anklingen. Anstelle des Geistgottes Elohim, der Licht werden lässt in dem irdischen Tohuwabohu, greift jetzt in hellenistischer Zeit der Schreiber den stoischen LOGOS, die alles ordnende »Weltvernunft«, wieder auf.

1  Am Anfang war der LOGOS,
   und der LOGOS war bei GOTT, und der LOGOS war GOTT.

2  Dieser war im Anfang bei GOTT.

3  Alle Dinge sind durch ihn entstanden, und gesondert von ihm
   entstand auch nicht ein Ding, das ein Sein hat.

4  In ihm war LEBEN,
   und das LEBEN war für die Menschen das Licht.

5  Das Licht erleuchtet in der Finsternis,
   und die Finsternis kann es nicht überwältigen.

Der kybernetische Regelkreis, der jeden Schöpfungstag gliedert, steht hier gleich zum Auftakt:

1. Der LOGOS als Licht der Erkenntnis bildet den Anfang (Vers 1 und 2).
2. Alles Werden geschieht nur durch ihn (Vers 3).
3. Durch ihn wird das Licht des ewigen LEBENS wahr (Vers 4).
4. Ein ewiger, durch nichts aufhaltbarer Prozess (Vers 5).

*Der Anfang ist unentstanden. Denn aus dem Anfang muss alles Entstehende entstehen, er selbst aber aus nichts* (Platon, Phaidros 245 c). GOTT ist die ewige Lichtquelle (Ps 27, 1), die durch seinen Christus zum Licht wird. Christus ist die wahre Idee, sie wird für die Welt zum Licht (Joh 8, 12). Und dieses Licht vertreibt die verschatteten mentalen Vorstellungen, ersetzt den Adam durch Christus, den wahren, gottgeschaffenen Menschen.

6    Es wurde ein Mensch geboren, ein Abgesandter von GOTT,
     er hatte den Namen Johannes.
7    Dieser kam zum Bezeugen,
     er sollte Zeugnis ablegen über das Licht,
     damit alle dadurch zum Glauben kämen.
8    Er selbst war nicht das Licht, sondern er sollte vom Licht nur
     Zeugnis geben.
9    Das wahre Licht war das, das bei seinem Kommen in die Welt
     den ganzen Menschen ans Licht bringt.

Der Täufer steht noch im alten Paradigma. Er ist noch nicht fähig, das Neue zu ergreifen, er tauft noch mit Wasser (Joh 1, 26) im Gegensatz zum Christus, der mit Feuer und dem Hl. Geist taufen wird (Joh 1, 33). Erst der Christus, den Jesus vorbildhaft verwirklichte, macht anschaulich und handgreiflich (1 Joh 1, 1), was der gottgeschaffene Mensch ist: GOTTES vollkommenes Bild und Gleichnis.


10   Der LOGOS war in der Welt, die Welt ist durch ihn geworden
     und die Welt hat ihn nicht erkannt.
11   Er kam in sein Eigentum, und die Eigenen nahmen ihn nicht an.

Das Volk, das doch einen Messias/Christus erwartete, nahm das neue Paradigma von GOTT und Mensch nicht an. Es wollte der neuen Idee nicht Wohnung (Lk 2, 7) geben, hielt sie vielmehr für gotteslästerlich (Mt 26, 65; Joh 10, 33), für skandalös, einen Verstoß gegen das altüberlieferte Gottesbild.

12   Allen aber, die ihn annahmen, hat er die Möglichkeit gegeben,
     Kinder GOTTES zu werden, denen, die an seinen Namen glauben.

13   Diese sind nicht aus Blut
     und auch nicht aus einem Willen des Fleisches
     und auch nicht aus dem Willen eines Mannes,
     sondern sie sind aus GOTT gezeugt worden.

Wer den Schritt vom Adam- zum Christusbewusstsein tut, d.h. an seine wahre geistige Identität glaubt, der geht den durch Jesus gezeigten *völlig neuen und lebenden Weg* zu GOTT (Hebr 10, 19 ff). Der Glaube an den Christus, d.h. die Annahme des neuen Paradigmas ist die Neugeburt aus dem GEIST (Joh 3, 5). Der Weg führt nicht über materielle Evolution oder Wiedergeburt, denn *was aus Materie entstanden ist, ist Materie, GEIST ist nur das, was aus GEIST entstanden ist* (Joh 3, 6).

14   Und der LOGOS ist Fleisch geworden
     und hat bei uns Wohnung genommen,
     und wir bekamen seine Offenbarwerdung zu sehen
     wie die eines einzigen Sohnes vom Vater her.
     Er ist voll der Gnade und WAHRHEIT.

GEIST wird nicht zu Materie, so wie Licht nicht zu Finsternis werden kann. GOTT ist auch nicht Mensch geworden, denn GOTT ist die Ursache, der Mensch ist die Wirkung (Schöpfung). Das Wirkende kann nicht zur Wirkung werden, es kann lediglich in seiner Wirkung zum Ausdruck kommen.

Der sterbliche Jesus hat den Christus, die geistige Idee, zum Ausdruck gebracht, veranschaulicht, erfassbar, ja handgreiflich (1 Joh 1, 1) gemacht, so wie eine Melodie im Kopf des Komponisten durch sein Klavierspiel hörbar oder die Vorstellung des Künstlers durch den Meißel sichtbar wird.

15   Johannes legt Zeugnis über ihn ab und hat es laut kundgetan
     mit den Worten: Dieser war es, von dem ich gesagt habe:
     Er, der nach mir kommt, ist vor mir da;
     denn er war der erste vor mir.

Der Christus, die geistige Idee, GOTTES Schöpfung und Widerspiegelung, ist so alt und ewig wie sein Schöpfer. Darum sagt der Christus an anderer Stelle: *Wahrlich, wahrlich, ich sage euch: Ich bin schon, bevor es Abraham gegeben hat* (Joh 8, 58). Daher kann der Christus nicht kommen und gehen. Er ist ewig allgegenwärtig wie die Mathematik; er kann nur zum Bewusstsein kommen oder eben nicht.

16   Und aus seiner Fülle haben wir alle Zuneigung um (den Preis von)
     Zuneigung erhalten.

17   Denn das Gesetz wurde durch Mose gegeben, die Gnade und
     WAHRHEIT ist durch Jesus den Christus zutage gekommen.

Die Thora wird also im Johannes-Evangelium nicht als das »Wort Gottes« verstanden, sondern als das mosaische Gottesbild. Die Thora spricht zwar von göttlicher Liebe, doch wird hier die absolute Einhaltung aller gottgegebenen Gesetze dafür verlangt. Andernfalls werden schreckliche Strafen angedroht: *Wenn du nicht darauf hältst, dass du all diese Worte des Gesetzes tust, so wird der HERR schrecklich mit dir umgehen ... Und wie der HERR sich zuvor freute, euch Gutes zu tun ... so wird er sich nun freuen, euch umzubringen und zu vertilgen* (5 Mos 28, 58 ff; Luther 84).

Im christlichen Gottesbild ist GOTT die LIEBE und zwar die primäre LIEBE (1 Joh 4, 19). GOTT liebt nicht etwa zurück, wenn er zuerst vom Menschen geliebt wird. Seine LIEBE ist voraussetzungslos und unverlierbar. Vor ihm muss man nicht zittern, denn seine bedingungslose LIEBE *kann* gar nicht in Zorn oder Hass oder Strafe umschlagen; seine Vollkommenheit braucht nichts von uns. Sie kennt nur dauernde Zuneigung, die niemals ins Gegenteil umschlagen kann (Jak 1, 17). Wir müssen uns an dieses allgegenwärtige göttliche Potential lediglich anschließen, damit es uns zugute kommt.

18    Keiner hat GOTT jemals gesehen. Der einzige Sohn, am Busen des Vaters, er hat ihn uns dargelegt.

GOTT selbst *wohnt in unzugänglichem Licht*, wie der erste Timotheus-Brief sagt (1 Tim 6, 16). Nach christlicher Lehre wird er einzig und allein von seinem Bild und Gleichnis, dem Christus, voll erfahren oder schrittweise von dem, der zu dieser Vollendung unterwegs ist. Nur an ihm kommt er zum Ausdruck, weil die göttliche Idee und ihr schöpferisches PRINZIP eine untrennbare Einheit bilden: *Ich und der Vater bilden eine Einheit* (Joh 10, 30).

Jesus hat sich zum Christus gemacht, GOTT beispielhaft zum Ausdruck gebracht und seine Schüler diesen Weg zur Vollendung gelehrt.

Das Wirken Johannes des Täufers
(Joh 1, 19-34)

An den Prolog schließt sich ein Bericht über das Wirken Johannes des Täufers an. Johannes predigte die Bußtaufe zur Vergebung für die begangenen Sünden (Mt 3, 11; Mk 1, 5): *Da ging zu ihm hinaus die Stadt Jerusalem und ganz Judäa und alle Länder am Jordan und ließen sich taufen von ihm im Jordan und bekannten ihre Sünden* (Mt 3, 5 f). Dabei beteuert der Täufer nachdrücklich, dass er selbst nur mit Wasser taufe (Mt 3, 11; Mk 1, 5; Joh 1, 36), dass aber nach ihm einer kommen werde, *ein Mann, der vor mir gewesen ist, denn er war eher als ich* (Joh 1, 30). Dieser Mann werde *mit dem heiligen Geist*, nach Matthäus und Lukas *mit dem heiligen Geist und mit Feuer taufen* (Mt 3, 11; Lk 3, 16).
Der Mann, der schon vor Johannes war, wird von sich sagen: *Mich gibt es schon, ehe Abraham geboren wurde* (Joh 8, 58). An anderer Stelle wird er von seiner Herrlichkeit sprechen, *die ich bei dir hatte, ehe die Welt war* (Joh 17, 5). Dies kann Jesus von sich sagen, weil er sich ganz mit dem Christus[34] identifiziert.
Wie vollzieht sich nun diese Feuertaufe durch den heiligen Geist, wenn wir weiter erfahren, dass Jesus selber gar nicht taufte (Joh 4, 2)? Die Taufe des Johannes ist ein Abwaschen, eine Reinigung von bisher begangenen Sünden, *eine Rückkehr zum Gott der Väter ... als Heimkehr zu den religiösen Ursprüngen des alten Israel* (Lapide, Bibel 117). Jesus dagegen will keine Rückkehr, kein äußeres Ritual, vollzogen durch einen anderen

---

[34] Vgl. Exkurse Christus

91

Menschen. Er will eine innere Umkehr, eine Taufe mit Feuer, mit einem Feuer, das die alten Vorstellungen verzehrt und Raum schafft für ein ganz neues Paradigma, sein revolutionäres Bild von GOTT und der Welt. Das Weltbild, das Jesus verkündet, lautet: *GOTT ist GEIST, und die ihn verehren, müssen ihn in GEIST und WAHRHEIT anbeten* (Joh 4, 24). *GEIST ist es, was lebendig macht, die Materie ist nutzlos* (Joh 6, 63). *Ich habe Feuer über die Welt geworfen, und siehe, ich hüte es, bis sie brennt* (Log 10). *Wer mir nahe ist, ist dem Feuer nahe. Und wer mir fern ist, ist dem Königreich fern* (Log 82). GOTT wirkt nicht etwa von außen in die Welt hinein, vielmehr ist alles sein Reich, der Wirkungsbereich des allgegenwärtigen GEISTES. Er ist die einzige Gegenwart: *Das Reich wird nicht kommen im Warten darauf ... Das Reich des Vaters ist vielmehr ausgebreitet über die Erde, und doch sehen es die Menschen nicht* (Log 113). *Macht eure Augen auf und betrachtet die Felder: Sie sind weiß zur Ernte. Schon jetzt erhält seinen Lohn, wer erntet, und er fährt Frucht ein zum ewigen LEBEN* (Joh 4, 35 f).

## Die Hochzeit zu Kana
(Joh 2, 1-12)

Das Weinwunder zu Kana – sei es historisch oder eher metaphorisch – ist daraufhin die erste Beweisführung für den geistigen Gärungsprozess, den die neue Lehre bewirkt. *Und seine Schüler glaubten an ihn* (Joh 2, 11). Bei der Hochzeitsfeier war der Wein ausgegangen. *Es standen aber dort 6 steinerne Wasserkrüge für die Reinigung nach jüdischer Sitte* (Joh 2, 6). Jesus lässt diese Krüge neu füllen, und das Wasser wird zu Wein. Und es war ein besserer Wein als der zuvor gereichte (Joh 2, 10). *Wenn einer in Christus ist, ist er eine Neuschöpfung. Die alten Vorstellungen sind Vergangenheit, etwas Neues ist da* (2 Kor 5, 17). Die 6 Krüge weisen auf den 6. Schöpfungstag hin, an dem der Mensch geschaffen wird: *Und Elohim schuf den Menschen nach seinem Bilde, nach Elohims Bild schuf er ihn, männlich und weiblich schuf er ihn* (1Mos 1, 27). Bei der Hochzeit vereinigen sich das Männliche und das Weibliche. Der aus der aus der Materie auferstandene Mensch wird nicht mehr männlich oder weiblich sein: *In der Auferstehung werden sie nicht heiraten noch sich heiraten lassen, sie sind vielmehr wie die Engel im Himmel* (Mt 22, 30).

## 4.10 Sündenschuld und Vergebung

War Jesus radikal? Seine Lehre war es. War er ein Fundamentalist? Er war es nicht, denn seine radikal neue Botschaft brach mit uralten, seit Jahrhunderten eingewurzelten Traditionen von Sünde und Schuld. Sie rüttelte an den Fundamenten des orthodoxen Judentums der zeitgenössischen Pharisäer und der Sadduzäer. Zu keiner der beiden Gruppen lässt er sich zählen, beide lehnte er ab. Das Matthäus-Evangelium nennt sie aus dem Mund des Täufers „Schlangenbrut" (Mt 3, 7). Zu seinen Schülern sagt Jesus ausdrücklich, dass sie sich hüten sollten vor der Lehre der Pharisäer und Sadduzäer (Mt 16, 12), die wie ein Sauerteig auch die neue Lehre zum Sauerteigbrot von gestern machen könnte.

Die Urfrage der Menschen war immer: Warum muss ich leiden? Was habe ich Schlimmes getan? Woher kommt das Leid? Die aus sumerischen Mythen übernommene und seit vielen Generationen weitergereichte Antwort hieß: Der Mensch hat gegen höhere Mächte gesündigt und muss daher Strafe zahlen.

In den ältesten mesopotamischen Mythen, so im »Atrachasis - Mythos« beklagen sich die Götter über ihre Mühen und beschließen die Menschen zu schaffen als ihre Diener. Die Göttin Mama/Mami erschafft nun aus Lehm, den sie mit dem Blut eines schuldig gewordenen und zum Tode verurteilten Gottes mischt, sieben Menschenpaare. Doch bald stören die Menschen mit ihrem lauten Lärm. Der Gott Enlil schickt ihnen zunächst die Pest, dann eine siebenjährige Dürreperiode und schließlich die Große Flut.
In Ägypten war es nicht mehr Willkür oder ein Racheakt der Götter, der strafte, vielmehr rächt sich ein Verstoß gegen die Regeln des Kosmos, Ma´at genannt, von selbst.
Im griechischen Mythos schafft der Titan Prometheus den Menschen, ein widergöttliches Geschöpf zwar, das aber doch ganz glücklich lebte, bis Zeus dem Hephaistos befahl, eine Frau zu schaffen und den Menschen zu schicken. Pandora, so hieß das mit allen weiblichen Reizen ausgestattete Wesen, brachte ihrem Mann Epimetheus, dem Bruder des Prometheus, eine wahrhaft kostbare Hochzeitsgabe: ein Tongefäß, in das die Götter alle Leiden eingefüllt hatten. Das neugierige Weib öffnete das Gefäß und alle Übel flogen heraus und verbreiteten sich auf der Welt. Erschreckt schlug Pandora den Deckel zu, und so blieb den Menschen die letzte Gabe der Götter versagt: die Hoffnung, ein Wort, das im Griechischen auch »Illusion« bedeuten kann.

Bekannt ist die Tragödie »König Ödipus« von Sophokles (496-406 vor). Der König hat in früheren Jahren bei einem Streit, ohne es zu ahnen, seinen ihm unbekannten Vater getötet und sich so schwere Blutschuld aufgeladen. Nun verheert die Pest sein Land und er selbst zahlt eine schreckliche Buße.
Anders als Sophokles erkannte sein großer Nachfolger als Tragödiendichter Euripides (480-406 vor) in der Psyche die Ursache aller menschlichen Übel.
Der Philosoph Platon steht mit seinem Denken der ägyptischen Einsicht nahe: Die Gerechtigkeit der universalen Gesetze, Dike genannt, folgt wie Ma´at denen, die das göttliche Gesetz verlassen haben, als rächende Göttin auf dem Fuße (Nomoi 716 a).

Von der Paradiesgeschichte bis zum Sintflutbericht findet sich in der Genesis dieselbe Begründung: Der Mensch ist der Diener Jahwes und hat für die Pflege seines Lustgartens zu sorgen. Doch dann verstößt er gegen göttliches Verbot, wird samt seiner Nachkommenschaft zu Mühe und Tod verurteilt und aus dem Paradies verjagt. Aber auch dann noch will sein Schöpfer ihn und seine Nachkommen durch die Sintflut verderben, denn *des Menschen Bosheit war groß auf Erden und alles Dichten und Trachten seines Herzens immerzu nur böse.* Der große Abwasch war vergebens, denn Jahwe war inkonsequent und ließ Noah und die Seinen in der Arche überleben, und so ging und geht das sündige Treiben gerade so weiter wie zuvor.

Die Strafen, die Jahwe über sein auserwähltes Volk bei Übertretung seiner Gebote und Gesetze verhängt, sind, wie wir aus der Thora (z.B. 5 Mos 28, 15) ersehen, erbarmungslos. Er leidet an seiner Schöpfung, wie der jüdische Theologe P. Lapide zeigt (Lapide, Bibel 64 f).

*Als Gott mit Israel seinen Bund schloss und ihm verhieß, sein Gott zu sein, der es in Treue führen wolle, wenn auch Israel seinerseits den Bund hielte und im Gehorsam gegen Gottes Willen leben würde – da war für Gott wie für Israel die Norm ihres zukünftigen gegenseitigen Verhaltens gegeben. Gott hatte sich mit diesem Bund verpflichtet, zu seinen Verheißungen in Treue zu stehen – während Israel sich verpflichtete, der Bundessatzung (dem Gesetz) Gottes zu gehorchen und in Treue zu folgen.»Gerechtigkeit« wurde nun das Leitmotiv alles göttlichen Handelns mit Israel und sollte auch umgekehrt Motiv allen Handelns Israels vor Gott sein ... Neben Aussagen, in denen der Fromme seine Gerechtigkeit vor Gott preisen kann und zuversichtlich den Richterspruch Gottes über sich erwartet, stehen Aussagen solcher, denen die eigene Schuldverfallenheit und die Schuldverfallenheit jedes Menschen vor Gott so überwältigend klar geworden ist, dass sie die Möglichkeit eigener Gerechtigkeit überhaupt abstreiten: „Da ist keiner, der Gutes tut ... sie sind alle abgewichen und allesamt verdorben; da ist keiner, der Gutes tut, auch nicht einer"* (Ps 14, 1 ff). *Ihnen bleibt nur die eine Bitte: „Gehe nicht ins Gericht mit deinem Knecht, denn vor dir ist kein Lebendiger gerecht"* (Ps 143, 2) (LzB 1288 f).

In der Zeit, da Jesus lebte und lehrte, war der Begriff der Werkgerechtigkeit vorherrschend. Die Frage: Wann ist der Mensch gerechtfertigt, d.h. wann wird er von Gott als ein »Gerechter« empfunden, so dass er vor seinem Richterstuhl bestehen kann, wurde so beantwortet: Durch Gesetzestreue, dadurch, dass alle Vorschriften der Thora erfüllt werden. Schalom Ben Chorin sieht darin eine gewisse Entartung: *Diese Entartung besteht darin, dass der Gläubige in einen Panzer von 613 Geboten und Verboten eingeschnürt wird, so dass der Regung des lebendigen Glaubens nicht mehr der nötige Raum gegeben ist* (Ben Chorin, Jesus 18).

Einer solchen Auffassung erteilte Jesus eine klare Absage. Wir sehen dies an seinem Gleichnis vom Pharisäer und dem Zöllner (Lk 18, 10 ff). Die Pharisäer, »die Abgesonderten«, zeichneten sich durch leidenschaftlichen religiösen Eifer aus. Sie bemühten sich um punktgenaue Beobachtung aller Gesetze der Thora einschließlich der mündlichen Überlieferung bis in die kleinsten Kleinigkeiten des Alltagslebens hinein. Sie bildeten eine eigene Gemeinschaft.

Die Zöllner waren dagegen eine verhasste Volksgruppe und sie galten außerdem als »Unreine«, denn sie zogen für die römische Herrschaft die Steuern ein und kamen durch diese ihre Tätigkeit auch in Berührung mit Nichtjuden.

Doch zum Gleichnis: Zwei Männer, ein Pharisäer und ein Zöllner, gehen hinauf zum Tempel. Der Pharisäer rühmt sich seiner Gerechtigkeit ob seines rituellen Fastens und seiner Gesetzestreue. Er stehe hoch über den anderen Menschen, all den Räubern, Betrügern und Ehebrechern oder gar diesem Zöllner dahinten. Der Zöllner aber traut sich erst gar nicht nach vorn und betet lediglich: Gott, sei mir Sünder gnädig! Jesus bemerkt dazu: *Dieser ging gerechtfertigt hinunter in sein Haus im Gegensatz zu jenem.*

Bei Matthäus (23) finden sich lange Weherufe über die jüdischen Schriftgelehrten und Pharisäer. Sie werden von Jesus Schauspieler genannt, die den Menschen den Zugang zum Himmelreich verwehren, *ihre Werke tun sie nur, um von den Menschen gesehen zu werden. Sie machen sich breite Gebetsriemen und große Quasten an die Kleider,* um ihre Gesetzestreue zu demonstrieren. Sie rühmen sich einer Gesetzestreue, die so weit geht, dass sie sogar von Minze, Dill und Kümmelkörnern den Zehnten geben, dabei lassen sie *das Wichtigste im Gesetz beiseite: das Recht, die Barmherzigkeit und den Glauben* (Mt 23, 23). *Wahrlich, ich sage euch: Sie haben ihren Lohn bereits empfangen* (Mt 6, 2), denn sie haben nur menschliche Anerkennung gesucht und sie erhalten.

Zu solcher Gesetzestreue geht die Christliche Bibel dezidiert auf Abstand: *Wir aber wissen, dass der Mensch nicht gerecht wird aufgrund der Einhaltung des Gesetzes, sondern nur durch den Glauben an Christus Jesus ... denn durch die Einhaltung des Gesetzes wird kein Fleisch gerecht gemacht werden* (Gal 2, 16). *Alle, die sich bei ihrem Handeln an der Thora orientieren, über denen hängt eine Verfluchung. Denn es steht geschrieben: Verflucht sei jeder, der sich nicht an all das hält, was geschrieben steht im Buch der Thora, dass er es tun soll. Dass aber in der Thora keiner in Übereinstimmung kommt mit den göttlichen Gesetzen, ist ganz offensichtlich* (Gal 3, 10 f). *Was das Gesetz sagt, ist für die bestimmt, die dem Gesetz unterstehen: Sie sollen mundtot gemacht werden, und alle Welt soll vor GOTT schuldig sein. Denn auf Grund der vom Gesetz vorgeschriebenen Handlungen wird das Fleisch in keinem Punkt gerecht vor seinem Angesicht. Durch das Gesetz kommt ja erst die Erkenntnis, dass man gesündigt hat* (Röm 3, 19 f).

Johannes sagt:
Die Thora wurde durch Mose gegeben,
die Gnade und WAHRHEIT
ist durch Jesus den Christus zuteil geworden.       Joh 1, 17

Und er lässt den Christus verkünden:
Alle die vor mir gekommen sind, sind Diebe und Raubmörder. ...
Ich bin die Tür, wenn jemand durch mich hineingeht,
wird er errettet werden ...
Ich bin gekommen, damit sie das LEBEN haben,
etwas, das über alle Vorstellungen hinausgeht.　　Joh 10, 8-10

### Jesus heilt am Sabbat

In diese völlige Abkehr vom überlieferten Gottesbild passen auch die
Sabbat-Heilungen von Jesus.
In der Thora des Mose wird angeordnet: *Haltet meinen Sabbat, denn er soll
euch heilig sein. Wer ihn entheiligt, der soll des Todes sterben. Denn wer eine
Arbeit am Sabbat tut, der soll ausgerottet werden aus seinem Volk. ... Wer eine
Arbeit tut am Sabbattag, soll des Todes sterben* (2 Mos 31, 14 f). *Den siebten Tag
sollt ihr heilig halten als einen Sabbat völliger Ruhe, heilig dem HERRN. Wer an
diesem Tag arbeitet, soll sterben. Ihr sollt kein Feuer anzünden am Sabbattag in
allen euren Wohnungen* (2 Mos 35, 2 f).

Angesichts solcher gottverhängter Strafen mussten freilich die Sabbat-
Heilungen Jesu wie eine Provokation wirken. Die Evangelien berichten,
dass sich die Pharisäer darob immer wieder empörten.
Bei Lukas (14, 5) und Matthäus (12, 11) verweist Jesus darauf, dass doch
wohl jeder, dem ein Sohn, ein Ochse oder sein einziges Schaf am Sabbat
in eine Grube gefallen wäre, diesen sofort heraushelfen würde: *Wie viel
mehr wert ist doch ein Mensch als ein Schaf, das ihm am Sabbat in die Grube
fällt? Daher darf man am Sabbat Gutes tun.*
Jesus heilte aber auch eine Frau, die seit 18 Jahren einen verkrümmten
Rücken hatte (Lk 13, 11) und einen Mann, der seit 38 Jahren krank war (Joh
5, 5), an einem Sabbat. Dazu forderte er ihn auf, sein Bett nach Hause zu
tragen. Hätte er denn da nicht noch einen Tag warten können? So
dringend war die Notlage ja nicht.

Der Sabbat ist der 7. Tag. Wir erinnern uns an die Schöpfungstage. Dort
verkündet der 7. Tag, dass die Schöpfung im Zustand vollendeter Vollkommenheit ist. Schöpfung ist schon immer vollkommen wie sein
schöpferisches PRINZIP, das eben durch seine Schöpfung, seine Wirkung,
Christus genannt, immerzu am Wirken ist. Darum passt die Heilung
perfekt in den Sabbat:
Mein Vater ist bis heute am Wirken, und ich wirke auch.　　Joh 5, 17

Damit stand Jesus schon weit über der Auffassung des zeitgenössischen
Judentums mit seiner Ansicht:
Der Sabbat ist für den Menschen geschaffen worden,
nicht der Mensch für den Sabbat.　　Mk 2, 27

Die Idee Mensch ist Herr über den Sabbat.    Mt 12, 8

War Jesus damit dem »Gott der Väter«, dem »Gott Abrahams, Isaaks und Jakobs« untreu geworden und hatte ihm abgeschworen? Jesus hat lediglich ein archaisches, veraltetes Gottesbild korrigiert. Die geistige Evolution, auch »Philosophia Perennis« genannt, hat mit Jesus dem Christus eine neue Wendung genommen.

### Das neue Verständnis von Sünde und Schuld

In den Mythen Mesopotamiens werden die Menschen von den Göttern als ihre Diener erschaffen. Der Mensch schuldet den Göttern also etwas, ja sein Leben ist behaftet mit dem Blut eines schuldig gewordenen Gottes.
Auch Adam wurde von Jahwe geschaffen und zum Hüter seines Parks eingesetzt. Er ist also Jahwe seine Dienste schuldig. Des Todes schuldig wird er außerdem noch durch einen Verstoß gegen göttliches Gebot.

Nicht anders ist es bei anderen Völkern: *In den ältesten Gedichten aus den Veden, verfasst zwischen 1500 und 1200 v. Chr., geht es beständig um Schulden – der Begriff steht synonym für Schuld und Sühne. ... Schulden zu haben bedeutet ein Gewicht zu tragen, das der Tod einem auferlegt hat. Mit einer unerfüllten Verpflichtung zu leben, einem nicht eingelösten Versprechen, ob gegenüber Göttern oder Menschen, heißt, unter dem Schatten des Todes zu leben. Oft hat man den Eindruck, dass schon in den sehr frühen Texten Schulden in einem weiteren Sinn für inneres Leid stehen, und man bittet die Götter – allen voran Agni, der für die Opferfeuer steht – um Erlösung. ... Die Schlussfolgerung: Die menschliche Existenz an sich ist eine Form von Schulden.*
    *Ein Mensch ist, wenn er geboren wird, eine Schuld;*
    *durch sein eigenes Selbst wird er zum Tod geboren,*
    *und nur wenn er opfert, erlöst er sich vom Tod.*    Graeber, Schulden 63

Es gibt keine bessere Methode, Tyrannei und Gewaltherrschaft zu rechtfertigen, als dadurch, dass man das ausersehene Opfer ins Unrecht setzt. Schulden müssten zurückgezahlt, Schuld müsse wieder gutgemacht werden, sei es auch durch den Tod. Die Fabel vom Wolf und dem Lamm lehrt dies deutlich.
Auf den Gipfel getrieben wird diese Schuldhaft, wenn die Schuld auf künftige Generationen vererbt wird und niemals abtragbar ist.

Und nun tritt Jesus von Nazareth auf mit seinem Aufruf zur Abkehr vom alten Denken, und zu einem radikalen Umdenken, auch was das Verhältnis GOTT - Mensch betrifft. Er heilt Menschen und sagt ihnen:
    Mensch, deine Sünden **sind** dir weggenommen.    Lk 5, 20

Für die dem alten Denken verhafteten Schriftgelehrten und Pharisäer ist dies eine Blasphemie, denn *wer kann Sünden vergeben außer Gott allein?* Jesus bewies ihnen aber, *dass die Idee Mensch (Christus) die Vollmacht hat, auf Erden Sünden zu vergeben.* Und er heilte den Gelähmten. An anderer Stelle wird Jesus die Umstehenden belehren:

Mein Vater ist bis heute am Wirken, und ich wirke auch. ...
Der Sohn kann nichts von sich aus tun,
sondern er tut nur das, was er den Vater tun sieht.
Was immer der Vater tut, das tut der Sohn in gleicher Weise. ...

Joh 5, 17 und 19

Im »Bild und Gleichnis GOTTES« kommt also lediglich das ewige Wirken des schöpferischen PRINZIPS zum Ausdruck.

Jesus beweist das neue Paradigma: GOTT ist reine LIEBE, reine Gnade, reine Zuneigung und er ist »Alles-in-allem« (1 Kor 15, 28). Der vollkommene Schöpfer hat nie fehlerhafte, sündige Kinder geschaffen, er kennt nur seine vollkommenen Geschöpfe.

Auch jegliche Vorstellung von »Erbsünde« wischt Jesus vom Tisch. Als er einem Blindgeborenen begegnet, fragen ihn seine Schüler, wer hier gesündigt habe, der Blinde oder seine Eltern. Sie hatten die Thora im Gedächtnis, wo es mehrfach heißt: *Ich, der Herr dein Gott, bin ein eifernder Gott, der die Missetat der Väter heimsucht bis ins dritte und vierte Glied an den Kindern derer, die mich hassen* (2 Mos 20, 5; Luther 84).

Jesus aber gibt mit seinem Heilen eine ganz andere Antwort:

Weder er hat gesündigt noch seine Eltern,
vielmehr soll das Wirken GOTTES an ihm offenbart werden.

Joh 9, 3

GOTT, das allgegenwärtige Gute, kann nur Gutes wirken. *GOTT ist Licht und in ihm ist keinerlei Finsternis* (1 Joh 1, 5). GOTT ist LIEBE. Wer in der LIEBE bleibt, der bleibt in GOTT. Wer also nicht liebt, der steht GOTT fern (1 Joh 4, 16).

Entsprechend lässt ja auch Lukas das öffentliche Lehren Jesu in der Synagoge von Nazareth mit einer Lesung aus Jesaja beginnen:

Der Geist des HERRN ruht auf mir, deshalb hat er mich gesalbt,
damit ich den Bettlern gute Kunde bringe. Er hat mich abgesandt,
den Gefangenen die Freiheit zu verkünden, den Blinden das
Augenlicht, die Gebrochenen freizugeben und
zu verkünden das Erlassjahr des Herrn. (Jes 61, 1 f)

Nach dieser Lesung aus Jesaja verkündete er:

Heute ist diese Schriftstelle erfüllt in euren Ohren.    Lk 4, 17-21

Nach der Thora (3 Mos 25, 9) sollte in jedem 50. Jahr ein »Erlassjahr« stattfinden, in dem jeder wieder zu seiner Habe und seiner Sippe kommen sollte.

Dieser allgemeine Schuldenerlass war nicht ohne Vorbild im Alten Orient. *Um 2400 v. Chr. war es [in Mesopotamien] offensichtlich bereits gang und gäbe, dass lokale Beamte oder reiche Händler den Bauern, die in finanziellen Schwierigkeiten steckten, Kredite gegen Sicherheiten gewährten und ihnen, wenn sie nicht zahlen konnten, ihren Besitz wegnahmen. Es fing üblicherweise mit Korn, Schafen, Ziegen und Hausrat an, dann ging es weiter mit Feldern und Häusern und endete womöglich bei Familienmitgliedern. Diener, sofern welche vorhanden waren, wurden rasch mitgenommen, dann Kinder, Frauen und in extremen Fällen sogar der Schuldner selbst. Die Menschen wurden Schuldknechte: nicht durch und durch, aber beinahe wie Sklaven mussten sie auf Dauer im Haushalt des Geldgebers arbeiten. ... Angesichts der Gefahr eines vollkommenen Zerfalls der Gesellschaft verkündeten die sumerischen und später die babylonischen Könige in regelmäßigen Abständen Generalamnestien: »tabula rasa«, wie der Wirtschaftshistoriker Michael Hudson gesagt hat. Solche Dekrete erklärten üblicherweise ausstehende Konsumentenschulden für null und nichtig (geschäftliche Schulden waren nicht tangiert), gaben alles Land den ursprünglichen Besitzern zurück und erlaubten allen Schuldknechten, zu ihren Familien zurückzukehren. Bald wurde es üblich, dass Könige nach der Thronbesteigung eine solche Amnestie verkündeten, und das wiederholten sie im Laufe ihrer Herrschaft oft mehrfach* (Graeber, Schulden 71 f). Im Jahr 2400 vor verkündete König Enmetena von Lagasch einen allgemeinen Schuldenerlass. *Später rühmte er sich: „Er führte Freiheit (amargi) in Lagasch ein. Er gab das Kind seiner Mutter zurück und die Mutter dem Kind; er strich sämtliche fälligen Zinszahlungen." Das war tatsächlich die erste derartige Deklaration, die uns überliefert ist – und das erste Mal in der Geschichte, dass das Wort »Freiheit« in einem politischen Dokument auftaucht* (Graeber, Schulden 228).

Das »Erlassjahr des Herrn«, das Jesus in der Synagoge von Nazareth verkündete, verlangt eine Wendung im Denken um 180 Grad. Der Mensch steht nicht bei GOTT in der Schuld, denn GOTT ist reine LIEBE, Gnade und Zuneigung, er ist das immer wirkende schöpferische PRINZIP des Guten, das geistige Evolution fordert und fördert.
Und wie reagierte die Zuhörerschaft? Nur ja beim Alten bleiben! Ja nicht gestört werden im Schlaf: *Alle in der Synagoge wurden von Zorn erfüllt, als sie dies hörten, führten ihn an den Berghang, um ihn hinabzustürzen* (Lk 4, 28 f). Wir sind an das Schicksal des Sokrates erinnert, der ebenfalls seine Mitbürger aus der geistigen Lethargie erwecken wollte und zum Tode durch den Giftbecher verurteilt wurde.

Petrus hatte Jesus gefragt, wie oft er seinem Bruder dessen Sünden verzeihen müsse, ob wohl siebenmal genüge. Jesus antwortet mit nein, vielmehr müsse er *siebzigmal siebenmal* d.h. immer verzeihen.
Jesus erläutert dies an einem Gleichnis: Ein König rechnet ab mit seinen Knechten. Vor ihn gebracht wird einer, der ihm zehntausend Talente Silber (100 Milliarden Dollar) schuldet, aber nicht zahlen kann. Als sein

Herr darauf ihn, seine Frau und seine Kinder als Sklaven verkaufen lassen will, bittet ihn der Knecht kniefällig um Geduld. Da lässt ihn der Herr frei und erlässt ihm zusätzlich noch alle Schuld. Dem, der eben so großzügig behandelt worden war, begegnet nun ein Mitknecht, der ihm hundert Silbergroschen (1000 Dollar)[35] schuldet. Der kommt bei seinem Gläubiger nicht so leicht weg und wird in den Schuldturm geworfen. Diesen erbarmungslosen Knecht lässt nun der König vor sich rufen, nimmt den ihm gewährten Schuldenerlass zurück und überlässt ihn den Folterknechten, bis sie den letzten Pfennig aus ihm herausgepresst hätten. Und Jesus fügt an:

Genau so wird auch mein himmlischer Vater mit euch verfahren, wenn nicht jeder seinem Bruder von Herzen verzeiht.    Mt 18, 34

Es ist also nach der christlichen Lehre eine völlig falsche Vorstellung, dass der Mensch vor GOTT »schuldig« sein könne, dass er bei ihm in der »Schuld« stehe und es ihm etwa durch Opfergaben abzahlen müsse. In Schuldhaft nehmen sich nur die Menschen gegenseitig.

## Sünde und Schuld

Wir haben gesehen, dass im Alten Orient die Überzeugung vorherrschte, dass es universale göttliche Gesetze gebe, über deren Einhaltung zumeist der Sonnengott wachte: Die Sonne bringt es an den Tag.

In Ägypten ist Ma´at (Wahrheit, Ordnung, Recht und Gerechtigkeit) wie die griechische Dike die Tochter des obersten Gottes. Sie verkörpert die Weltordnung, gegen die zuweilen verstoßen wird, die jedoch immer wieder als Rächerin auftritt und die universale Harmonie wiederherstellt.

In der verbreiteten Vorstellung erhält der Rechtsbrecher, der gegen bestehendes Recht verstößt, die gerechtete Strafe und muss seine Schuld büßen.

Nach der Christlichen Bibel geht von der sterblichen Psyche die Versuchung aus, ein eigenes Ego mit einem eigenen freien Willen zu entwickeln, der dem universalen oder göttlichen Willen zuwider läuft. *Nachdem die Begierde empfangen hat, zeugt sie die Sünde. Die Sünde aber, nachdem sie vollendet worden ist, gebiert den Tod* (Jak 1, 15).

Dieser »Tod« bedeutet Gottesferne, denn GOTT ist LEBEN. Bei GOTTES Allgegenwart kann aber diese Gottesferne nur eine mentale Gottesferne bedeuten, und einen Tod kann es auch nicht geben. Darum ist »Tod« ein Synonym zu »Schlaf«: *Die Stunde, vom Schlaf aufzuwachen ist bereits da. ... Die Nacht ist vorgerückt, der Tag steht bevor. Lasst uns ablegen die Auswirkungen der Finsternis und die Waffen des Lichts anlegen!* (Röm 13, 11 f).

An die Epheser schreibt Paulus: *Auch ihr wart tot durch eure Übertretungen und Sünden, in denen ihr gelebt habt. ... Aber GOTT ... hat in seiner großen*

---

[35] Graeber, Schulden 90

LIEBE ... *auch uns, die wir tot waren in den Sünden, mit Christus lebendig gemacht* (Eph 2, 1 ff).

Die »Sünde«, in der Bedeutung des griechischen Wortes »Abweichung«, »Verfehlung«, ist also ein Ausscheren aus GOTTES Lichtwelt und versetzt den Menschen in einen Todesschlaf, eine Art Traumwelt, wie sie Platon im Höhlengleichnis schildert. Diese Traumwelt ist also so unwirklich wie ein Alptraum, aus dem der Mensch schweißbedeckt und mit Schrecken aufwacht, um zu erkennen, dass es diese Traumwelt gar nicht gegeben hat. Johannes lehrt: *Wer sündigt, ist der Sklave der Sünde* (Joh 8, 34). Paulus spricht von der *herrlichen Freiheit der Kinder GOTTES* (Röm 8, 21).

Was es gar nicht gibt, kann GOTT überhaupt nicht zur Kenntnis nehmen, denn *GOTT ist Licht und in ihm ist keinerlei Finsternis* (1 Jo 1,5). Denken wir an den schönen Vergleich: Die Sonne hatte noch nie einen Schatten gesehen. Als sie von einer Höhle voller Schatten hörte, machte sie sich eilends auf den Weg: In der Höhle angekommen rief sie voller Enttäuschung: Ja wo ist denn hier ein Schatten?
Im apokryphen »Evangelium nach Maria« heißt es:
> Der Retter sprach: In Wahrheit gibt es keine Sünde,
> sondern ihr macht Sünde durch euer Tun. ...
> Deswegen aber kam das Gute in die Mitte,
> hin zum Wesen jeder Natur,
> um sie so wieder in ihre Wurzel einzufügen.[36]

Aus all dem ergibt sich die große erlösende Erkenntnis: GOTTES Kinder stehen bei ihm in keinerlei Schuld. Sie schleppen weder eine eigene Schuldenlast für begangene Sünden mit sich herum noch eine Erblast von Eltern und Vorvätern. Wer derlei glaubt, lebt im Alten Testament und hat die Lehre von Jesus dem Christus nicht verstanden.

Wir erinnern uns zurück an den Zöllner bei Lukas. Er bekannte seine Sünde und *ging gerechtfertigt hinab in sein Haus*. Der »Verlorene Sohn« (Lk 15) kommt zurück zum Haus des Vaters und wird mit einem Freudenfest begrüßt ohne jeden Vorwurf. Sein vermeintlich vergeudetes Erbe war ihm erhalten geblieben. An anderer Stelle (Lk 7)) bereut eine stadtbekannte Sünderin und Jesus sagt ihr: *Dir sind deine Sünden vergeben ... Dein Glaube hat dir geholfen. Geh hin in Frieden.* Kurz vor dem Tod ist menschlich gesehen kaum noch etwas gutzumachen. Ein Verbrecher wandte sich an den mit ihm gekreuzigten Jesus, und der sagte ihm: *Wahrlich, noch heute wirst du mit mir im Paradiese sein* (Lk 23).
Es wird kaum Zufall sein, dass sich diese deutlichen Stellen alle bei Lukas finden, der ja auch das erste Auftreten von Jesus mit dessen Verkündigung der Generalamnestie für den Menschen beginnt.

---

[36] Hörmann, Gnosis 277

Ganz anders als GOTT sehen die Sterblichen und ihre Kirchen die menschliche Schuld.

Woher aber kommt der allgemein verbreitete Begriff von »Schuld«? Er kommt aus dem Machtstreben der von ihrer Psyche[37] gesteuerten Sterblichen. *Wenn die Geschichte etwas zeigt, dann dies, dass es keine bessere Methode gibt, auf Gewalt gegründete Beziehungen zu verteidigen und moralisch zu rechtfertigen, als sie in die Sprache der Schuld zu kleiden – vor allem, weil es dann sofort den Anschein hat, als sei das Opfer im Unrecht* (Graeber, Schulden 11).

## Die Überwindung von Schuld und Sühne
## Die Schlüssel für Tod und Hölle

In der Offenbarung sieht Johannes den Christus als einen mit 7 Sternen in seiner Rechten. Er sagt: *Ich bin der Erste und der Letzte und der Lebendige. Ich war tot, und siehe, ich bin lebendig von Ewigkeit zu Ewigkeit, und ich habe die Schlüssel für Tod und Hölle* (Off 1, 17 f).

Die Hölle, das ist diese Erde, das Imperium der Psyche. Die einen haben es kühleres, die andern ein heißeres Plätzchen. Eine andere Hölle gibt es nicht.

Bei Matthäus sagt Jesus zu Petrus, der ihn richtig als den Christus identifiziert hat:

Ich will dir die Schlüssel zum Himmel geben:
Was immer du gebunden hast auf der Erde,
wird im Himmel gebunden sein.
Und was immer du losgebunden hast auf der Erde,
wird im Himmel losgebunden sein.                            Mt 16, 19

Im oben dargelegten Gleichnis vom Schuldner (Mt 18) zeigt Jesus, dass nur dem vergeben ist, der auch selbst allen rückhaltlos vergeben hat, so wie der sterbende Jesus noch seinen Henkern verzieh (Lk 23, 34).

Sündenschuld rechnen sich nur die Sterblichen zu. Daher können nur sie ihre Gefangenen aus der Schuldhaft freigeben. Bezeichnend, was Jesus im Vaterunser lehrt:

Und erlass uns unsere Schuld,
wie auch wir sie unseren Schuldnern erlassen **haben**.      Mt 6, 12

Und zur weiteren Erläuterung:

Wenn ihr den Menschen ihre Fehler verziehen **habt**,
wird euer himmlischer Vater auch euch verzeihen.

---

[37] vgl. Exkurs Psyche

Wenn ihr aber den Menschen nicht verziehen **habt,**
dann wird euer Vater auch euch eure Fehler nicht verzeihen.

Mt 6, 14 f

Welchen ihr die Sünden erlasst, denen sind sie erlassen,
welchen ihr sie behaltet, denen sind sie behalten.        Joh 20, 23

Welche vermeintliche Gegenkraft ist es, die die Sterblichen dazu bringt,
einander in Schuldhaft zu nehmen? Es ist die Psyche mit ihrer
Herrschsucht, von Jesus »Fürst dieser Welt« oder »Herrscher über diese
Welt« genannt. Nach christlicher Lehre *muss der Herrscher über diese Welt
außer Landes gejagt werden* (Joh 12, 31). Er ist *der große Drache, die alte
Schlange, Diabolos und Satan genannt, die die ganze Welt in die Irre führt. ...
Diese Schlange ist der Ankläger unserer Brüder, der sie verklagt im Angesicht
unseres* GOTTES *bei Tag und bei Nacht* (Off 12, 9 f).

Wer sich durch seine Auferstehung zum Christus gemacht hat und wie
Jesus der Christus sagen kann: *Es kommt der Herrscher über diese Welt, und
in mir ist nichts, was ihm gehört* (Joh 14, 30), dem ist ganze Vollmacht
gegeben worden im Himmel und auf der Erde (Mt 28, 18).

**Kapitel 5**

# Die Hieroglyphen – Die großen Symbole

Die Wahrheit kam nicht nackt in die Welt,
sondern in Symbolen und Gleichnissen.
Sie kann sie nicht anders empfangen.
Philippus-Evangelium

Durch viele solcher Bildvergleiche verdeutlichte er seine Lehre,
je nach dem, wie sie es aufnehmen konnten.
Ohne bildhafte Vergleiche sprach er nicht zu ihnen.
Mk 4, 33 f

In der Entfaltungsgeschichte der Philosophia Perennis versuchten die
großen Seher oder Propheten, oft auch »Sieben Weise« genannt,
immer wieder die Erde mit dem Himmel, das Relative mit dem
Absoluten in Beziehung zu setzen, um die Disharmonien in Harmonie
zu bringen und die irdischen Übel zu heilen.

Der Gott Israels wohnt wie der ägyptische Amun im Dunkeln. Mit
diesem Bild soll gesagt sein, dass das Göttliche für die sterblichen Sinne
unzugänglich bleibt:

Mose nahte sich dem Dunkel, darinnen der HERR war. 2 Mos 20, 21

Mein Angesicht kannst du nicht sehen;
denn kein Mensch wird leben, der mich sieht. 2 Mos 33, 20

Dennoch teilt sich das Göttliche als Licht, durch Erleuchtung, dem Menschlichen mit. Gott offenbart sich.
Im Vorraum zum Allerheiligsten steht ein immer brennender Leuchter (2 Mos 26, 33 ff). Er ist ganz aus Gold, dem göttlichen Metall, und seine 7 Lampen werden mit Öl von oben – Symbol für Inspiration – gespeist, wie der Prophet Sacharja sagt (Sach 4).

Mit seinen 7 Armen symbolisiert der Leuchter die 7 Himmel, seine 7 Lichter machen wie die 7 Spektralfarben des Regenbogens das für menschliche Augen unsichtbare weiße Licht sichtbar:
Von Norden naht ein Lichtglanz,
um Gott her ist schreckliche Herrlichkeit. Hiob 37, 22

Ich stelle meinen Bogen in die Wolken.
Er soll ein Zeichen sein für den Bund zwischen mir und der Erde.
1 Mos 9, 13

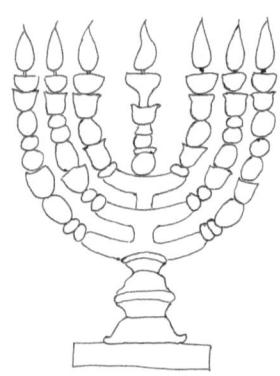

Wie der Regenbogen sich am Regentag in den Wolken zeigt,
so war der strahlende Glanz ringsum anzusehen.
Das war das Aussehen der Gestalt,
in der die Herrlichkeit des HERRN erschien. Ez 1, 28

Die (7) Himmel erklären die Offenbarwerdung GOTTES. Ps 19

Wie in den 7 Spektralfarben des Regenbogens das unsichtbare weiße Licht voll zum Ausdruck kommt, so bringen die 7 Lichtwerdungen der

Schöpfungstage, wie der Leuchter zeigt, den ewigen Elohim voll zum Ausdruck.

## Die Himmelstreppe
### 1 Mos 28, 12 ff

Das erste Buch Mose, die Genesis, enthält die ältesten Geschichtsquellen des jüdischen Volkes. Während der Jahrhunderte langen mündlichen Tradition erfuhren sie eine andauernde Umwandlung, wobei die ursprünglich historischen Texte mehr und mehr zu theologischer Geschichtsdeutung wurden.
Die Lebensspanne, in die der Urvater Abraham etwa datiert werden kann, liegt zwischen 2000 bis 1850 vor. Der Genesis entsprechend war sein Stamm in Ur in Untermesopotamien beheimatet. Von hier wanderte er zunächst aus nach Haran,[38] dann ins Land der Kanaanäer. Im Alter von 100 Jahren zeugte er Isaak, den Vater Jakobs, dessen 12 Söhne die 12 Stämme Israel begründen sollten.
Nachdem Jakob seinen Zwillingsbruder Esau um das Erstgeburtsrecht betrogen hatte, floh er nach Mesopotamien, in die Heimat seines Großvaters.

Jakob ... kam an einen Platz und übernachtete dort,
denn die Sonne war untergegangen.
Und er nahm einen von den Steinen am Ort,
legte ihn an sein Kopfende und schlief an jener Stelle ein.
Da fiel er in einen Traum.
Und siehe, da stand eine Treppe auf der Erde,
deren Spitze bis in den Himmel reichte;
und die Engel Gottes stiegen auf ihr hinauf und hinunter.
Und oben stand der HERR. ...
Und Jakob erwachte aus seinem Schlaf und sprach:
Gott ist an diesem Ort anwesend,
und ich war mir dessen nicht bewusst.
Und ihn schauderte, und er sprach:
Wie ehrfurchtgebietend ist dieser Ort;
dies ist nichts anderes als das Haus Gottes,
und dies ist das Tor zum Himmel. ...
Und Jakob nannte jenen Ort Bet-El[39], Haus Gottes.

Wer, der sich zur Nacht zum Schlafen legt, würde sich einen Stein als Kopfkissen wählen?
Der Stein ist ein frühes Symbol für Idee. Denn Steine sind etwas, womit man rechnen, etwas Verlässliches, auf das man bauen kann. Jakob nahm

---

[38] in der heutigen Türkei
[39] eigentlich: Haus des El

also eine Idee in sein Bewusstsein auf und sah eine Zikkurat, die Verbindung von Himmel und Erde. Der Mensch steigt nicht in den Himmel, noch lässt sich Gott auf die irdische Ebene herab. Aber das Absolute übersetzt sich auf das Relative: die Sterne des 4. Tages erleuchten die Erde. Wie sich das unsichtbare göttliche Licht durch seine 7 Spektralfarben sichtbar macht, so ist die Himmelstreppe, auch »Jakobsleiter« genannt, eine vom Himmel herabgelassene Leiter, die zum Aufstieg einlädt.

Unser Bild nun: Die Engel, die suchenden Gedanken, steigen nach oben und kehren als göttlich inspirierte Gedanken auf die Erde zurück.

Jakob erkannte, dass das Reich Gottes schon auf Erden ist. Als es bei Jakobs Heimkehr zur Konfrontation mit seinem Bruder Esau kommt, geht er seinem Bruder entgegen und sagt ihm: *Ich sah dein Angesicht, als sähe ich Gottes Angesicht* (1Mos 33, 10).

Nach der durchkämpften Nacht war er fähig, in seinem Bruder das »Bild und Gleichnis Gottes« zu erkennen.

In der Offenbarung sieht Johannes den Thron GOTTES im Himmel,
und ein Regenbogen war um den Thron ...
und 7 Fackeln mit Feuer brannten vor dem Thron,
das sind die 7 Geister GOTTES. Off 4, 3-5

Das Bewusstsein des Menschen muss die Struktur der 7 Himmel widerspiegeln:
Die Weisheit hat ihr Haus gebaut
und ihre 7 Säulen aufgerichtet. Spr 9, 1

Nach dem Weltbild des Alten Orient umkreisten 7 Planeten(-götter) die Erde und bildeten so 7 Halbkugeln: die 7 Himmel. Die Jüdische und die Christliche Bibel sprechen immer von *den Himmeln* in der Mehrzahl.

Nach alter Ansicht brachten die 7 Planeten durch ihre verschiedenen Intervalle von der Erde bei ihrem Umlauf eine zauberhafte Harmonie hervor: die Sphärenmusik. Diese harmonische Musik erklingt immer, doch die Menschen hören sie nicht, wie jemand, der sein Lebtag neben einem Wasserfall lebt, mit der Zeit abstumpft und das andauernde Rauschen nicht mehr vernimmt.

Der mythische Sänger Orpheus konnte diese Musik zu Gehör bringen, und wenn er spielte und sang, so liefen ihm nicht nur die Menschen, sondern auch die Tiere und Bäume, ja die Steine hinterher. Selbst die unerbittlichen Götter der Totenwelt wusste er damit zu rühren.

Terpander aus Lesbos (~ 675 vor) erkannte als erster, dass die Musik auf 7 Tönen aufbaut. Er baute daher eine 7-saitige Leier, um die Musik der göttlichen Harmonien nachzuahmen. Musik galt noch in der Zeit von Pythagoras und Platon als Mittel, die Seele in Harmonie zu bringen und ihre Dissonanzen zu heilen.

Man kann es schön beobachten, wie sich das wachsende Verständnis des Menschen stets um weitere wissenschaftliche Klarheit bemüht.
Bei Zarathustra sind die 7 Amescha Spentas Lichter vom Licht: die Ausstrahlung Ahura Mazdas:

| | |
|---|---|
| Vohu Manah | »Gutes Denken«, »Bester Sinn« |
| Spenta Mainyu | »Heilwirkender Geist« |
| Chschatra vairya | »Erwünschte Herrschaft«, »Erwünschtes Reich« |
| Armaiti | »Fügsames Denken«, »Ergebenheit« |
| Ameretat | »Unsterblichkeit«, »Ewiges Leben« |
| Ascha | »Wahrheit«, »Wahrsein« |
| Haurvatat | »Gesundsein«, »Heilsein« |

Die 7 Erzengel im Judentum der hellenistisch-römischen Zeit tragen die Namen:
Uriel - Gott ist (mein) Licht;
Gabriel - Mann Gottes, Gott ist stark;
Jeremiel - Erhöhung Gottes;
Saraqiel - (Mein) Fürst ist Gott;
Raguel - Freund Gottes; Gott ist Freund;
Michael - Wer ist wie Gott;
Raphael - Gott hat geheilt.

**5.1 Die großen Symbole des Alten Orient**

Unsere Buchstaben sind Vereinfachungen von ehemaligen Bildern. Die ägyptischen Hieroglyphen (Heilige Eingravierungen) haben die alte Bildsprache noch beibehalten.
Es gibt zweierlei Symbolik:
    1. die Bilder an sich
    2. in Sprache umgesetzte Bilder
Beides unterliegt der Alterung. Bilder veralten und werden mit der Zeit unverständlich. Als Beispiel diene uns eine politische Karikatur der Gegenwart, die ohne Worte auskommt. In wenigen Jahren wird sie nur noch Historikern verständlich und nur noch durch deren Erklärung verstehbar sein.
Ein Symbol verwenden heißt einen Akkord anschlagen. Beim Wort »Pharao« wissen wir, es handelt sich um den König im Alten Ägypten. Beim Anschlag dieses Wortes klingt für den Ägyptologen aber auch mit: »großer vollkommener Gott«, »Garant und Wahrer der universalen Ordnung«, »Sohn Gottes«, »Abwehrer der Feinde«.
Die Bedeutung eines Wortsymbols aus Babylonien oder Ägypten muss dabei keineswegs mit der Bedeutung in der hellenistischen Zeit des Neuen Testaments völlig deckungsgleich sein.

## Die Symbolzahlen

**1**  Der Eine, der Einzige, die Einheit. Gott ist Alles in Allem (Paulus).

**2**  Die Zweiheit, der Dualismus. 2 Wege. *Niemand kann zwei Herren dienen* (Mt 6, 24).

**3**  Dreieinigkeit, Dreifaltigkeit. Die Auffaltung des Einen als Ursache (Schöpfer), Wirkung (Schöpfung) und deren untrennbare Einheit.

**4**  Der kybernetische Regelkreis. 4 Jahreszeiten, 4 Winde, 4 Ecken der Erde. 40 Tage Sintflut, 40 Jahre Wüstenwanderung, Mose 40 Tage auf dem Berg Sinai, Jesus 40 Tage in der Wüste. ...
Die würfelförmige Arche des Utnapischtim im Gilgamesch-Epos. Die Würfelform der Heiligen Stadt in der Offenbarung. ...

**7**  Die 7 Farben des Regenbogens: das Unsichtbare weiße Licht (der Schöpfergott als Lichtquelle) macht sich sichtbar in den 7 Spektralfarben (Schöpfung), der 7-armige Leuchter, 7 Stufen der Zikkurats und der ersten Pyramide, 7 Sphären, 7 Himmel. ...

**10**  10 Finger, der Dekalog – die Gebote, die man an den 10 Fingern aufzählen kann.

**12**  Die volle Grundzahl des altorientalischen Sexagesimalsystems. 12 Sternbilder am Himmel (die großen Götter), 12 Stämme Israel, 12 Apostel, 12 Tore der Stadt in der Offenbarung. 12 Monate, zweimal 12 Stunden des Tages. 12 olympische Götter. ...

**0**  Die angehängten Nullen bedeuten das Mehrfache einer Symbolzahl.

## Bildsymbole

**Berg**  Urhügel der Schöpfung, Nachahmung im Tempelturm und Pyramide. Die Götter wohnen auf den Bergen (Olymp). Gottesnähe, Versenkung, Rückzug in die Identität.

**Himmel und Erde**
Kosmos, Universum, Welt.
Falsch: die materielle Welt (Erde) und die geistige Welt (Himmel).

**Höhle**  Grabhöhle. Unterwelt – armseliges, fremdbestimmtes Vegetieren in der mentalen Finsternis der Matrix.

**König**  »Sohn Gottes«, »Abbild Gottes«. Weltenherrscher, Wahrer der gottgegebenen Ordnung.

| | |
|---|---|
| **Licht** | Für den Monotheisten **Echnaton** (Amenophis IV. 1365-1347 vor) war der Lichtgott Aton der einzige Gott. In der Religion **Zarathustras** (1000 vor) ist der Lichtgott Ahura Mazda, Herr Weisheit, »Anfangsloses, unendliches Licht« oder »Anfangsloses Leuchten«. In der **Jüdischen Bibel** heißt es: *Der HERR ist mein Licht* (Ps 27), *In deinem Lichte sehen wir das Licht* (Ps 36), *Sende aus dein Licht* (Ps 43), *Licht ist dein Kleid* (Ps 104). Die Schöpfung beginnt mit dem Befehl: *Es werde Licht!* ( 1 Mos 1, 3). Der **Christus** sagt von sich: *Ich bin für die Welt das Licht* (Joh 8, 12). Im Jakobus-Brief ist GOTT der *Vater der Lichter, bei dem es keine Veränderung gibt noch Verschattung im Wechsel* (Jak 1, 17). Parnia[40] sprach mit Menschen, die eine Nachtoderfahrung (sic!) gemacht hatten. Manche sahen *ein helles, warmes Licht am Horizont, das sie lockte* (156). *Manche identifizierten dieses Lichtwesen mit Gott ... wieder andere interpretierten es als ein einfaches, nicht an eine bestimmte Religion gebundenes Wesen aus Licht* (157). |
| **Meer** | Mit seinen Strömungen das Unberechenbare, Chaotische. Die Salzflut – der unfruchtbare Salzwasserabgrund. |
| **Mensch** | Bewusstsein |
| **Same** | Unsterblichkeit. Die äußere Form stirbt, aber das Leben in ihm bleibt zu weiterer Entfaltung erhalten. |
| **Schlange** | Auch Drache, roter Drache, Chaosdrache, Meerdrache. Gespaltene Zunge, Hinterlist; Intelligenz, die in der Erde (Materie) wohnt. Die Schlange will die universale Ordnung ins Chaos stürzen. Sie betrügt König Gilgamesch um das ewige Leben. |

**Sonne, Mond und Sterne**

Die immer wiederkehrenden Jahreszeiten, der Zeittakt des Mondes und die berechenbare Wiederkehr der Sternbilder – dieser Anblick   bezeugte den Menschen ein verlässliches, ihrem Einwirken entzogenes System, eine überirdische, universale Ordnung, die Himmel und Erde zu einem einzigen Kosmos zusammenfügte.

| | |
|---|---|
| **Sonne** | Die Sonne ist im Alten Orient meist der höchste Gott, oft auch der Schöpfergott. Sie wird oftmals mit Flügeln abgebildet. Denn sie erhebt sich im Osten, im Orient, und gibt Orientierung, indem sie die »vier Enden der Erde«, |

---

[40] Vgl. Parnia, Tod

die vier Himmelsrichtungen vorgibt. Sie regiert die Tage, die vier Jahreszeiten und das Jahr. Sie eilt über den Himmel dem Westen zu, wo sie in der Nacht den Toten ihr Licht bringt: *hinabgestiegen zu den Toten* (Credo).

**Stern** Mit den Sternen sind zumeist die zwölf großen Sternzeichen am Himmel, die »großen Götter« gemeint. Sie weisen bei Nacht dem Kundigen den Weg. In Mesopotamien ist der Stern Gottesdeterminativ – ein Stern beim Königsnamen weist auf die göttliche Abstammung des Königs hin; Stern von Bethlehem.

**weiß** Weiße Kleider = vollkommenes Bewusstsein.

**Wüste** Ort der bösen Geister; meist ist damit die Steppe gemeint.

## 5.2 Die 7 Namen GOTTES

Dieses Ordnungssystem[41] nach den »Sieben«, vom alten Weltbild her abgeleitet, haben, wie wir sahen, schon die Sumerer, die Babylonier und die Ägypter benutzt. Matthäus, der sein Evangelium für die Juden schrieb, hat davon am deutlichsten Gebrauch gemacht.

**LOGOS** Das älteste Symbol für Licht, besser: Lichtquelle, ist die Flügelsonne Ägyptens. Der Sonnengott Re erleuchtet auch die Ur-finsternis. Bei Zarathustra ist Ahura Mazda (Herr Weisheit) die einzige Gottheit, die Quelle aller Lichter. Als Symbol für die ansonsten bildlose Gottheit übernahm man die Flügelsonne Ägyptens. Im Alten Testament offenbart sich das unsichtbare göttliche Licht in den sieben Farben des Regenbogens. Vom Berg der Offenbarung sendet Gott sein Licht und seine Wahrheit aus (Ps 43, 3).
Auch Platon bedient sich des bereits allgemein verbreiteten Symbols Sonne für Gott, das Gute. Ihre Strahlen sind die göttlichen Ideen, die Licht schaffen in der Finsternis der irdischen Höhle. Die Wortprägung Logos stammt freilich vom griechischen Philosophen Heraklit aus dem kleinasiatischen Ephesos und bedeutet die »universale Vernunft, die das Weltgeschehen lenkt«. *Obwohl der Logos universal ist, lebt die Mehrheit jedoch so, als hätten sie eine private Intelligenz* (Heraklit B 2). Dieser Gedanke wurde dann im vierten Jahrhundert vor von der stoischen Philosophen-schule weitergeführt. Im Zeus-Hymnus des Kleanthes (333 – 231) schafft das Licht des göttlichen Blitzes Erleuchtung und zerstreut die Un-wissenheit der Seele, so dass sie zur göttlichen Vernunft kommt.
Um das Jahr 100 nach wurde das Johannes-Evangelium, ebenfalls in Ephesus, geschrieben. Es beginnt in deutlicher Anlehnung an den ersten Schöpfungstag der Genesis mit den Worten: *Im Anfang war der LOGOS,* …

---

[41] Wiederentdeckt von M.B. Eddy und J.W. Doorly

*und der* LOGOS *war* GOTT. ... *In ihm war das* LEBEN, *und das* LEBEN *war das Licht der Menschen. Das Licht leuchtet in der Finsternis, und die Finsternis kann es nicht überwältigen* (Joh 1, 1-5).
Weil das Licht aus dem Osten kommt (Ez 43, 2), bezeichneten die griechischen Kirchenväter Christus als die aufgehende Sonne, denn Christus, WAHRHEIT, ist als das *Licht der Welt* (Joh 8, 12), für die Menschen das Ideal und die Norm zur Orientierung. Für Justinus ist im Christus *der ganze Logos* (2. Apologie 8).
*Mit der biblischen Anschauung verbindet Philon die Logos-Lehre dadurch, dass er die Engel mit den Ideen oder göttlichen Kräften identifiziert und den Logos bisweilen den Erzengel nennt* (Philon I 16 f).
Im Neuplatonismus wird Plotin (204 - 270 nach) sagen: *So ist denn der Logos der Urbeginn, und Logos ist alles, was unter seiner Leitung entsteht* (Enneaden III 2, 15).
Logos ist also Urquell, Ausgangspunkt aller Information.

GEIST        Der älteste Gott der Sumerer ist Enlil, der »Herr Windhauch«. Er äußert sich als Gott der Naturgewalt in Wind und Sturm. Er heißt auch »Großer Berg«, »Herr der Länder« und »Vater der Götter«. In einem Lehrgedicht trennt er Himmel und Erde voneinander.
Er ist es auch, der die große Flut anregt, die die Menschheit vernichten soll.
In Ägypten ist Schu der Luftgott. Er trennt seine beiden Kinder, die Himmelsgöttin Nut und den Erdgott Geb, von einander.
Ab der 11. Dynastie (2130 vor) ist Amun der wichtigste Gott von Theben. Amun heißt »der Verborgene« und ist der Gott des unsichtbaren Lufthauchs.
Er gilt auch als der urzeitliche Schöpfergott, der den Lebenshauch bringt.
Vom Geistgott Amun empfängt die Königinmutter den neuen Pharao, indem ihr Amun das Lebenszeichen anch an die Nase hält.

Der griechische Philosoph Anaxagoras spricht vom Geist als dem Nous. Er ist bei ihm jedoch keine Gottheit, sondern ein physikalisches Prinzip, durch dessen Bewegung das ursprüngliche Durcheinander langsam zu einer geordneten Welt wird.
Der Nous mischt sich mit nichts, existiert für sich absolut, unabhängig und regiert sich selbst, unbeeinflusst von außen. In seiner absoluten Freiheit wirkt nichts auf ihn ein. In absolutem Wissen und absoluter Allmacht hält er als Urprinzip und Mittelpunkt das All in Bewegung und schafft die Harmonie des Kosmos.
Der Nous ist die vernünftige geistige Ordnungsmacht, die als Schöpfer nach harmonischem Gesetz den expandierenden Kosmos hervorbringt.
Das Neue Testament verwendet das griechische Wort pneuma – Hauch, Wind; Geist. GOTT *ist* GEIST *und der* GEIST *ist 's, der lebendig macht, das Fleisch ist nichts nütze,* lehrt Jesus im Johannesevangelium. Eben dort belehrt Jesus einen jüdischen Theologen über seine neue Lehre: *Wenn*

*einer nicht von oben geboren wird, kann er das Reich GOTTES nicht zu sehen bekommen. ... Was aus Materie entstanden ist, ist Materie, was aus GEIST entstanden ist, ist GEIST* (Joh 3, 3-8).

SEELE   In den ältesten Vorstellungen[42] war der Körper das Selbst oder die Identität des Menschen, weswegen seine Gebeine nach dem Tode nicht durcheinander gebracht werden durften. Später galt die Seele als das Selbst des Menschen, weil sie es ist, die mittels der Sinne wahrnimmt, und weil sie den Körper beherrscht und aufbaut.
Sokrates, der Lehrer Platons, schalt seine Mitbürger, weil sie nur auf Geld, Ehre und Ruhm aus waren, *um Einsicht aber und Wahrheit und um die Seele, damit sie möglichst gut ist, kümmerst du dich nicht und denkst nicht darüber nach?* (Apol 29 d)
Seit Platon ist die Seele (nicht die Psyche) das Unsterbliche, das Göttliche im Menschen. Nur die Seele kann die göttliche Ideenwelt schauen.
Jesus fragt: *Welchen Nutzen kann ein Mensch davon haben, wenn er die ganze Welt gewinnt, an seiner Seele aber Schaden nimmt? Oder welches Lösegeld kann ein Mensch für seine Seele aufbringen?* (Mt 16, 26)

PRINZIP   Prinzip ist die lateinische Übersetzung des griechischen Wortes arché – Anfang, Ursprung, Herrschaft. Mit Prinzip ist also kein zeitlicher Anfang gemeint, Prinzip bezeichnet den Ausgangspunkt, von dem aus alles zu messen ist, von dem aus alles Maß und Richtung erhält. In Rom gab es den Goldenen Meilenstein, von dem aus alle Straßen, die in das Weltreich hinausführten, ihren Anfang nahmen und gemessen wurden. Auf ihnen ritten die kaiserlichen Meldereiter und zogen die Heere hinaus ins Reich.
Die griechischen Philosophen, beginnend mit Thales aus dem kleinasiatischen Milet im 6. Jahrhundert vor, suchten nach der arché aller Dinge, dem Urstoff, wie Aristoteles feststellt. Diese gesuchte arché geht weit über eine sogenannte Urmaterie hinaus, denn schon Anaximander, ein Schüler des Thales, fand die arché, das Urprinzip, im Unendlichen.

Aristoteles sah in Gott den »unbewegten Beweger«. Er nennt Gott das Ur-Prinzip. Von der Philosophie, der Wissenschaft, die sich mit Gott beschäftigt, sagt er: *Neidisches Vorenthalten ist mit dem göttlichen Wesen unvereinbar ... auch darf man keine Wissenschaft für höherwertig halten als diese; denn die göttlichste ist auch die ranghöchste. Als solche aber ist sie wohl als einzige eine Wissenschaft im doppelten Sinne. Diejenige Wissenschaft nämlich, die ja wohl Gott in höchstem Grade hat, ist die göttliche von den Wissenschaften. Zum andern heißt sie so, wenn sie eine Wissenschaft sein soll, die sich mit den Dingen Gottes befasst. Diese Wissenschaft vereinigt beides in sich; denn: Gott ist nach Ansicht aller das Ur-Prinzip, und Gott hat als einziger oder doch in höchstem Grade eine solche Wissenschaft.*

---

[42] z.T. noch im engl. Sprachgebrauch erhalten: everybody, somebody, nobody

*Lebensnotwendiger als sie sind nun alle Wissenschaften, besser aber ist keine einzige* (Arist. Metaph. 982b-983a).

Das »Somnium Scipionis« aus dem Jahr 54 vor sieht die Sonne in der Mitte der Planeten und nennt sie *Führer, Fürst und Lenker der übrigen Lichter, Vernunft und Maßstab, von solcher Größe, dass sie alles mit ihrem Licht erleuchtet und erfüllt.*

Prinzip ist das Ur-Eins, auf das alle Ursachen zurückweisen, weil es alle Eigengesetzlichkeiten in der großen Sphärenharmonie regiert.
Der christliche Philosoph Justinus wird zu Anfang des 2. Jahrhunderts Christus als die arché bezeichnen.

LEBEN        Echnaton nennt seinen einzigen Gott »lebendige Sonne«. Auch sonst ist den Göttern der Ägypter und Griechen ewiges Leben eigen im Gegensatz zu den Menschen, die deswegen auch die »Sterblichen« heißen.
In der Paradiesparabel belebt Jahwe den Menschen aus Lehm mit seinem göttlichen Lebensatem.
Die Platonische Liebe ist die Sehnsucht nach Unsterblichkeit. Dieses ewige Leben wird erreicht durch qualitative Angleichung an Gott, das Unsterbliche, das ewige Leben.
Die Christliche Bibel kennt zwei Wörter für Leben: psyché für das biologische Leben im Körper und zoé für das geistige, göttliche, also ewige LEBEN: *Wer sein Leben (psyché) liebt, richtet es zugrunde. Und wer sein Leben (psyché) in dieser Welt geringschätzt, der wird es ins ewige LEBEN (zoé) hinüberretten* ( Joh 12, 25 ).
*Wie der Vater das LEBEN (zoé) in sich selber hat, so hat er auch dem Sohn gegeben, das LEBEN (zoé) in sich selber zu haben* (Joh 5, 26).
Der Christus wird von sich sagen: *Ich bin der Weg: die WAHRHEIT und das LEBEN* (Joh 14, 6).

WAHRHEIT        Ein altes Symbol für Wahrheit, Gewahrsein, schon im Gilgamesch-Epos belegt, ist »Mensch«. Denn er gilt im Gegensatz zu Tieren und Pflanzen als rationales Wesen. Ihm wird die Fähigkeit zu Einsicht, Vernunft und vor allem Bewusstsein zugeschrieben.
Wahrheit bedeutet auch »Gewahrsein«. Das griechische Wort, das auch die Christliche Bibel benutzt, ist a-létheia »Un-verborgenheit«. Nach Platon ist alles wahre Wissen im Bewusstsein des Menschen bereits vorhanden. Es bedarf lediglich der Wiedererinnerung (Anamnesis). Denn wovon wir keine Vorstellung haben, das können wir weder suchen noch könnten wir es finden.
GOTT ist allwissend: er weiß um alles, was wahr ist. Wie die Mathematik kann er Fehler nicht zur Kenntnis nehmen.
Bei Johannes bezeichnet sich der Christus als die WAHRHEIT (Joh 14, 6).

LIEBE    Hier ist nicht vom platonischen Eros die Rede noch von all den anderen im Volk verbreiteten Vorstellungen von Liebe, die in Platons Dialog Symposium zurückgewiesen werden. Die Platonische Liebe, das Streben nach dem Guten und Vollkommenen, um sich mit ihm zu vereinen, gehört zu den Ideen von LEBEN.

Das vom Neuen Testament verwendete Wort für LIEBE ist agápe, abgeleitet von dem Verb agapáo – willkommen heißen, schätzen, zufrieden sein.

Im 1. Brief sagt Johannes: *GOTT ist LIEBE; und wer in der LIEBE bleibt, der bleibt in GOTT und GOTT in ihm.*

## 5.3 Die 7 Schöpfungstage als Schlüssel zum Verständnis der Christlichen Bibel

Gesegnet sind die Augen, die sehen, was ihr seht.
Denn ich sage euch:
Viele Propheten und Könige wollten sehen, was ihr seht,
und sie haben es nicht gesehen,
und wollten hören, was ihr hört,
und sie haben es nicht gehört.
Lk 10, 23 f

Weh euch Theologen!
Ihr habt den Schlüssel der Erkenntnis fortgenommen.
Selbst seid ihr nicht hineingegangen,
und die eintreten wollten, die habt ihr daran gehindert.
Lk 11, 52

Siehe: eine offene Tür habe ich gewährt vor deinen Augen,
und keiner hat die Macht, sie zuzuschließen.
Off 3, 8

Der Pentateuch beginnt mit den Sieben Schöpfungstagen. Sie sind mit ihrem universalen Gottesbild Elohim als Geist-Gott zugleich das jüngste Stück des gesamten Pentateuch, wurden aber gleichsam als Ouvertüre an den Anfang gesetzt, weil sie der Schlüssel sind für das Verständnis. Sie beschreiben in Worten das, was die Zikkurats Mesopotamiens und die Pyramiden Ägyptens in Stein ausdrücken: ein Weltbild.

Damit haben die Sieben Schöpfungstage eine lange Vorgeschichte. Sie sind als sorgfältig ausgefeilter Schlüssel das reife Ergebnis dessen, was in Jahrtausenden geistiger Evolution, der Philosophia Perennis, große Seher an Erkenntnis und Wissen aus der Selbstoffenbarung des Seins zusammengetragen und destilliert hatten. Mit Hilfe dieses Schlüssels können wir bedeutende Weisheitstexte nicht nur des Alten Orients dechiffrieren.

Dechiffrieren ist indessen nicht so zu verstehen, als hätten die großen Weisen ihr Wissen absichtlich verschlüsselt. Vielmehr bedeutet de-

chiffrieren in diesem Falle: das vor Jahrtausenden in den damaligen Bildvergleichen oder Symbolen Geschriebene und in dieser Form Zeitgebundene in die heutige Vorstellungswelt übersetzen, möglichst in wissenschaftlicher Sprache zeitlos und verständlich zu machen.
Vor Augen haben wir die

  7 Farben des Regenbogens, in denen sich das unsichtbare Licht offenbart. Der Regenbogen bildet die

  7 Himmel oder Sphären ab.

  7 Töne der Musik lassen die himmlische Sphärenharmonie erklingen, und die

  7-stufige Himmelsleiter ist die

Nabelschnur zwischen Himmel und Erde. Auf dieser Himmelsleiter können, wie die Jakobsleiter zeigt, die Engel des suchenden menschlichen Gedankens zur absoluten WAHRHEIT aufsteigen, um als Ideen, als göttliche Informationen zurückzukommen. Diese Ideen wiederum sind die Steine, mit denen das Fundament gelegt und Haus unseres Bewusstseins erbaut wird:

  Die Weisheit hat ihr Haus gebaut
  und ihre sieben Säulen behauen.　　　　Sprüche 9, 1

Die 7 Schöpfungstage sind nicht nur der Schlüssel zu den meisten Schriften der Jüdischen Bibel. In diesen 7 Schöpfungstagen begegnet uns der Geistgott Elohim. Er erschafft alles nach seinem Bild und Gleichnis. Seine Schöpfung ist also rein geistig und *sehr gut*, d.h. vollkommen. An diesem Gottesbild knüpft die christliche Lehre an.

Solange wir glauben, bei den Sieben Schöpfungstagen, die die Genesis einleiten, handle es sich um einen *Bericht* über einen Schöpfungsakt im fünften Jahrtausend vor Beginn unserer Zeitrechnung, bleiben wir hoffnungslos hinter jedem geistigen Verständnis zurück. Denn einmal kann es sich nicht um einen *Bericht* handeln, da ja keiner dabei war, zum zweiten fragt man sich, wo denn das Licht des ersten Tages herkommen soll, wenn erst am vierten Tag die Himmelsleuchten geschaffen wurden. Ist das Licht des ersten Tages etwa ein Urknall? Schwerlich, denn es grünt am dritten Tag schon auf der Erde, und erst einen Tag später treten die anderen Himmelskörper auf. Ferner: Eine Himmelsfeste, wie sie am zweiten Tag geschaffen wird, hat es nie gegeben, auch wenn damals die Menschen fest daran glaubten.
Die Sieben Schöpfungstage sind vielmehr in Bildsymbolen geschrieben, wie sie den damaligen Menschen geläufig waren. Sie sind ihrer Umgebung und ihrem Weltbild entnommen. Keineswegs sollte dadurch ein physikalisches Weltbild als göttliche Offenbarung festgeschrieben werden.
Hier erklärt eine in Buchstaben umgesetzte Hieroglyphenschrift die Schöpfung des Geistgottes Elohim.

*Elohim sprach*: Elohim, Geist, bringt sich in seinen 7 Erscheinungsweisen zum Ausdruck. Da sich eine Lichtquelle nur durch Licht, niemals durch Dunkelheit zum Ausdruck bringt, muss also auch der Ausdruck oder die Schöpfung des Geistes geistig sein. Sie kann nicht materiell sein: *Was von* GEIST *geboren ist, das ist* GEIST, erklärt Jesus dem Nikodemus (Joh 3, 6). GOTT, GEIST, ist wie das weiße Licht unsichtbar. Wie dieses Licht in den 7 Farben des Regenbogens sichtbar wird, so kommt das schöpferische PRINZIP nur in seiner Schöpfung, Bild und Gleichnis oder Christus[43] genannt, zum Ausdruck. Schöpfer und Schöpfung bilden eine untrennbare Einheit:

Keiner hat GOTT jemals gesehen. Der einzige Sohn,
im Schoß des Vaters, er hat ihn uns dargelegt.     Joh 1, 18

Niemand kommt zum Vater, es sei denn durch mich.     Joh 14, 6

Wer mich sieht, der sieht den Vater.     Joh 14, 9

Ich und der Vater sind eine Einheit.     Joh 10, 30

## Die Symbole[44] der Schöpfungstage

In der Eingangserklärung wird Gott Elohim genannt. Elohim ist eine Pluralbildung zum kanaanäischen Gott El Eljon »El der Höchste« und wird wohl am besten verstanden als »die Gottheit« oder »das Göttliche«. In 1 Mos 14, 19 wird die Gottheit, die *Himmel und Erde erschaffen hat,* vom kanaanäischen Priester Melchisedek El Eljon genannt.
Da der Alte Orient noch kein Wort für Kosmos oder Universum kannte, steht statt Kosmos oder Universum der Merismos *Himmel und Erde.*

### Erster Tag

**Die Flügelsonne als das Licht.**
Das in Ägypten geschaffene und vom ganzen Alten Orient übernommene Symbol für Licht ist die »Flügelsonne«. Tagsüber bringt sie der Erde Licht und ermöglicht das Leben, bei Nacht steigt sie hinab in die Unterwelt, um auch den Toten ihr Licht zu bringen.

---

[43] vgl. Exkurs Christus
[44] Die Symbole sind das, was nach dem Gebot: „Es werde!" jeweils entsteht, z.B. Licht.

Dieses Licht ist der LOGOS, wie der Anfang des Johannes-Evangeliums erklärt: *Am Anfang war der LOGOS, und der LOGOS war bei GOTT und der LOGOS war GOTT. Dieser war am Anfang bei GOTT. Alle Dinge sind durch ihn entstanden ... .*
Durch die Quantenphysik wissen wir: *Licht ist ein sichtbares aber immaterielles Phänomen. Es ist in der Lage, eine große Menge von Informationen zu transportieren* (Knapp, Quantensprung 60).
Der ägyptische Gott Ptah, der Stadtgott von Memphis, hat Menschengestalt und gilt zur Pyramidenzeit (um 2500 vor) als der Schöpfergott. Er, der "Uralte", hat durch die Macht seines Wortes die Welt geschaffen.

## Zweiter Tag

**Die steinerne Himmelsfeste zwischen den Wassern oben und den Wassern unten.**
Man war im Alten Orient der Überzeugung, dass das Firmament ein steinernes Gewölbe sei, an dem die Fixsterne befestigt seien. Darüber vermutete man den Himmelsozean mit Schleusen für den Durchlass von Regen. (Dass es dieses steinerne Gewölbe nicht gibt, ändert nichts an der gültigen Aussage des Verfassers; denn er wollte sich seiner Zeit verständlich machen und benutzte dazu – wie es jeder Lehrer tun muss – die Begriffe und Bildvorstellungen seiner Zeit.)
Der sumerische Gott Enki (akkadisch Ea) ist der Gott der Weisheit. Er hält die Wasser oben und unten getrennt. Er *verwaltet die göttlichen Kräfte Me, deren Besitz ihn auch als Ordner der Erde erscheinen lässt* (Haussig I 56).
*Urgewässer und Urfinsternis gehören als Elemente der Welt vor der Schöpfung eng zusammen, und sie erfüllen gemeinsam auch die Tiefe der Unterwelt* (Hornung, Sonne 163).
Der ägyptische *Schu ist der Luftgott, der bei der Schöpfung Himmel und Erde voneinander trennt und seither den Himmel trägt, damit er nicht wieder auf die Erde fällt. So „trennt" er auch hier*[45] *den Himmel von der Unterwelt, hebt mit seinen Händen die Sonne zum Himmel hinauf und „versiegelt" zugleich die Unterwelt, damit die beiden Bereiche sauber getrennt bleiben und feindliche Gewalten zurückgehalten werde* (Hornung, Sonne 188 f).

## Dritter Tag

**Das Auftauchen des trockenen Urhügels.**
Nach alten ägyptischen Mythen ist aus dem Urschlamm eines Tages „der herrliche Hügel des Uranfangs" aufgetaucht. Er ist der Heilige Berg, nachgeahmt in den Pyramiden und Zikkurats. In Israel finden wir ihn unter dem Namen Horeb (trocken) als den Gottesberg, auch Sinai geheißen.

---

[45] im Unterweltbuch Amduat ~ 1500 vor

Im Gegensatz zum formlosen Urschlamm gewinnt das **Trockene** feste Form: Identität.

**Der Same in seiner Artenvielfalt.**
Der Same (sperma) ergänzt das erste Symbol. An den einzelnen **Samen** lässt sich identifizieren, woher sie stammen. Im **Samen** schlummern die Erbanlagen, die Gene, an denen man den Vater[46] identifizieren kann, die aber auch dafür garantieren, dass aus ihnen immer wieder dieselbe Pflanze, dasselbe Wesen mit denselben Erbanlagen entsteht. Da der **Same** in gewissem Sinne sterben, seine bisherige Identität aufgeben muss, damit aus ihm das Neue in größerer Fülle hervorkommt, gilt er schon in altägyptischer Zeit als Symbol für Auferstehung.

## Vierter Tag

**Das kosmische System und seine berechenbaren Umläufe.**
Sterne galten seit ältesten Zeiten als Götter. Bei Zarathustra ist der höchste Gott Ahura Mazda „der Vater der Lichter". Im Götterhimmel sah man im Alten Orient eine Hierarchie walten.
Für den Verfasser der Schöpfungstage bildet der gestirnte Himmel mit seinen Hierarchien und Systemen den Kosmos oder das Universum. Der Fixsternhimmel ist das 8. über den 7 Planetensphären und galt überhaupt als Gott, im Sumerischen An oder Anu. Die 7 Planeten ließen nach Ansicht der Pythagoreer bei ihrem Umlauf um die Erde eine wundervolle Musik ertönen: die Sphärenmusik oder Sphärenharmonie. Auch teilten sie den Monat in 4 Wochen zu je 7 Tagen.
Am Stand der Sterne am Firmament wollte man das Schicksal ablesen.
Das griechische Wort kosmos bedeutet: Schmuck, Ordnung, Weltall; das Universum wurde also als eine schöne Ordnung empfunden.
Die Tierkreiszeichen geben die 4 Jahreszeiten, auch die 12 Monate des Jahres werden durch sie festgelegt. 365 Tage hatte das einzelne Jahr.
Da die Bahnen der Gestirne am Firmament berechenbar sind und ihre Wiederkehr verlässlich ist, orientierten sich an ihnen bei Nacht die Seefahrer. Wer sich bei Nacht nicht an ihnen zu orientieren weiß, fährt in die Irre oder erleidet Schiffbruch. So galt und gilt das große Himmelssystem als Symbol für Wissenschaft, die darauf beruht, dass sie zielführend ist und Beweise führen kann.
Im Laufe der wissenschaftlichen Begriffsbildung und Begriffsschärfung wurde das Symbol Stern über Leitstern zu göttlicher Norm und schließlich zur platonischen Idee. Aus den »Göttersöhnen« und dem »Himmelsheer« wurde der Begriff der Ideenwelt, Platons Ideen-WISSENSCHAFT[47].

---

[46] Die weibliche Eizelle wurde erst 1827 n. entdeckt.
[47] Auch „Ideenlehre" genannt.

## Fünfter Tag

**Die Fische in unendlicher Vielfalt und Fruchtbarkeit.**
Dass das Meer von ihnen wimmelt, wird mehrfach betont. Das deutet
auf Leben. Auch Homer spricht vom „fischdurchwimmelten Meer".
Die Millionen von Eiern, die Fische legen, sind Symbol für unendliche
Fruchtbarkeit und Fülle.

**Die am Himmel fliegenden Vögel.**
Die Ägypter glaubten, dass die Seele in Gestalt eines Vogels das Grab
verlassen könne. Im Dialog Phaidros vergleicht Platon die menschliche
Psyche mit dem Bild eines geflügelten »Seelenwagens«: *Die Kraft des
Gefieders besteht drin, das Schwere emporzuheben und hinaufzuführen, wo das
Geschlecht der Götter wohnt* (246 d).

## Sechster Tag

**Die Tiere als Bildsymbole für Eigenschaften.**
Tiere symbolisieren Eigenschaften. Die Ägypter bildeten ihre Götter oft
in Tiergestalt oder mit einem Tierkopf ab. Tierische Attribute sollen eine
individuelle Eigenschaft, Qualität, zum Ausdruck bringen.
Auch die Tierfabel hatte schon eine Tradition. In ihr verkörpert das
Lamm die wehrlose Unschuld, der Wolf die rücksichtslose Brutalität, die
Schlange die Hinterlist des Bösen, in fortentwickelter Symbolik die
Intelligenz in der Materie, weil die Schlange in der Erde wohnt.

**Der Mensch als Symbol für Bewusstsein.**
Er ist das eindeutige Symbol für Bewusstsein. Der früheste Beleg dafür
findet sich im Gilgamesch-Epos.
Bild: Im Alten Orient gilt der Gott in seinem Götterbild, seiner Statue, als
persönlich gegenwärtig.
Philon von Alexandria war Zeitgenosse von Jesus dem Christus. In
seiner Erläuterung zum 6. Schöpfungstag erklärt Philon den Menschen
als unsterbliche, rein geistige Idee seines Schöpfers: *Der nach dem
Ebenbild geschaffene Mensch war die Idee, die Gattung, das Siegel des
Menschen, rein geistig, unkörperlich, weder männlich noch weiblich, und von
Natur unsterblich.*
In römischer Zeit wird der stoische Philosoph Seneca (1 - 65 nach) es als
Sinn des Lebens ansehen, sich zum gottgleichen Bild (imago) zu machen,
an dem Gott zum Ausdruck kommt.
Auch der Philosoph Epiktét (50-120 nach) kommt auf die Verwandtschaft
des Menschen mit Gott zu sprechen und fragt, warum sich der Mensch
nicht *Bürger des Universums* nennen sollte, *warum nicht Sohn Gottes?* An
anderer Stelle: *Wenn du aber erkennst, dass du ein Sohn des Zeus bist, solltest
du dann nicht stolz sein?*

**Vollendung und Ruhe.**
Keine Bildsymbole

## Die wissenschaftliche Deutung der Schöpfungstage
(1 Mos 1, 1 – 2, 4)

GOTTES Schöpfung ist ewig, so ewig wie er selbst; denn das Licht ist so alt wie die Lichtquelle. Warum aber wird dann die Schöpfung so dargelegt, als sei sie ein historischer Vorgang? Die alten Seher hatten tiefe Einsichten in das Sein, sie hatten ein großes Bild vor Augen, das sie mitteilen wollten. Wer aber jemandem, der ein Bild nicht kennt, dieses Bild beschreiben will, der muss mit seiner Darlegung irgendwo beginnen und alle Einzelheiten fortlaufend Schritt für Schritt mitteilen. So entsteht automatisch der Eindruck eines Vorgangs. Keiner von diesen Sehern oder Propheten, wie Platon sie nennt, wollte oder konnte einen „Bericht" von der Schöpfung geben, da doch gar niemand das Urchaos gesehen hat und folglich auch nicht darüber berichten kann.
Sie schildern in allgemein verständlichen Bildern aus ihrer Erfahrungswelt ein von ihnen erkanntes Gesetz des Seins, konnten es aber noch nicht in wissenschaftlicher Sprache darlegen, da Abstrakta und das heutige wissenschaftliche Begriffsinstrumentarium erst noch entwickelt werden mussten.
Der Verfasser der Schöpfungstage ist, mit den alten Mythenerzählern verglichen, geistig und wissenschaftlich weit fortgeschritten. Er braucht keinerlei Mythologie mehr. Er nimmt seine Symbole aus dem wissenschaftlichen Weltbild seiner Gegenwart. Seine Schöpfungstage legen letztlich das große Kreativgesetz dar, eine Konstante des Seins.

**1. Tag: LOGOS** (1, 3-5)

1    Im Anfang schuf Elohim Himmel und Erde.

*Der Anfang ist unentstanden. Denn aus dem Anfang muss alles Entstehende entstehen, er selbst aber aus nichts* (Platon, Phaidros 245 c). Das Ewige und Unendliche kennt keinen Anfang; die Schöpfung hat eine Ursache, einen Urgrund, ein Ur-PRINZIP. GOTT ist das Ur-PRINZIP, der Urgrund allen Seins.

2    Die Erde aber war ein Tohuwabohu[48],
      und Finsternis lag über dem Urmeer,

---

[48] Ein hebräisches Wort, das »Irrsal und Wirrsal« bedeutet.

und der Geist Elohims schwebte über den Wassern.

Die Welt ist vor der Schöpfung ein einziges Tohuwabohu: Irrsal und Wirrsal (Buber).
Der Schöpfergott Elohim ist GEIST und schwebt ohne Berührung über diesen Chaoswassern. Er schafft die Welt nicht aus einem Nichts. Er gleicht dem iranischen Ahura Mazda, dem »Vater der Lichter«. Er ist die ewige Lichtquelle, deren Lichter in 7 Tagwerdungen aufleuchten und Licht ins mentale Dunkel bringen.

3     Und Elohim sprach: Es werde Licht!
      Und es ward Licht.
4     Und Elohim sah: Das Licht ist gut.

Elohim sprach: Das Wort GOTTES. GOTT, GEIST, offenbart sich. Die Selbstpräsentation GOTTES beginnt mit Lichtwerdung. Das Aufgehen seines Lichtes bringt Erleuchtung, Inspiration und Orientierung in die chaotische Urfinsternis.

      Und Elohim schied das Licht von der Finsternis.
5     Und Elohim nannte das Licht Tag,
      und die Finsternis nannte er Nacht.

Die Finsternis wird mentale Umnachtung genannt und aus der Wirklichkeit ausgeschieden. Neben dem Sein kann es kein Nichts geben, neben dem GEIST nicht sein Gegenteil, die Materie.

      Und es ward Abend, und es ward Morgen,
      **erster Tag.**

Abend und Morgen: Elohim sprach: *Es werde!* ... Und es ward. ... Er sah: gut geworden. ... Aus Abend und Morgen wird ein neuer Tag.
Dies ist die perfekte Beschreibung des kybernetischen Regelkreises. Die Evolution wird also von GOTT, GEIST, gesteuert.

**Die Ideen bzw. Informationen:** GOTT, GEIST, ist der **Allschöpfer.** Das anbrechende Licht gibt **Orientierung** in der Finsternis und legt zugleich die Koordinaten Osten, Westen, Norden, Süden fest. Es bringt **Erleuchtung** im finsteren Chaos. **Intelligenz** und **Inspiration** sind die Folge. Die Strahlen schaffen Lichtpunkte, **Informationen** oder **Ideen,** deren Summe, **die Idee, Ausdruck** der **Selbstpräsentation** des schöpferischen GEISTES ist. **Heilung** von geistiger Blindheit ist die Folge.

**2. Tag: GEIST** (1, 6-8)

6   Und Elohim sprach:
    Es werde eine Feste mitten in den Wassern,
    sie bilde eine Scheidewand zwischen den Wassern!
    Und es geschah so.
7   Und Elohim machte die Feste
    und schied die Wasser unterhalb der Feste
    von den Wassern oberhalb der Feste.
8   Und Elohim nannte die Feste Himmel.
    Und es ward Abend, und es ward Morgen,
    **zweiter Tag.**

In den Schöpfungen bringt Elohim sich selbst zum Ausdruck. Hier geschieht dies durch die »Feste«, das Firmament. Sie soll als feste Scheidewand dienen, als unüberwindliche Trennwand, als festes Verständnis, das die oberen Elemente des göttlichen Lichtes vom ersten Tag von den irdischen Elementen, den sterblichen Vorstellungen, Konzeptionen und Gedanken streng getrennt hält, eine steinerne Schwelle, so dass irdische Illusionen nicht eindringen und sich mit göttlichen Ideen und vermischen können.
(Hier fehlt scheinbar die Feststellung, dass es gut war. Gut bedeutet göttlich. Im gemeinsemitischen Sprachraum bedeutet das Wort Himmel zugleich Gott. Mit der Benennung Himmel ist diese Aussage bereits getroffen.)
Eine neue Stufe des Gottesverständnisses ist erreicht, das zweite Licht des Leuchters brennt.

**Die Ideen bzw. Informationen:** Die Feste symbolisiert **Substanz** und **Stärke**, einen festen Standpunkt, also **Verständnis**. Verständnis schafft **Ordnung** und führt zur **Trennung** und **Widerlegung** alles Illusorischen. Nach dem Bad der Taufe steht die geistige Schöpfung nun da in ihrer **Reinheit** und **Wirklichkeit**. Diese Wirklichkeit ist das **Gute**, sein Gegenteil ist Illusion und trägt immer den Keim zu seiner Zerstörung schon in sich.

**3. Tag: SEELE** (1, 9-13)

9    Und Elohim sprach:
     Es sammle sich das Wasser unterhalb der Himmel an einem Ort,
     dass das Trockene sichtbar werde!
     Und es geschah so.
10   Und Elohim nannte das Trockene Erde,
     und die Sammlung des Wassers nannte er Meer.
     Und Elohim sah: Es ist gut.

Die göttlich Ideenschöpfung des ersten Tages gewinnt nach der klaren Trennung von irrlichternden Illusionen am zweiten Tag jetzt ihre klare Identität.

11   Und Elohim sprach:
Die Erde lasse Grün sprossen, Kraut, das $\boxed{Samen}$ bringt,
und Fruchtbäume, die Früchte,
in denen ihr $\boxed{Same}$ ist, tragen auf der Erde!
Und es geschah so.

12   Und die Erde brachte Grün hervor, Kraut, das $\boxed{Samen}$ bringt,
nach seinen Arten und Bäume, die Früchte tragen,
in denen ihr $\boxed{Same}$ ist, nach ihren Arten.
Und Elohim sah: Es ist gut.

13   Und es ward Abend, und es ward Morgen,
**dritter Tag.**

Alles Gewächs muss Samen tragen, vielerlei Samen. Und an jedem Samen kann man die Identität der Pflanze ablesen. Und aus jedem individuellen Samen wächst aus der Erde wieder eine Pflanze derselben Art, die noch weit mehr Samen trägt: Unendliche Auferstehung aus dem Grab irdischer Vorstellungen, unendliches Über-sich-Hinauswachsen aus sterblichen Vorstellungen, ohne je die individuelle göttliche Identität zu verlieren. *Nach ihren Arten*: Es gibt unendlich viele Identitäten. Die dritte Lampe am Leuchter, durch das Öl göttlicher Inspiration gespeist, ist aufgeleuchtet.

**Die Ideen bzw. Informationen:** Nach dem Trennungsvorgang des zweiten Tages erfolgt ein **Aufstieg** aus den Wassern unten, eine **Erhebung**; das Geistige kann sich als das **Erhabene** erweisen. Das wahre **Selbst** der Schöpfung, seine göttliche **Identität** in ihrer **Unwandelbarkeit** und **Unveränderlichkeit** zeigt sich und führt zu Umdenken und **Bewusstseinswandel**, zur wahren Metánoia.
Die vielfältigen Samen zeigen: Die Ideen sind in unendlicher Vielzahl da. Sie alle bewahren das **Erbmaterial** ihrer Herkunft vom Geistgott in sich. Ihre Identität ist in **Sicherheit**. Aber der Same muss über sich hinauswachsen und eine **Umwandlung** erfahren. Er erlebt in seiner **Auferstehung** Erweiterung durch **Selbsttranszendenz**. Die Metánoia ist die Abwendung vom illusionären materiellen Ego und die Hinwendung zum göttlichen Selbst.


**4. Tag:** PRINZIP (1, 14-19)

14   Und Elohim sprach:
Es sollen $\boxed{Lichter}$ werden an der Feste  der Himmel,

zu scheiden Tag und Nacht, und sie sollen dienen zu Zeichen
und zu Zeiten und zu Tagen und Jahren,

15  und sie sollen an der Feste der Himmel stehen,
um die Erde zu erleuchten!
Und es geschah so.

16  Und Elohim machte die beiden großen Leuchten,
die größere Leuchte zur Herrschaft über den Tag
und die kleinere Leuchte zur Herrschaft über die Nacht,
und die Sterne.

Die am dritten Tage klar identifizierten individuellen Ideen ordnen sich
ein und unter in der großen Hierarchie oder Holarchie. Die göttlichen
Ideen bilden das geordnete und vollkommene System der göttlichen
Metaphysik oder WISSENSCHAFT. Das Sein kann deshalb nur in einem
wissenschaftlichen Sinne erfasst werden.
Göttliche Offenbarung ist die Offenbarwerdung dessen, was immer war,
ist und sein wird, bisher jedoch im irdisch-sterblichen Bereich noch nicht
erkannt wurde.

17  Und Elohim stellte sie an die Feste der Himmel,
um die Erde zu erleuchten

18  und zu herrschen über den Tag und die Nacht
und zu scheiden Licht und Finsternis.
Und Elohim sah: Es ist gut.

19  Und es ward Abend, und es ward Morgen,
**vierter Tag.**

Mitten im vierten Tag beginnt eine neue Wende. War bisher der Blick zu
den göttlichen Ideen am Firmament gerichtet, so wendet sich jetzt der
Blick nach unten: Welche Auswirkung hat das Licht des Absoluten,
Göttlichen, auf das Relative, auf die Welt der sterblichen Gedanken,
Vermutungen und Illusionen?
Das Licht bricht unaufhaltsam ein in die materielle Finsternis der sterb-
lichen Illusionen, um sie in ihr natürliches Nichts aufzulösen. Finsternis
kann diesem Lichteinbruch keinerlei Widerstand leisten.
Das vierte und mittlere Licht des Leuchters brennt.

**Die Ideen bzw. Informationen:** Das kosmische System  mit seinen
Umläufen und den Fixsternen ist Symbol für die  absolute göttliche
Weltordnung. Ein System setzt **Einheit** voraus. Die verschieden großen
Himmelskörper symbolisieren **Hierarchie** oder **Holarchie, Interaktion**
und **Interdependenz.** In dem **Einklang** der Umläufe sahen die Alten
eine **Harmonie** der Sphären, ein **Regelsystem,** das auf **Gerechtigkeit**
hinweist, **Treue** verspricht und **Gehorsam** fordert. Die Fixsterne sind die
absoluten Werte GOTTES, menschlichem Zugriff und Willkür entzogen.
Zugleich sind  die wiederkehrenden Umläufe berechenbar. Die Astro-

nomie ist der Beginn der **Wissenschaft**, die **Demonstration** und **Beweis** führen kann. Die Jahreszeiten zeigen die Gesetze der **Kybernetik**.

**5. Tag:** LEBEN (1, 20-23)

20 Und Elohim sprach:
Es ⌐wimmle⌐ das Wasser von einem ⌐Gewimmel⌐
von lebenden Wesen,
und Vögel sollen über der Erde hinfliegen
an der Feste der Himmel!
Und es geschah so.
21 Und Elohim schuf die großen Wale und alle kleinen Lebewesen,
von denen das Wasser ⌐wimmelt⌐, nach ihren Arten
und alle beflügelten Vögel nach ihren Arten.
Und Elohim sah: Es ist gut.
22 Und Elohim segnete sie und sprach:
Seid fruchtbar und ⌐mehret euch⌐ und füllet das Wasser im Meer,
und die Vögel sollen ⌐sich mehren⌐ auf der Erde!
23 Und es ward Abend, und es ward Morgen,
**fünfter Tag.**

Nachdem die unendlich differenzierten und individualisierten Ideen eingereiht sind in die große Holarchie, in das Regelsystem des Seins, bringt sich das Göttliche an ihnen zum Ausdruck als wimmelndes LEBEN, unendliche Fülle, unendliches Wachstum. Die Vögel an der Feste des Himmels zeigen, dass hier von einem himmelanstrebenden, ewigen geistigen Wachstum die Rede ist, das keinen Stillstand nach der Ankunft an einem Ziel kennt.
Mit der fünften Leuchte ist die fünfte Stufe auf der Himmelleiter erklommen. Das fünfte Licht am Leuchter brennt.

**Die Ideen bzw. Informationen:** Die vielfältigen Arten der Fische mit ihrer unendlichen Fruchtbarkeit sind hier zusammengefügt mit den himmelan fliegenden Vögeln. Der **Sinn des Lebens**, der **Weg des Lebens** ist **Aufschwung** in die **Unendlichkeit** zu immer **höherer Lebensform**. Aufschwung aus dem Begriff von einem materiellen, biologischen Leben himmelan in ein Verständnis von **Leben im** GEIST. **Geistiges Wachstum** in unendlicher Vielfalt. Der Himmel ist **Unendlichkeit, Grenzenlosigkeit**, die **geistige Evolution** und **Entfaltung** der ewigen Identität **zeitlos**. Dies führt hinein in das Verständnis von Leben **ohne Anfang und Ende**, in die **Unsterblichkeit** des **ewigen** LEBENS.

**6. Tag:** WAHRHEIT (1, 24-31)

24 Und Elohim sprach:
Die Erde bringe hervor lebende Wesen nach ihren Arten;

*Vieh und Gewürm und Getier des Landes* nach seinen Arten!
Und es geschah so.
25 Und Elohim machte das Getier des Landes nach seinen Arten
und das Vieh nach seinen Arten.
und alles Gewürm auf der Erde nach seinen Arten.
Und Elohim sah: Es ist gut.

Die vielerlei Tiere sind Symbol für individuelle Qualitäten oder Eigenschaften. Diese Qualitäten werden gut, d.h. göttlich genannt. Hier ist also von den Qualitäten GOTTES die Rede, die in vielfältigen Ideen als Informationen zum Ausdruck kommen.

26 Und Elohim sprach:
Wir wollen den Menschen machen nach unserem Bilde, uns gleich.
Und sie sollen herrschen über die Fische des Meeres
und über die Vögel der Himmel und über das Vieh
und über alles Getier des Landes
und über alles Gewürm, das da kriecht auf der Erde!

27 Und Elohim schuf den Menschen nach seinem Bilde,
nach Elohims Bild schuf er ihn,
männlich und weiblich schuf er ihn.

Mensch ist Symbol für Bewusstsein oder Gewahrsein. Es ist immer GOTT, der in seinen Schöpfungen sich selber zum Ausdruck bringt; GOTT ist Bewusstsein und er kommt als das zum Ausdruck, was er ist: als Bewusstsein seiner selbst. Etwas, das mutmaßlich außerhalb von ihm liegt, Fehlerhaftes oder Sündiges, *kann* er nicht kennen. Darin liegt seine Allwissenheit: Es gibt nur das, was GOTT weiß.
Der »Mensch« ist geschaffen nach GOTTES »Bild und Gleichnis«. Bild bedeutet Abbild, Ausdruck. Gleichnis bedeutet nach Auffassung der LXX, dass dieser Ausdruck von derselben Qualität, also geistig ist wie der Schöpfer. Die Eigenschaften GOTTES kommen also in seinen Ideen, als *die* geistige Idee, das Urbild oder Ideal zum Ausdruck, auf welches das Kreativitätsgesetz hinsteuert.
Ganz und gar abwegig ist also der Glaube, GOTT, GEIST, habe materielle Sterbliche schaffen können, das Unendliche hätte sich im Endlichen, das Ewige hätte sich in Sterblichem zum Ausdruck gebracht.
Da es vom »Menschen« heißt, dass er männlich und weiblich ist, muss GOTT männliche wie weibliche Eigenschaften in sich vereinen.

28 Und Elohim segnete sie, und Elohim sprach zu ihnen:
Seid fruchtbar und mehret euch und füllet die Erde
und macht sie euch untertan
und herrschet über die Fische des Meeres
und über die Vögel der Himmel

und über alles Getier, das sich auf der Erde bewegt!

Auf dem Bewusstsein ruht der Segen Elohims. Ihm ist stetes Wachstum, fortwährendes geistiges Wachstum zugesichert. Freude am Erfolg treibt in jeder Wissenschaft weiter voran. Je weiter der Schüler in die Geheimnisse einer Wissenschaft, z.B. der Mathematik, eindringt, umso mehr beherrscht er sie. Mathematik beherrschen heißt ihre Regeln anerkennen und anwenden.

29 Und Elohim sprach:
   Ich gebe euch jetzt alles Samen bringende Kraut
   auf der ganzen Erde
   und alle Bäume mit Baumfrüchten, die Samen enthalten:
   Das sei eure Nahrung!
30 Aber allen Tieren des Landes und allen Vögeln der Himmel
   und allem, was sich auf der Erde bewegt und beseelt ist,
   gebe ich alles grüne Gras zur Nahrung.
   Und es geschah so.

*Der gute Same, das sind die Kinder des Reiches* [GOTTES], sagt Jesus bei Matthäus (13,38). Beim Griechen Lukas heißt es präziser: *Der Same ist das Wort GOTTES* (8, 11). Wort aber heißt Information, Idee. Hiervon nährt sich das geistige Bewusstsein[49].
Gras ist das erste Lebenszeichen auf bisher unfruchtbarem Land: Das erst aufkeimende Bewusstsein erhält Nahrung für sein weiteres Wachstum (Joh 6, 10 f).

31 Und Elohim sah alles an, was er gemacht hatte,
   und siehe: Es ist sehr gut.
   Und es ward Abend, und es ward Morgen,
   **sechster Tag.**

All dem, was GOTT hervorgebracht hat und was ihn zum Ausdruck bringt, wird das höchste Prädikat zuerteilt: sehr gut. Der Schöpfer ist vollkommen zum Ausdruck gebracht.
So ist dem aufsteigenden Bewusstsein das sechste Licht aufgegangen und die sechste Stufe auf der Himmelsleiter ist eingenommen.

**Die Ideen bzw. Informationen:** Wie GOTT Bewusstsein seiner selbst ist, so muss auch der Mensch das **Bewusstsein** und **Gewahrsein** seiner Identität haben. **Ideen-Bewusstsein** schafft das **Bild und Gleichnis** GOTTES, bringt seinen **Sohn** oder **Christus** zum Ausdruck, den Christus, der von sich sagt, dass er die WAHRHEIT ist (Joh 14, 6). Der Christus ist das anzustrebende **Ideal**, der wahre **Standard** des Menschen, der der **Erbe**

---

[49] Joh 4, 32 ff; Mt 4, 4; Platon, Phaidros 246 e

GOTTES ist und **Herrschaft** und **Vollmacht** hat (Mt 28, 18). Das Bewusstsein, das diesen Christus-Leib[50] berührt, erfährt **Heilung** und **Gesundheit** (Lk 8, 43 ff).

**7. Tag: LIEBE** (2, 1-4)

2, 1    Und es wurden ‹vollendet› Himmel und Erde
     und ihr ganzes Heer.
2    Und Elohim ‹vollendete› **am siebenten Tage** die Werke,
    die er gemacht hatte,
    und ‹ruhte› am siebenten Tage aus von all den Werken,
    die er gemacht hatte.
3    Und Elohim segnete den siebenten Tag und heiligte ihn;
    denn an ihm ‹ruhte› er aus von all den Werken,
    die Elohim schaffend gemacht hatte.

Die Schöpfung war am 6. Tage zu Ende gekommen. Der siebte Tag zeigt: Die Spitze der Zikkurat mit ihrem Tempel, der den azurblauen Himmel berührt und reflektiert, ist erreicht. Das unsichtbare Lichtquelle ist in allen ihren 7 Spektralfarben zu Ausdruck gebracht.
Vollendung und Ruhe ist die Aussage des 7. Tages: Das Vollkommene hat seinen vollen Ausdruck. Das ewige Sein war schon immer in aller Vollkommenheit da, und sein Ausdruck, die Ideenschöpfung, ist seine uranfängliche Widerspiegelung. Auf ihr ruht Segen und Heiligkeit. Es gibt nichts dazuzutun. Vollkommenheit weckt sehnsüchtige Liebe.

4    Dies ist das Werden von Himmel und Erde,
    als sie entstanden.

»Himmel und Erde« machen das Ideenuniversum aus. Martin Buber übersetzt aus dem Hebräischen „ihr Erschaffensein". »Werden« betont das schrittweise Bewusstwerden von dem, was ewig vollendet da war, dem menschlichen Bewusstsein aber stufenweise einleuchten muss.

**Die Ideen bzw. Informationen: Vollendung** heißt **Vollkommenheit.** Das Vollkommene strahlt in **Schönheit** und **Heiligkeit.** Der große Plan hat **Erfüllung** gefunden. **Endgültigkeit** bringt **Erlösung, Ruhe, Frieden** und **Seligkeit** in göttlicher **Gnade.**

---

[50] Der Christus-Leib hat eine Parallele im ägyptischen Ba. Der Ba ist die gottgeschaffene unvergängliche, immaterielle Substanz und Identität des Menschen.

**Kapitel 6**

# Proben aufs Exempel

## 6.1 Übersicht über die Ideen der Sieben Schöpfungstage

Ideen sind Lichter, die vom *Vater der Lichter* (Jak 1, 17) ausgehen. Ideen sind Informationen, die unser Gottesverständnis erhellen sollen (4. Schöpfungstag: 1 Mos 1, 17). Der römische Philosoph Seneca drückt es so aus: *Genau wie die Sonnenstrahlen die Erde zwar berühren aber doch dort sind, von wo sie ausgeschickt werden, so verweilt ein großer und heiliger Geist – hierher herabgesandt, damit wir Göttliches kennen – zwar bei uns, doch haftet er an seinem Ausgangspunkt. Von dort ist er abhängig, dorthin schaut und strebt er; wie etwas Besseres nimmt er teil an unseren Dingen* ( Sen ep mor 41, 5).

1. Tag: LOGOS
All-Schöpfer, Orientierung, Erleuchtung, Intelligenz, Inspiration, Ideen, Informationen, Ausdruck, Selbstpräsentation, Heilung ...

2. Tag: GEIST
Substanz, Stärke, Verständnis, Ordnung, Trennung, Widerlegung, Reinheit, Wirklichkeit, das Gute, ...

3. Tag: SEELE
Aufstieg, Erhebung, Erhabenheit, Selbst, Identität, Unwandelbarkeit, Unveränderlichkeit, Bewusstseinswandel (Metánoia), ...
Erbmaterial, Sicherheit, Umwandlung, Auferstehung, Selbsttranszendenz, ...

4. Tag: PRINZIP
System, Einheit, Hierarchie, Holarchie, Interaktion, Interdependenz, Einklang, Harmonie, Regelsystem, Gesetzmäßigkeit, Gerechtigkeit, Treue, Gehorsam, Wissenschaft, Demonstration, Beweis, Kybernetik, ...

5. Tag: LEBEN
Sinn des Lebens, Weg des Lebens, Aufschwung, Unendlichkeit, Grenzenlosigkeit, Zeitlosigkeit, höhere Lebensform, geistiges Wachstum, geistige Evolution, Entfaltung, Unsterblichkeit, ewiges LEBEN, ...

6. Tag: WAHRHEIT
Ideen-Bewusstsein, Gewahrsein, Bild und Gleichnis, Ideal, wahrer Standard, der Erbe, Herrschaft, Vollmacht, Gesundheit, ...

7. Tag: LIEBE
Vollendung, Vollkommenheit, Schönheit, Heiligkeit, Erfüllung, Endgültigkeit, Erlösung, Ruhe, Frieden, Seligkeit, Gnade, ...

*

Wenden wir uns zunächst einem einfachen Text zu und sehen, ob unser neugewonnener Schlüssel passt und ob er uns Zugang verschafft zur theologischen Aussage der Christlichen Bibel.

## 6.2 Die Antwort an Johannes den Täufer (11, 2-6)

Bei Matthäus lässt Johannes der Täufer aus seinem Gefängnis heraus bei Jesus anfragen, ob er der verheißene Messias/Christus sei. Jesus weist auf sein 7-faches, heilendes Wirken hin und lässt ihm antworten: *Blinde sehen, Lahme gehen, Aussätzige werden rein, Taube hören, Tote stehen auf und den Bettelarmen wird die frohe Botschaft verkündet. Glücklich zu preisen ist, wer meine Lehre nicht als Skandal empfindet.*

### 1. Blinde sehen.

1. Schöpfungstag: Es werde Licht! Der Christus kann von sich sagen: *Ich bin für die Welt das Licht. Wer sich mir anschließt, wird nicht in der Finsternis wandeln, sondern er wird das Licht des LEBENS haben* (Joh 8, 12). GOTT, der am 6. Schöpfungstag seine Schöpfung segnet und sie für „sehr gut" erklärt, hat keine Blinden geschaffen. Um dies zu beweisen, tut Jesus das, was wir Wunder nennen.

### 2. Lahme gehen.

Am 2. Schöpfungstag wird die steinerne Himmelsfeste geschaffen. Wir sahen, dass an diesem Tag Substanz und Stärke zum Ausdruck kamen. GOTT hat keinen Gelähmten geschaffen. Darum sagte Jesus zu einem, der schon 38 Jahre gelähmt war: *Steh auf, nimm dein Bett und geh umher!* Weiter lesen wir: *Und sofort wurde der Mensch gesund ... Es war aber an jenem Tag Sabbat* (Joh 5, 8 ff). Jesus heilte oft am Sabbat; denn am 7. Schöpfungstag liegt der Hauptton auf Vollendung und Vollkommenheit.

### 3. Aussätzige werden rein.

Was haben Aussätzige mit dem 3. Schöpfungstag zu tun? Erinnern wir uns: Die Symbole waren das Trockene und der Same. Das Trockene, der Urhügel, der aus dem Urgewässer auftaucht und nach dem Ablauf des Wassers feste Form annimmt, ist Symbol für Identität. Aus einem Samen wird wieder eine Pflanze derselben Art. Die Identität wird also gewahrt. Es gibt vielerlei Samen, vielerlei Identitäten. Der Aussatz will einen Menschen bis zur Unkenntlichkeit entstellen und ihm seine unverwechselbare Identität nehmen.

## 4. Taube hören.

Jesus: *Selig sind, die das Wort GOTTES hören und es einhalten* (Lk 11, 28). *Die Himmel verkünden die Offenbarwerdung GOTTES ... das Gesetz des HERRN ist vollkommen* (Ps 19, 2 und 8).

Hören, auf etwas hören, horchen, gehorchen, dies sind sinnverwandte Wörter.

Der 4. Schöpfungstag zeigte das universale System am Himmel, für die Erde verlässlich und berechenbar, ein universales Regelspiel, das gleichzeitig die Spielregeln für die Erde festlegt (1 Mos 1, 17). Gegen göttliche, universale Gesetze zu verstoßen ist so töricht, wie gegen die Gesetze der Mathematik oder Physik zu verstoßen, wenn man für ein Problem die richtige Lösung sucht: *In der Physik ist eine Lüge keine Sünde, sondern eine Dummheit* (Walther Gerlach).

## 5. Tote stehen auf.

Die Symbole des 5. Tages sind Fische und Vögel: Unendliches Wachstum, das himmelan steigt. GOTT ist LEBEN, ewiges LEBEN, ein Gegenteil wie Tod gibt es für ihn nicht: *GOTT ist aber nicht ein GOTT von Toten, sondern von Lebenden, denn für ihn sind alle am LEBEN* (Lk 20, 38). Daher konnte Jesus zu dem toten Mädchen sagen: *Mädchen, ich sage dir: Steh auf! Und sofort stand das Mädchen auf und ging umher* (Mk 5, 41). Der Tod ist ein Traum, aus dem es zu erwachen gilt.

## 6. Den Bettelarmen wird die Frohe Botschaft verkündet.

Wer in der innerirdischen Höhle, im Theater der Illusionen und Täuschungen lebt, der ist arm dran. Ihm fehlt das Brot des LEBENS (Joh 6, 35), denn Illusionen sind nur *scheinhafte Nahrung* für das Bewusstsein (Platon, Phaidr. 248 b). Und er wird vom »Herrscher dieser Welt«, dem Demiurgen[51], in Schuldhaft gehalten.

Die Mathematik ist allgegenwärtig. Sie steht für mathematische Problemlösungen zur Verfügung, löst aber unsere Probleme nicht. Wem aber ihre Regeln bewusst sind und wer sie beherrscht und anwendet, der kann mit ihrer Hilfe seine Probleme lösen.

Am 6. Schöpfungstag, WAHRHEIT, begegnet uns der gottgeschaffene Mensch, Symbol für Bewusstsein. Dieses Bewusstsein ist zur Herrschaft berufen. Paulus spricht von *der herrlichen Freiheit der Kinder GOTTES* (Röm 8, 21; Gal 5, 13).

Wie wichtig das wahre Bewusstsein ist, betont der »lebendige Jesus« im Thomas-Evangelium:

> Wenn ihr euch erkennt, dann werdet ihr erkannt werden,
> und ihr werdet wissen,

---

51 Vgl. Erklärungen

dass ihr die Söhne des lebendigen Vaters seid.
Wenn ihr euch aber nicht erkennt,
dann seid ihr in der Armut, und ihr seid die Armut.   Log 3

**7. Glücklich zu preisen ist, wer meine Lehre nicht als Skandal empfindet.**

Der 7. Tag (LIEBE) hat die Schöpfung GOTTES als vollendet und vollkommen dargelegt. Lukas berichtet (Lk 4, 17-21), dass Jesus mit der Verkündung seiner frohen Botschaft in seiner Heimatstadt Nazareth begann. Er las in der Synagoge aus Jesaja:
> Der Geist des HERRN ruht auf mir, deshalb hat er mich gesalbt, damit ich den Bettlern gute Kunde bringe. Er hat mich abgesandt, den Gefangenen die Freiheit zu verkünden, den Blinden das Augenlicht, die Gebrochenen freizugeben und zu verkünden das Erlassjahr des HERRN (Jes 61, 1 f).

Danach setzte er sich, und als aller Augen auf ihn gerichtet waren, fügte er hinzu:
> Heute ist diese Schriftstelle erfüllt in euren Ohren.   Lk 4, 21

Wie die Sache in der Synagoge ausging, schildert Lukas so: *Und alle Zuhörer in der Synagoge wurden von Wut erfüllt. Sie standen auf, warfen ihn aus der Stadt, führten ihn zum Abhang des Berges, auf dem ihre Stadt erbaut war, um ihn hinabzustürzen. Er aber ging mitten durch sie weg.*
Auch Markus schildert die Reaktion auf die Worte von Jesus: Die Zuhörer fragten sich hernach: Woher hat er das? Er ist doch nur Zimmermann, seine Mutter ist Maria, seine Brüder sind doch Jakobus, Joses, Judas und Simon und seine Schwestern sind ebenfalls von hier. *Und sie fanden seine Worte einen* **Skandal** (Mk 6, 3).
Dem Adam-Bewusstsein der sterblichen Psyche ist die Botschaft, dass der gottgeschaffene Mensch als »Bild und Gleichnis GOTTES« ewig vollkommen ist wie sein Schöpfer, das gerade Gegenteil zur Sinneswahrnehmung und daher skandalös. Lukas vermerkt zu dieser Begebenheit in Nazareth: *Er konnte dort keinerlei mächtige Tat vollbringen* (Lk 6, 5). Klar: Die Annahme des neuen Paradigmas ist die Voraussetzung, dass die vollkommene Schöpfung GOTTES sich am Fleisch manifestieren kann.

## 6.3 Psalm 23[52]

GOTT ist mein Hirte, mir mangelt nichts.

Er weidet mich auf grüner Aue
und führet mich zu frischem Wasser.

Meine Seele bringt er ab vom Irrweg[53].

Er führet mich auf den Bahnen der Gerechtigkeit
um seines Namens willen.

Und ob ich schon wanderte in der Todschattenschlucht,
fürchte ich kein Unglück, denn du bist bei mir.
Dein Hirten- und Herrscherstab leiten mich.

Du bereitest vor mir einen Tisch im Angesicht meiner Feinde,
Du salbest mein Haupt mit Öl und schenkest mir voll ein.

Gutes und Barmherzigkeit
werden mich begleiten mein Leben lang,
und ich werde bleiben im Haus GOTTES immerdar.

---------------------------

**GOTT ist mein Hirte, mir mangelt nichts.**

LOGOS. GOTT führt und leitet uns immer. Das Licht seiner Ideen fehlt uns niemals.

**Er weidet mich auf grüner Aue und führet mich zu frischem Wasser.**

GEIST: 2. Tag: Die »Wasser oben« sind das frische Wasser, die wahren Ideen, die göttlichen Elemente, im Gegensatz zu den Salz- und Chaoswassern unten. *Das Feld der Wahrheit ... die Weide, die dem edelsten Teil der Seele zukommt, stammt gerade aus der dortigen Wiese. Und die Kraft des Gefieders, durch die die Seele emporgetragen wird, nährt sich davon* (Platon, Phaidr 248 b).

**Meine Seele bringt er ab vom Irrweg.**

SEELE. Seele oder Psyche stehen für die irreführende, sinnliche Wahrnehmung, auf die kein Verlass ist. Das Unterscheidungsvermögen des 2.

---

[52] Text: Luther 84, verbessert nach der LXX
[53] Nach der LXX, vgl. Erklärungen

Tages bewahrt vor dem Irrtum, der dem Menschen das Ego[54] vor Augen hält, GOTT aber führt uns zu unserem wahren Selbst.

**Er führet mich auf den Bahnen der Gerechtigkeit um seines Namens willen.**

PRINZIP. Der 4. Tag zeigte die Bahnen der Sterne am Himmel, die die Jahre, Jahreszeiten, Monate und Tage festlegen. Verlässlich und berechenbar kehren sie wieder. Das Regelspiel des Makrokosmos bestimmt auch die Spielregeln für den Mikrokosmos (1 Mos 1, 17). Wer den Stand der Lichter am Ideenhimmel richtig abzulesen vermag, bringt sein Lebensschiff ans Ziel.

**Und ob ich schon wanderte in der Todschattenschlucht, fürchte ich kein Unglück, denn du bist bei mir. Dein Hirten- und Herrscherstab leiten mich.**

LEBEN. Das irdische Leben ist ein chancenloses Wettrennen mit dem Tod. Doch ist das, was Tod genannt wird, nur eine Illusion; denn der Mensch ist nie von GOTT, LEBEN, getrennt. *Euer sogenanntes Leben ist der Tod,* heißt es im Somnium Scipionis[55]. *Ich sage euch: Wer mein Wort hört und dem glaubt, der mich gesandt hat, hat das ewige* LEBEN *und kommt nicht ins Gericht, sondern hat den Schritt aus dem Tod ins* LEBEN *gemacht (Joh 5, 24).*

**Du bereitest vor mir einen Tisch im Angesicht meiner Feinde, Du salbest mein Haupt mit Öl und schenkest mir voll ein.**

WAHRHEIT. Das Wort GOTTES, die Ideen, ist die WAHRHEIT (Joh 17, 17). Ich [Christus] bin das lebendige Brot, das aus dem Himmel herabgestiegen ist; wenn einer davon isst, wird er leben in Ewigkeit (Joh 6, 51). GOTT ist offenbar in seinen Ideen. Wer durch sein Ideenbe-wusstsein das wahre Bewusstsein erlangt hat, ist zum Christus, zum Gesalbten d.h. zum Repräsentanten GOTTES, geworden. Ihm ist am 6. Tag volle Herrschaft über alles zugesagt. *Wort des HERRN zu meinem Herrn: Setze dich zu meiner Rechten, auf dass ich deine Feinde zum Schemel deiner Füße mache* (Ps 110, 1).

**Gutes und Barmherzigkeit werden mich begleiten mein Leben lang, und ich werde bleiben im Haus GOTTES immerdar.**

---

[54] Vgl. Exkurs Ego und Selbst
[55] Vgl. Erklärungen

LIEBE. GOTT ist LIEBE; und wer in der LIEBE bleibt, der bleibt in GOTT und GOTT in ihm. ... Furcht ist nicht in der LIEBE, sondern die vollkommene LIEBE treibt die Furcht aus (1 Joh 16 ff). Auf unserem ganzen Lebensweg sind wir von seiner LIEBE beschützt, bis hin zum vollkommenen Bewusstsein.

✳

Im Folgenden sollen mit dem Schlüssel die 7 Räume lediglich aufgetan werden. Es ist leicht möglich, sie weiter auszuleuchten oder auszumalen, wenn man die genannten Ideen der einzelnen Tage zu Hilfe nimmt. Jeder kann dies individuell tun und wird dabei meditativ mehr oder weniger in die Tiefe gehen. **Nur auf diese Weise stellt sich echtes Verstehen ein**: *Intuition kann nicht aus zweiter Hand empfangen werden. Überhaupt kann ich von fremdem Geiste keine Lehre, sondern nur Anregung empfangen. Was er verkündigt, muss ich in mir für wahr finden oder verwerfen, aber auf sein Wort hin oder weil ich sein Anhänger bin, sei er wer er mag, kann ich nichts annehmen. Im Gegenteil, das Fehlen dieses primären Glaubens bedeutet den Anfang des Zerfalls* (Emerson, Essays 35).

### 6.4  Das Gleichnis vom verlorenen Sohn (Lk 15, 11-32)

*(Jesus) sagte: Womit sollen wir das Reich GOTTES vergleichen oder wie sollen wir es bildlich darstellen?* (Er bringt dann den Vergleich mit dem kleinen Senfkorn, das zu einem Baum heranwächst, in dessen Zweigen die Vögel des Himmels wohnen.) *Durch viele solcher Bildvergleiche verdeutlichte er seine Lehre, je nach dem, wie sie es aufnehmen konnten. Ohne bildhafte Vergleiche sprach er nicht zu ihnen. Im engsten Kreis aber legte er seinen eigenen Schülern alles aus* (Mk 4, 30 und 33 f).
Wie vermittelt man dem Verständnis Geistiges durch Bilder aus dem Alltag? Auch die Tierfabel ist ein Gleichnis. Das lateinische Wort fabula hat auch die Bedeutung: Theaterstück, Drama. Fabula docet: die Fabel enthält eine Lehre. In seinen Fabeln verdeutlicht der lateinische Dichter Phaedrus (1. Jhd. nach) wie schon sein Vorbild Äsop (6. Jhd. vor) typische menschliche Verhaltensweisen, indem er bestimmte Charaktere in Tiergestalt auftreten lässt. In der Fabel vom Wolf und dem Lamm verkörpert der Wolf das brutale Recht des Stärkeren, das Lamm dagegen die machtlose Moral. Der Wolf zerreißt das Lamm, nachdem er ihm auch noch die Schuld an seinem Tod hatte zuschieben wollen.
Der Dichter selbst erklärt den Sinn seines Dramas am Ende so: *Dieses Stück ist für diejenigen Menschen geschrieben, die mit erlogenen Vorwänden Schuldlose überwältigen.* Martin Luther schließt seiner Nacherzählung folgendes Resümee an: *Der Welt Lauf ist: Wer fromm sein will, der muss leiden, sollt man eine Sache vom alten Zaun brechen; denn Gewalt gehet für Recht ... wenn der Wolf will, so ist das Lamm ungerecht.*

Was unser Gleichnis betrifft, ist daher die Auffassung des evangelischen Theologieprofessors W. Harnisch abzulehnen. Er *widerrät jedem Versuch, den Vater in irgendeiner Weise symbolisch auf Gott zu beziehen* (Harnisch, Gleichniserzählungen 204).
Wenn Jesus keine Märchen erzählt, sondern seine Vergleiche den Zweck verfolgen, die Lehre vom Reich GOTTES zu verdeutlichen und verständlich zu machen, dann muss der »Vater« in unserem Gleichnis GOTT sein und der »Sohn« der Mensch.

11 Ein Mann hatte zwei Söhne.
12 Der jüngere von ihnen sagte zum Vater:
   Vater, gib mir den zustehenden Teil des Vermögens.
   Der aber teilte für sie den Lebensunterhalt.
13 Und nach wenigen Tagen nahm der jüngere Sohn alles zusammen,
   ging weg in ein fernes Land
   und vergeudete sein Vermögen dort
   durch ein verschwenderisches Leben.

11-13 LOGOS. Die Exposition beleuchtet das zu behandelnde Thema: Ein Sohn verlässt das Haus seines Vaters und vergeudet in der Fremde sein väterliches Erbe.

14 Nachdem er alles aufgebraucht hatte,
   kam es zu einer schweren Hungersnot in jenem Land,
   und er begann Mangel zu leiden.
15 So ging er und begab sich in Abhängigkeit
   von einem Bürger jenes Landes.
   Der schickte ihn auf sein Feld, die Schweine zu hüten.
16 Er hatte Verlangen, sich den Bauch zu füllen von den Schoten,
   die die Schweine fraßen, aber keiner gab ihm davon.

14-16 GEIST. Das Leben im fernen Land: Ein Leben außerhalb des väterlichen Hauses ist ein Leben in der Gottesferne, ein elendes Leben. Das deutsche Wort »elend« bedeutet laut Duden *im fremden Land*. Die »Feste« des 2. Tages schuf Trennung zwischen den Elementen oben und den Elementen unten, zwischen geistigen Ideen und irdischen Vorstellungen oder Idolen, die den Geist nicht nähren und den Menschen in Abhängigkeit bringen und Mangel leiden lassen. Sie sind unreine Geister, hier symbolisiert durch die Schweine wie bei Matthäus 8, 30 ff.

17 Da kam er zu sich und sagte: Wie viele Tagelöhner meines Vaters haben Überfluss an Brot; ich aber gehe vor Hunger zugrunde.
18 Ich will aufstehen
   und mich auf den Weg zu meinem Vater machen
   und zu ihm sagen: Vater, ich habe gesündigt

vor dem Himmel und vor dir;
19    ich bin nicht mehr wert, dein Sohn genannt zu werden,
       mach mich zu einem deiner Tagelöhner.

17-19 SEELE. Der 3. Tag ist der Tag des Bewusstseinswandels und der
Auferstehung. *Da kam er zu sich:* Er besann sich auf sein Selbst, er
erinnerte sich, dass er unverändert der Sohn seines Vaters war. So stand
er auf und ging zum Vater, zu seinem schöpferischen PRINZIP.

20    Und er stand auf und ging zu seinem Vater.
       Als er noch weit weg war, sah ihn sein Vater und empfand Mitleid.
       Er lief, fiel ihm um den Hals und küsste ihn.
21    Der Sohn sagte zu ihm:
       Vater, ich habe gesündigt gegen den Himmel und vor dir.
       Ich bin nicht mehr wert, dein Sohn genannt zu werden.

20-21 PRINZIP. *Sein Vater ... lief und fiel ihm um den Hals:* Die LIEBE des
schöpferischen PRINZIPS ist immer die primäre LIEBE (*Er hat uns zuerst
geliebt* (1 Joh 4, 19). Das Bekenntnis seines Sohnes: *Ich habe gesündigt ... ich
bin nicht mehr wert, dein Sohn genannt zu werden* nimmt der Vater nicht
zur Kenntnis. Sünde ist Abweichung. In dem großen Himmelssystem
mit seiner Einheit und Interaktion herrscht nur Einklang. Keiner konnte
je herausfallen. In der großen Holarchie des ewigen Systems bleibt alles
an seiner richtigen Stelle und Funktion.

22    Der Vater aber sprach zu seinen Dienern:
       Rasch, bringt das beste Gewand und kleidet ihn.
       Gebt einen Ring an seine Hand und Schuhe an seine Füße.
23    Bringt das Mastkalb und bereitet ein Opfer,
       wir wollen essen und feiern.
24    Denn dieser mein Sohn war tot und ist wieder lebendig geworden.
       Er war verloren und ist gefunden worden.
       Und sie begannen zu feiern.

22-24 LEBEN. *Er ist wieder lebendig geworden.* Das beste Gewand, der Ring,
die Schuhe *verbürgen den Status der Sohnschaft (das Ehrenkleid gebührt dem
Ersten im Haus, der Ring ist Zeichen der Vollmacht und die Schuhe
kennzeichnen den Freien* (Harnisch, Gleichniserzählungen 205). LEBEN hat
keinen Rückwärtsgang, es kennt nur den Aufschwung, die höhere
Daseinsform: Der jüngere Sohn ist dem älteren gleichgestellt. Denn der,
der dem Anschein nach sein Sohnesbewusstsein verloren hatte, ist
wieder beim Vater, im LEBEN, wo er in Wahrheit immer war.

25    Sein älterer Sohn aber war auf dem Feld.
       Und als er kam und sich dem Haus näherte,
       hörte er Musik und Tanz.

26  Er rief einen von den Dienern zu sich und fragte, was los sei.
27  Der aber sagte, dass sein Bruder da sei und der Vater das Mastkalb
    geschlachtet hatte, weil er ihn gesund zurückerhalten hatte.
28  Da geriet er in Zorn und wollte nicht hineingehen.
    Sein Vater aber ging hinaus und rief ihn zu sich.
29  Der aber antwortete dem Vater:
    Schau mal, so lange Jahre diene ich dir
    und habe nie ein Gebot von dir übertreten,
    und mir hast du nie ein Böcklein gegeben,
    damit ich mit meinen Freunden feiern konnte.
30  Als aber dein Sohn hier kam,
    nachdem er seinen Lebensunterhalt mit Dirnen verzehrt hatte,
    hast du ihm zu Ehren das Mastkalb geopfert.
31  Der aber sagte zu ihm: Kind, du bist allezeit bei mir,
    und alles, was mein ist, das ist dein.

25-31 WAHRHEIT. Am 6. Schöpfungstag wird dem Menschen die
Herrschaft über die ganze Schöpfung zugesichert. Die zentrale Idee von
WAHRHEIT unter dem Symbol Mensch ist Gewahrsein, Bewusstsein. Die
beiden gegensätzlichen Begriffe sind »das Mastkalb« und »kein Böcklein«. Jesus der Christus spricht zu Menschen auf der Erde. Alle sind
Söhne des himmlischen Vaters. Der eine Sohn hat  zum Vater zurückgefunden, er hat das Sohnesbewusstsein erlangt. Darum findet für ihn
das Fest mit dem Mastkalb statt. Der andere Sohn ist immer im Haus des
Vaters, ist sich dessen aber nicht bewusst. Und so glaubt er, nie auch nur
ein Böcklein erhalten zu haben. Dabei steht ihm doch als dem Erben
immer alles zur Verfügung.

32  Man muss feiern und sich freuen,
    denn dein Bruder hier war tot und hat ins Leben gefunden,
    er war verloren und ist wiedergefunden worden.

32 LIEBE. Vollendung, Freude, Fülle, Seligkeit. Im Himmel herrscht
Freudenstimmung über jeden, der bewusstseinsmäßig ins Vaterhaus, ins
LEBEN, zurückgefunden hat. *Ich sage euch: So wird im Himmel mehr Freude
herrschen über einen einzigen Abgewichenen, der den Bewusstseinswandel
vollzieht, als über 99 Gesetzestreue, die an einem Bewusstseinswandel keinen
Bedarf haben* (Lk 15, 7).

Dieses Gleichnis trägt eindeutig gnostische[56] Züge: Der Mensch, ursprünglich bei GOTT, erlebt einen Absturz des Bewusstseins und gerät in
die Gottesferne. In der Not erreicht ihn der Ruf GOTTES, der ihn aufweckt
und zu Umkehr und Rückkehr bringt.

---

56 Vgl. Exkurs Hellenismus und Gnosis

## 6.5 Stadt- und Turmbau zu Babel[57] (1 Mos 11, 1-9)

Die 7 Schöpfungstage beginnen mit dem Aufleuchten des Lichtes über der Finsternis von Irrsal und Wirrsal und gipfeln in der Vollendung am 7. Tag. Auch der Turm von Babylon hatte 7 Stufen. Im Gegensatz zur Erzählung der vorliegenden Parabel wurde dieser Turm vollendet.
Die Parabel vom Turm in Babel beginnt mit einem Aufbruch, einer Wanderung und der Neugründung einer Stadt. Hier aber endet der Turmbau mit Nichtvollendung, Verwirrung und Zerstreuung.

Die Stadt mit ihrem Turm ist Menschenwerk, wovon der Psalm sagt:
Wenn der HERR das Haus nicht baut,
so arbeiten umsonst, die daran bauen.
Wenn der HERR die Stadt nicht bewacht,
wachen alle Wächter umsonst.
Es ist umsonst ...                                                     Ps 127, 1 f

Im Gegensatz zum 1. Tag (LOGOS):

1     Die ganze Menschheit hatte[58] *eine* Sprache und *einerlei* Worte.

Die menschliche Gemeinschaft braucht für die Verständigung und den gesellschaftlichen Zusammenhalt eine gemeinsame Währung: ein einheitliches geistiges System von Werten, die von den universalen Werten, den Ideen abgeleitet sind.

2     Als sie[59] nun im Osten wanderten,
fanden sie eine Tiefebene
im Lande Schinear[60] und ließen sich dort nieder.

Wer auf dem Weg ist, braucht Orientierung. Der Aufgang des Lichtes, der Orient oder Osten, legt alle 4 Himmelsrichtungen fest. Die Stadtgründung findet unten in einer Tiefebene statt.
Der erste Fehler, denn die Stadt GOTTES steht oben auf dem Berg: *Sende aus dein Licht und deine Wahrheit, dass sie mich leiten und führen zu deinem heiligen Berg und zu deiner Wohnung* (Ps 43, 3).
Am ersten Tag gab das Licht, LOGOS, als Quelle der göttlichen Ideen den Wahrheitssuchenden Orientierung. Unten aber herrscht das irdische Tohuwabohu mentaler Finsternis.

---

[57] Übersetzung nach: Otto Eißfeldt
[58] Wir erinnern uns an die historisierende Erzählweise im Alten Orient. Für ein philosophisch-wissenschaftliches Verständnis müssen wir die historischen Gewänder weglassen.
[59] Die Nachkommen von Noah
[60] Name für die Landschaft Babylonien

Im Gegensatz zum 2. Tag (GEIST):

3   Und sie sprachen einer zum andern:
    Wohlan, wir wollen Ziegel streichen und brennen!
    Und es dienten ihnen die Ziegel als Steine,
    und das Erdpech diente ihnen als Mörtel.

Zum Bau der Stadt (Bewusstsein) werden menschengefertigte Ziegel
(menschliche Begriffe) verwendet statt Steine (göttliche Ideen).
In den Schöpfungstagen wurden die göttlichen Ideen oben von den
umnachteten sterblichen Vorstellungen unten strikt getrennt. Hier werden die menschengemachten Begriffe oder Ideen mit Erdpech zur
Ideologie verklebt.

Im Gegensatz zum 3. Tag (SEELE):

4   Dann sprachen sie:
    Wohlan, wir wollen uns eine Stadt bauen
    und einen Turm, dessen Spitze im Himmel ist,
    und wollen uns einen Namen machen,
    damit wir nicht über die ganze Erde zerstreut werden!

Das neu zu schaffende Bewusstsein soll bis in den Himmel wachsen. Mit
einem großen Namen soll die selbstersonnene Identität gesichert werden, so dass sie nicht dem Vergessen anheim fällt.
Der dritte Fehler. Denn am dritten Tag war die Identität der göttlichen
Ideenschöpfung aufgetaucht. Der Same sicherte den Ideen bleibende
Identität und Wachstum zu. Schöpfung ist Bewusstwerden dessen, was
schon seit ewig da ist. Es muss nicht von den Sterblichen erst geschaffen
werden. Sterbliche Konzeptionen einer Gesellschaftsform wachsen nicht
in den Himmel.

Im Gegensatz zum 4. Tag (PRINZIP):

5 f   Da stieg Jahwe herab,
      um die Stadt und den Turm zu besehen,
      die die Menschen gebaut hatten.
      Und Jahwe sprach: Siehe, *ein* Volk sind sie
      und *eine* Sprache haben sie alle,
      und das ist nur der Anfang ihres Tuns.
      Fortan wird ihnen nichts mehr unerreichbar sein,
      was sie sich auch zu tun vornehmen mögen.

Das Menschenwerk wird mit der Schöpfung GOTTES konfrontiert, indem
das göttliche Licht darauf fällt. Im vierten Tag hieß es Vers 17: *Und*

*Elohim stellte* (sein Ideensystem) *an die Feste der Himmel, um die Erde zu erleuchten*:
Das sterbliche Denken ahmt wie Ahriman das dynamische PRINZIP mit seinem göttlichen Ideensystem in einer Gegenschöpfung nach.

Im Gegensatz zum 5. Tag (LEBEN):

7    Wohlan, wir wollen hinabfahren
und dort ihre Sprache verwirren,
dass keiner mehr die Sprache
des anderen verstehen kann!

Das wimmelnde fruchtbare Leben des fünften Tages bedeutet geistiges Wachstum hin zum Göttlichen. Dieses metaphysische Gesetz des Weiterwachsens gilt auch umgekehrt für das Widergöttliche. Das Irrige wird zum Wachstum getrieben, bis die Illusion im Platzen sich selbst zerstört.

Im Gegensatz zum 6. Tag (WAHRHEIT):

8    So zerstreute Jahwe sie von dort über die ganze Erde hin,
dass sie vom Bau der Stadt ablassen mussten.

Menschliches Wissen schafft kein wahres Bewusstsein. GOTT sagt zu ihm: *Erde bist du, und zur Erde sollst du zurückkehren* (1 Mos 3, 19). Staatswesen, die nicht auf dem göttlichen, d.h. absoluten Normensystem beruhen, sondern auf sterblichen Ideologien, sind auf Sand gebaut und halten dem Druck der Realität, den absoluten Werten, nicht stand.

Im Gegensatz zum 7. Tag (LIEBE):

9    Darum nennt man sie Babel[61],
denn dort hat Jahwe die Sprache der ganzen Erde verwirrt,
und von dort hat Jahwe
sie über die ganze Erde hin zerstreut.

Der siebte Tag war von Ruhe und Vollendung geprägt. Auch der falsche Denkansatz hat seine Erlösung gefunden. Sein Bauen war vergeblich, er ist zu seinem irdisch-materiellen Ausgangspunkt zurückgekehrt: Irrsal und Wirrsal.

---

[61] Vom hebräischen Wort für „Verwirrung" abgeleitet.

**Was ist der Sinn dieser Analysen?**
Zum einen bewahrt es Sie vor willkürlichen Interpretationen. Vor allem aber: Die wahren Ideen können in Ihnen ein neues Bewusstsein schaffen und durch Meditation für Sie zur Wirklichkeit werden.

**Wollen Sie es selbst versuchen?**
Probieren Sie es an den Seligpreisungen (Mt 5, 3-9) und am Gebet des Herrn (Vaterunser) (Mt 6, 9-13). Die Lösungen finden Sie im Folgenden.

Relativ einfach sind auch Psalm 27 und Psalm 91 zu decodieren. Am besten nach Luther 84. Lösungsvorschläge unter Kap. Erläuterungen.

**Kapitel 7**

# Der Kern der christlichen Lehre

### 7.1 Die Bergpredigt

**D**er »Berg« ist eines der wichtigsten Symbole des Alten Orients. Mit dem Auftauchen des Urhügels aus dem chaotischen Urozean beginnt in Ägypten die Schöpfung. Ihn ahmt die Pyramide nach, sie wird im Pyramidenspruch 267 bezeichnet als *eine Treppe zum Himmel ... für ihn (den toten König) gebaut, so dass er zum Himmel aufsteigen kann.*
In Mesopotamien und Ugarit wohnen die Götter auf dem kosmischen Berg. Er wird nachgebildet in den 7-stufigen Tempeltürmen, die ebenfalls eine Treppe zu den himmlischen Göttern darstellen wollen.
In den Psalmen liegt die *Stadt unseres Gottes, auf seinem heiligen Berge, ... auf dem Gottesberg fern im Norden* (Ps 48). Von Jahwe erbittet man: *Sende aus dein Licht und deine Wahrheit, dass sie mich leiten und bringen zu deinem heiligen Berg und zu deiner Wohnung* (Ps 43).
Von einem hohen Berg aus sieht der Offenbarer Johannes *die heilige Stadt, das neue Jerusalem, von GOTT aus dem Himmel herunterkommen* (Off 21).

Der Berg ist Symbol für Gottesnähe. Jesus betet auf **dem** Berg, der ohne geographische Angaben bleibt. Und immer wieder heißt es von ihm: *Er stieg allein auf den Berg, um zu beten. Am Abend aber war er dort allein* (Mt 14, 23). *Und er ging auf den Berg* (Mk 3, 13). *Und Jesus ging ... auf den Berg und setzte sich dort* (Mt 15, 29). *Und als er sie weggeschickt hatte, ging er hin auf den Berg, um zu beten* (Mk 6, 46). Auch bei der sogenannten »Verklärung« heißt es, dass Jesus *auf den Berg stieg, um zu beten* (Lk 9, 28).
Die Bergpredigt lehrt vom Gipfel des göttlichen Bewusstsein herab. Sie beinhaltet den Kern der neuen christlichen Lehre und findet sich im Matthäus-Evangelium, das zeigen soll, wie die christliche Lehre auf dem Gottesbild der Sieben Schöpfungstage als Fundament aufbaut. Dieser Aufbau gibt uns heutigen Lesern eine Sicherheit bei der Interpretation und lässt uns falsche Interpretationen leicht widerlegen.

## 7.2 Die Seligpreisungen

*Nachdem er die Massen gesehen hatte, stieg er hinauf auf den Berg. Und als er sich gesetzt hatte, traten seine Schüler zu ihm.*
*Er öffnete seinen Mund und begann sie zu lehren mit den Worten: Selig sind ...*
(Mt 5, 1-9): Glücklich zu preisen sind diejenigen, die ...

Jesus stieg also auf **den Berg**, den Kosmischen Berg, d.h. er lehrte vom Gipfel seines Christus-Bewusstseins aus.

**1. Gesegnet sind, die um geistige Erleuchtung flehen, denn ihnen gehört das Reich der Himmel.**

Alte Übersetzungen sprechen von den „Armen im Geiste". Wird ihnen hier ein besseres Dasein im Jenseits verheißen?
Im Griechischen ist aber nicht von „Armen" die Rede, sondern von „Bettlern". Nicht jeder Arme bettelt; viele sind geistig arm und sind es zufrieden.
Das Reich der 7 Himmel ist das ewige Ideenreich GOTTES, des GEISTES, es ist die Schöpfung Elohims, sein Siebentagewerk. Wenn wir auf den ersten Schöpfungstag sehen, an dem über der mentalen Finsternis das Licht der göttlichen Ideen aufleuchtet, erkennen wir in der Sehnsucht nach geistiger Erleuchtung diejenigen, die zwar viele Informationen mit immer kürzerem Halbzeitwert haben, Schätze, die von Rost und Motten verzehrt werden (Mt 6, 19), doch eines Tages erkennen müssen, dass sie dennoch arm sind, arm an Wissen, das Substanz hat, an Wissen um Dinge, die wahr und ewig sind.

Jesus fordert dazu auf: *Trachtet zuerst nach dem Reich GOTTES und nach seiner Gerechtigkeit* (Luther 84), d.h.: *Suchet vorrangig nach dem göttlichen Ideenreich und seinen Gesetzen!* (Mt 6, 33)
Das Thomas-Evangelium legt Jesus diese Worte in den Mund:
Wer sucht, soll mit seiner Suche nicht aufhören,
bis er fündig wird. Und wenn er findet,
wird er in Verwirrung geraten.
Und wenn er verwirrt ist, wird er staunen
und er wird Herrschaft haben über das All.          Log 2

Wir dürfen also die erste Seligpreisung so verstehen: Selig zu preisen sind die, die im Geistigen nach Erleuchtung suchen, denn ihnen steht das Ideenreich offen.

Das Markus-Evangelium (10, 46-52) überliefert eine erhellende Begebenheit. Da sitzt ein gewisser Bartimaios am Wege, ein blinder Bettler, und ruft Jesus, der von Jericho kommt, um Hilfe an. Als der ihn fragt, was er für ihn tun solle, bittet er nicht etwa um ein Almosen, sondern:

Meister, dass ich sehend werde!
Jesus sagte zu ihm: Geh hin, dein Glaube hat dich gerettet.
Und sofort wurde er sehend
und er folgte ihm nach auf dem Weg.

Der blinde Bettler wird also nicht nur körperlich sehend, sein Glaube[62] lässt ihn auch dem Christus nachfolgen und seinen Weg[63] gehen. Er ist also auch von geistiger Blindheit geheilt.

**2. Gesegnet sind, die da leiden; denn sie werden Beistand [des GEISTES] finden.**

In der Luther-Übersetzung heißt es: *Selig sind, die da Leid tragen; denn sie sollen getröstet werden.*
Eine Mutter nimmt ihr Kind in den Arm und trocknet ihm die Tränen, wenn ihm ein Leid geschehen ist. Doch ist das gemeint? Seit wann finden denn auf der Welt alle Leidenden Trost und Beistand?

Wir finden den Schlüssel zu diesem Wort wieder in den Schöpfungstagen. Dort waren am ersten Tag die göttlichen Ideen dem Bewusstsein aufgeleuchtet, am zweiten Tag hatte die Himmelsfeste die göttlichen Ideen von den sterblichen Idolen, Konzeptionen oder Vorstellungen getrennt und jegliche Vermischung ausgeschlossen.

Der voranschreitende Prozess des LEBENS mit seinem Bild von den zum Himmel auffliegenden Vögeln (5. Tag) macht es erforderlich, dass wir uns von falschen oder überholten - wenn auch lieb gewordenen – Vorstellungen lösen. Diese Trennung ist unabdingbar, denn: *Niemand kann zwei Herren dienen.* Und: *Jeder, der gegen den Heiligen GEIST redet, der wird keine Vergebung finden, weder in dieser Zeit noch in der künftigen* (Mt 12, 32; auch bei Lk).
Im »Thomasbuch«[64] heißt es: *Gesegnet seid ihr, die ihr weint und bedrängt werdet von denen, die keine Hoffnung haben, denn man wird euch aus allen Fesseln befreien. Wachet und betet, damit ihr nicht im Fleisch bleibt, sondern damit ihr entkommt aus der Fessel der Bitterkeit des Lebens.*
Das Sich-Losreißen von begrenzten materiellen Vorstellungen, um sich den unendlichen Ideen des GEISTES zuzuwenden, wird als schmerzlich empfunden. Aber der Heilige GEIST ist unser Beistandund verleiht die notwendige Energie und Stärke für unsere notwendige geistige Evolution.
Auch im platonischen Höhlengleichnis wird der Aufstieg zum Licht als schmerzhaft, da unter Zwang, empfunden.

---

[62] Vgl. Exkurs Glaube
[63] Vgl. Kap. 2. 3 Grundlagen des Verständnisses
[64] bei den Nag Hammadi Schriften, vgl. Exkurs Nag Hammadi
144

**3. Gesegnet sind die Gewaltlosen; denn sie werden die Erde zum Erbe erhalten.**

Wo hätte denn je ein Gewaltherrscher seinen entrechteten Untertanen ihren Besitz ohne Gewaltanwendung zurückgegeben? »Erde« bedeutet, wie der 3. Schöpfungstag gezeigt hat, die geistige Ideenschöpfung GOTTES:

Und Elohim nannte das Trockene Erde.     1 Mos 1, 10

Macht euch die Erde untertan!     1 Mos 1, 28

Das Reich des Vaters ist ausgebreitet über die Erde,
doch die Menschen sehen es nicht.     Log 113

Der Ideenhimmel wird nicht durch Gewalt eingenommen. Johannes der Täufer sagte: *Es kann sich der Mensch nichts nehmen, wenn es ihm nicht gegeben ist aus dem Himmel* (Joh 3, 27).
Die Ideenschöpfung wird dem Bewusstsein zuteil, das sich vom Irrtum getrennt hat. Die Beherrschung der geistigen Mathematik wird durch Einsicht und Verständnis geschenkt, niemals durch Gewalt.

**4. Gesegnet sind, die Hunger und Durst haben nach der Gerechtigkeit; denn sie werden gesättigt werden.**

Jeder glaubt an die Gerechtigkeit und, dass er auf diese unveräußerliche, universale Idee Anspruch erheben kann.
Wer allerdings auf irdische Gerechtigkeit hofft, findet diese immer weniger. Denn in Zeiten des propagierten Werterelativismus wird die Vorstellung von universalen göttlichen Gesetzen wie Me, Ma´at oder Dike ins Reich des unaufgeklärten religiösen Aberglaubens verwiesen. Der militärisch Stärkere behauptet das Recht, seine eigenen Wertvorstellungen, Normen und Gesetze festzulegen. Das sei das Naturrecht, sagten schon die griechischen Sophisten.
Der Weise Heraklit hatte gelehrt, dass es nur *einen einzigen und universalen Kosmos* gebe, eine einzige vorgegebene Weltordnung, und er bezeichnete alle, die eine eigene, persönliche Weltordnung durchsetzen wollen, als *Schlafträumer* (B 89).
Der 4. Schöpfungstag spricht von Elohim, der die Fixsterne als Leitsterne ans Firmament setzte, *damit sie die Erde erleuchten.* Fixsterne sind dem menschlichen Zugriff entzogen. Verglichen mit diesen göttlichen Ideen sind menschliche Begriffe, wenn sie davon abweichen, Idole, die zum Untergang verurteilt sind.

**5. Gesegnet sind die Barmherzigen; denn sie werden selbst Barmherzigkeit finden.**

Im Gleichnis vom »barmherzigen Samariter«[65] rettet dieser einem zu Tode Verwundeten das Leben und lässt ihn auf seine Kosten gesund pflegen. Paulus ruft dazu auf, niemals zu verurteilen sondern immer nur zu segnen: jedem alles Gute zusprechen (Röm 12, 14). Wenn Menschenliebe die LIEBE GOTTES widerspiegelt, empfängt sie Gleiches zurück: *Tut Gutes und leiht ohne Gewinnerwartung! Groß wird euer Gewinn sein und ihr werdet Söhne des Höchsten sein* (Lk 6, 35).

**6. Gesegnet sind die Reinen im Herzen; denn sie werden GOTT sehen.**

Aus dem Herzen kommen alle bösen Gedanken hervor:
Mord, Ehebruch, Unzucht, Diebstahl, Falschaussage,
üble Nachrede. Diese Dinge nehmen dem Menschen die Weihe.
Mt 15, 19 f

Meine Lieben, schon jetzt sind wir Kinder GOTTES.
Und doch ist noch nicht voll zum Ausdruck gebracht worden,
was wir sein *werden*. So viel wissen wir aber:
Wenn unsere Identität zu Tage getreten ist,
werden wir ihm gleich sein,
und wir werden ihn so sehen, wie er ist.
Und jeder, der diese Aussichten hat, zu ihm zu gelangen,
der macht sich genau so heilig, so wie GOTT heilig ist.      1 Joh 3, 2 f

Heiligkeit ist ein Synonym von Reinheit:
Wer darf auf des HERRN Berg gehen
und wer darf stehen an seiner heiligen Stätte?
Wer unschuldige Hände hat und reinen Herzens ist.      Ps 24, 4 f

»Herz« steht für Bewusstsein. Es gilt, das Bewusstsein zu reinigen von allen Speicherungen der sterblichen Psyche[66].
Das reine Ideenbewusstsein spiegelt den Schöpfer wider. Nur in diesem Spiegel können wir GOTT erkennen; mit dem sterblichen Auge, dem Werkzeug der Psyche, nicht.

**7. Gesegnet sind, die Frieden schaffen; denn sie werden Kinder GOTTES genannt werden.**

Die Vulgata-Übersetzung[67] zu Lukas 2, 14, die noch heute gern an Weih-

---

[65] Vgl. Kap. 5.4 Feindesliebe
[66] Vgl. Exkurs Psyche
[67] Vgl. Erklärungen: Vulgata

nachten den Gläubigen verlesen wird und im Gloria der katholischen Messe enthalten ist, lässt die Engel des Himmels rufen:
Ehre sei Gott in der Höhe,
und Friede den Menschen auf Erden,
die guten Willens sind.

Stimmt denn diese Botschaft, und haben alle Menschen guten Willens auf der Erde Frieden gefunden? Offensichtlich nicht!
Jesus hat sich in den Evangelien auch ganz anders geäußert:
Glaubt ja nicht, ich sei gekommen,
Frieden auf die Erde zu werfen:
Ich bin nicht gekommen, Friede auf die Erde zu werfen,
sondern das Schwert. Mt 10, 34

Jesus sprach: Die Menschen glauben vielleicht,
ich sei gekommen, Frieden auf die Welt zu werfen.
Sie erkennen nicht, dass ich gekommen bin,
Trennungen auf die Erde zu werfen, Feuer, Schwert und Krieg. ... Log 16

Auch der »Herrenbruder« Jakobus fragt:
Wisst ihr nicht, dass Liebe zur Welt Feindschaft gegen GOTT ist?
Wer sich mit der Welt befreunden will,
der wird zum Feind GOTTES. Jak 4, 4

Er kann eo ipso auch keinen Frieden finden. Tatsächlich hat denn auch die Vulgata falsch übersetzt. Nach dem griechischen Text heißt es in einer anderen Lesart (lectio difficilior):
Die Herrlichkeit gehört GOTT in der Höhe,
und auf der Erde ist bei **den** Menschen Friede,
die vor ihm Wohlgefallen finden. Lk 2, 14

Wer wie Jesus seine Vollendung erreicht hat und zum »Bild und Gleichnis GOTTES« geworden ist, den erkennt GOTT als seinen Sohn, sein Kind, d.h. als seine Schöpfung an:
Und siehe, eine Stimme sprach aus dem Himmel:
Dieser ist mein Sohn, der Sohn meiner LIEBE.
An ihm habe ich Wohlgefallen gefunden. Mt 3, 17

Jesus sagt es ja auch deutlich genug, dass nur die Menschen Frieden finden, die sich wie er zum Kind GOTTES gemacht, das heißt den Christus verwirklicht haben:
Ich hinterlasse euch Frieden, meinen Frieden gebe ich euch;
keinen Frieden, wie ihn die Welt gibt, gebe ich euch. Joh 14, 27

Der Sinn des Lebens ist nach der christlichen Lehre, die Vollkommenheit des Schöpfers anzustreben:

Ihr sollt vollkommen sein,
gleich wie euer himmlischer Vater vollkommen ist.      Mt 5, 48

Nach den Seligpreisungen sind dies also die Stufen zu GOTT:
1. Erwachen aus dem Traum der Sinnenwelt
2. Ablassen von falschen, liebgewordenen Vorstellungen.
3. Einnahme des neuen Standpunktes.
4. Den kybernetischen Regelkreis erkennen.
5. Den geistigen Aufstieg für alle in Anspruch nehmen.
6. Nur noch die göttlichen Ideen im Bewusstsein tragen.
7. Jetzt ist das schöpferische PRINZIP an seiner Schöpfung zum
   Ausdruck gekommen.

### 7.3  Das Gebet des Herrn (Mt 6, 9-13)

Was bedeutet »Gebet«? Ist es eine Bitte, die GOTT vorgetragen wird, eine
Bitte, die seinen Willen zu unseren Gunsten beeinflussen oder verändern
soll? Soll GOTT nach unseren persönlichen Wunsch-vorstellungen die
Welt regieren? Quot capita tot sensus – wie viel Köpfe, so viele
Ansichten, sagten die Römer. Bei all den persönlichen Bitten der
Religionen und der Einzelnen käme GOTT in die bei Horaz geschilderte
Verlegenheit: Belua multorum es capitum, nam quid sequar aut quem? –
du bist ein Untier mit vielen Köpfen; was soll ich befolgen oder wem
willfahren? Käme GOTT den Bitten der Sterblichen nach, es wäre längst
keiner von ihnen mehr am Leben.
Die 4. Vaterunserbitte spricht den Wunsch aus, dass GOTTES Wille auf
der Erde genau so geschehen soll wie im Himmel. Mehr als einmal betet
Jesus: *Nicht mein Wille geschehe, sondern der deine!*

Wie der fünfte und sechste Schöpfungstag ausdrücklich erklären, ist die
Schöpfung vollendet und vom Schöpfer als »sehr gut« befunden
worden; GOTT ist also schon vollkommen in seiner Schöpfung zum
Ausdruck gebracht.
Man muss GOTT nicht belehren oder daran erinnern, dass er für seine
Schöpfung sorgt, denn:
Euer Vater weiß, was ihr braucht, noch bevor ihr ihn darum bittet.
                                                                Mt 6, 8
Wozu also dann beten? Das wahre Gebet ist der aufrichtige Wunsch,
dass es Licht werde, dass im mental-irdischen Bereich zu Bewusstsein
kommen möge, was im Reich des GEISTES schon in aller Vollkommenheit
da ist:
Das Reich des Vaters ist ausgebreitet über die Erde,
doch die Menschen sehen es nicht.      Log 113

Bezeichnend die  aus Unverständnis oftmals falsch übersetzte Stelle bei
Markus, wo Jesus sagt:

Darum sage ich euch: Alles was ihr betet und bittet,
glaubt, dass ihr es empfangen **habt**,
so wird es euch zuteil werden.                    Mk 11, 24

Gebet kann also nur den Wunsch nach Erleuchtung beinhalten, dass uns
die WAHRHEIT bewusst werde.
Wenn Jesus betete, stieg er immer auf **den Berg**, und dieser Berg ist der
Heilige Berg, auf dem GOTT wohnt und wo der Mensch mit dem
Göttlichen in Berührung kommt. Steingewordenes Symbol sind die
ägyptischen Pyramiden und die Zikkurat in Babylon.
Ebenso wie die 7 Schöpfungstage schwingt sich das Gebet des Meisters
mit seinen 7 Bitten über 7 Stufen empor. Es ist nur mit Kenntnis der
Symbolik in den 7 Schöpfungstagen richtig zu verstehen.

**1. Unser Vater, du bist im Himmel.**

»Himmel« ist seit sumerischer Zeit im Alten Orient, ja bis zu den
Pythagoreern ein Synonym für Gott.
Der Himmel ist oben: GOTT ist auf einer höheren Verstehensebene
angesiedelt als die irdischen Begriffe, er transzendiert jedes räumlich-
zeitliche, d.h. materielle Vorstellungsvermögen. Er ist GEIST: unendlich,
unfassbar mit den Sinnen, unvorstellbar, undefinierbar.

Der erste Schöpfungstag beginnt mit der Erklärung, dass GOTT der
Schöpfer des Universums ist, und mit dem göttlichen Befehl, dass es in
der irdisch-mentalen Finsternis licht werden soll.

Bei Matthäus (23, 9) spricht Jesus die Warnung aus: *Nennt niemand euren
Vater auf Erden, denn nur einer ist euer Vater: der himmlische!* Häufig stoßen
wir in den Evangelien auf die Warnung: *Wenn jemand zu mir kommt und
nicht seinen Vater, seine Mutter ... negiert und dazu noch sein eigenes Leben,
dann kann er nicht mein Schüler sein* (Lk 14, 26). Oder: *Wer nicht seinen Vater
negiert und seine Mutter, wird nicht mein Jünger sein können* (Log 55).
Was meint er also mit diesen Worten?

Der am 6. Schöpfungstag geschaffene Mensch ist nicht der sterbliche
Adam, sondern das »Bild und Gleichnis GOTTES«; er ist Bewusstsein der
WAHRHEIT, der Christus.
Wie aber entsteht Bewusstsein? Es entsteht durch Licht, durch
Erleuchtung von oben, durch Erkenntnis der göttlichen Ideen, von denen
jede einen dunklen Punkt im Bewusstsein aufhellt und einen
gegenteiligen Begriff zum Verschwinden bringt.
Bei Thomas sagt Jesus: *Wenn man zu euch sagt "Woher seid ihr
gekommen?", sagt zu ihnen "Wir sind aus dem Licht gekommen, dem Ort, wo
das Licht durch sich selbst geworden ist."... Wenn man zu euch sagt "Wer seid*

ihr?", sagt "Wir sind seine Söhne und wir sind die Auserwählten des lebendigen Vaters." (Log 50)
Der Christus, der Sohn GOTTES, lehrt: *Ich bin das Licht der Welt* (Joh 8, 12). Da *ihr das Licht habt, glaubt an das Licht, damit ihr Söhne des Lichtes werdet!* (Joh 12, 36).

Die Darwinsche Evolutionstheorie zeigt die Entwicklungsgeschichte der Sterblichen, Abbild und Ausdruck der sterblichen Psyche, nicht das »Bild und Gleichnis GOTTES«, dem der Schöpfer das Attribut „vollkommen" zuerteilt. Mensch, das Bewusstsein der WAHRHEIT, wird also von oben gezeugt durch Erleuchtung vom göttlichen Licht. Er muss seine Abstammung von oben herleiten. Das ist die Evolution. Die Psyche kann nicht vergeistigt werden. Sie wird durch Kultur nicht veredelt, sondern lediglich in Schranken gehalten, bis sie wieder ein Schlupfloch gefunden hat.
Mit wem identifizieren wir uns, mit den biologischen Eltern oder mit GOTT, dem Ur-PRINZIP des Seins? Erkennen wir den biologischen Vater an, bekennen wir uns zu dem materiellen Erbe, wie es in den Genen angelegt ist. Jesus rät uns, dieses Erbe auszuschlagen und GOTT, GEIST, als Vater anzuerkennen: *Ich bin ein Kind GOTTES und kann daher unmöglich Krankheit geerbt haben. Alle Zellen meines Körpers sind von der vitalen Energie GOTTES erfüllt* (Grout, 213).

## 2. Dein Name soll geheiligt werden!

Am zweiten Schöpfungstag (GEIST) entsteht die »Himmelsfeste«, die die irdischen Elemente von den göttlichen strikt abtrennt, also aus der Wirklichkeit ausschließt und in den Bereich des »Wahnhaften« verweist. In Psalm 24, 3 f heißt es:
Wer darf auf des HERRN Berg gehen
und wer darf stehen an seiner heiligen Stätte?
Wer unschuldige Hände hat und reinen Herzens ist.[68]

Auf die erste Erklärung, dass GOTT unser Vater ist, folgt die zweite: Keine Vermischung des Göttlichen mit dem Sterblichen! Reinen Herzens sein bedeutet: sich lossagen vom falschen Bewusstsein und ein rein geistiges Bewusstsein haben, wie es der zweite Schöpfungstag empfiehlt. Der Mensch wird nicht aus dem Sterblichen geboren und müsste dann durch »Vergeistigung« zum Göttlichen hin evolvieren oder, wie Paulus es ausdrückt: Man kann nicht über das Sterbliche ein Gewand geistigen Bewusstseins darüber ziehen (2 Kor 5, 1 ff). Der Mensch ist von vornherein nur Kind des GEISTES:
Wenn einer nicht von oben geboren wird,
kann er das Reich GOTTES nicht zu sehen bekommen. ...

---

[68] Luther 84

Was aus Materie entstanden ist, ist Materie,
was aus GEIST entstanden ist, ist GEIST. ...
Keiner hat den Aufstieg in den Himmel geschafft außer dem,
der aus dem Himmel herabgestiegen ist:
die Idee Mensch, die schon im Himmel **ist**.                  Joh 3, 3-13

*Niemand schafft es, zwei Herren zu dienen. Entweder wird er einen ablehnen und den anderen lieben. Oder er wird sich an einen halten und den anderen geringschätzen.* (Mt 6, 24). Wir müssen uns entscheiden, wen wir als Vater anerkennen und ob wir uns in die sterbliche Ahnenreihe einreihen oder nach der christlichen Lehre in die geistig-göttliche.

Lebendig ist der LOGOS GOTTES und wirkungsvoll,
schärfer als jedes zweischneidige Schwert.
Es dringt durch bis zur Teilung von Psyche und GEIST.      Hebr 4, 12

## 3. Dein Reich soll kommen!

Das Reich des Vaters ist ausgebreitet über die Erde,
und doch sehen es die Menschen nicht.                  Log 113

Man muss es so sehen: Das Reich GOTTES ist in euerm Innern.
                                                              Lk 17, 21

Es ist also eine Sache des Bewusstseins. Dass das Reich GOTTES, das göttliche Ideenreich, ewige Allgegenwart ist, muss uns zu Bewusstsein kommen und zur einzigen Wirklichkeit werden:

Macht eure Augen auf und betrachtet die Felder:
Sie sind reif zur Ernte. Schon jetzt erhält seinen Lohn,
wer erntet, und er fährt Frucht ein zum ewigen LEBEN.   Joh 4, 35 f

## 4. Dein Wille soll, wie im Himmel, so auch auf der Erde geschehen!

Was ist Himmel? Himmel ist im Alten Orient immer ein Pluralbegriff. Himmel meint die Harmonie des göttlichen Ideenreiches und das Gesetz der Kybernetik[69], das im Bewusstsein expandierende Ideenuniversum.

Der vierte Schöpfungstag zeigte das universale Regelsystem des Kosmos: Die Lichter an der Himmelsfeste geben die Tage, die Monate, die Jahreszeiten und Jahre vor. In den Schöpfungstagen heißt es: *Und Elohim stellte sie an die Feste der Himmel, um die Erde zu erleuchten* (1 Mos 1, 17). Dieses himmlische Regelsystem mit seinen metaphysischen Konstanten, den göttlichen Ideen, soll also auch im irdischen Bereich das Wertesystem bilden, weil die göttlichen Gesetze universale Geltung haben.

---

[69] Vgl. Exkurs Kybernetischer Regelkreis

Jesus forderte dazu auf:
Suchet vorrangig nach dem Reich GOTTES und seinem
Gesetzessystem, und alles andere wird euch zufallen.    Mt 6, 33

Jeder, der falsch handelt, verstößt gegen das göttliche Regelsystem;
und gegen die göttlichen Regeln zu verstoßen, das ist Sünde.
Ihr wisst, dass GOTT sich offenbart hat,
um unsere Abweichungen zu korrigieren.
In ihm ist keinerlei Abweichung möglich.
Jeder, der sich an GOTT hält, macht keine Fehler.
Jeder, der Fehler macht, tut dies nur,
weil er ihn nicht gesehen und ihn nicht verstanden hat.    1 Joh 3, 4 ff

Im Johannes-Evangelium lehrt der Christus, wie in dem großen System
der Hierarchie alles mit dem PRINZIP in Harmonie und Einklang steht:
*Mein Vater ist bis heute am Wirken, und ich wirke auch. ... Wahrlich, ich sage*
*euch: Der Sohn ist nicht in der Lage, irgend etwas von sich aus zu tun, wenn er*
*nicht sieht, wie der Vater etwas tut; denn was immer jener tut, das tut der Sohn*
*in gleicher Weise* (Joh 5, 17 ff).

Wie es im irdischen Bereich keinen Sinn macht und auch nicht verborgen
bleiben kann, wenn man bei Berechnungen gegen mathematische
Gesetze verstößt, so führt auch der Verstoß gegen die universalen
göttlichen Gesetze bei der Lebensrechnung ins Nichts. Solchen
Menschen ergeht es wie Kain, von dem es heißt: Er ging *hinweg aus dem*
*Angesicht des Herrn und wohnte im Land Nod* (1 Mos 4, 16). Nod aber
bedeutet: Land der Ruhelosigkeit, des Elends: ein Leben in der Fremde,
der Gottesferne.

## 5. Unser tägliches Brot gib uns heute!

Sind wir aufgefordert, den Schöpfer zu bitten, dass er sich seiner
Pflichten als Vater und Ernährer erinnert? Wohl kaum, denn derselbe
Matthäus, der uns das Vaterunser überliefert, lässt Jesus an anderer
Stelle sagen:
Ihr sollt euch also nicht Sorgen machen und sagen:
Was sollen wir essen und trinken, was anziehen?
Um all das kümmern sich die Heiden.
Denn euer himmlischer Vater weiß, dass ihr all dies braucht.
Suchet vorrangig nach dem göttlichen Ideenreich
und seinen Gesetzen,
und all das wird euch zugeteilt werden.    Mt 6, 31 ff

Der fünfte Schöpfungstag steht unter dem Synonym LEBEN. Seine
Symbole sind die »Fische« für unendliche Vermehrung und die »Vögel«
für das Auffliegen zum Reich GOTTES, dem Ideenreich. *Wachset und*

*mehret euch* ist der Aufruf zu vermehrtem geistigem Wachstum. Das Aufnehmen der Ideen GOTTES führt zu geistigem Wachstum.

Daher sagt der Christus, das »Bild und Gleichnis GOTTES« oder die göttliche »Idee Mensch«, bei Johannes mehrmals von sich: *Ich bin das Brot des LEBENS*:

> Mein Vater gibt euch das Brot aus dem Himmel,
> und zwar das wahre.
> Denn es ist das Brot GOTTES,
> das heruntersteigt aus dem Himmel
> und der Welt das LEBEN gibt. Joh 6, 32 f

Christus, das ist die Idee, das Offenbarwerden GOTTES. Diese Christus-Idee ist die Nahrung für das menschliche Bewusstsein, das täglich wachsen soll. *Das Göttliche ist das Schöne, Weise und Gute und alles, was diese Qualitäten hat. Davon nährt sich und wächst das Gefieder der Seele am meisten* (Platon, Phaidros 246).

Natürlich müssen wir essen und trinken. Wir sollen nur eben dieses biologische Leben nicht für das LEBEN an sich halten, sondern für eine vorübergehende Übergangsstufe zu weiterer Transzendenz.

**6. Erlass uns unsere Schuld so,**
**wie auch wir sie unseren Schuldnern erlassen haben!**

Jesus begann sein öffentliches Lehren mit dem Aufruf zum Umdenken: Das Reich GOTTES ist nicht irgendwo im Himmel, es ist mit dem Christus-Verständnis allgegenwärtig.

Lukas lässt den Christus zu Beginn seines Wirkens das »Gnadenjahr des HERRN« ausrufen, also den allgemeinen Schulderlass. So sagt er zu einem Gelähmten, den er heilt: *Deine Sünden sind dir erlassen* (Lk 5, 20). Die anwesenden jüdischen Schriftgelehrten, dem alten Paradigma verhaftet, meinten dazu, dass doch nur GOTT allein vergeben könne.

Hatte schon die Verkündung des Gnadenjahres unter der Orthodoxie allgemeine Empörung hervorgerufen, so korrigiert Jesus auch hier die alte jüdische Vorstellung von Sündenschuld. Und er führt dies noch an anderer Stelle weiter aus:

> Wenn ihr den Menschen ihre Fehler verziehen **habt**,
> wird euer himmlischer Vater auch euch verzeihen.
> Wenn ihr aber den Menschen nicht verziehen habt,
> dann wird euer Vater auch euch eure Fehler nicht verzeihen. ,
> Mt 6, 14 f

Ja, er wird noch deutlicher, als er dem Schüler, der den Christus erkannt hat, verheißt:

> Ich werde dir die Schlüssel zum Himmel geben:
> Was immer du gebunden hast auf der Erde,
> wird im Himmel gebunden sein.

Und was immer du losgebunden hast auf der Erde,
wird im Himmel losgebunden sein.               Mt 16, 19

GOTT kann die Sünde nicht kennen. Es sind einzig die Sterblichen, die
sich gegenseitig in Schuldhaft nehmen. Die Sterblichen haben den
Schlüssel in der Hand. Mit demselben Schlüssel, mit dem sie andere in
den Schuldturm schließen, können sie das Gefängnis auch wieder
aufsperren. Wer nachtragend ist, hat ja selbst solange an der Last, die er
dem anderen aufgebürdet hat, mit zu schleppen, bis er vergeben hat.

Worin liegt nun die Parallele zu den Schöpfungstagen?
Am sechsten Schöpfungstag offenbart sich GOTT unter dem Symbol
»Mensch« als Bewusstsein seiner selbst. In der sechsten Seligpreisung
heißt es: *Selig die Reinen im Herzen; denn sie werden GOTT sehen.* Es gilt
also, aufzuräumen im Bewusstsein, reinen Tisch machen. Mit GOTT *sehen*
ist gemeint: Seine Reinheit im Bewusstsein widerspiegeln. In GOTT findet
sich aber kein Bewusstsein von Sünde oder Schuld.

## 7. Führe uns in der Versuchung und erlöse uns vom Bösen!

Der griechische Text bei Matthäus erzwingt eigentlich die Übersetzung:
*Und führe uns nicht in Versuchung.* Warum darf man diese Änderung
vornehmen?
Schalom Ben Chorin erklärt zu dieser schwierigen Stelle: *Das „Und führe
uns nicht in Versuchung" kommt fast wörtlich genau im täglichen Morgen-
gebet der Synagoge vor (Welo lijdej Nissajon)* (Ben Chorin, Jesus 96).
Jesus hat sein Gebet sicher in aramäischer Sprache gegeben, nicht in
griechischer. Wir können mit großer Sicherheit annehmen, dass dem
judenchristlichen Übersetzer dieser Stelle der altvertraute Synagogentext
im Kopf war, so vertraut, dass er nicht bemerkte, dass dieser Wortlaut
die Lehre von Jesus nicht richtig wiedergeben konnte.
Lamsa, der eine Bibelübersetzung aus einem alten aramäischen Text
angefertigt hat, schreibt: *Aramäisch lautet der Text wörtlich: 'Lass uns nicht
in Versuchung fallen'* (Lamsa, Evangelien 94).

Im ersten Buch Mose 22, 1 versucht Gott tatsächlich den Abraham um zu
prüfen, ob er auch gehorsam ist, wenn er ihm die Opferung seines
einzigen und langersehnten Sohnes befiehlt. Aber die Christus-Lehre
widerspricht auch hierin dem alten Paradigma. Der Bruder von Jesus,
Jakobus, war erst spät zur neuen Lehre gekommen. Aus seiner Feder
stammt der Jakobusbrief. Darin korrigiert der »Herrenbruder« ausdrücklich die Vorstellung, dass GOTT einen Menschen in Versuchung
führen könne:
       Keiner soll in der Versuchung sagen:
       Von GOTT werde ich versucht,
       denn GOTT ist nicht versuchbar zum Bösen,

und er selbst versucht niemanden.
Jeder, der versucht wird, wird es,
weil er sich von seiner eigenen Begierde
fortreißen und ködern lässt. Jak 1, 13 f

Auf dieser 7. Stufe wird die Erlösung verheißen: Die Verheißung des Johannesbriefes ist offenbar geworden: *Seht doch die Größe der* LIEBE, *die uns der Vater erwiesen hat: Wir wurden »Kinder* GOTTES« *genannt, und wir sind es auch* (1 Joh 3, 1).

✳

Diesen 7 Bitten schließt sich die Feststellung an:

**Denn dein ist das Reich und die Kraft und die Herrlichkeit in Ewigkeit.**

Der 7-stufige Turm, die Himmelstreppe hinauf zu GOTT, steht auf dem quadratischen Viereck, das nach den 4 Himmelsrichtungen ausgerichtet ist. [70]

**Denn dein ist das Reich** - nur deine Ideen sind wahr -

**und die Kraft** - und sie haben durchschlagende Kraft –

**und die Herrlichkeit** - sie offenbaren sich als allein seiend -

**in Ewigkeit** - Schritt um Schritt im ewigen kybernetischen Prozess.

## 7.4 Die Feindesliebe

Der erste Johannesbrief spricht von der Bruderliebe als einem alten Gebot. Die christliche Lehre erweitert dieses alte Gebot durch ein neues (1 Joh 2, 8), nämlich durch das Gebot der Feindesliebe. Damit wird das Liebesgebot universal und auf alle Menschen ausgedehnt. Dieses „neue Gebot" entspricht dem neuen Gottesbild: *Geliebte, lasst uns einander lieben, denn die* LIEBE *ist aus* GOTT, *und wer liebt, der ist aus* GOTT *geboren und kennt ihn. Wer nicht liebt, der kennt* GOTT *nicht; denn* GOTT *ist* LIEBE (1 Joh 4, 7 f).

Bei Lukas sagt Jesus: *Aber euch, die ihr mir zuhört, sage ich: Liebet eure Feinde, handelt gut an denen, die euch hassen; segnet die, die euch verfluchen; betet für die, die euch beleidigen! ... Liebt vielmehr eure Feinde, tut Gutes und leiht ohne Gewinnerwartung! Groß wird euer Gewinn sein und ihr werdet*

---

[70] Vgl. Exkurs Kybernetischer Regelkreis

*Söhne des Höchsten sein; denn er ist gut den Undankbaren und Bösen gegen-über* (Lk 6, 27 f und 35).

Bei Johannes, Lukas und Matthäus (Mt 5, 45) ist gerade in diesem Zusammenhang betont von den Kindern GOTTES die Rede. Zum Kind GOTTES, zu seinem Bild und Gleichnis, zu seinem Ausdruck also zu werden ist in der siebten Seligpreisung das Ziel des Lebenslaufs. Der vollkommene Mensch wird GOTT als LIEBE widerspiegeln (Mt 5, 48), denn GOTT ist die absolute und primäre LIEBE (1 Joh 4, 19).

Bei Matthäus, dessen Evangelium sich an die Juden richtet, betont Jesus die Neuheit des Gebotes der Feindesliebe besonders deutlich:
Ihr habt gehört, dass gesagt worden ist:
Du sollst deinen Nächsten lieben, deinen Feind aber hassen.
Aber ich sage euch: Liebt eure Feinde,
segnet die, die euch verfluchen,
tut Gutes denen, die euch hassen
und betet für die, die euch verfolgen,
damit ihr Söhne eures Vaters im Himmel werdet.
Denn der lässt seine Sonne aufgehen über Böse und Gute
und spendet Regen für Gerechte wie Ungerechte.          Mt 5, 43 ff

Sonne und Regen sind Voraussetzung für alles Wachstum, GOTT gibt gerade auch den Bösen und Ungerechten die Möglichkeit, über ihren gegenwärtigen Zustand hinauszuwachsen.

Nun wird immer wieder darauf hingewiesen, dass sich zwar das Gebot der Nächstenliebe im Alten Testament sehr wohl findet, *deinen Feind aber hassen* sich nirgendwo fände.
Die Theologie meint, die Lösung gefunden zu haben: *In Wirklichkeit hat Jesus sich gegen Hassworte aus Qumran gewandt. ... Bis zu den Funden von Qumran war man ratlos bezüglich dieses Wortes der Bergpredigt. Da im Alten Testament zwar steht, dass man seinen Nächsten lieben soll (3 Mos 19, 18), aber nirgends steht, dass man seinen Feind hassen soll, blieb unklar, wo solcher Feindeshass „gesagt ist" und wo die Juden ihn „gehört" haben könnten. Seit den Funden von Qumran ist es deutlich, wen Jesus meint: Der Hass der Feinde ist ein Grundbekenntnis der Qumran-Gemeinde* (Heinemann, Nein 313).

Dem ist aber nicht so. Yizhar Hirschfeld hat inzwischen alle Spekulationen über ein Essener-Kloster in Qumran mit dem Spaten des Archäologen zum Einsturz gebracht. Er hat nachgewiesen, dass es sich bei Khirbet Qumran (= die graue Ruine) keineswegs um ein Kloster der Essener gehandelt hat. Qumran war ein befestigtes Landgut. *Der Gutsbesitzer (dominus) war wohl ein Angehöriger der herodianischen Elite, der eng mit dem König verbunden war* (Hirschfeld, Qumran 308). Aller Wahrscheinlichkeit nach wurden zu Beginn des Jüdischen Aufstands gegen

die Römer (66 nach) von den Sadduzäern ihre heiligen Schriften aus verschiedenen Bibliotheken in Jerusalem auf dieses Landgut geschafft und von da in den nahen Höhlen in Sicherheit gebracht.
In diesen Jerusalemer Schriftrollen findet sich allerdings der Hass gegen die Feinde, Stellen, die keineswegs allegorisch zu deuten sind:

> ...
> Wie Er es befohlen durch Mose
> und all Seine Knechte, die Propheten.
> Alles zu lieben, was Er erwählt
> und alles zu hassen, was Er verworfen. ...
> Alle Söhne des Lichtes zu lieben
> jeden nach seinem Los, in Gottes Gemeinde
> und alle Finsternissöhne zu hassen,
> jeden nach seiner Verschuldung, in Gottes Rache.

An anderer Stelle:

> Und die Leviten verfluchen alle Männer des Loses Belials
> und heben an und sprechen:
> Verflucht seist du
> in allen Freveltaten deiner Verschuldung!
> Gott gebe dir Schrecken
> durch alle, die Rache ausüben,
> und verordne dir die Vernichtung
> durch alle, die Vergeltung heimzahlen. ...
> Gott sei dir nicht gnädig, wenn du ihn anrufst
> und Er vergebe dir nicht, dein Vergehen zu entsühnen.
> Er erhebe seines Zornes Antlitz zur Rache an dir
> und kein Friede sei dir
> im Munde aller Fürsprecher. ...          Maier, Qumran 143 ff

In der »Kriegsrolle« ist vom endzeitlichen heiligen Krieg der Erwählten gegen die Heiden und Abtrünnigen die Rede, zu ihnen zählen auch die Christen. Darin werden die Griechen, Römer, Abtrünnigen und Heiden als »Kittäer« bezeichnet. In dieser Rolle heißt es unter anderen Verwünschungen:

> Auf die Verfolgungstrompeten soll man schreiben:
> Gott hat alle Söhne der Finsternis geschlagen,
> Sein Zorn lässt nicht ab bis zu ihrer Vernichtung.          s.o. 249

Generell droht der Gott des Alten Testamentes denen Rache bis ins vierte Geschlecht an, die ihn hassen, barmherzig ist er nur denen gegenüber, die ihn lieben und seine Gebote halten (2 Mos 20, 5 f). Das aber können nur die Juden sein. Das moralische Verhalten des Menschen orientiert sich immer an seinem Gottesbild.

Jesus hat also mit seinem Aufruf: *Aber euch, die ihr mir zuhört, sage ich: Liebet eure Feinde, handelt gut an denen, die euch hassen; segnet die, die euch verfluchen; betet für die, die euch beleidigen! ... Seid barmherzig, genau wie euer Vater barmherzig ist. Richtet nicht, so werdet ihr nicht gerichtet, verdammt nicht, so werdet ihr nicht verdammt, vergebt, und ihr werdet Vergebung finden* (Lk 6, 27 ff) weder ins Blaue geredet, noch die Überzeugung einer kleinen Sekte gemeint. Er hat vielmehr den Nerv seiner Zuhörer getroffen.

### Die Neudefinition der Nächstenliebe

Wenden wir uns der Nächstenliebe zu. Im Streitgespräch lässt Jesus einen Schriftgelehrten aus der Tora zitieren (5 Mos 6, 5 und 3 Mos 19, 18): *Du sollst den HERRN deinen Gott lieben aus ganzem Herzen, aus ganzer Seele nach allen deinen Kräften und mit ganzer Überzeugung und deinen Nächsten wie dich selbst* (Lk 10, 27).

Der Schriftgelehrte, der ahnt, dass Jesus den »Nächsten« neu und ganz anders definiert, fragt zurück: *Wer ist denn mein Nächster?* Und Jesus gibt das Gleichnis, das wir unter der Bezeichnung »Der barmherzige Samariter« kennen:

Ein Mensch stieg von Jerusalem aus hinab nach Jericho
und fiel Räubern in die Hände.
Die zogen ihn aus, schlugen ihn, ließen ihn halbtot liegen
und gingen dann weg.
Zufällig stieg ein Priester auf jenem Weg hinab.
Und obwohl er ihn sah, wandte er sich ab und ging vorbei.
Ebenso kam auch ein Levit zu derselben Stelle hinab.
Und obwohl er ihn sah, wandte er sich ab und ging vorbei.
Ein Mann aus Samaria, der auf Reisen war,
stieß ebenfalls auf ihn.
Als er ihn sah, erfasste ihn Mitleid.
Er ging hin und verband seine Verletzungen,
wobei er Öl und Wein darauf goss.
Dann ließ er ihn auf sein eigenes Reittier sitzen,
brachte ihn in ein Hospital und kümmerte sich um ihn.
Am folgenden Tag nahm er zwei Dinare heraus,
gab sie dem Wirt und sprach: Kümmere dich um ihn,
und was du dazu noch an Ausgaben hast,
werde ich dir auf meiner Rückreise erstatten.
Wer von diesen dreien scheint dir für den,
der unter die Räuber gefallen war, der Nächste geworden zu sein?
Der aber sprach: Der, der Barmherzigkeit an ihm getan hat.
Jesus aber sagte zu ihm: Geh hin und mache es ebenso!

Lk 10, 30-37

Der von Räubern Überfallene wird keinem Volksstamm zugeordnet. Er ist einfach »Mensch«. Er ist schwer verwundet und halb tot. Am Tatort kommen zunächst ein Priester, später noch ein Levit vorbei. Beide nehmen die Not des zu Tode Verwundeten wahr, doch sie wenden sich ab und gehen weiter, ohne zu helfen. *Priester und Levit, Funktionäre des Jerusalemer Tempeldienstes und als Kultbeamte besonders berufene Repräsentanten jüdischer Gesetzesobservanz, scheinen förmlich dazu prädestiniert, die Funktion von Rettern zu übernehmen. Dass sie einen in Todesnot geratenen Glaubensgenossen, der auf den Beistand anderer dringend angewiesen ist, versorgen, sollte sich von selbst verstehen* (Harnisch, Gleichniserzählungen 274). Warum diese beiden prominenten Juden nicht halfen, wird nicht beantwortet. Wenn sie den Verwundeten als Juden erkannten, hätten sie Hilfe leisten müssen. Wahrscheinlich erkannten sie ihn nicht als solchen. *Bezüglich Nichtjuden gilt das grundlegende talmudische Prinzip, dass ihr Leben* **nicht** *gerettet werden* **muss***, wenngleich es auch verboten ist, sie auf der Stelle zu ermorden. Der Talmud selbst drückt dies in dem Grundsatz aus: „Nichtjuden sind weder [aus einem Brunnen] herauszuziehen noch [in ihn] hineinzustoßen." Maimonides erklärt: Bei Nichtjuden, mit denen wir uns nicht im Krieg befinden ...muss ihr Tod nicht herbeigeführt werden, es ist aber verboten, sie zu retten, wenn sie dem Tode nahe sind; falls man z.B. einen von ihnen ins Meer fallen sieht, sollte er nicht gerettet werden, denn es steht geschrieben: Noch sollst du wider das Blut deines Nächsten stehen* (3 Mos 19, 16) *– aber (ein Nichtjude) ist nicht dein Nächster* (Shahak, Geschichte 147).

Dem »Mann aus Samaria« und seinem barmherzigen Handeln ist der größte Teil der Gleichniserzählung gewidmet. Hierzu muss man wissen, dass die Juden mit ihren Glaubensgenossen aus Samaria nichts zu tun haben wollten (Joh 4, 9). *Als Angehöriger eines Mischvolkes, das sich dem Einflussbereich des Jerusalemer Tempels entzogen und einen eigenen, die Jahweüberlieferung restriktiv handhabenden Kult auf dem Berg Garizim installiert hat, gilt der Samaritaner aus jüdischer Sicht als Apostat. ... Man zeiht sie vor allem des Makels der Unreinheit, diskreditiert sie als ‚Unvolk´, behandelt sie de facto als eine den Heiden gleichgestellte Gruppierung* (Harnisch, Gleichniserzählungen 276).

Es muss auf die Zuhörer geradezu skandalös gewirkt haben, dass ausgerechnet ein Mann aus dem verhassten Samaria die von Priester und Levit verweigerte Hilfe leistete, und das für einen Menschen, den er doch eigentlich für seinen Feind halten musste. Der vorbildliche Samaritaner fragte nicht nach Freund oder Feind. Er sah in dem Verletzten den Menschen, der seine Hilfe unmittelbar brauchte und definierte ihn als seinen Nächsten. Ihm ließ er alle erdenkliche Hilfe, soweit es in seinem Vermögen stand, angedeihen. Daher ist seiner Nächstenliebe so viel Raum gewidmet.

GOTT ist ausnahmslose LIEBE, rückhaltloser Geber, Allbarmherzigkeit. Er vergibt und stößt keinen in Verdammnis. Gerade beim Gebot der Feindesliebe heißt es:

Auf dass ihr Söhne eures Vaters im Himmel werdet.
Denn der lässt seine Sonne aufgehen über Böse und Gute
und spendet Regen für Gerechte wie Ungerechte.  ... Mt 5, 45

Auch „Böse" und „Ungerechte" sind nur Schlafende, bei denen der Same des Wortes GOTTES (Lk 8, 12) noch nicht aufgegangen ist, in denen aber dieser Same aufgehen kann nach dem nächsten Regen und Sonnenaufgang.

Ihr sollt also vollkommen sein,
wie euer himmlischer Vater vollkommen ist. Mt 5, 48

*Was immer der Vater tut, das tut der Sohn in gleicher Weise* (Joh 5, 19). GOTT kennt nur einen Befehl: Es werde! Er ist das schöpferische PRINZIP der geistigen Evolution, ein PRINZIP des Guten, das kein destruktives Element in sich enthält. Das wahre Bild und Gleichnis GOTTES handelt wie GOTT.
Das ist die auffordernde Botschaft des christlichen Evangeliums.

### Der „Hass" in der Christlichen Bibel

Bei Lukas sagt Jesus:
Wenn jemand zu mir kommt und nicht seinen Vater,
seine Mutter, seine Frau, seine Kinder,
Brüder und Schwestern hasst
und dazu noch sein eigenes Leben,
dann kann er nicht mein Schüler sein. Lk 14, 26

Starke Worte fürwahr! Fallen denn die Ehefrau, die Eltern und Geschwister nicht unter die Nächstenliebe? Kann auch jemand, der sich selbst hasst, einen anderen lieben?
Als ein Schriftgelehrter aus der Thora zitiert: *Du sollst den HERRN deinen Gott lieben ... und deinen Nächsten wie dich selbst*, stimmt ihm Jesus zu: *Du hast richtig geantwortet. Handle entsprechend und du wirst leben* (Lk 10, 28).
Demnach kann einer, der sich selbst verleugnet oder gar hasst, seinen Nächsten nicht lieben.
Wenn wir uns erinnern, dass das griechische Wort misein ähnlich wie das lateinische odisse weniger hassen, sondern eher »ablehnen, von sich weisen« bedeutet, kommen wir dem Bedeutungsinhalt wesentlich näher.
Da sagt Jesus der Christus bei Johannes:
Wer sein Leben liebt, richtet es zugrunde.
Und wer sein Leben in dieser Welt hasst,
[wer die Vorstellung von einem Leben in und von der Materie ablehnt]
der wird es ins ewige LEBEN hinüberretten. Joh 12, 25

Oder bei Matthäus:

... Wenn jemand mir nachfolgen will, soll er sich selbst [sein Ego] verneinen, sein Kreuz aufrichten und meinen Weg gehen.
Mt 16, 24

Statt Selbstverneinung oder Selbstverleugnung sagen wir heute Selbsttranszendenz: Die Vorstellung von einem materiellen Ego, das die persönliche Psyche schafft und das vergänglich ist, muss aufgegeben werden samt den sterblichen elterlichen Erbanlagen, wie sie in den Genen verankert sind, damit Raum entsteht für das neue Paradigma, das Bewusstsein von der Gotteskindschaft, die das ewige LEBEN verleiht.

„Das Kreuz aufrichten" meint: Das Christus-Paradigma aufrichten, die Gotteskindschaft für sich und den Nächsten beanspruchen. Diese wahre Gotteskindschaft kennt nur den *Vater im Himmel*. Sie kennt auch nur eine Verwandtschaft: *Wer nach dem Willen meines Vaters im Himmel handelt, der ist für mich Bruder, Schwester und Mutter* (Mt 12, 50).

Die verheißene Gotteskindschaft für sich und den Nächsten beanspruchen, das ist die christliche Nächstenliebe.


**Kapitel 8**

# Kein Tod am Kreuz?

In seinem 2019 erschienen Buch *Kein Tod auf Golgatha* kommt der Historiker J. Fried zu der Feststellung: *Jesus lebte weiter; man konnte ihm leiblich begegnen. Er starb nicht am Kreuz* (Fried, Tod 41). Er stützt sich dabei hauptsächlich auf den Bericht im Johannes-Evangelium und zieht medizinische Sachverständige sowie Unfallchirurgen hinzu.

Nehmen wir also den Bericht des Johannes-Evangeliums und begeben uns auf Spurensicherung. Johannes war ja der einzige Jünger, der zusammen mit der Mutter Jesu am Kreuz stand; er war Augenzeuge (Joh 19, 26). Und er versichert, dass er das Geschehen wahrheitsgemäß wiedergibt, wie er es erlebt hat (19, 35). Wir wollen dabei auf Indizien achten, die für ein Überleben des Gekreuzigten sprechen könnten.

Zunächst einmal: Wie spielte sich eine solche Hinrichtung am Kreuz ab: *Bei der Kreuzigung band oder nagelte man die Hände und Füße an einen Pfahl mit Querholz. Im römischen Strafvollzug wurde der Verurteilte erst gegeißelt und musste dann das Kreuz zur Hinrichtungsstätte außerhalb der Stadt tragen. Gewöhnlich wird es sich dabei nur um den Querbalken gehandelt haben, an dem der Verurteilte dann auf ebener Erde nackt angenagelt und an dem gut 3 m hohen Pfahl, der auf dem Strafplatz stand, hochgezogen wurde. Darauf trieb man einen langen Nagel durch die übereinander gelegten Füße. Die Kleider des Gekreuzigten fielen dem Hinrichtungskommando zu. Aus Barmherzigkeit reichte man ihm vor der Kreuzigung einen Betäubungstrank. Über ihm wurde am Kreuz eine Tafel mit der Urteilsbegründung angebracht.*

*Das Sterben konnte einige Tage dauern, besonders wenn der Gekreuzigte nur angebunden war oder der Pfahl einen hervorstehenden Pflock besaß, auf dem die Last des Körpers ruhte. Bei der Annagelung wurden die Nägel zwischen den Knochen der Handgelenke hindurchgetrieben und verursachten unerträgliche Schmerzen der verletzten Nerven. Den Aufgehängten quälten furchtbarer Durst und rasende Kopfschmerzen, heftiges Fieber und Angstzustände. Die Hängelage verursachte Atemnot, und der Verurteilte konnte dem Erstickungstod nur entgehen, indem er sich, gestützt auf den Nagel durch die Füße, vorübergehend aufrichtete. In abwechselndem Senken und Heben des Körpers, in Atemnot und Atemschöpfen, vollzog sich der Todeskampf, in dessen Verlauf es zu Flüssigkeitsansammlungen in Brust und Bauchhöhle kam. Manchmal führte man den Tod durch Zerschlagen der Schenkelknochen herbei, um die Qual abzukürzen* (LzB 943).

Johannes berichtet, dass Jesus gerufen habe: *Ich habe Durst. Nun stand da ein Gefäß voll Essig. Sie füllten nun einen Schwamm mit dem Essig, steckten ihn an einen Ysopstab und hielten ihn an seinen Mund* (19, 29).
Wer sind die „sie"? Nur bei Lukas ist es einer der Soldaten. Bei Markus war es einer „der Herumstehenden (15, 34), ebenso bei Matthäus (27, 47). Bei dem „Essig" handelte es sich um billigen Wein, der gewonnen wurde, indem man die ausgepressten Traubenschalen samt Rappen (Trester) noch einmal mit Wasser aufgoss und abpresste. Diesen „Wein" erhielten die Soldaten, die ihn Essig nannten.
*Als Jesus den Essig genommen hatte, sagte er: Es ist vollendet. Er ließ seinen Kopf sinken und gab den Geist/Atem[71] auf* (19,30). Jesus hat demnach unmittelbar nach der Einnahme dieses Essigs den Geist/die Atmung aufgegeben.
Die Befürworter der These, dass Jesus mit Hilfe einflussreicher Anhänger gerettet worden sei, vermuten, dass dieser Schwamm ein Betäubungsmittel, etwa Schlafmohn, enthalten haben könnte. Eine weitere Möglichkeit wäre, dass Jesus durch die Atemnot ohnmächtig wurde.
*Einer der Soldaten stach ihn mit dem Speer in die Seite und sofort trat Blut und Wasser aus* (19, 34). Dieser Lanzenstich ging nicht ins Herz, sondern ging – von Malern richtig abgebildet - in den rechten Bauchbereich unter der Lunge. *Der Stich in die Seite, in die »Pleura« ließ das Wasser-Blut-Sekret abfließen; er wirkte wie eine Entlastungsfunktion und linderte die Atemnot. Die verzögerte Sauerstoffzufuhr im Hirn sorgte zwar für eine noch anhaltende Ohnmacht und ließ Jesus noch tot erscheinen; aber eine flache, kaum wahrnehmbare Atmung (vielleicht nur mit einem Lungenflügel) war nicht verwehrt; das ist der klare Befund heutiger Pathologen mit Erfahrung in der Behandlung eines hämorrhagischen Pleuraergusses* (Fried, Tod 37 f).

Nach diesem Lanzenstich mussten die Retter schnell handeln: *Danach aber bat Josef von Arimathäa – er war ein Schüler von Jesus, hielt dies aber*

---

[71] Das griechische Wort pneuma hat die Bedeutungen: Hauch, Atem; Leben, Seele, Geist

*verborgen aus Furcht vor den Juden - den Pilatus, dass er den Leib von Jesus abnehmen dürfe. Pilatus gestattete es ihm. Er ging also hin und nahm den Leib von Jesus ab. Es kam aber auch Nikodemus hinzu, der vorher bei Nacht zu ihm gekommen war, und brachte Myrrhe und Aloe mit, etwa hundert Pfund. Sie nahmen also den Leib von Jesus und wickelten ihn in Leinentücher mit wohlriechenden Stoffen, wie es bei den Juden beim Begräbnis Sitte ist. Es war aber in der Nähe, wo er gekreuzigt wurde, ein Garten und in dem Garten eine neue Grabstätte, in die noch niemand gelegt worden war. Weil die Grabstätte nahe war, legten sie Jesus dort hinein wegen des Rüsttages der Juden* (Joh 19, 38-42).

Dies alles sieht nach einem wohlvorbereiteten Plan aus. Da am folgenden Tag Sabbat war, mussten die Leichen zuvor abgenommen werden. Bei Jesus war natürlich besondere Eile geboten. Josef von Arimathäa und Nikodemus, beide im Hohen Rat und insgeheim Anhänger der von Jesus verkündeten neuen Lehre, arbeiteten zusammen. Da Josef mit Pilatus auf gutem Fuße stand (Petrus-Evangelium), überließ ihm Pilatus den Leichnam trotz der Eile, über die sich Pilatus wunderte: *Pilatus aber war erstaunt - ob er denn schon tot sei? Er ließ den Zenturio kommen und fragte, ob er schon lange gestorben sei. Nachdem er es vom Zenturio bestätigt fand, überließ er Josef den Leichnam* (Mk 15, 44). Und zusammen mit Nikodemus brachten sie ihn in das von Josef für sich angelegte Felsengrab in unmittelbarer Nähe.

Einen Leichnam zu reinigen und zusammen mit wohlriechenden Ölen in Grabtücher zu hüllen, entsprach jüdischem Brauch. Bei Jesus jedoch begegnen wir Auffälligkeiten: Er wurde nicht in Grabtücher gehüllt. Bei der Erweckung des Lazarus spricht der Evangelist von »keiriai«, von Grabtüchern also, in die die Leiche des Lazarus wie mit Binden eingepackt war (Joh 11, 44). Jesus aber wurde nach Aussage desselben Evangelisten in »othonia« gehüllt. Dies sind Leinentücher, wie sie für Betten üblich waren (Joh 19, 40). Bei Matthäus (27, 59), Markus (15, 46) und Lukas (23, 53) ist dieses Tuch sogar aus »Sidon«, feinstem indischen Leinen.

Nikodemus bringt Myrrhe gemischt mit Aloe *etwa hundert Pfund*, dies sind 32 kg. So viel schrieb für einen Toten keine jüdische Sitte vor. Da Myrrhe auch als Arzneimittel geschätzt war, war hier wohl eher an eine Wundversorgung gedacht. Als Jesus wieder bei Bewusstsein war, konnte sich der große Heiler natürlich selbst helfen.

Bereits am Sonntag, am dritten Tag nach der Kreuzigung findet Maria von Magdala den Stein vor der Grabhöhle weggewälzt und das Grab verlassen. Auch Petrus und andere Jünger kamen und sahen nur noch die Leintücher: *Sie wussten noch nicht (die Schrift)*[72], *dass er von den Toten auferstehen musste. Da gingen seine Jünger wieder heim* (Joh 20, 9 f). Von einer

---

[72] Spätere Einfügung, die sich nicht in allen Schriften findet.

Auferstehung hatten sie also noch nie gehört und kamen auch jetzt nicht auf den Gedanken.

Maria blieb zurück und sah Jesus, der als Gärtner verkleidet war. Und als sie ihn vor Wiedersehensfreude umarmen wollte, bat er sie, wohl wegen seiner Verletzungen, ihn nicht zu berühren. Mit seinem *ich bin noch nicht hinaufgestiegen zum Vater* wollte er sagen: Ich bin noch nicht gestorben. Jesus, der erkannt hatte und lehrte, dass es keinen Tod gibt, benutzte für *sterben* die Wendung *zum Vater gehen*.

Jesus zeigte sich im Anschluss noch mehrmals einzelnen Jüngern. Der „ungläubige" Thomas durfte sogar seine verheilten Wunden betasten. Hier stockt man schon: Die Auferstandenen sind nach Jesu Worten *den Engeln gleich und als Söhne der Auferstehung Kinder GOTTES* (Lk 20, 36). Als engelgleiche Kinder und Abbilder GOTTES werden sie doch schwerlich weiterhin die Verunstaltungen ihres Erdenlebens an sich tragen?

Als sich Jesus wieder einmal einigen Jüngern kurz zeigte, glaubten die an eine Geistererscheinung. Um sie von seinem Überleben zu über-zeugen, sagte er: *Seht meine Hände und meine Füße an, ich bin es in Person. Betastet mich und seht: ein Geist hat kein Fleisch und keine Knochen, wie ihr seht, dass ich sie habe. Als sie es aber noch immer nicht glaubten vor Freude und Verwunderung, sagte er zu ihnen: Habt ihr etwas zum Essen hier? Und sie gaben ihm ein Stück gebratenen Fisch. Er nahm es und aß es vor ihren Augen* (Lk 24, 39 ff).

Bald hatten ihn zu viele gesehen, als dass es hätte geheim gehalten werden können. Und es wurde für Jesus zu gefährlich. Er musste ver-schwinden, am besten außer Landes gehen. Darum erfand man die Geschichte von der leiblichen Himmelfahrt Jesu, die denn im Matthäus-Evangelium überhaupt nicht vorkommt, bei Markus in einem später angehängten Schluss, bei Johannes auch nicht, bei Lukas kurz, dafür in der von ihm später verfassten Apostelgeschichte zu Anfang ausführlich.

Im später angehängten Schluss zu Markus (16, 9-20) wird berichtet, Jesus habe *sich zur Rechten GOTTES*[73] gesetzt. Dies kann kaum einer gesehen haben, ja die ganze leibliche Himmelfahrt passt nicht zur christlichen Lehre, heißt es doch bei Paulus ausdrücklich: *Wer aber in der Materie ist, kann kein Gefallen finden vor GOTT* (Röm 8, 8). Auch Jesus hatte ja gesagt: *Das Fleisch ist unnütz* (Joh 6, 63).

Wozu aber nun diese Geschichte mit der angeblichen Himmelfahrt? Während vierzig Tagen hatte sich Jesus immer wieder einzelnen Jüngern gezeigt, um ihnen zu beweisen, dass er die Kreuzigung überlebt hatte, *und er redete mit ihnen über das Königreich GOTTES* (Apg 1, 3). Und seine begriffsstutzigen Jünger? Sie fragten ihn immer noch, ob er das Königreich Israel wiederherstellen, d.h. die Römer außer Landes jagen werde. Da musste jedem Vernünftigen klar sein, dass Jesus außer Landes

---

[73] Vgl. Psalm 110, 1

und in Sicherheit gebracht werden musste, ehe die Römer vom Überleben des Gekreuzigten erfuhren. Ob Lukas eingeweiht war? Vieles spricht dafür. Denn in seiner Apostelgeschichte, die er von seinem Evangelium abtrennte, drückt er sich bei der Schilderung der Himmelfahrt reichlich nebulös aus: *Und eine Wolke nahm ihn weg von ihren Augen* (Apg 1, 9). Zwei Männer in weißen Gewändern erklärten darauf das Geschehen und beruhigten mit dem Wort, er werde ja wiederkommen.

Wo aber ging der verschwundene Jesus hin? Fänden wir spätere Spuren von ihm, wäre dies ein weiteres starkes Indiz für sein Überleben. *Es gibt weitere Hinweise auf eine Emigration des überlebenden Jesus und eine reformerische, erneuernde jüdische Glaubensverkündung ohne christliche Todesüberwindung und Auferstehung in der (ost)syrisch-arabisch-mesopotamischen Diaspora. Immer wieder wurde in diesem Raum Jesu Kreuzestod bestritten. Mancherlei abweichende, sich auf Jesus berufende Traditionen entwickelten sich hier. Urheber einer von ihnen soll der Apostel Thomas sein, der dabei in keiner Weise als der Zweifler des Johannes-Evangeliums erscheint, vielmehr als der um das Überleben des »Herrn« Wissende* (Fried, Tod 128 f).

Während Johannes der »Lieblingsjünger« genannt wird, trägt Thomas den Beinamen der »Zwilling«. Der Beiname Zwilling aber soll auf die enge geistige Verwandtschaft des Thomas mit Jesus hinweisen. Nach dem Thomas-Evangelium Logion 13 und den Thomasakten (47) vertraute Jesus seinem Schüler Thomas drei geheime Worte an, die er den anderen Schülern vorenthielt und die Thomas nicht weiterzugeben wagte. Der Prolog des Thomas-Evangeliums betont gleich zu Anfang, dass Jesus noch am Leben sei: *Dies sind die geheimen Worte, die der lebendige Jesus sagte: Didymos Judas Thomas hat sie aufgeschrieben*[74].

Das ganze kirchliche Lehrgebäude ist errichtet auf dem Fundament vom Opfertod Jesu: GOTT soll nach Tausenden von Jahren endlich versöhnt werden für die Sünde des Urelternpaares, die seitdem von Geschlecht zu Geschlecht weitervererbt wird. Nun ist aber längst wissenschaftlich nachgewiesen, dass die ganze Paradiesgeschichte keineswegs historisch, sondern lediglich als lehrhafte Parabel aufzufassen ist. Ein sündiges Urelternpaar Adam und Eva hat es nie gegeben. Außerdem passt das Bild eines rachsüchtigen Gottes, der zu seiner Versöhnung die blutige Opferung eines Unschuldigen, dazu noch seines einzigen geliebten Sohnes (Mt 3, 17; Mk 1, 11), fordert, absolut nicht zu dem neutestamentlichen Vater, der nur Licht ist (Jak 1, 17) und vollkommene LIEBE (1 Joh 4, 16 ff), wie Jesus lehrte.

---

[74] Lüdemann, Häretiker 131

Kann es denn sein, dass einer, der verkündete, dass bei GOTT nichts unmöglich sei, der Kranke heilte und Tote auferweckte, weil der göttliche Vater in ihm dies alles wirke (Joh 14, 10); kann es sein, dass einer, dem Vollmacht über alles Fleisch (Joh 17, 2) gegeben war, weil er sich zum Sohn GOTTES, zu GOTTES Bild und Gleichnis (Joh 12, 45; 14, 9) gemacht hatte – kann es also sein, dass gerade er von der göttlichen Macht im Stich gelassen wird und mit dem verzweifelten Schrei stirbt: *Mein Gott, mein Gott, warum hast du mich verlassen?* (Mt 27, 46)

Wie kann sich überhaupt ein Gott – und das war Jesus nach kirchlicher Lehre – von GOTT verlassen fühlen?

*Mein Gott, mein Gott, warum hast du mich verlassen,* mit diesen Worten beginnt der 22. Psalm. Wenn man alle überlieferten „letzten Worte Jesu" genauer betrachtet, liegt nahe, dass Jesus am Kreuz den 22. Psalm betete.

Kirchliche Theologen halten es indes für *durchaus möglich, dass der irdische Jesus am Kreuz verzweifelt, und in gar keiner Weise bewusst und freiwillig in den Sühnetod gegangen ist* (der Theologe Wolfgang Feneberg; zit. in: Lapide, Meer 88).

Ausgerechnet dem, der von ihm in die Welt gesandt war, damit er das neue erlösende Gottesbild verkünde, soll GOTT seine Hilfe versagt haben?

Kapitel 9

# Die Auferstehung

Wenn einer nicht zuerst, solange er lebt, die Auferstehung erhält,
wird er gar nichts erhalten, wenn er endlich stirbt.
Evangelium nach Philippos

Ich [Christus] bin die Auferstehung und das LEBEN.
Joh 11, 25

Wach auf, der du schläfst, und steh auf aus den Toten,
dann wird dir Christus aufleuchten.
Eph 5,14

**D**ieses Kapitel legt die »Auferstehung von den Toten« dar, wie sie Jesus von Nazareth vollzogen und als der Christus gelehrt hat. Diese Auferstehung des Jesus von Nazareth behält ihre Wichtigkeit und Gültigkeit unberührt von der Frage, ob Jesus die Kreuzigung nun überlebt hat oder am Kreuz gestorben sein sollte. Die Auferstehung des Jesus aus Nazareth vollzog sich jedoch in völlig anderer Weise als die Kirche sie lehrt.

Das griechische Wort für Auferstehung ist anástasis. *Das Verbum anhístæmi bedeutet im Profangriechischen ursprünglich (schon bei Homer) hinstellen, aufrichten, aufwecken oder aufstehen lassen von (liegenden oder schlafenden) Personen* (Begr. Lex. NT 43). Das fast synonym gebrauchte griechische Verb egeíro hat die Bedeutung aufwecken, intransitiv: aufwachen, erwachen, aufstehen. *Es kommt vor in Bezug auf Personen, die aus dem Schlaf, der Ohnmacht oder Lethargie geweckt, zu einer Handlung oder Erhebung angefeuert werden bzw. einen solchen Vorgang selbst vollziehen* (Begr. Lex NT 46).

Zunächst: Wie stand es zur Zeit von Jesus allgemein mit dem Glauben an eine Auferstehung von Toten aus ihrem Grab? Im Alten Orient war mit Ausnahme von Ägypten die Lage für die Gestorbenen hoffnungslos. Der Tote ging in ein »Land ohne Wiederkehr«. Über seinem Eingangstor stand das Wort Dantes: Lasciate ogni speranza – lasst alle Hoffnung fahren!
Wo in der Jüdischen Bibel (AT) von einer Auferstehung oder Wiederherstellung der Toten die Rede ist, sind die Vorstellungen wirr. Daher lehnten die Sadduzäer, eine Partei vornehmer Priestergeschlechter, diese Vorstellungen kategorisch ab.

Sehr detailliert sind die Jenseits- und Auferstehungsvorstellungen in Ägypten schon seit dem Alten Reich (2665-2155 vor). *Schon seit dem Alten Reich kommt die Vorstellung auf, dass der Tote ins Jenseits eingeht und dass seine postmortale Existenz vom Ausgang des Jenseitsgerichts bzw. von seinem ethischen Verhalten im Diesseits abhängt. Wird der Tote freigesprochen, so darf er als Seliger, als Verklärter weiterleben, genauer: wird er neu-erschaffen.*
Für den Ägypter besteht der Mensch aus drei Teilen: *Leib, Ka und Ba. Mit Ka bezeichnet er die Lebenskraft eines Menschen. ... Der Ba entspricht der griechischen Psyche (Seele) und wird in der Gestalt eines Vogels mit dem (menschlichen) Kopf der Person vorgestellt und gilt als bevorzugter Träger der unvergänglichen immateriellen Substanz des Menschen. Der entscheidende Akt der Neuerschaffung geschieht durch den Sonnengott im Jenseits, indem er die imaginären Teile der Person wiedervereinigt. Er erschafft den Toten neu, so dass er, nachdem er ihn bei seinem Namen gerufen hat, namentlich im Himmel weiterlebt. ... Der Akt der Auferstehung vollzieht sich technisch in der Weise, dass sich der Gerettete „auf die Beine stellt", dass er „aufsteht", aufersteht.*
*Als ein »Verklärter«, ein Ach, darf er nun mit der Sonne täglich wiedererstehen, darf in den Himmel eingehen oder in die seligen Gefilde des Paradieses, er darf mit der Sonne in einer Barke auf dem Himmelsgewässer ziehen, darf das Antlitz des Osiris täglich in seinem Glanze schauen, als Stern am Firmament strahlen ... Wer aber das Gericht nicht besteht, erfährt die Strafen der Hölle – Feuer und Finsternis und Gemetzel – und wird als Materie dem Urstoff der Schöpfungsmasse wieder eingemischt. Aus dieser Urmasse, der materia prima, können zwar neue Lebewesen geschaffen werden, aber es entsteht nicht mehr dieselbe namentliche Person, die sie vor dem Tod gewesen ist. Diese ist endgültig gerichtet, sie hat den »zweiten Tod« erfahren* (Vgl. Offenbarung 2, 11; 20, 6; 21, 8) (Brunner-Traut, Ägyptenkunde 111 f).

# Die Auffassung des Paulus

Paulus ist der erste, der von der Auferstehung Jesu berichtet, einer Auferstehung, zu der alle Menschen in ihrem Leben aufgerufen sind, die an den Christus glauben: So ruft er der Gemeinde von Ephesos zu: *Wach auf, der du schläfst, und steh auf von den Toten, dann wird dir Christus (als Licht) aufleuchten* (Eph 5,14).

Sein Verständnis von Auferstehung legt er im ersten Brief an die Korinther (1 Kor) dar, der ins Jahr 54/55 datiert wird. Wir erinnern uns an dieser Stelle, dass die Lehrbriefe des Paulus zeitlich deutlich vor den kanonischen Evangelien liegen. Zeitlich noch größer wird der Abstand, wenn man die uns heute vorliegende Endredaktion dieser Evangelien in Betracht zieht.

Zunächst eine Klärung, die dem Verständnis aller Texte dienen soll: Die von der griechischen Philosophie erarbeitete Kategorienbildung musste dem Paulus in seiner ablehnenden Haltung verschlossen bleiben zum Nachteil für die Klarheit in der Darstellung der christlichen Lehre. So sehen wir in den Lehrbriefen des Paulus, dass zumeist nicht klar unterschieden wird zwischen »Jesus«, »Jesus Christus« oder »Christus Jesus« und dem »Christus«, also der reinen Christus-Idee. Hinzu kommt, dass wir die Originale seiner Lehrbriefe nicht haben, sondern lediglich Kopien von Kopien, die aus dem vierten oder fünften Jahrhundert stammen. Hier haben „wohlwollende" Abschreiber oftmals erklärende Ergänzungen am Rande hinzugefügt, z.B. zu Jesus die Erklärung Christus oder umgekehrt. Der nächste Kopist fasste diese Randnotiz als Verbesserung des vorliegenden Textes auf und nahm sie einfach in den neuen Text hinein. Aus diesen und noch anderen Gründen haben wir es im Neuen Testament mit über 300 000 Textabweichungen zu tun.

Aus dem ersten Brief an die Korinther, Kapitel 15:

5    Gesehen wurde er [Christus] von Kephas, dann von den Zwölf.
6    Dann wurde er gesehen von mehr als fünfhundert Brüdern
auf einmal, von denen die Mehrzahl noch da ist,
manche aber sind entschlafen.
7    Dann wurde er gesehen von Jakobus, dann von den Aposteln,
8    zuallerletzt wurde er auch von mir - gleichsam von einer
Spätgeburt – gesehen.

Hier also eine Aufzählung der Menschen, die Jesus nach seiner Kreuzigung gesehen haben. Die Begegnung des Paulus mit Jesus war keine leibliche, sondern eine Christus-Vision.

12   Wenn aber von Christus verkündet wird, dass er aus den Toten
auferweckt ist, wie können dann einige bei euch sagen,
dass es keine Auferstehung der Toten gibt?
...
16   Denn wenn die Toten nicht auferweckt werden,

ist auch Christus nicht auferweckt.

...

20    Nun aber ist Christus auferweckt aus den Toten, als Erstling von den Schlafenden.

Die Auferstehung **aus** den Toten bedeutet: aus den Reihen der Toten oder aus dem Totenreich. Auch Jesus von Nazareth wurde nicht als Jesus der Christus geboren. Auch er wurde erst durch seine Auferstehung und sein Weggehen aus dem Totenreich der Sterblichen zum Christus, erst dadurch wurde er zum »Sohn GOTTES«. Und durch seine Auferstehung wurde er zum „Erstling", d.h. zum nachahmungswerten Vorbild für alle, die noch im Reich der Toten schlafen. *Wach auf, der du schläfst, und steh auf von den Toten, dann wird dir Christus (als Licht) aufleuchten!* (Eph 5,14) Dies ruft Paulus nicht etwa über die Gräber auf dem Friedhof von Ephesus, nein er ruft es der dortigen Gemeinde der Lebenden zu.

Bevor Matthäus die Lehrtätigkeit Jesu beginnen lässt, weist er hin auf Prophezeiungen des Jesaja: *Das Volk, das in der Finsternis saß, hat ein großes Licht erblickt. Und denen, die im Land des Todesschattens saßen, ihnen ist ein Licht aufgegangen* (Mt 4, 16).

21    Denn da es durch ein Menschenbild den Tod gibt, gibt es auch durch ein Menschenbild die Auferstehung der Toten.

22    Denn wie im Adam-Menschen alle sterben, so werden auch in Christus[75] alle lebendig gemacht.

Mit welchem Menschenbild identifizieren wir uns? Ist es der Adam aus der alten Paradiesgeschichte, oder ist es der Mensch des 6. Schöpfungstages? Die Paradiesgeschichte ist Jahrhunderte älter als die Schöpfungstage. Adam heißt »Erdling«. Er ist aus Staub geschaffen und dazu verurteilt, wieder zu Staub zu werden; er ist ein Nichts. Der Mensch der Schöpfungstage hat den Geistgott Elohim zum Vater. Und da er GEIST zum Vater hat, ist er selbst geistig: *Was vom GEIST geboren ist, das ist GEIST* (Joh 3, 6). Sein Schöpfer nennt ihn sein vollkommenes »Bild und Gleichnis«, segnet ihn und gibt ihm Herrschaft über die ganze vollkommene Schöpfung.

26    Als letzter Feind verliert der Tod seine Macht.

...

31    Ich sterbe täglich.

Der zum Christus, zum »Bild und Gleichnis GOTTES« Erwachte ist zum ewigen LEBEN erwacht; denn GOTT ist LEBEN: *Wie der Vater das LEBEN in sich selber hat, so hat er auch dem Sohn gegeben, das LEBEN in sich selber zu haben* (Joh 5, 26). Christus ist die Wahrheit, die wahre Identität des

---

[75] Vgl. Exkurs Christus

Menschen. *Das aber bedeutet ewiges* LEBEN: *Dich zu erkennen, den einen wahren* GOTT, *und Jesus Christus, den du gesandt hast* (Joh 17, 3).

Gotteserkenntnis ist also Auferstehung, und dieses Erkennen geschieht nicht auf einen Schlag. Das Samenkorn in der Erde ersteht in hundertfältiger Vermehrung (Mt 13, 23). Die hundert Samenkörner fallen wieder in die Erde und es erstehen 10 000 neue Samen ... Auferstehung ist ein Auferstehungsprozess.

35 Es wird aber auch einer fragen: Wie stehen die Toten auf, mit was für einem Körper werden sie kommen?

36 Du armer Irrer! Was man sät, wird nur zum LEBEN gebracht, wenn es gestorben ist.

37 Und was du säst [zeugst]: Du säst nicht den Leib, der werden soll, sondern du säst ein bloßes Korn, von Weizen vielleicht oder von sonst irgendwas.
...

40 Es gibt himmlische Leiber und irdische Körper.
...

42 Gesät wird in der Vergänglichkeit, das Erwachen findet in der Unvergänglichkeit statt.

44 Gesät [gezeugt] wird ein Körper mit einer Psyche; was aufwacht, ist ein geistiger Leib.

45 So steht auch geschrieben: Adam, der erste Mensch, "wurde zu einer lebenden Seele (psyché)", der letzte Adam wird zu einem LEBEN schaffenden Geist (pneuma).

46 Aber nicht der geistige Leib ist der erste, sondern der Körper mit einer Psyche, dann kommt erst der geistige Leib.

47 Das erste Menschenbild aus Erde ist Staub,
der zweite Mensch ist aus dem Himmel.
...

49 Und ebenso wie wir das Bild des Menschen aus Staub an uns getragen haben, so werden wir auch das Bild des himmlischen Menschen tragen.

Dieses *ich sterbe täglich* ist schon eine recht sonderbare Vorstellung. Muss man denn ins ewige LEBEN hineinsterben? Wird LEBEN etwa durch den Tod gewonnen? Um zu verdeutlichen, was er sagen will, wählt Paulus nun ein bildhaftes Beispiel: das Bild vom Samenkorn, das ausgesät wird. Um das Bild besser zu verstehen, muss man wissen: Für säen steht im Griechischen das Wort speíro. Bei speíro hört der des Griechischen Kundige zugleich das Wort für Same, nämlich sperma, mit. Das Wort speíro bedeutet neben säen auch zeugen. Diese Bedeutungen klingen für den Griechen immer gleichzeitig an, wenn der Ton speíro angeschlagen wird.

»Same«, ist eines der großen Symbole des Alten Orient. Es steht für »Unsterblichkeit« und »Auferstehung« und ist auch eines der beiden Symbole im dritten Schöpfungstag. Der Getreidesame, der ins Erdreich gesät, gleichsam begraben wird, stirbt nicht, ein totes Korn kann nicht mehr keimen. Es legt nur seine alte Gestalt, sein altes Ego, ab und geht auf in der Pflanze, die aus ihm entstehen und zigfache Frucht bringen soll.

Aber, so könnte man einwenden, aus dem alten Samen entstehen ja wieder materielle, sterbliche Samen. Warum hat Paulus nicht die Raupe als Symbol genommen. Die spinnt sich in der Reife ihres Lebens ein zu einer Puppe, gerade wie die ägyptischen Mumien eingewickelt sind. Und nach einem inneren Umwandlungsprozess steigt eines Tages aus dieser scheintoten Mumie ein Schmetterling heraus und erhebt sich in eine ganz neue Dimension. Warum also nicht dieser Vergleich?

Das Symbol Getreidekorn verfolgt einen anderen Gedanken. Bei Matthäus erklärt Jesus sein Gleichnis vom Sämann so: *Wo aber das Wort als Same auf gutes Land gefallen ist, der hört das Wort und versteht es. Und der eine trägt Frucht und schafft hundertfach, ein anderer sechzigfach, ein anderer dreißigfach* (Mt 13, 23). Eine ähnliche Aussage bei Johannes: *Glaubt mir, wenn ich es euch sage: Wenn das Getreidekorn nicht in den Boden fällt und stirbt, dann bleibt es allein. Wenn es aber stirbt, bringt es viel Frucht* (Joh 12, 24).

Was geschieht mit dem Korn, das seine alte Lebensform nicht aufgeben will und *allein* bleibt? Die Antwort kann uns ein Gleichnis Jesu aus dem Lukas-Evangelium geben, das ja in seinem Grundbestand als das Ur-Evangelium gilt. Dem Gleichnis vorangestellt hat Lukas, dass die Jünger das unmittelbare Anbrechen des Reiches Gottes erwarteten. In diesem Gleichnis *von den anvertrauten Pfunden*[76] hatte ein abwesender Fürst zuvor seinen Verwaltern jeweils ein Pfund Silber anvertraut mit dem Auftrag, dieses Geld durch Handel zu vermehren. Am Tag der Abrechnung wird jeder je nach dem Maß seines Zugewinns belohnt. Nur einer der Verwalter hat sich nicht um Zugewinn bemüht. Und was geschieht mit ihm? Ihm wird auch das Anvertraute noch genommen, denn *jedem, der hat, wird gegeben werden. Dem, der nicht hat, wird auch noch das weggenommen werden, was er hat* (Lk 19, 26). Er hat gegen das Gesetz des Wachstums (fünfter Schöpfungstag) verstoßen. Bei Matthäus wird dieser Verwalter hinausgeworfen in die Finsternis. Ein Samenkorn also, das seine Entfaltung verweigert, stirbt.

50  Das sage ich euch aber, Brüder: Fleisch und Blut können das Reich GOTTES nicht als ihr Erbe bekommen, und auch das bloße Sterben wird nicht die Unvergänglichkeit als Erbe erhalten.

---

[76] ähnlich bei Mt 25, 14 ff

Hier nun also der stärkste Beweis dafür, dass Paulus nichts von einer leiblichen Auferstehung Jesu aus dem Grab mit anschließender leiblicher Himmelfahrt gewusst hat.

53 Dies Verwesliche muss Unverweslichkeit anziehen und das Sterbliche muss Unsterblichkeit anziehen.
54 Wenn aber das Verwesliche Unverweslichkeit anziehen wird, wird auch dies Sterbliche Unsterblichkeit anziehen.
Dann wird das Wort, das geschrieben steht, eintreten:
55 Der Tod ist verschlungen worden vom Sieg.
Tod, wo ist dein Sieg, Tod, wo ist dein Stachel?

Die Erklärung zu diesem etwas dunklen Text gibt uns Paulus in seinem zweiten Brief an die Korinther: *Denn wo wir sind, stöhnen wir, weil wir uns die Behausung, die vom Himmel stammt, darüberstülpen möchten. ... Wir, die wir im (irdischen) Zelt sind, stöhnen, weil es uns lästig ist; denn wir wollen uns nicht unser Gewand ausziehen, sondern, damit das Sterbliche vom* LEBEN *verschluckt werden soll, eins darüberstülpen. Aber* GOTT *hat uns eben dazu befähigt. Er hat auch auf den* GEIST *schon einen Vorschuss gegeben. Mut also immerzu! Wohl wissend allerdings: Solange wir uns im Fleisch aufhalten, sind wir in der Gottesferne. ... Wenn folglich einer in Christus ist, ist er eine Neuschöpfung. Die archaischen Vorstellungen sind Vergangenheit. Etwas Neues ist da. Das alles kommt von* GOTT, *der in Christus Überein-stimmung geschaffen hat zwischen uns und sich und uns die Aufgabe gestellt hat, die Übereinstimmung herzustellen. ... Bringt euch in Übereinstimmung mit* GOTT! (2 Kor 5, 2-20)
Darum wurden die, welche in der Frühzeit zum Christentum übertraten, nackt getauft und dann in ein weißes Taufhemd gekleidet. Das Christustum[77] schafft einen neuen Menschen. Das Korn muss in die Erde, wenn es hundertfältige Frucht bringen soll. Wenn man sein Geld anlegen will, kann man es nicht gleichzeitig behalten. Wer zum Schmetterling werden will, kann nicht gleichzeitig die alte Raupe bleiben. Der Traubensaft muss vergären, wenn er zu Wein werden soll. Die christliche Lehre ist wie ein Sauerteig, der den alten Teig völlig umwandelt: *Er sagte dann: Wem gleicht das Reich Gottes und womit soll ich es vergleichen? Es gleicht einem Senfkorn, das ein Mensch nahm und in seinen Garten warf. Es wuchs und wurde zu einem Baum und die Vögel des Himmels bezogen darin ihre Wohnung. Und wieder sagte er: Womit soll ich das Reich Gottes vergleichen? Es gleicht einem Sauerteig, den eine Frau nahm und in drei Scheffel Mehl barg, bis das Ganze durchsäuert war* (Lk 13, 18-21).
Ein Sprung aus der irdischen Hölle in den Himmel der Vollkommenheit ist nicht möglich. Der Weg aus der Höhle in die Welt der wahren göttlichen Ideen besteht aus drei Stufen:
1. Erwachen; *es werde Licht!* (1. Tag).

---

[77] siehe Kap. Erläuterungen

2. Abkehr und Trennung vom materiellen Weltbild (2. Tag).
3. Der Urhügel steigt aus dem Wasser (3. Tag) ; aus dem Senfkorn wird ein Baum, in dessen Zweigen die Vögel des Himmels wohnen.

Das Ziel ist, einen zweiten Tod bzw. weitere Wiedergeburten, die alle im Tode enden, zu vermeiden: *Der Tod ist verschlungen worden vom Sieg.* Aufschlussreich ist auch, was Paulus zu seiner eigenen Auferweckung aus den Toten sagt.

## Die Auferweckung des Saulus

Im allgemein als echt angesehenen Lehrbrief an die Galater bezeichnet sich Paulus selbst als *auferweckt aus den [Reihen der] Toten*:
Paulus, Apostel geworden nicht von Menschen
und auch nicht durch einen Menschen,
sondern durch Jesus Christus,
der ihn auferweckt hat aus den Toten ... (Gal 1, 1) [78]

Was allgemein als »Bekehrung des Saulus« gilt, ist genau besehen seine Auferweckung, wie er ja selbst schreibt. Diese Auferweckung, durch die aus dem Saulus ein Paulus wurde, wird in der Apostelgeschichte des Lukas (Apg 9, 1 ff), des späteren Begleiters des Paulus, geschildert. Lukas hat das Geschehnis aus dem Munde des Paulus gehört und dramatisch gestaltet. Lukas erzählt: Saulus schnaubte mit Drohen und Morden gegen die Anhänger des neuen Weges zu GOTT. Daher ließ er sich Vollmachten geben, um die Anhänger der neuen Lehre zu verhaften. Als er auf dem Wege nach Damaskus war, *da umstrahlte ihn plötzlich ein Licht aus dem Himmel. Er stürzte auf die Erde und hörte eine Stimme: Saulus, Saulus, warum verfolgst du mich? Saulus fragte: Wer bist du Herr? Er aber antwortete: Ich bin Jesus, den du verfolgst. Doch **steh auf** und geh hinein in die Stadt. Dort wird dir gesagt werden, was du tun musst. ... Saulus aber **erhob sich von der Erde.** 3 **Tage** lang war er blind, dann wurde er in Damaskus vom Christen Hananias sehend gemacht und es wurde ihm die Erfüllung durch den Heiligen Geist zugesagt. *Und sofort fiel es ihm wie Schuppen von den Augen, er wurde wieder sehend, **stand auf** und ließ sich taufen.* Paulus blieb einige Zeit in Damaskus *und alsbald verkündete er in den Synagogen, dass Jesus der Sohn GOTTES sei.*
Es wird betont, dass Saulus nach 3 **Tagen** Blindheit sehend wurde und dass er sich von der Erde, seiner irdischen Weltsicht, erhob.

Paulus war seit seinem Damaskus-Erlebnis ein Licht aufgegangen, er begriff plötzlich die Schönheit des neuen Bildes von GOTT und seiner „sehr guten", vollkommenen Schöpfung, der Idee Mensch, die Jesus mit seinem Ruf zum Umdenken verkündet hatte: Weg mit der archaischen

---

[78] Text nach Markion

Vorstellung vom strengen, eifersüchtigen und rachsüchtigen Gott, weg mit dem Bild vom sterblichen, von Gott abgefallenen, sündigen Menschen!
Das neue Bild von GOTT sagt: GOTT ist LIEBE, zu ihm dürfen wir „Abba – lieber Vater" sagen, *darum bist du nicht mehr sein Diener*[79], *sondern sein Sohn. Wenn du aber sein Sohn bist, dann hast du auch das Erbgut GOTTES* (Gal 4, 7). Der in Jesus Fleisch gewordene, d.h. durch ihn verwirklichte Christus-LOGOS hat allen, die ihn annehmen *die Macht gegeben, Kinder GOTTES zu werden, denen, die an seinen Namen glauben* (Joh 1, 12).

Johannes erklärt in seinem LOGOS-Prolog den Unterschied zwischen dem altjüdischen Gottesglauben und dem neuen Paradigma so: *die Thora wurde durch Mose gegeben, die Gnade und WAHRHEIT ist durch Jesus Christus zuteil geworden* (Joh 1, 17). Ebenso Paulus: *Ich verwerfe die Gnade GOTTES nicht; denn wenn es durch die Thora kommt, dass einer in Einklang mit GOTT steht, dann ist [Jesus] Christus umsonst gestorben* (Gal 2, 21).
Im Brief an die Philipper schreibt Paulus, dass er früher ein strenggläubiger Anhänger der Thora war: *nach der Gerechtigkeit gemäß der Thora war ich tadellos. Doch was mir Gewinn war, das halte ich durch den Christus für verlorene Zeit. Ich glaube wirklich, dass es alles verlorene Zeit war, denn die Erkenntnis meines Herrn Christus Jesus, um dessen willen mir alles zum Schaden geworden ist, ist weit wichtiger, und ich halte es für Mist; ich will nur Christus gewinnen und mich in ihm befinden. Ich will keine Gerechtigkeit haben, die aus der Thora kommt, sondern die durch den Glauben, die Gerechtigkeit aus GOTT, die auf dem Glauben beruht* (Phil 36 ff).
Dieser Glaube ist das Annehmen des neuen Bildes von GOTT und Mensch.

Freilich, dass man erwacht, dass einem die Augen aufgehen, das kann in einem Augenblick geschehen, aber die Auferstehung ist ein „tägliches Sterben"[80] für die Welt, ein steiler und mühsamer Aufstieg, wie ihn Platon schon im Höhlengleichnis geschildert hatte und wie es Jesus es bei Matthäus (Mt 7, 14) betont.
Paulus bringt in seinem Brief an die Gemeinde in Philippi das Bild von der Olympiade und vergleicht diesen Prozess mit einem Wettlauf um die Siegespalme: *Nicht dass ich es schon erfasst hätte oder vollkommen wäre. Ich suche aber danach, ob ich das erfasse, wodurch ich erfasst worden bin von Christus. Brüder, mein nüchterner Verstand sagt mir, dass ich es noch nicht völlig begriffen habe. Eines aber habe ich begriffen: Was hinter mir liegt, das vergesse ich; nach dem, was vor mir liegt, strecke ich mich mit aller Kraft. Ich jage nach dem Ziel, dem Siegespreis; und der besteht in meiner göttlichen Berufung nach oben in Christus* (Phil 3, 12-16). *Darum werden wir nicht müde,*

---

[79] wie Adam im Paradies
[80] 1 Kor 15, 31

*sondern wenn auch unser äußerer Mensch verdirbt, so erneuert sich doch unser innerer Tag für Tag* (2 Kor 4, 16).
Auch an die Korinther berichtet Paulus von seinem Training: *Wisset ihr nicht, dass alle, die im Stadion laufen, zwar laufen, dass jedoch nur einer den Kampfpreis erhält? Lauft also, damit ihr ihn ergreift. Jeder, der an Wettkämpfen teilnimmt, lebt in jeder Hinsicht enthaltsam. Jene also, um einen vergänglichen Siegerkranz zu bekommen, wir aber für einen unvergänglichen. Ich laufe also, doch nicht ins Ungewisse. Ich schlage mit der Faust zu, doch nicht wie einer, der nur in die Luft trifft, sondern ich misshandle meinen Körper und führe ihn in Knechtschaft, damit ich nicht anderen predige und selbst eine Niete bin* (1 Kor 9, 24-27).

Interessant auch, wie Schüler und Anhänger des Paulus, von der Aufer-stehung dachten.

## Der Brief an Rheginus

Im Jahr 1945 kamen im ägyptischen Nag Hammadi[81] Schriften wieder zum Vorschein, die die Amtskirche im Jahr 367 verboten und die ein Mönch deshalb vergraben hatte. Darunter der »Rheginusbrief«. Ein Schüler namens Rheginus hat seinen Lehrer nochmals um genauere Erläuterung der Auferstehung gebeten. Das Antwortschreiben belehrt ihn, dass es nicht darauf ankomme, möglichst viel über diesen Gegenstand zu wissen, dass es vielmehr darauf ankomme, diese Auf-erstehung selbst zu vollziehen.
Das Bekanntwerden dieses Briefes an Rheginus ist für uns ein Glücksfall. Denn der (uns unbekannte) Verfasser aus dem 2. Jahrhundert legt noch einmal seine Auffassung von Auferstehung dar, wobei er sich eng an die Briefe des Paulus anschließt. Auferstehung wird hier wie in der Gnosis[82] verstanden als ein Prozess, der sich in der Gegenwart vollziehen muss. Auferstehung bedeutet Rückkehr in den ursprünglichen Seinszustand des Menschen, Rückkehr zu seinem unverlierbaren wahren Selbst:
*Es gibt einige, mein Sohn Rheginus, die viel lernen wollen. ... Aber da du uns fragst, wie es angemessen ist, in Freundlichkeit, hinsichtlich der Auferstehung, schreibe ich dir: Sie ist notwendig! Und – es gibt zwar viele, die nicht an sie glauben, einige (wenige) aber, die sie finden. Deswegen wollen wir die Sache erörtern. ...*
*Der Erlöser verschlang den Tod – ... er legte die Welt, die zugrunde geht, ab. Er verwandelte [sie] in einen unvergänglichen Äon und richtete sie auf, indem er das Sichtbare durch das Unsichtbare verschlang. Und er gab uns den Weg unserer Unsterblichkeit. ...*
*Wenn wir aber offenbar sind in dieser Welt als solche, die ihn angezogen haben, sind wir Strahlen von jenem [unserem Erlöser, unserem Herrn, dem*

---

[81]  Vgl. Exkurs Nag Hammadi
[82]  Vgl. Exkurs Hellenismus und Gnosis

Christus] *und sind von ihm umfasst bis zu unserem Untergang: das ist unser Tod in diesem Leben. Wir werden von ihm zum Himmel emporgezogen wie die Strahlen von der Sonne, ohne dass uns etwas zurückhielte. Dies ist die geistige Auferstehung, welche die psychische wie auch die fleischliche verschlingt. ...* Der Erlöser ist auferstanden von den Toten. *Und dieser ist es, von dem wir sagen: „Er ist die Auflösung des Todes geworden". ...*
*Aber es gibt etliche, (die) beim Fragen nach den Dingen, die sie betrachten, erfahren wollen, ob der Gerettete, wenn er seinen Körper verlässt, sofort gerettet wird. Daran möge niemand zweifeln: (In den alten Fesseln befindlich) werden die sichtbaren Glieder, die tot sind, nicht gerettet werden: Denn (nur) die lebenden (Glieder), die in ihnen sind, werden auferstehen. Was also ist die Auferstehung? Sie ist das fortwährende Sichtbarwerden derer, die auferstanden sind. ...*
*Die Lebenden werden sterben. Wie leben sie doch in einer Illusion! ... Alles pflegt sich zu ändern: eine Illusion ist die Welt – um die Dinge nicht noch mehr herabzusetzen. Aber mit der Auferstehung verhält es sich nicht so: Denn sie ist die Wahrheit, das Feststehende, und sie ist die Offenbarung dessen, was ist, und der Wandel der Dinge und der Übergang zu einem neuen Sein. Denn die Unvergänglichkeit [kommt] herab auf das Vergängliche, und das Licht über-strömt die Finsternis, indem es sie verschlingt. ...*
*Es ist angemessen für jeden, sich auf viele Arten zu üben, um (so) erlöst zu werden von diesem Element, damit er nicht in die Irre gehe, sondern sich selbst empfange, wie er zuerst gewesen ist.* (Aus: Lüdemann, Häretiker 42 ff)

✳

Die Vorstellung oder Erkenntnis, dass das irdische Leben nicht »das Leben an sich« ist, sondern eine Art Bewusstlosigkeit, gar Tod, aus dem es zu erwachen und aufzustehen gilt, kam lange vor der christlichen Lehre in die Welt. Um zu verdeutlichen, dass die christliche Lehre nichts Isoliertes, sondern nur ein neues fortschrittliches Glied in der langen Tradition der Philosophia Perennis ist, sei an dieser Stelle auf zwei antike Autoren hingewiesen, die in der orphisch-pythagoreischen Tra-dition stehen.
Platon (428-347 vor) lässt Sokrates folgende Erkenntnisse aussprechen: *Wie du jedenfalls sagst, ist das Leben eine Mühsal. Es würde mich nicht wundern, wenn Euripides im Folgenden Wahres aussspräche, wenn er sagt: „Wer weiß, ob das Leben ein Sterben ist, das Sterben aber Leben." Auch wir sind in Wirklichkeit tot, wie ich es jedenfalls von einem der Weisen schon gehört habe, dass wir nämlich jetzt tot seien und der Körper für uns ein Grab* (Gorgias 493 a).
*Wird denn nicht das Tod genannt: die Loslösung und Trennung der Seele vom Leib. Sie loszulösen bemühen sich immer und ausschließlich die, die in rechter Weise philosophieren. Und eben dies ist das Bestreben der Philosophen: Loslösung und Trennung der Seele vom Körper* (Phaidon 67 d).

Der römische Staatsmann Cicero (106-43 vor) berichtet in seinem Werk De re publica (Über den Staat), wie der junge Scipio in einem Traumgesicht von seinem verstorbenen Großvater erfährt: *Diejenigen leben, die aus den Fesseln ihrer Leiber wie aus einem Käfig entflogen sind. Euer sogenanntes Leben aber ist der Tod. ...* (III 6). *Du aber arbeite dich hoch und sei dir dessen gewiss: Sterblich ist nicht dein Selbst, sondern nur dieser Körper da. Denn das, wofür dich diese körperliche Gestalt erklärt, bist nicht du, vielmehr macht der Geist (mens) eines jeden seine Individualität aus und nicht das Äußere, auf das man mit den Fingern zeigen kann. Sei dir also dessen bewusst, dass du Gott (göttlich) bist, wenn jedenfalls das Gott ist, was stark ist und fühlt, was erinnert und voraussieht* (VIII 18).

## Jesus ruft auf zur Auferstehung

Die vorangegangenen Darlegungen über die Nachwirkung waren nötig, um jetzt die wahre Auferstehungslehre, zu der Jesus aufrief, überzeugender zu machen.

Jesus ist am 3. Tag auferstanden. Um das zu verstehen, müssen wir uns an die 7 Schöpfungstage und ihre Symbolik erinnern[83]. Der 3. Tag hatte zwei Symbole: **Urhügel** und **Same**.

Nachdem am 1. Tag das Licht der göttlichen Ideen über der mentalen Finsternis aufgegangen war und am 2. Tag die irrigen Idole aus der Wirklichkeit ausgeschieden worden waren, konnte am 3. Tag der **Urhügel,** die geistige Schöpfung, auftauchen und klare Form annehmen. Dieser Urhügel wird **Erde** genannt und in der 3. Seligpreisung den Gewaltlosen als Erbe verheißen. Die 3. Vaterunser-Bitte will, dass dieses **Reich** zu Bewusstsein kommen möge.

Nachdem das unfruchtbare Chaoswasser abgeflossen ist, kann nun am 3. Tag der **Same** in der Erde aufgehen. Der **Same,** das sind die Ideen, die *Kinder des Reiches* bei Matthäus (13, 38) genannt, bei Lukas (8, 11) das *Wort* GOTTES: *Und Elohim sprach: Es werde!* Der Same ist im Alten Orient, besonders in Ägypten das Symbol für Auferstehung

Durch seine Auferstehung von den Toten wurde Jesus von Nazaret zu Jesus dem Christus. Erst dann begann er mit der Verkündung seiner Lehre. Paulus schreibt an die Römer, Jesus sei *zum Sohn* GOTTES *eingesetzt in Macht entsprechend dem* GEIST *der Heiligkeit seit seiner Auferstehung der Toten* (Röm 1, 4). Zum Christus geworden, begann er mit der Verkündung seiner Frohen Botschaft, dem neuen und revolutionären Paradigma, dem neuen Bild von GOTT und Mensch.

Merkwürdig ist ja, dass beim Tod von Jesus nach Matthäus die Erde bebte, Felsen zersprangen und Tote aus ihren Gräbern stiegen, um in der Stadt Jerusalem umherzuwandeln und sich vielen zu zeigen, dass aber die Auferstehung Jesu aus seinem Felsengrab sich völlig unspektakulär und ohne Blitz und Donner in aller Heimlichkeit ohne jeden Augen-

---

[83] vgl. Kap. 3.3

zeugen vollzog. Dabei war doch gerade diese Auferstehung etwas ganz Singuläres, während Tausende gekreuzigt wurden.
Wir hören nur, dass Maria von Magdala das Grab aufsuchte und das Grab bereits leer war. Sie kam jedoch nicht auf die Idee, dass Jesus gemäß seinen angeblichen Ankündigungen auferstanden sein müsse. Auch die herbeigerufenen Jünger sind völlig überrascht und ratlos.

Wenn wir nun nicht wie Lazarus in Leichentücher gewickelt aus den Gräbern kommen sollen und wenn kein Schmettern von Posaunen die Gestorbenen aus den Gräbern aufscheucht, an wen soll denn dann der Ruf nach Auferstehung ergehen?
Der Weckruf ergeht an die, die in mentaler Finsternis befangen dieses Erdenleben als das einzige und als das wahre Leben erachten. Ein realistisches Bild vom irdischen Weltgeschehen gibt uns das Thomasbuch: ein Leben in dieser Welt, der einzigen Hölle, die es gibt, auch wenn manche, die ein etwas kühleres Plätzchen ergattert haben, dies nicht wahrhaben wollen.
Das Thomasbuch gehört zu den von der frühen Kirche verbotenen Schriften. Es ist uns erst durch den Fund von Nag Hammadi wieder bekannt geworden. Es setzt das Thomas-Evangelium voraus und entstand im 2. oder 3. Jahrhundert in Ostsyrien. Der Text zeigt deutliche Anklänge an Platon, die Bildersprache ist von Platons Höhlengleichnis abhängig:
*Dies sind die geheimen Worte, die der Retter dem Judas Thomas gesagt hat, und die ich, Matthäus, geschrieben habe. ...*
*Der Retter sprach: Alles Körperhafte ist wie die Tiere entstanden, die sich [auf die bekannte Weise] fortzeugen. Daher ist auch keine Dauer in ihnen ... Doch die auf die Seite des Himmels gehören, ... sind offenbar. Sie sind offenbar aus ihrer Wurzel allein. ... Was sich aber verändert, geht zugrunde und vorüber. Es hat von nun an keine Hoffnung auf Leben, denn jeder Körper ist tierisch. Wie nun bei den Tieren die Leiber zugrunde gehen, so wird auch dieses Gemächt zugrunde gehen. Es stammt doch der Körper aus dem Beischlaf, wie der der Tiere. Und wenn er nun daraus stammt, wie sollte er dann einen größeren Unterschied vor ihm haben? Deswegen also seid ihr klein, bis ihr endgültig werdet. ... Das sichtbare Licht scheint euretwegen, nicht damit ihr an (diesem) Ort bleibt, sondern damit ihr herauskommt. Wenn aber alle Erwählten das Tierische ablegen, dann wird sich das Licht zu seinem wahren Sein zurückziehen. ... Darum sagt man: Jeder, der nach der Wahrheit fragt bei einem wirklich weisen Menschen, wird sich Flügel zurichten und fliegen und vor dem Verlangen fliehen, das des Menschen Gemüt verbrennt. Er wird sich Flügel zurichten und vor allem, was zur Welt der Erscheinungen gehört, fliehen. ... Es gibt also einige, die Flügel haben, mit denen sie über die Welt der bloßen Erscheinungen hinwegeilen. Die anderen sind fern von der Wahrheit. Das*

*Feuer[84] erweckt in ihnen eine falsche Vorstellung von der Wahrheit, lässt vorgetäuschte Schönheit vor ihnen aufscheinen. Doch richtet es sie so zugrunde. ... Das Gefäß des Fleisches wird vergehen. ... Und wieder werden sie dann in die Welt der Erscheinungen kommen müssen. Es werden aber diejenigen zugrunde gehen, die ohne die erste Liebe Ausschau halten in der Sorge des Lebens in der Glut des Feuers. Nicht lange wird es noch währen, bis das Sichtbare vergeht. Dann werden falsche Götter, ohne Gestalt, aufstehen, und mitten unter den Gräbern werden sie für immer über den Körpern sein zu Qual und Untergang der Seelen.*

*Thomas antwortete und sprach: Was aber sollen wir denen sagen, was den Menschen, die blind sind? ... Der Retter sprach: Amen. Ich sage dir: Rechne solche nicht unter die Menschen, sondern halte sie gleich wie die Tiere. Denn wie Tiere einander fressen, so ist es auch mit diesen Menschen. Sie fressen einander und sind von der Wahrheit ausgeschlossen, weil sie die (dunkle) Süße des Feuers lieben und Knechte des Todes geworden sind. ... Und sie bleiben an der Verwirrung ihres Verstandes kleben und erkennen ihren Wahn nicht. ... Vermagst du tatsächlich etwas zu besitzen, was zur Erscheinungswelt gehört? ... Höre, was ich dir sage und glaube die Wahrheit!*

*Wer Böses sät, dessen Böses wird im eigenen Feuer verbrennen, im Feuer und im Wasser. Solche werden sich in den Gräbern der Finsternis verbergen. ... Dort sind sie gefangen ... ihre Torheit ist nicht vergeben. (Und die Mächte) werden sie verfolgen und dem Engel, dem Herrn des Hades, übergeben. Der wird Feuer nehmen und sie mit Feuergeißeln jagen, ihnen Funken ins Gesicht sprühend. Rennt einer nach Westen: Feuer! Flieht er nach Süden: Feuer! Wendet er sich nach Norden: Feuer, drohendes Feuer! Den Rettungsweg nach Osten[85] aber wird er nicht finden, um dort zu entkommen. Denn wenn er ihn nicht gefunden hat, solange er im Fleisch war, so wird er ihn am Tage des Gerichts erst recht nicht finden.*

*Der Retter sprach weiter: Wehe euch, ihr Gottlosen, die ihr keine Hoffnung habt, die ihr euch verlassen habt auf das, was nicht zu geschehen hätte. Wehe euch, die ihr auf das Fleisch hofft und auf das Gefängnis, das zugrunde geht. Wie lange wollt ihr noch schlafen und vom Unvergänglichen meinen, es verginge, wo eure Hoffnung auf der Welt ruht und euer Gott dieses Leben ist? So richtet ihr eure Seelen zugrunde. Wehe euch im Feuer, das in euch brennt, denn es ist nicht zu sättigen. Wehe euch, durch das Rad, das sich in euren Gedanken dreht[86]. Wehe euch, in denen das Feuer wütet. Es wird euer Fleisch in der Erscheinungswelt aufzehren und eure Seelen in ihrem verborgenen Grunde spalten und euch eurer Genossen wert machen. Wehe euch, ihr Häftlinge, die ihr*

---

[84] In der Platonischen Höhle brennt ein künstliches Feuer, durch das die Schattenbilder erst ermöglicht werden.

[85] Und siehe, die Herrlichkeit des Gottes von Israel kam von Osten und brauste, und es ward sehr licht auf der Erde von seiner Herrlichkeit. ... Und die Herrlichkeit des HERRN kam hinein ins Tempelhaus durch das Tor, das nach Osten liegt (Hesekiel 43, 2; 4)

[86] Das ewig sich wiederholende politische Spiel auf der Bühne des Platonischen Schattentheaters.

*in Höhlen angekettet seid. Ihr lacht und freut euch noch im Lachen eurer Dummheit. Euren Untergang begreift ihr nicht. Die Art des Ortes, an dem ihr wohnt, wisst ihr nicht, dass ihr nämlich in der Finsternis und im Tode seid. ... Dann redete Jesus weiter und sprach zu ihnen: Wehe euch, die ihr die Lehre nicht angenommen habt. Denen, die die Wahrheit kennen, hört ihr nicht zu. Ihr quält sie, wenn sie davon sagen. So rennt ihr in euer Verderben. Täglich tötet ihr die Arbeiter Gottes, euch gesandt, damit ihr vom Tode ersteht. ... Wenn ihr der Mühe und dem Verlangen des Körpers entkommt, erreicht ihr die Ruhe[87] und den allein Guten. Und ihr werdet herrschen mit dem König, weil ihr eins seid und er mit euch eins ist, von jetzt bis in die Zeiten. Amen!*

(Thomasbuch 251 ff; Text nach Hörmann, Gnosis)

Zu den von der Kirche verbotenen Schriften gehört auch die »Apokalypse des Adam«. Apokalypse stammt aus dem Griechischen. Kalypto heißt: verhüllen, verbergen, verheimlichen. Apo-kalypto hat die Bedeutung enthüllen. Eine Apokalypse zieht also die Verhüllung von etwas weg, das verborgen war oder verheimlicht wurde. In der »Apokalypse des Adam« enthüllt Adam seinem Sohne Seth – der begegnet uns bei Lukas (3, 38) als Stammvater von Jesus wieder - , dass der Demiurg, der ihn aus Erde schuf und zu einer lebenden Seele (psyché) machte, nicht ihr wahrer Schöpfer ist. Doch wird in diese Welt des Demiurgen das Licht der Erleuchtung kommen.

*Die Apokalypse des Adam ist den weitverbreiteten apokryphen Adamsschriften, wie sie besonders im jüdischen Schrifttum begegnen, zuzurechnen. ... Ein christlicher Einfluss liegt dagegen nicht vor, so dass die Apokalypse des Adam als Zeugnis einer nicht-christlichen Gnosis eingestuft werden kann* (Lüdemann, Häretiker 307). *[Die Offenbarung Adams] gehört den - durch die Kirchenväter wohlbekannten - Sethianern. Mandäisches, ja Frühiranisches, verbunden mit spätjüdischer Apokalyptik, aber auch nicht dem leisesten Anklang an christliche Gnosis, weisen unserer Schrift zusätzlich eine Sonderstellung an* (Hörmann, Gnosis 87).

Der Text:
*Die Offenbarung, die Adam seinem Sohn Seth verkündigt hat im 700. Jahr. Er sagte: Höre meine Worte, mein Sohn Seth! Als Gott [der Demiurg] mich aus der Erde erschaffen hatte zusammen mit Eva, deiner Mutter, wandelte ich mit ihr in einer Herrlichkeit, die sie gesehen hatte in dem Äon, aus dem wir entstanden waren. Sie lehrte mich ein Wort der ewigen Erkenntnis des ewigen Gottes. Und wir glichen den großen ewigen Engeln, denn wir waren erhabener als der Gott, der uns geschaffen hatte, und die Kräfte, die mit ihm waren, jene, die wir nicht kannten.*
*Darauf trennte uns Gott, der Herrscher der Äonen und der Kräfte im Zorn.*
*Darauf wurden wir zu zwei Äonen[88] und es verließ uns die Herrlichkeit, die in unserem Herzen war, mich und deine Mutter Eva, zusammen mit der ersten*

---

[87] die Ruhe des 7. Schöpfungstages
[88] Vgl. Platon, Symposion 190 d

*Erkenntnis, die in uns wehte. Und die Herrlichkeit floh von uns weg. ... Nach jenen Tagen war fern von mir und deiner Mutter Eva die ewige Erkenntnis des wahren Gottes. Seit jener Zeit lernten wir über tote Dinge, wir Menschen. Dann erkannten wir Gott [den Demiurgen], der uns erschaffen hatte. Denn wir waren seinen Kräften nicht fremd. Und wir dienten ihm in Furcht und Knechtschaft. Danach wurden wir aber finster in unseren Herzen. Ich aber* **schlief in dem Denken meines Herzens.**

*Ich sah nämlich drei Männer[89] vor mir, deren Gestalt ich nicht erkennen konnte, da sie nicht aus den Kräften des Gottes, der uns erschaffen hatte, stammten. Sie waren größer .. [Lücke] .. Herrlichkeit, und .. [Lücke] .. Menschen. Indem sie zu mir sprachen:* **"Stehe auf Adam, von deinem Schlaf des Todes** *und höre über den Äon und den Samen jenes Menschen, zu dem das Leben gekommen ist, jenes, der aus dir stammt und Eva, deiner Paargenossin!"*

*Als ich aber diese Worte von jenen großen Männern gehört hatte, jene, die bei mir standen, da seufzten wir, ich und Eva, in unseren Herzen. Und der* HERR, *der Gott, der uns geschaffen hatte, trat vor uns. Er sagte zu uns: "Adam, weshalb seufzt ihr in euren Herzen? Wisst ihr nicht, dass ich der Gott bin, der euch geschaffen hat? Und ich habe in euch einen Geist des Lebens eingehaucht zu einer lebendigen Seele (psyché)[90]."*

*Darauf kam eine Finsternis über unsere Augen. ... Darauf war in uns zerstört die Schärfe der ewigen Erkenntnis. Und es verfolgte uns eine Schwäche. Deswegen wurden die Tage unseres Lebens gering, denn ich erkannte, dass ich* **unter die Macht des Todes** *gekommen war.* .... (Lüdemann, Häretiker 308 f)

Nach der christlichen Lehre schickt in diese Welt der Finsternis und des Todesschlafes GOTT seinen LOGOS:

> In ihm war LEBEN,
> und das LEBEN war für die Menschen das Licht. Joh 1, 4 f

Dieses göttliche Licht befreit aus den Fesseln des Ego, damit sie auf(er)-stehen sollten zu ihrer wahren Identität, zu ihrem wahren Selbst:

> Als die Zeit erfüllt war, hat GOTT seinen Sohn ausgesandt,
> geboren aus einer Frau, geboren unter der Thora,
> um die, die der Thora unterstehen, loszukaufen,
> damit wir die Sohnschaft erhalten sollten. Gal 4, 4 f

Der Christus kam als Licht in diese Unterwelt der Finsternis:

> Das Volk, das in der Finsternis saß,
> hat ein großes Licht erblickt.
> Und denen, die im Land des Todesschattens saßen,
> ihnen ist ein Licht aufgegangen. Mt 4, 16

---

[89] 1 Mos 18, 2
[90] 1 Mos 2, 7

Das Licht erleuchtet in der Finsternis,
und die Finsternis kann es nicht überwältigen.                    Joh 1, 5

Ich [Christus] bin als Licht in die Welt gekommen, dass,
wer an mich glaubt, nicht in der Finsternis bleibt.              Joh 12, 46

Ich bin für die Welt das Licht.
Wer sich mir anschließt, wird nicht in der Finsternis wandeln,
sondern er wird das Licht des LEBENS haben.                      Joh 8, 12

Da ihr das Licht habt, glaubt an das Licht,
damit ihr Söhne des Lichtes werdet!                              Joh 12, 36

Wenn man euch fragt: "Woher seid ihr gekommen?",
sagt zu ihnen: "Wir sind aus dem Licht gekommen,
dem Ort, wo das Licht durch sich selbst geworden ist." ...
Wenn man euch fragt: "Wer seid ihr?", sagt:
"Wir sind seine Söhne
und wir sind die Auserwählten des lebendigen Vaters". ...
                                                                 Log 50

Die »Apokalypse des Adam« ist ein Beispiel für die Menschen, an die zwar der Weckruf ergangen ist und die auch erwachen. Aber sie schlafen wieder ein.

Als Jesus zum Christus geworden war und mit Vollmacht (Mt 7, 29) zu lehren begann, war er etwa 30 Jahre alt (Lk 3, 23). Wie das Volk Israel nach 40-jähriger Wüstenwanderung im verheißenen Land ankam, so werden die 30 Jahre, in denen Jesus von Nazareth zum Christus, zum Auferstandenen wurde, symbolisch als vierzigtägiger[91] Aufenthalt in der Wüste beschrieben, wo er fastete und den drei großen Versuchungen widerstand, bis ihm schließlich die Engel dienten, d.h. bis ihm das Ideenreich zur Verfügung stand. Wüste (Steppe) ist ein Symbol für die irdische Welt (z.B. Mt 3,3). Und es heißt, dass er in dieser Wüste fastete: Er aß also nicht vom »Baum der Erkenntnis des Guten und des Bösen«.
Nun bringen wir Fasten zumeist mit Enthalten von Essen und Trinken in Verbindung. Es gibt aber auch ein geistiges Fasten. Dass allzu strenges körperliches Fasten keinen geistigen Erkenntnisgewinn bringt, sondern nur Leiden, das von der Versenkung abhält, haben viele erfahren, unter anderem auch Siddharta Gaudama, der sein Leiden durch Fasten ausführlich schildert. Er fährt dann fort: *Durch diese Lebensführung, durch diesen Wandel, durch diese Abtötung aber gelangte ich nicht zu dem höchsten von Menschen erreichbaren Zustand, zur völligen Erkenntnis edlen Wissens, und warum nicht? Weil ich jene edle Erkenntnis nicht erlangt hatte, welche,*

---

[91] Vgl. Exkurs Kybernetischer Regelkreis

*wenn sie erlangt ist, den sie Betätigenden zum gänzlichen Aufhören des Leidens führt und geleitet* (Uhlig, Buddha 58).

Ähnlich im Taoismus: *Bei Chuang-tzu heißt dieses Vergessen (das wir als »Suspendierung der Vorstellungs- und Gefühlsprozesse« bezeichnen) »Fasten des Herzens«. „Dein Ziel sei Einheit! Du hörst nicht mit den Ohren; du hörst nicht mit dem Verstand, sondern hörst mit der Seele. Das äußere Hören darf nicht weiter eindringen als bis zum Ohr; der Verstand darf kein Sonderdasein führen wollen, so wird die Seele leer und vermag die Welt in sich aufzunehmen. Und der Sinn [Tao] ist´s, der diese Leere füllt. Dieses Leersein ist fasten des Herzens* (Wilber, Bewusstsein 330).

Irving C. Tomlinson (1860-1944) praktizierte dieses Fasten und berichtet darüber: *Niemals eine Unvollkommenheit sehen, hören noch berichten, sondern zu allen Zeiten und unter allen Umständen nur das Gute - trotz des scheinbaren Gegenteils, das sich zeigen will.*

*Jeden Morgen, wenn ich meine Augen öffne, nehme ich mir dies aufs Neue vor und wiederhole es jede Stunde des Tages: Ich sehe Vollkommenheit; eine vollkommene Ursache und eine vollkommene Wirkung; einen vollkommenen GOTT und einen vollkommenen Menschen. Ich weigere mich, auch nur die geringste Unvollkommenheit zuzugeben in mir selbst - in meinen Freunden - in meinen Feinden - in meinen oder ihren Angelegenheiten - und in der ganzen Welt .*

*Ich nehme meinen radikalen Standpunkt von GOTT für jedes Ding, für jedermann und für alles, was ER machte, ein. Ich sehe auf die Welt mit GOTTES Augen und sehe sie, wie ER sie machte. Ich verwerfe es, sie irgendwie anders zu sehen. Ich wiederhole mir diesen Entschluss ein Dutzendmal am Tage und vergewissere mich, dass ich den Irrtum nicht wiederhole, um ihm einen Weg zur Furcht oder zur Kritik zu geben. Ich bewache meine Gedanken über die Leute, die Lahmen, die Alten, die Unliebenswürdigen, die Kranken, die Sinnlichen und die Sünder, welchen ich begegne. Ich nehme stets meinen radikalen Standpunkt, den Maßstab der Vollkommenheit ein, und ich will nicht, absolut will ich nicht auf meinen vollkommenen Standpunkt verzichten.*

*Die Resultate waren und sind wunderbar. Versuchen Sie es, und Sie werden vergessen, Ihre Brille zu tragen; sie wird nicht mehr nötig sein. Sie werden mit GOTTES Augen schauen und werden ein vollkommenes Universum sehen.*

*Die äußeren Umstände sind Bilder unserer eigenen Gedanken, und um die Bilder zu ändern, müssen wir unsere Gedanken ändern, die diese Bilder produzieren.*

In diesem Sinne wird sicherlich auch das Fasten Jesu zu verstehen sein, zumal ihn Matthäus (15, 18 f) sagen lässt: *Was aus dem Mund herausgeht, das kommt aus dem Herzen, und das macht den Menschen unrein. Aus dem Herzen kommen alle bösen Gedanken hervor.*

Johannes der Täufer war *eine Stimme eines Predigers in der Wüste ... und predigte die Bußtaufe zur Vergebung der Sünden ... er aß Heuschrecken und wilden Honig* (Mt 3, 1 – 3); Luther 84). Dieser »Prediger in der Wüste« ist eine Reminiszenz an Jesaja. Dort spricht der HERR: *Redet mit Jerusalem freundlich und predigt ihr. ... Es ruft eine Stimme in der Wüste: Bereitet dem HERRN den Weg, macht in der Steppe eine ebene Bahn unserem Gott!* (Jes 40, 1 ff). Man darf also davon ausgehen, dass Johannes der Täufer nicht in einer öden Wüste ins Nichts seine Botschaft gerufen hat, sondern zu den Einwohnern von Jerusalem sprach. »Wüste« steht also symbolisch für Die Welt und den geistigen Zustand in Jerusalem zur Zeit des Königs Hiskia.

Ebenso dürfen wir auch bei Jesus die »Wüste« symbolisch nehmen für die mentale Dunkelheit der Zeit, der er seine neue Botschaft verkünden wollte. Auch die »40«[92] ist symbolisch zu verstehen für die 30 Jahre seiner geistigen Entwicklung und Entfaltung in Ägypten und im *Galiläa der Heiden* (Jesaja 8, 23), eine Zeit, in der er sich vom Jesus von Nazareth in Jesus den Christus wandelte.

Nach der Wüsten-Erfahrung folgte die Meisterprüfung, »Jesu Versuchung« genannt:

1. Jesus soll aus Steinen Brot machen (Steine sind Symbol für wahre Ideen). Antwort: Das wahre Brot ist das Wort GOTTES. Jesus will also aus seiner Gotteserkenntnis keinen Broterwerb machen. *Ohne Bezahlung habt ihr es empfangen, ohne Bezahlung gebt es auch* (Mt 10, 8).

2. Jesus soll sich vom Tempeldach hinabstürzen, da ihm ja nichts geschehen könne. Antwort: Er will sich nicht als Heiler profilieren. Seine Macht ist nur dazu da, das Wirken Gottes zu demonstrieren. Jesus stößt auf Ablehnung in Nazareth: *Und er konnte dort nicht eine einzige Tat tun ... und er wunderte sich über ihren Unglauben* (Mk 6, 5 f).

3. Jesus wird alle Macht versprochen, wenn er den Herrscher dieser Welt anbetet. Nach der Speisung der Fünftausend sah Jesus, *dass das Volk kam, um ihn zum König zu machen, er entwich* (Joh 6, 15). Antwort: *Mein Reich ist nicht von dieser Welt ... Ich bin dazu geboren und dazu in die Welt gekommen, um für die WAHRHEIT zu zeugen* (Joh 18, 36 f).

Jesus ist zum »Retter« oder »Erlöser« geworden, indem er einen Ausweg zeigte. Den Weg gehen muss jeder selbst. Er machte sich zum Sohn GOTTES (Joh 15, 18 und 19, 7). Durch Jesus wurde die Christus-Idee, das geistige »Bild und Gleichnis GOTTES« mit den körperlichen Sinnen erfahrbar: *Was von Anfang an da war, was wir gehört, was wir mit unseren eigenen Augen gesehen, was wir betrachtet und was unsere Hände berührt haben vom LOGOS des LEBENS ... was wir also gesehen und gehört haben, das verkündigen wir auch euch, damit auch ihr Anteil habt mit uns. Unsere Gemeinschaft mit dem Vater aber bedeutet auch Gemeinschaft mit seinem Sohn Jesus dem Christus* (1 Joh 1-3).

Durch seinen Sohn, den Christus, wird das Wirken GOTTES in dieser Welt sichtbar: immerzu durch Heilen. *Und als die Sonne untergegangen war, brachten alle ihre Kranken mit mancherlei Leiden zu ihm. Und er legte die*

---

[92] Vgl. Exkurs Kybernetischer Regelkreis

*Hände auf einen jeden und machte sie gesund* (Lk 4, 40): *Mein Vater ist bis heute am Wirken, und ich wirke auch … Der Sohn ist nicht in der Lage, irgend etwas von sich aus zu tun, wovon er nicht sieht, dass es das Wirken des Vaters ist; denn was immer jener tut, das tut der Sohn in gleicher Weise.* (Joh 5, 17 und 19). GOTT ist immer am Wirken, er wirkt immerzu nur das Gute, niemals Böses: *Die Botschaft, die wir von ihm* [Christus] *gehört haben, besteht in folgendem: GOTT ist Licht und in ihm ist keinerlei Finsternis* (1 Joh 1, 5). Heilen heißt beweisen, dass GOTTES Schöpfung heil ist und niemals irgendwo mangelhaft war.

Jesus korrigiert den herrschenden Auferstehungsglauben.

In der Zeit von Jesus gab es unter den Juden zwei Strömungen: die der Pharisäer und die der Sadduzäer. Letztere *lehrten, es gebe keine Auferstehung* (Mk 12, 18). Die Vorstellungen der Pharisäer deckten sich im Großen und Ganzen mit den ägyptischen Vorstellungen vom Gericht nach dem Tode oder dem am Jüngsten Tage.

Jesus korrigierte diese Ansicht dahingehend, dass es überhaupt keinen Tod gibt und das Sterben nichts anderes als ein Einschlafen (Joh 11, 11) sei, da GOTT als LEBEN neben sich keinen Tod, kein Totsein kenne und zulasse: *GOTT ist kein GOTT von Toten, sondern von Lebenden, denn für ihn sind alle am LEBEN* (Lk 20, 38). Matthäus fügt hinzu: *Und die Zuhörer erschraken über seine Lehre* (22, 33). Durch die Auferweckung des Lazarus und anderer bewies er dies und machte es augenfällig.

Dem überlieferten Auferstehungsglauben stellte Jesus der Christus seine neue Lehre gegenüber: Die Stunde der Auferstehung kommt nicht eines fernen Jüngsten Tages, vielmehr ist die Stunde der Auferstehung **jetzt** schon da. Im ewigen Jetzt gibt es keinen Zeitbegriff:

Wirklich, es kommt die Stunde, ja sie ist jetzt schon da,
zu der die Toten die Stimme des Sohnes GOTTES hören werden,
und die sie vernommen haben, werden leben.
Wie der Vater das LEBEN in sich selber hat,
so hat er auch dem Sohn gegeben,
das LEBEN in sich selber zu haben. Joh 5, 25 f

Für den Menschen, der auferstanden ist aus den Toten, der also zum Christus, zum »Bild und Gleichnis GOTTES« geworden ist und ganz in der Gegenwart GOTTES lebt, gibt es kein weiteres Sterben mehr nach dem, was Tod genannt wird:

Als letzter Feind verliert der Tod seine Macht. 1 Kor 15, 26

Ich [Christus] bin die Auferstehung und das LEBEN.
Wer an mich glaubt, wird leben, auch wenn er stirbt.
Und jeder, der lebt und an mich glaubt,
wird auf ewig nicht sterben. Joh 11, 25 f

Auch der Offenbarer bekräftigt dies:
Dies ist die erste Auferstehung.
Selig und heilig, wer teilhat an der ersten Auferstehung.
Über sie hat der weitere Tod keine Macht,
sondern sie werden Priester GOTTES und des Christus sein, ...
Und ich sah einen neuen Himmel und eine neue Erde ...
Und ich hörte eine laute Stimme vom Thron her, die sagte:
Sieh da, das Zelt GOTTES bei den Menschen,
und er wird bei ihnen wohnen, und sie werden sein Volk sein,
und GOTT selbst wird bei ihnen sein.
Und er wird alle Tränen von ihren Augen wischen,
und den Tod wird es nicht mehr geben. Off 21, 1 ff

Und wie sieht das LEBEN in „jener Welt" aus? *Die Kinder dieser Welt heiraten und lassen sich heiraten. Die aber, die für würdig befunden wurden, jene Welt und die Auferstehung aus den Toten zu erlangen, heiraten nicht und lassen sich nicht heiraten. Sie können ja nicht mehr sterben, denn sie sind engelgleich, und als Kinder der Auferstehung sind sie Kinder GOTTES* (Lk 20, 34ff).
Dem liegt der Gedanke zugrunde, den Platon im Symposion äußert: dass alles Weiterzeugen nur dem Wunsch nach Weiterleben in den folgenden Generationen entspringt.

Jesus lehrt die Auferstehung als eine
gegenwärtige Möglichkeit

Jesus hatte sich zum Sohn GOTTES gemacht (Joh 19, 7)) und zeigte dann als Wanderlehrer seinen neuen Weg der Erlösung aus der irdischen Malaise (Hebr 10, 20). Die Evangelien schildern, wie ihm viele folgten (Mk 2, 15), manche sogar alles stehen und liegen ließen. So traf er Petrus und seinen Bruder Andreas beim Fischen an. Auf sein *auf, folgt mir warfen sie auf der Stelle ihre Netze weg und folgten ihm* (Mt 4, 19 f). Petrus war übrigens verheiratet (Mt 8, 14). Ein Levin, später Matthäus geheißen, saß gerade am Zolleinnehmertisch, als Jesus vorbeikam und ihn aufforderte, ihm zu folgen: *Und er stand auf und folgte ihm nach* (Mk 2, 14).
Außer dass der Eingang eng und der Pfad schmal sei (Mt 7, 14), gibt Jesus seinen Schülern und Nachahmern noch folgende Perspektive für ihre Zukunft:
... Wenn jemand mir nachfolgen will, soll er sich selbst verneinen,
sein Kreuz aufnehmen und mit mir gehen;
denn wer sein Leben (psyché) erhalten will, wird es verlieren.
Wer aber sein Leben (psyché) aufgegeben hat um meinetwillen,
der wird es finden. Mt 16,24 f

Wenn einer hinter mir hergehen will, soll er sich verleugnen,
sein Kreuz auf sich nehmen und mir nachfolgen.

Wer immer sein Leben (psyché) retten will, er wird es verlieren.
Wer immer sein Leben (psyché) verlieren wird
wegen mir [Christus] und meiner Botschaft, wird es retten.

Mk 8, 34 f

Er sagte aber zu allen: Wenn einer meinen Weg mitgehen will,
 soll er sich selbst verleugnen, täglich sein Kreuz hochnehmen
und mir folgen.
Denn wer sein Leben (psyché) bewahren will, wird es verlieren,
wer aber sein Leben aufgibt um meinetwillen [des Christus
wegen], der wird es erhalten.

Lk 9, 23 f

Dreimal also die Aufforderung, das Kreuz auf sich nehmen und sein Leben zu opfern. Muss man also sein Leben am Kreuz beenden, um es zu finden? Viele frühe Christen glaubten daran und wurden zu Märtyrern. Es heißt ja oftmals, dass sich seine Zuhörer bei seinen Worten entsetzten und sich fragten: *Wer kann denn da selig werden?* (Mt 19, 25). Sie sind nicht die einzigen, die da Zweifel haben. Kann denn der Tod die Pforte zum Leben sein und kann die himmlische Freude nur durch das allerqualvollste Sterben erlangt werden?
Logisch erscheint das nicht, besonders attraktiv ist es schon gar nicht. So dachten übrigens auch Petrus und Paulus. Petrus wollte aus Rom fliehen, um diesem Schicksal zu entgehen. Auch Paulus legte auf diese Art der Lebensfindung keinen Wert. Er berief sich auf sein römisches Bürgerrecht, um einer Kreuzigung zu entgehen.

Unvermutet findet sich diese Aufforderung, sein Kreuz zu tragen, auch im Evangelium des Thomas, allerdings nur einmal und wie isoliert Von einem blutigen Sühnopfer nach archaisch-mythischem Vorbild ist in der frühen Spruchsammlung des Thomas nichts zu finden.

Jesus sagte: Wer nicht seinen Vater hasst und seine Mutter,
 wird nicht mein Jünger sein können.
Und wer nicht seine Brüder hasst und seine Schwestern
und nicht sein Kreuz tragen wird wie ich,
wird meiner nicht würdig sein.

Log 55

Hier ist auf nicht vom *Kreuz auf sich nehmen* die Rede, sondern vom *Kreuz tragen*. Und dieses Kreuztragen ist nicht mit dem Gedanken verbunden, dass man sein Leben lassen müsse. Hier wird das Kreuztragen mit dem Hinweis verbunden, dass einer, der den Weg gehen will, sich nicht von seiner Verwandtschaft abhalten lassen darf, sich vielmehr von ihr lossagen müsse, weil die wahren Verwandten nicht die leiblichen, sondern die geistigen sind und weil der Mensch nur GOTT seinen Vater nennen darf (Mt 10, 37; 12, 46 ff; 19, 29).
Die ganze Radikalität des Christus-Weges kommt bei Matthäus zum Ausdruck:

Glaubt ja nicht, ich sei gekommen,
Frieden auf die Erde zu werfen;
ich bin nicht gekommen, Friede auf die Erde zu werfen,
sondern das Schwert.
Denn ich bin gekommen, den Menschen von seinem Vater,
die Tochter von ihrer Mutter und die Schwiegertochter
von ihrer Schwiegermutter zu entzweien.
Die Feinde des Menschen sind seine Verwandten.
Wer Vater oder Mutter mehr liebt als mich,
der ist meiner nicht wert;
und wer Sohn oder Tochter über mich stellt, ist meiner nicht wert.
Wer nicht sein Kreuz nimmt und mir nachfolgt,
ist meiner nicht wert.                                    Mt 10, 32-38

Zur Selbstverleugnung, zum Ablegen aller Familienbande mit der
Begründung: *Folge mir und lass die Toten ihre Toten begraben!* (Mt 8, 22)
kommt ja noch der Verzicht auf jeden Besitz (Mt 19, 22). Wer also Jesus
nachfolgt und den Christus-Weg einschlägt geht einen schweren Gang,
weil er sich von allen irdischen Dingen trennen muss. Er muss **täglich**
sein Kreuz tragen, **tagtäglich** eine schwere Bürde schultern: *Ihr werdet
allen verhasst sein wegen meines Namens* (Mk 13, 13)[93]. Er muss sein ganzes
bisheriges Leben für eine neue Auffassung von Leben aufgeben samt
seiner materiellen Identität, wenn er das Reich der geistig Toten
verlassen und sich an den Ausstieg aus der Höhle machen will. So sagte
schon der griechische Dichter Hesiod im 6. Jahrhundert vor: *Vor den
Erfolg haben die unsterblichen Götter den Schweiß gesetzt, lang und steil ist der
Pfad bis dahin.*

Was heißt dieses: *Wer sein Leben (psyché) erhalten will, wird es verlieren.
Wer aber sein Leben (psyché) aufgegeben hat um meinetwillen, der wird es
finden?* Dazu müssen wir zunächst eine andere Bibelstelle betrachten. Im
Johannes-Evangelium findet sich eine irritierende Geschichte: *Unter
denen, die hinaufgingen, um an dem Fest zu beten, waren aber auch einige
Griechen[94]. Die gingen auf Philippus aus Bethsaida in Galiläa zu und baten ihn:
Herr, wir möchten Jesus sehen. Philippus geht und sagt es Andreas, Andreas
und Philippus gehen und sie sagen es Jesus.*
Und nun hätte man eigentlich erwartet, dass Jesus sich ihnen zeigt und
mit ihnen spricht – oder auch nicht. Doch hören wir nichts dergleichen,
sondern lediglich, was Jesus den beiden Jüngern antwortet:
Die Zeit ist gekommen, dass der Menschensohn
in seiner Vollkommenheit zum Ausdruck gebracht wird.
                                                    Johannes 12, 20-23

---

[93] Ähnliche Leidensprophezeihungen bei Mt 10, 16 ff und Lk 21, 12 ff
[94] Zum Judentum konvertierte Griechen, Proselyten

Hier wird also von Johannes ausdrücklich gesagt, dass die Christus-Lehre, deren Licht Jesus in die Welt brachte, erst durch die Begrifflichkeit und das Instrumentarium der griechischen Philosophie als vernünftige Wissenschaft dargestellt werden wird.

Die Stelle wie bei Matthäus (16, 25): *Wer sein Leben* (psyché) *erhalten will, wird es verlieren. Wer aber sein Leben* (psyché) *aufgegeben hat um meinetwillen, der wird es finden,* und die anderen eingangs zitierten Stellen bei Markus und Lukas werden erst verständlich, wenn wir diese Überlieferung bei Johannes (Joh 12, 25) nachlesen, der tieferes Verständnis in der griechischen Sprache hatte:

Wer sein Leben (psyché) liebt, richtet es zugrunde.

Und wer sein Leben (psyché) in dieser Welt geringschätzt, der wird es ins ewige LEBEN (zoé) hinüberretten.

Das Johannes-Evangelium unterscheidet also klar zwischen dem »Leben in dieser Welt«, das der materiellen Psyche angehört, und dem wahren LEBEN, zoé genannt.

Das griechische psyché bedeutet: Hauch, Atem, Leben; Seele. Zoé ist ewiges LEBEN. Hier stehen sich also zwei grundverschiedene Menschenbilder gegenüber: Adam, dessen Ego von der Psyche geschaffen wird, und Christus, das Bild und Gleichnis GOTTES, die göttliche Identität des Menschen. Der Adam der Paradiesparabel ist Erde und wird belebt, indem ihm sein Schöpfer psyché in die Nase bläst. Diesem Menschen prophezeit sein Schöpfer: *Staub bist du und zu Staub sollst du werden* (1 Mos 3, 19). Der Prophet Jesaja (2, 22) mahnt: *So lasset nun ab von dem Menschen, der Odem in der Nase hat; denn für was ist er zu achten?* (Lutherübersetzung). Christus dagegen ist der vollkommene Mensch des sechsten Schöpfungstages. Ihm eignet zoé – ewiges LEBEN. Wer das Christus-Paradigma, also seine göttliche Identität, annimmt, *hat das ewige LEBEN und ... hat den Schritt aus dem Tod ins LEBEN bereits gemacht* (Joh 5, 24). *Stellt euch GOTT an die Seite wie solche, die aus dem Reich der Toten jetzt im LEBEN sind* (Röm 6, 13). Dazu gehört in erster Linie die »Selbstverleugnung«, gewissermaßen die »Kreuzigung« des von der Psyche projizierten Ego, von dem Paulus immer wieder spricht[95]:

✳

Weil es für das rechte Verständnis des Johannes-Evangeliums sehr wichtig ist, sei an dieser Stelle nochmals darauf hingewiesen: Jesus hat sich völlig mit der Christus-Idee identifiziert. Gleich der Johannes-Prolog weist darauf hin, ebenso der Anfang des ersten Johannesbriefes. Auch wo Paulus von »Christus Jesus« spricht statt von »Jesus dem Christus«, meint auch er den Christus, wie ihn Jesus verkörperte. Wenn wir also bei Johannes lesen *ich sage euch,* lehrt immer der Christus.

---

[95] z.B. Röm 6, 6 Gal 2, 19; 5, 24; 6, 14

Während Jesus mit den ihn begleitenden Schülern auf dem Weg zu dem inzwischen verstorbenen Lazarus ist, sagt er zu ihnen: *Unser Freund Lazarus ist eingeschlafen, doch ich gehe hin, ihn aus dem Schlaf aufzuwecken* (Joh 11, 11). Wenn es nämlich neben GOTT, LEBEN, keinen Tod geben kann, dann ist das, was die Sterblichen Tod nennen, lediglich ein Schlaf, eine Art Bewusstlosigkeit. Daraus wird er ihn später auf(er)wecken, denn GOTT *ist nicht ein* GOTT *von Toten, sondern von Lebenden, denn für ihn sind alle am Leben* (Lk 20, 38).

Als Jesus dann nach Bethanien kommt, liegt Lazarus bereits den vierten Tag im Grab, und die Verwesung hat schon begonnen. Der Schwester verheißt er: *Dein Bruder wird auferstehen.* Als sie ihm antwortet: *Ich weiß, dass er auferstehen wird am Jüngsten Tag,* korrigiert Jesus diesen veralteten Auferstehungsglauben sofort:

ICH [Christus] **bin** die Auferstehung und das LEBEN (zoé).
Wer an mich glaubt, wird leben, auch wenn er stirbt.
Und jeder, der lebt und an mich glaubt,
wird in Ewigkeit nicht sterben.                                 Joh 11, 25,f

Jesus sagt also keineswegs: Ich, Jesus, werde auferstehen. Vielmehr sagt der Christus: Der Zeitpunkt der persönlichen Auferstehung ist **jetzt**. Dieses Leben ist dazu da, um aufzuwachen aus dem Todesschlaf, dem Traum der Gottesferne. Jetzt, in diesem Leben, muss man zum Christus werden nach dem Beispiel von Jesus. Dann ist dieser Tod das letzte Sterben, dem kein zweiter Tod, keine neuerliche Reinkarnation, folgen wird.

Das Johannes-Evangelium berichtet, wie ein Pharisäer *mit Namen Nikodemus, einer von den Oberen der Juden* bei Nacht zu Jesus kam, um mit ihm über Weiterleben und Wiedergeburt zu sprechen. Jesus belehrte ihn:

Wenn einer nicht von oben geboren worden ist,
kann er das Reich GOTTES nicht sehen.
Nikodemus fragte ihn: Wie kann ein Mensch geboren werden,
wenn er schon alt ist? Kann er ein zweites Mal in den Leib seiner
Mutter eingehen und geboren werden? ...
Jesus antwortete ihm: ... Was aus Materie entstanden ist,
ist Materie, was aus GEIST entstanden ist, ist GEIST.
Verwundere dich nicht, wenn ich dir sage,
ihr müsst von oben geboren werden. ...
Noch keiner hat den Aufstieg in den Himmel geschafft
außer dem, der aus dem Himmel herabgestiegen ist:
der Sohn des Menschen, der (immer) im Himmel ist.
                                                             Joh 3, 3-13

Wenn also kein Sterblicher den Aufstieg in den Himmel schafft, dann ist es umsonst, wenn man sich abstrampelt, wenn einer sein Fleisch abtötet, Ablässe kauft und GOTT auf den Knien bittet um Erlösung von einer vom Urvater begangenen Schuld, um Erlösung vom Tod und um ein

ewiges LEBEN. der Mensch muss lediglich die WAHRHEIT erkennen, die ihn frei macht (Joh 8, 32).
In den folgenden Texten ist das Wort »**erhöhen**« für das Verständnis das Schlüsselwort. In obigem Gespräch mit Nikodemus setzt Jesus seine Belehrung folgendermaßen fort:
Genau wie Moses in der Wüste die Schlange **erhöht** hat,
so muss auch der Menschensohn **erhöht** werden,
damit jeder, der auf sie vertraut, das ewige LEBEN hat.
Denn so sehr hat GOTT der Welt seine LIEBE erwiesen,
dass er seinen einzigen[96] Sohn [Christus] gab,
damit jeder, der auf ihn vertraut, nicht verdirbt,
sondern das ewige LEBEN hat.                                        Joh 3, 14-16

Jesus spielt hier auf eine Episode bei der Wüstenwanderung der Israeliten an, die in 2 Mos 21, 5-9 erzählt wird: Das Volk hatte aufbegehrt gegen den HERRN. *Und der HERR schickte todbringende Schlangen ins Volk, und sie bissen die Leute, und viele starben von den Söhnen Israel.* Mose konnte durch seine Gebete das Übel abwenden. *Und es sprach der HERR zu Mose: Mach dir eine Schlange und setze sie auf ein Feldzeichen. Und es wird sein, dass, wenn eine Schlange einen Menschen gebissen hat, jeder Gebissene, der sie ansieht, leben wird. Und Mose machte eine eherne Schlange und setzte sie auf ein Feldzeichen, und es geschah, wenn eine Schlange einen Menschen gebissen hatte, schaute er die eherne Schlange an und blieb am Leben.*

Die todbringende Schlange, die auf der Erde kriecht, wurde also als eherne Schlange auf die Spitze eines Feldzeichens gesetzt, gewissermaßen über die irdisch-vergängliche Sichtweise hinaus **erhöht**, und wer zu ihr aufsah, der wurde geheilt. Was heißt nun **erhöhen**? Bei Lukas (2, 14) heißt es, im Gegensatz zu den Menschen auf Erden wohne GOTT in der **Höhe**. Den Menschensohn **erhöhen** heißt also: das Verständnis vom »Menschen« aus „dieser Welt" hinausheben, es auf eine höhere Stufe des Bewusstseins heben, denn der gottgeschaffene Mensch des 6. Schöpfungstages ist nie von GOTT abgefallen, nie von seinem Schöpfer verflucht und mit allen Übeln belastet worden. Der Sohn des Menschen ist immer im Himmel, er ist bei Gott in der **Höhe**.

Die materielle Welt stolpert von einer Krise in die nächste. Menschliche Ideologien steigen auf und erleben ihren unvermeidlichen Sturz im ewigen Rad der Fortuna:
Dieses Weltbild ist jetzt in der Krise.
Jetzt muss der Herrscher über diese Welt verbannt werden.
Und wenn ich [Christus] aus dem irdischen Bereich hinaus **erhöht** werde, werde ich alle an mich ziehen.
(Aber das sagte er, weil er anzeigen wollte,

---

[96] Joh 1, 14

durch welchen Tod er sterben werde.)
Da antwortete ihm die Menge: Wir haben aus dem Gesetz gehört,
dass der Christus für alle Ewigkeit bleibt,
und wie kommst du dann dazu, zu sagen,
dass der Sohn des Menschen **erhöht** werden muss?
Wer ist dieser Sohn des Menschen?
Da sprach Jesus zu ihnen: Kurze Zeit noch ist das Licht bei euch.
Wandelt, da ihr das Licht habt,
damit die Finsternis euch nicht überwältigt.
Wer in der Finsternis umhergeht, weiß nicht, wo er hinkommt.
Da ihr das Licht habt, glaubt an das Licht,
damit ihr Söhne des Lichtes werdet!                    Joh 12, 31-36

Beachten Sie zunächst den in Klammern gesetzten Vers, den ein Be-
arbeiter in das Evangelium eingefügt hat. Dieser spätere Vers legt eine
falsche Spur. Er will den Sinn der Jesusworte in ihr gerades Gegenteil
verkehren.
Die Anfangsverse mit dem Herrscher über diese Welt erinnern an die
vorn angeführte »Apokalypse des Adam«. In diese Adam-Welt ist mit
Jesus der Christus gekommen als ein erlösendes Licht, das aus der
Finsternis des Todes ins LEBEN führt:
Ich [Christus] bin für die Welt das Licht.
Wer sich mir anschließt,
wird nicht in der Finsternis herumlaufen,
sondern er wird das Licht des LEBENS haben.          Joh 8, 12

*Und Jesus sprach zu ihnen* [zu den Juden]: *Ihr seid von denen unten, ich*
[Christus] *aber bin von denen oben. Ihr seid aus dieser Welt, ich bin nicht aus
dieser Welt* (Joh 8, 23). Das alte Menschenbild der Paradies-Parabel gilt
nicht mehr. Die Christliche Bibel, Neues Testament genannt, greift das
Menschenbild des 6. Schöpfungstages auf:
Das Gesetz[97] wurde durch Mose gegeben, die Gnade und
WAHRHEIT ist durch Jesus Christus zuteil geworden. Joh 1, 17

Weiter:
Wenn ihr den Sohn des Menschen **erhöhen** werdet,
dann werdet ihr erkennen, dass ich es bin und nichts von
mir aus tue, sondern dass ich das sage,
wie mich der Vater gelehrt hat.                    Joh 8, 28

Der Christus ist als Bild und Gleichnis GOTTES, das ewige Wirken des
Schöpfers durch seinen Christus. Der Mensch darf keinen anderen als
Schöpfer oder Vater anerkennen[98].

---

[97] Gesetz = Thora oder Pentateuch, die Mose-Bücher 1-5
[98] Vgl. erste Bitte im »Gebet des Herrn«

Im Thomas-Evangelium lehrt Jesus:
Wenn man euch fragt "Woher seid ihr gekommen?",
sagt zu ihnen: "Wir sind aus dem Licht gekommen, dem Ort,
wo das Licht durch sich selbst geworden ist." ...
Wenn man euch fragt: "Wer seid ihr?", sagt:
"Wir sind Seine Söhne und wir sind die Auserwählten
des lebendigen Vaters". ...                                    Log 50

## Die Verklärung Jesu

Jesus hat erst, nachdem er zum Christus geworden war, mit der
Verkündung seiner »Frohen Botschaft« begonnen. Der zum Christus
gewordene Jesus, der Auferstandene, findet seine bildliche Darstellung
in den drei synoptischen Evangelien unter dem Titel »Verklärung«. Im
Alten Ägypten findet sich die Verklärung in den »Totenbüchern« schon
vor. Hier werden diejenigen Verstorbenen als »die Verklärten« bezeichnet, die im Totengericht freigesprochen wurden und jetzt im Totenreich
auf ihre Ausfahrt mit dem Sonnengott, der in der Nacht sein Licht in die
Unterwelt bringt, warten.

Der Bericht des Matthäus:
Nach sechs Tagen nimmt Jesus Petrus, Jakobus
und seinen Bruder Johannes beiseite und
führt sie auf einen hohen Berg abseits.
Und er wurde verwandelt vor ihnen.
Sein Gesicht begann zu leuchten wie die Sonne,
seine Gewänder aber wurden weiß wie das Licht.
...
Noch während er sprach, siehe,
eine lichte Wolke überschattete sie, und siehe,
eine Stimme aus der Wolke sprach:
Dieser ist mein geliebter Sohn,
an dem ich Wohlgefallen gefunden habe.
Hört auf ihn!                                              Mt 17, 1-5

Diese Darstellung ist ganz nach der jüdischen Vorstellungswelt gemalt.
Das Evangelium des Matthäus richtet sich ja hauptsächlich an die Juden.
Nach sechs Tagen kommt der 7. Schöpfungstag: die Stufe der Voll-
endung. Der hohe Berg liegt **erhöht** über der Ebene, es ist der
»Gottesberg« (2 Mos, 24, 13), deutlicher bei Lukas (9, 28), der von **dem** Berg
spricht. Die Bergspitze bedeutet unmittelbare Nähe zu GOTT.
Jesus *wurde verwandelt vor ihnen.* Der griechische Text zeigt, dass es sich
um eine Metamorphose handelt. Wie die Libelle aus dem schwarzen
Käfer steigt und sich in eine neue Dimension erhebt, so wurde bei seiner
Auferstehung aus Jesus dem Sohn des Josef der Sohn GOTTES: Jesus der
Christus.

*Sein Gesicht begann zu leuchten*: Und die da lehren, werden leuchten wie des Himmels Glanz, und die viele zur Gerechtigkeit weisen, wie die Sterne immer und ewiglich. Daniel 12, 3 (Luther 84)

Und die Herrlichkeit des HERRN ließ sich nieder auf dem Berg Sinai, und die Wolke bedeckte ihn 6 Tage, und am 7. Tage erging der Ruf des HERRN an Mose aus der Wolke. Und die Herrlichkeit des Herrn war anzusehen wie ein verzehrendes Feuer auf dem Gipfel des Berges. 2 Mos 24, 16 f (Luther 84)

*Dieser ist mein geliebter Sohn*: Bei der Geburt des Gottessohnes singen die himmlischen Heerscharen: Auf der Erde ist bei **den** Menschen Friede, die vor ihm Wohlgefallen finden. Lk 2, 14

*Hört auf ihn!* Der Sohn GOTTES, Christus, ist der Lehrer: *Lasst euch nicht Lehrer nennen; denn einer ist euer Lehrer: Christus* (Mt 23, 10). Der Christus sagt von sich, dass er die WAHRHEIT ist, die Wahrheit über das wahre Selbst des Menschen, zu dem wir auferstehen müssen.

Der Weg aus *dieser Welt* zur Erkenntnis der wahren Identität des Menschen wird das brauchen, was wir Menschen Zeit nennen. Wir wissen nicht, wie lange die 40 Tage gedauert haben, die Jesus in der Wüste verbrachte, wie viel Zeit es für ihn brauchte vom Erwachen bis zur Auferstehung. Die Zahl 40 ist eine Symbolzahl genau wie beim 40-tägigen Aufenthalt Moses auf dem Gottesberg (2 Mos 24, 18)[99]. Daher schrieb Johannes an seine Schüler: *Seht doch, was für eine Liebe uns der Vater erwiesen hat: Wir wurden »Kinder GOTTES« genannt, und wir sind es auch. Deswegen erkennt uns die Welt nicht an. Sie hat ja ihn nicht verstanden. Meine Lieben, schon jetzt sind wir Kinder GOTTES. Und doch ist das, was wir sein* **werden***, noch nicht voll zum Ausdruck gebracht worden. So viel jedoch wissen wir: Wenn unsere Identität zu Tage getreten ist, werden wir ihm qualitativ gleich sein, und wir werden ihn so sehen, wie er ist. Und jeder, der diese Aussichten hat, zu ihm zu gelangen, der macht sich genauso heilig, so wie* GOTT *heilig ist* (1 Joh 3, 1-3).

Wenn wir Johannes glauben, dann gleichen wir einem jungen Vogel, der noch nicht aus dem Ei geschlüpft ist. Bevor er frei werden und sich in neue Dimensionen aufschwingen kann, muss er zuerst die harte Eierschale von innen aufpicken.

---

[99] Vgl. Exkurs Kybernetischer Regelkreis

# Kapitel 10

## Der Satan und seine Dämonen

€ s war ein Mann im Lande Uz, der hieß Hiob. Der war fromm und rechtschaffen, gottesfürchtig und mied das Böse. ... Es begab sich aber eines Tages, da die Gottessöhne kamen und vor den HERRN traten, kam auch der Satan unter ihnen. ... Der HERR aber sprach zu Satan: Hast du achtgehabt auf meinen Knecht Hiob? Denn es ist seinesgleichen nicht auf Erden, fromm und rechtschaffen, gottesfürchtig und meidet das Böse. Der Satan antwortete dem HERRN und sprach: Meinst du, dass Hiob Gott umsonst fürchtet? Hast du doch ihn, sein Haus und alles, was er hat, ringsumher beschützt. Du hast das Werk seiner Hände gesegnet, und sein Besitz hat sich ausgebreitet im Lande. Aber strecke deine Hand aus und taste alles an, was er hat: was gilt´s, er wird dir ins Angesicht absagen! Der HERR sprach zu Satan: Siehe, alles, was er hat, sei in deiner Hand; nur an ihn selbst lege deine Hand nicht. Da ging der Satan hinaus von dem HERRN (Hiob 1-12).

### Der Herrscher oder Fürst dieser Welt[100]

Die Apokalypse des Johannes ist erst sehr spät und nach vielen Kontroversen in den Kanon der Christlichen Bibel aufgenommen worden. Sie benutzt für die Psyche noch ganz die altorientalischen Bildsymbole. Die Schlange aus der Paradies-Parabel begegnet uns jetzt als *ein großer roter Drache mit sieben Köpfen und zehn Hörnern und auf seinen Köpfen sieben Kronen* (Off 12, 3). Der große Drache ist *die alte Schlange, Diabolos und Satan genannt, die die ganze Welt in die Irre führt* (Off 12, 9). Diese alte Schlange verklagt den Menschen vor GOTT bei Tag und bei Nacht (Off 12, 10). Das griechische »diábolos« heißt denn ja auch »Verleumder«. Die Psyche spricht den Menschen in einem fort schuldig vor GOTT. Sie redet ihm sogar ein schlechtes Gewissen ein für Taten, zu denen sie ihn mit großen Versprechungen angestiftet hat.
Im 9. Kapitel erleben wir, wie aus einer Zisterne des Chaosabgrunds Rauch aufsteigt (der Rauch Ahrimans), der Sonne und Luft verfinstert und aus dem Heuschrecken mit der Gewalt von Skorpionen aufsteigen, die den Menschen Schaden zufügen. Hier hinein wird im 20. Kapitel der Drache, auch alte Schlange, Diabolus oder Satan geheißen, für tausend Jahre geworfen.

In den Evangelien und Apostelbriefen begegnet uns nicht mehr die altorientalische Abgrundsschlange und auch nicht der Rauch Ahrimans. Hier finden wir **Satan** vor, den Gegner oder Gegenspieler GOTTES. Der **Widersacher** ist auch Prozessgegner. Er würde niemals sagen: *Nicht mein Wille geschehe, sondern der deine* (Lk 22, 42). Der **Diabolus** – meist als Teufel

---

[100] Vgl. Exkurs Psyche

übersetzt – ist der Verleumder, der der Wahrheit einfach die entsprechende Unwahrheit als Gegenbehauptung entgegenstellt wie Ahriman. Wir begegnen ferner dem **Starken** und dem **Herrscher dieser Welt**, von Paulus auch **Weltherrscher dieser Finsternis** genannt. Im ersten Johannesbrief (5, 18 f) ist es der **Böse**, in dessen Herrschaftsbereich die ganze Welt liegt.

Die Psyche ist der Starke:
> Wie kann einer in das Haus des Starken eindringen
> und seinen Hausrat rauben, wenn er nicht zuerst den Starken
> gefesselt hat? Dann erst wird er sein Haus ausrauben.      Mt 12, 29

»Haus« ist Symbol für Bewusstsein. Die Psyche beansprucht Schöpfer eigener Ideen zu sein. Was sie schafft sind aber nur Idole. Diesen Hausrat, alles falsche Vorstellungen, die Ideen sein wollen, gilt es auszuräumen und durch die wahren Ideen zu ersetzen. Der Hausrat des Starken ist im Herzen, im Bewusstsein, und sieht so aus:
> Aus dem Herzen kommen alle bösen Gedanken hervor:
> Mord, Ehebruch, Unzucht, Diebstahl, Falschaussage,
> üble Nachrede. Diese Dinge nehmen dem Menschen seine Weihe.
> Mt 15, 19

Ähnlich bei Markus:
> Aus dem Innern, dem Herzen der Menschen,
> gehen die bösen Gedanken aus: Unzucht, Diebstahl, Morde,
> Ehebruch, Habgier, Bosheiten, Hinterlist, Hemmungslosigkeit,
> neidischer Blick, Lästerung, Überheblichkeit und Unvernunft.
> All diese Übel haben ihren Ausgangspunkt im Innern
> und entweihen den Menschen.      Mk 7, 20 ff

Paulus nennt noch weiteren Hausrat der Psyche:
> Sexismus, Korruption, Suchterscheinungen,
> Satanismus, Manipulation, politische Feindschaften,
> Zerstrittensein, religiöser Wahn, Emotionen, Prozesssucht,
> Parteiungen, Rassismus, Neid, Alkoholismus,
> Konsumzwang und dergleichen.      Gal 5, 19-21

Es gilt, die Schlange, das Sprachrohr und Projektionsgerät des Bösen, zu fesseln, die Psyche also am Wirken zu hindern, nicht sie zu töten – wir sollen ja nicht aus dem Leben scheiden, sondern uns mit ihr vertragen, solange wir in dieser Welt mit ihr auf unserem Weg (der Besserung) sind (Mt 5, 25).

Die Auffassung von einem biologischen Leben, wie es aus der sterblichen Psyche kommt, lehnt der Christus bei Johannes ausdrücklich ab und setzt ihr seine Auffassung von LEBEN entgegen:

Wer sein Leben (psyché) liebt, richtet es zugrunde.
Und wer sein Leben (psyché) in dieser Welt geringschätzt,
der wird es ins ewige LEBEN (zoé) hinüberretten.        Joh 12, 25

Die Psyche als Diabolus, Verleumder, entwirft auch ein falsches
Menschenbild. Sie stellt dem vollkommenen »Bild und Gleichnis
GOTTES« den von Jahwe verfluchten Adam entgegen, nennt ihn den
Vater des Menschen und verurteilt ihn damit zum Tode:
> Der Diabolos war schon immer
> ein Mörder des Menschen aus Prinzip,
> und er hat keinen Bestand in der WAHRHEIT,
> weil keine Wahrheit in ihm ist.
> Immer wenn er die Lüge redet,
> redet er von seinen eigenen Dingen;
> denn er ist ein Lügner und der Vater des Irrtums.        Joh 8, 44

Die Psyche glaubt, wie Heraklit erkannte, ihren eigenen, privaten Logos
zu haben. In ihrer Traumwelt projiziert sie mit Hilfe der Organe ein
eigenes Ego, ein persönliches Weltbild und schafft mit ihren Wunschvorstellungen und Wertungen eigene „Ideen", die aber nur Idole sind,
Irrlichter, die *Irrsal und Wirrsal* stiften. Das Weltbild, das so entsteht, *liegt
im Argen:*
> Wir wissen, dass wir auf Seiten GOTTES sind
> und dass die gesamte Welt im Bereich des Bösen liegt.        1 Joh 5, 19

Daher gilt der Kampf gegen das Böse nicht den Menschen, die ja selbst
schon Opfer falscher Ideologien geworden sind. Der Kampf gilt eben
diesen falschen menschlichen Ideologien:
> Unser Kampf ist kein Kampf gegen Fleisch und Blut,
> sondern gegen die Machtbereiche,
> gegen die Herrschaftsansprüche,
> gegen die Weltherrscher dieser Finsternis,
> gegen die bösartigen mentalen Mächte unter dem Himmel.
>                                                        Eph 6, 12

Und so wird denn die Psyche bei Johannes auch Fürst oder Herrscher
über diese Welt genannt. Doch er wird seine Macht verlieren:
> Dieses Weltbild ist jetzt in der Krise,
> jetzt muss der Herrscher über diese Welt verbannt werden.
>                                                        Joh 12, 31

> Der Herrscher über diese Welt ist schon gerichtet.        Joh 16, 11

Es gilt, das Haus des Bewusstseins vom Hausrat/Unrat der Psyche zu
reinigen (1 Joh 3, 3) und mit den göttlichen Ideen einzurichten:
> Selig die reinen Herzens sind; denn sie werden GOTT sehen.
>                                                        Mt 5, 8

Wer sich so zum Christus gemacht hat, kann wie Jesus sagen:
Es kommt der Herrscher über diese Welt,
und in mir ist nichts, was ihm gehört.                    Joh 14, 30

## Die Austreibung von Dämonen

In der Alten Welt war der Glaube, dass der Mensch von Dämonen und
bösen Geistern heimgesucht werden könne, so verbreitet und fest
verankert wie heutzutage der Glaube an Infektionen durch Bakterien
und Viren. Durch die Quantenphilosophie ahnen wir, dass alle unsere
Gedanken ins Reich der Potentiale eingespeist werden und somit
omnipräsent sind. *Wenn Gott die Stadt nicht bewacht*[101] – wenn das wahre
Bewusstsein nicht wachsam ist, können sie durch das Gesetz der
Resonanz eindringen und Schaden anrichten[102]. Bei Paulus (Eph 6, 10 ff),
häufiger noch in der Gnosis[103] wird vom Wirken negativer Potentiale
berichtet

Die Christliche Bibel spricht nicht von Teufelsaustreibungen, sie benutzt
vielmehr das Wort »Dämonen« (daimones), öfters aber das Neutrum
»dämonische Mächte« (daimónia), dies immer im negativen Sinne.
Ansonsten werden auch »unreine Geister« ausgetrieben.
Besessenheit durch Dämonen und unreine Geister meint einen unreinen
Geisteszustand, falsche, widergöttliche Vorstellungen in der Mentalität
der Sterblichen, fixe Ideen und Wahnvorstellungen, von denen sie wie
besessen sind, beherrscht und umgetrieben werden. Hat ein solches
unreines Bewusstsein Macht, so richtet es immer großen Schaden an,
früher und heute noch, wie Platon zeigt: *In seiner Verlassenheit aber zieht
(ein solcher Mensch) noch andere, die Seinesgleichen sind, auf seine Seite. Er
tanzt aus der Reihe und bringt damit zugleich die gesamte Gesellschaftsordnung ins Wanken. Und auf viele macht er großen Eindruck. Es dauert aber
gar nicht lange, und er zahlt an Dike eine empfindliche Strafe: Er hat sich
persönlich, sein Haus und den Staat von Grund auf ruiniert* (Gesetze 716).
Heraklit, der große Aufklärer von Ephesos, spricht an einer berühmten
Stelle vom Daimon:
Die Denkart ist für den Menschen sein Daimon (B 119).

Glücklich heißt im Griechischen eudaimon (mit einem guten Daimon),
unglücklich heißt kakodaimon (mit einem schlechten/bösen Daimon).
Seine Denkart bildet den Charakter eines Menschen. So heißt es im
Talmud: *Achte auf deinen Charakter; denn er wird dein Schicksal.* Denkart
oder Charakter sind das Wirksal, die große Schicksalsmacht.

---

101  Ps 127, 1
102  Mt 12, 43 ff
103  Exkurs Hellenismus und Gnosis

In den drei synoptischen Evangelien treibt Jesus viele Dämonen aus. Heißt das, dass er auch selber an die tatsächliche Existenz solcher widergöttlichen Wesenheiten glaubte? Bilden Sie sich selbst ein Urteil. Als sich Jesus am Jordan von Johannes taufen lassen will, entgegnet ihm der Täufer, dass eher er selber Jesu Taufe bräuchte. Doch der entgegnet, er solle es zulassen, weil es der Sitte der Gegenwart entspräche (Mt 3, 15). Das Johannes-Evangelium berichtet von einem Gebet des Meisters mit der Bitte, dass GOTT offenbar werden möge. Als eine Stimme aus dem Himmel erklärte, dies sei geschehen und werde wieder geschehen, sagte die Menge: *Es hat gedonnert. Andere sagten: Ein Engel hat mit ihm gesprochen.* Jesus darauf: *Nicht meinetwegen hat es diesen Laut gegeben, sondern um euretwillen* (Joh 12, 28 ff). Ein Geschehen auf einer höheren Ebene übersetzt sich zu jedem mentalen Zustand anders. Die Christliche Bibel benutzt dazu das Bild vom Brotbrechen (z.B. Mt 14, 19): Das Brot wird für kleine Kinder in kleinere Stücke gebrochen als für Erwachsene.

Aus Maria von Magdala soll Jesus 7 dämonische Mächte ausgetrieben haben (Mk 16, 9). Auch heißt es bei Matthäus: *Er rief seine zwölf Schüler zusammen und gab ihnen die Macht über die unreinen Geister, sie auszutreiben und jede Seuche und Krankheit zu heilen* (Mt 10, 1). Und bei Markus verheißt Jesus allen diese Gabe, die an den von ihm verkündeten Christus glauben: *Folgende Dinge werden denen, die den Glauben annehmen, als Beweise folgen: In meinem Namen werden sie Dämonen austreiben ...* (Mk 16, 17).
Von einer Dämonenaustreibung wird bei Markus (5, 1 ff) ausführlich berichtet: *Als er aus dem Schiff stieg, begegnete ihm aus den Grabhöhlen ein Mensch in einem unreinen Geist(eszustand), der seine Wohnung in den Grabhöhlen hatte, und keiner konnte ihn fesseln, auch nicht mit Ketten. ... Als er aber Jesus aus der Ferne sah, rannte er auf ihn zu, warf sich vor ihm zu Boden und schrie mit lauter Stimme: Was habe ich mit dir zu tun, Jesus, du Sohn des höchsten Gottes? Ich beschwöre dich bei Gott, quäle mich nicht! Denn er sprach zu ihm: Tritt aus, du unreiner Geist, aus dem Menschen. Und er fragte ihn: Was ist dein Name? Und er antwortete: Legion*[104] *ist mein Name; denn wir sind viele. ... Es war aber dort bei dem Berg eine große Schweineherde beim Weiden. Und sie baten ihn und sagten: Schick uns in die Schweine, dass wir in sie hineingehen. Und er gestattete es ihnen. Und die unreinen Geister gingen heraus* und *in die Herde hinein, und es stürmte die Herde den Hang hinab ins Meer, an die 2000, und sie ertranken im Meer. Die Schweinehirten flohen und brachten die Kunde in die Stadt und das Umland, und sie kamen, um zu sehen, was geschehen war. Sie kamen zu Jesus und sahen den von Dämonen Geplagten, der die Legion in sich gehabt hatte, sitzen, bekleidet und vernünftig. Und sie gerieten in Furcht.*

---

[104] Eine römische Legion hatte zu dieser Zeit 2000 Mann.

Hat Jesus an den Teufel oder an Dämonen geglaubt als an eine reale Gegenmacht gegen GOTT? Mit Sicherheit nicht, denn Seiendes kann man nicht zerstören, man kann nur Trugbilder oder Wahnvorstellungen dazu bringen, dass sie sich in nichts auflösen. Doch um sich Menschen auf einer niedrigeren Bewusstseinsstufe verständlich zu machen, muss man sich ihrer Sprache und Vorstellungswelt bedienen. Es hilft einem von Wahnvorstellungen Besessenen nicht, dass man zu ihm sagt: Es gibt solche Wahnideen in Wahrheit nicht.

Wenn wir die Symbolik, wie sie in den Schöpfungstagen dargelegt ist, gewärtig haben, können wir die Stelle sicher deuten. Wir erinnern uns: Am 2. Schöpfungstag, GEIST, wird die Himmelsfeste geschaffen, welche die Wasser oben, die göttlichen Ideen, von den Wassern unten, den sterblichen Vorstellungen, trennt und ihre Vermischung verhindert. Die »unreinen Geister« gehören zu den Elementen unter der Feste. Sterbliche Vorstellungen verunreinigen das Bewusstsein. Sie sind in den Grabhöhlen angesiedelt, gehören also dem Totenreich an, der Gottesferne oder Nichtexistenz. Ideologien, die aus solchen Idolen gebildet werden, kann man nur geistig bekämpfen, nicht indem man die besessenen Menschen bezwingt. Darum heißt es ja auch, dass keiner ihn fesseln konnte, auch nicht mit Ketten, weil er alle Ketten zerriss und die Fesseln zerrieb.

Der Name des unreinen Geistes ist »Legion«. Diese 2000 weisen deutlich auf den 2. Schöpfungstag hin. Indem die unreinen Geister in Schweine fahren wollen, das Symbol für Unreinheit, offenbaren sie selbst ihr wahres Wesen, und sie ersäufen sich selbst im Meer, dem Symbol für Chaos, dem sie entstammen.

*Quäle mich nicht!* Das Böse möchte in Ruhe gelassen werden, es will im Untergrund und unentdeckt wirken. *Was ist dein Name?* Der Heiler zwingt das Böse, sich zu entdecken, seinen Anspruch zu offenbaren und so ans Licht zu treten. Was aber geschieht, wenn das Finstere vom Licht der Wahrheit getroffen wird? *Macht nicht mit bei den fruchtlosen Machenschaften der Finsternis, sondern reißt ihnen die Maske ab! Man schämt sich ja, ihre geheimen Wirkungen auch nur beim Namen zu nennen. Aber all das wird vom Licht aufgedeckt und offenkundig gemacht; denn alles, was zu Tage kommt, ist Licht* (Eph 5,11-13). Dämonenaustreibung heißt, das Irrige zu zwingen, sich selbst zu entlarven und sich dadurch selbst zu zerstören.

Im gleichen Geiste lehrt Paulus: *Zieht die Rüstung GOTTES an, damit ihr euch stellen könnt gegen die Schleichwege des Teufels! Denn unser Kampf ist kein Kampf gegen Fleisch und Blut, sondern gegen die Machtbereiche, gegen die Herrschaftsansprüche, gegen die Weltherrscher dieser Finsternis, gegen die bösartigen mentalen Mächte unter dem Himmel* (Eph 6, 11 f).

Auch hier wieder der 2. Schöpfungstag: Das Böse, das sind *die mentalen Mächte unter dem Himmel*, die Mächte *der Finsternis*. Der Kampf darf nicht gegen *Fleisch und Blut* stattfinden, sondern mit der *Waffenrüstung* GOTTES, und das sind die erleuchtenden göttlichen Ideen, die Elemente oberhalb der Feste.

Dämonen austreiben heißt das Bewusstsein reinigen, damit man wie der Christus sagen kann:
Es kommt der Herrscher über diese Welt,
doch in mir ist nichts, was ihm gehört. Joh 14, 30

Individuelles Bewusstsein wird symbolisiert durch »Haus«:
Immer wenn der unreine Geist aus einem Menschen
hinausgefahren ist, schweift er durch wasserlose Gegenden
auf der Suche nach Ruhe, und findet sie nicht.
Da sagt er sich: Ich werde in mein Haus zurückkehren,
von wo ich ausgezogen bin.
Er geht und findet es leerstehend, gekehrt und geordnet.
Da macht er sich auf, nimmt sieben weitere Geister mit sich,
die noch schlimmer sind als er;
sie gehen hinein und wohnen dort.
Und die letzten Dinge jenes Menschen
werden schlimmer sein als die früheren. Mt 12, 43 ff

Wie bei Maria von Magdala so ist auch hier wieder von 7 bösen Geistern die Rede. Die 7 bösen Geister sind die mutmaßlichen Gegenteile zu den 7 Synonymen, von denen die Offenbarung spricht (Off 4, 2-5), die sog. Antonyme.

Wie werden böse Geister und Dämonen ausgetrieben? Die bloße Erkenntnis, dass etwas falsch läuft, bringt ja noch nicht auf den rechten Weg.
Wie werden Fehler in der Mathematik berichtigt? Durch das Wissen um ihre Zahlen und Regeln. Wie werden Irrtümer und Lügen entlarvt? Durch das Wissen um die Wahrheit.
Wie werden also die bösen Geister ausgetrieben aus dem Bewusstsein? Da sie allesamt dem Reich der Finsternis, der Unwissenheit um die Wahrheit entstammen, können sie nur durch das Licht der Ideen ausgetrieben werden. Dieser Erleuchtung kann sich die Finsternis nicht widersetzen (Joh 1, 5).
Jemand erzählt Ihnen, Ihr bester Freund sei gerade tödlich verunglückt. Sie erschrecken zu Tode. Doch dann geht die Tür auf und er tritt in alter Frische ein. Wo ist jetzt die Lüge? Sie ist nicht mehr da, war nie wahr.
In ein Haus, das vom Licht der göttlichen Ideen erleuchtet bleibt, kann keine Finsternis wieder Einzug halten. Wenn die Heilung jedoch durch einen anderen erfolgte, ohne einen Bewusstseinswandel zu hinterlassen, bei dem können, auch wenn er durch Jesus den Christus geheilt wurde, wiederum Geister einziehen. Darum sagte Jesus zu einem, den er geheilt

hatte: *Schau, du bist gesund geworden, sündige nicht mehr, damit dir nicht noch Schlimmeres zustößt!* (Joh 5, 14)

## Zeichen und Wunder

*Es kam eine Menge Volk zu ihm, die hatten Lahme bei sich, Blinde, Stumme, Krüppel und viele andere und legten sie ihm vor die Füße, und er heilte sie. Da wunderte sich das Volk, als sie sahen, wie die Stummen redeten, die Krüppel gesund waren, die Lahmen gingen und die Blinden sehend waren. Und sie priesen den Gott Israels* (Mt 15, 30 f).

Ein »Wunder« ist ein Geschehnis, über das man sich »wundert«, weil man es bisher für unmöglich hielt, dass es sich ereignen könne. Solche Wunder gelten als übernatürlich, da sie allzu offensichtlich gegen die physikalischen Kausalgesetze verstoßen. Ärzte in Kliniken erleben oft Spontanheilungen mit, über die sie sich wundern, weil sie aus dem medizinischen Wissenstand unserer Zeit heraus unerklärbar sind. Nicht erklärbar ist immer das, was in die hergebrachten Denk- und Wissenschaftsmodelle nicht hineinpasst, weil es zu einer ganz anderen Kategorie gehört. Aber die Entfaltung der Wissenschaft schreitet voran und sprengt immer die obsoleten Denkmodelle. Nach wie vor gilt, was Aristoteles in seiner *Metaphysik* über den Beginn des philosophischen Denkens sagt: *Aus Verwunderung haben die Menschen heute wie anfangs zu philosophieren begonnen. ... Denn wer keine Erklärung findet und verwundert ist, der glaubt in Unkenntnis zu sein. ... Wenn sie daher zu philosophieren begannen, um von der Unkenntnis loszukommen, ist es klar, dass sie das wissenschaftliche Verstehen ansteuerten ...* (Arist. Metaph. 982 b). Diese aristotelische Verwunderung hat auch die Physiker der Gegenwart erfasst, als die Quantenphysik zeigte, dass die Gesetze der klassischen Physik für die subatomaren Teilchen keine Geltung haben.

Die Übersetzungen der Christlichen Bibel sprechen meist von *Zeichen und Wundern*, mit denen Jesus die Richtigkeit seiner Lehren bewies. »Zeichen« ist eine sehr flache Übersetzung für das griechische semeion, das treffender wiedergegeben werden müsste mit: *Kennzeichen, Beleg für eine Behauptung, Beweis.*
»Wunder« ist geradezu falsch übersetzt, weil es mit dem deutschen *sich wundern* in Verbindung gebracht wird. Worüber wundert man sich nicht alles! Das griechische Wort heißt teras, zu Deutsch: *Schrecken auslösende Erscheinung, göttliches Zeichen.*
Begreifen wir die beiden immer in Verbindung mit einander gebrauchten Worte als Hendiadyoin[105], so verstehen wir es als: *göttliche Bestätigung für die Richtigkeit.*

---

[105] Ein Begriff, der durch zwei Substantive ausgedrückt wird.

So wird auch Markion[106] die von Jesus dem Christus verkündete Botschaft als das erlösende Hereinwirken des *fremden* GOTTES in diese Welt begreifen.

Genau so wurden die *Zeichen und Wunder* von den Menschen, die dabei zugegen waren, emotional empfunden. Das Griechisch der Christlichen Bibel benutzt dafür drei starke Worte:

existasthai – außer sich geraten

thambeisthai – vor Schreck erstarren

ekplettesthai – wie vom Schlag gerührt sein

Als Jesus in der Synagoge von Kapernaum am Sabbat seine Botschaft verkündete, heißt es: *Und sie waren wie vom Schlag gerührt über seine Lehre; denn er lehrte sie wie einer, der Vollmacht hat und nicht wie ihre Schriftgelehrten.* Als Jesus gleich im Anschluss an seine Verkündigung einen heilte, der von einem unreinen Geist besessen war, *da erstarrten alle vor Schreck, sie schauten sich fragend an und sagten: Was ist das? Eine neue Lehre mit Vollmacht? Auch den unreinen Geistern gebietet er und sie gehorchen ihm* (Mk 1, 22 und 27).

Bei der Heilung eines Menschen, der stumm und blind war, *gerieten alle außer sich* (Mt 12, 23). Als ein Geheilter sein Bett nahm und es heim trug, hören wir, *dass sie außer sich gerieten, GOTT priesen und sagten: Wir haben so etwas noch nie gesehen* (Mk 2, 12). Bei Lukas heilt Jesus einen Knaben von einem unreinen Geist, *alle aber waren wie vom Schlag gerührt über die Großartigkeit GOTTES* (Lk 9, 43). Wir lesen also ausdrücklich, dass diese Wunderheilungen immer mit GOTT in Verbindung gebracht wurden.

Im Gegensatz zu den drei Synoptikern bevorzugt das Johannes-Evangelium das griechische erga – *die Werke, das Wirken*. Alles, was Jesus tut, soll ausdrücklich als das Hineinwirken GOTTES in die Welt durch seinen Christus gezeigt werden. Denn Christus ist die Idee GOTTES, sein Ausdruck. Entsprechend bezeichnet auch Paulus den Christus als *das Wirken GOTTES, seine »enérgeia«* (Kol 2, 12). Der Christus ist der Weg, auf dem WAHRHEIT und ewiges LEBEN in *diese Welt* eindringen kann (Joh 14, 6): *Ich und der Vater sind eins* (Joh 10, 30). *Der Sohn ist nicht in der Lage, irgend etwas von sich aus zu tun, wenn er nicht sieht, wie der Vater etwas tut; denn was immer jener tut, das tut der Sohn in gleicher Weise* (Joh 5, 19). *Der Vater, der in mir weilt, tut seine Werke* (Joh 14, 10).

Den Christus verwirklichen heißt, die Vollkommenheit GOTTES als Allgegenwart erleben:

Das Reich des Vaters ist vielmehr ausgebreitet über die Erde,

und doch sehen es die Menschen nicht.          Log 113

---

[106] Vgl. Kap. Markion

In *dieser Welt,* die der erste Johannes-Brief als Bereich des Bösen bezeichnet, erschlägt immer der brutalere Kain den friedliebenden Abel und der stärkere Wolf frisst das unschuldige Lamm. Wir erleben immer wieder, dass das Schlechte verderblicher und ansteckender ist als das Gute: Liegt ein fauler Apfel neben einem gesunden, so wird immer die Fäulnis auf den gesunden übergreifen. Der umgekehrte Vorgang ist noch nie beobachtet worden.

Anders im Bereich des GEISTES. Hier verhält es sich umgekehrt: Licht hellt die Finsternis auf, und die Finsternis kann ihm keinen Widerstand entgegensetzen (Joh 1, 5). Auch wer noch nicht alles begriffen hat, wer die Christus-Idee gewissermaßen nur angefasst, sie auch nur am Gewandsaum berührt hat, spürt schon etwas von ihrer Heilkraft. So berichtet Lukas: *Und alle Leute suchten ihn anzufassen, denn eine Kraft ging von ihm aus und heilte alle* (Lk 6, 19).

An zwei Stellen berichtet das Matthäus-Evangelium Gleiches: *Als die Männer jener Gegend ihn wahrnahmen, schickten sie Leute in die ganze Umgebung und brachten alle zu ihm, denen es schlecht ging. Und sie baten ihn darum, auch nur den Saum seines Mantels anrühren zu dürfen. Und alle, die ihn berührten, wurden gesund* (Mt 14, 35 f). *Und sieh da, eine Frau, die schon zwölf Jahre unter Blutfluss litt, trat von hinten an ihn heran und fasste an den Saum seines Gewandes. Denn sie sagte sich: Wenn ich auch nur seinen Mantel anfasse, wird mir geholfen. Jesus wandte sich um, sah sie an und sagte: Nur Mut, Tochter, dein Glaube hat dich gerettet. Und die Frau wurde von jener Stunde an gesund* (Mt 9, 20 ff).

Bei der Heilung eines Blinden sagt Jesus:
Das Wirken GOTTES soll an ihm offenkundig gemacht werden.
Joh 9. 3

Kapitel 11

## Gottesmutter Maria – Die weibliche Seite GOTTES

Ich bin der Vater, ich bin die Mutter, ich bin der Sohn.
Ich bin der immer Seiende.

Alle vorderasiatischen Religionen kannten weibliche Muttergöttinnen. Unsere ältesten Quellen, die von einer Himmelsgöttin sprechen, reichen zurück bis in die sumerische Zeit (2600-2300 vor). Hier begegnen wir Inanna, der »Herrin des Himmels«. Aus ihr wurde in akkadischer Zeit Ischtar. Beide sind die beherrschenden weiblichen Gottheiten des Pantheons. *Wenn akkadische Epitheta der nachaltbabylonischen Zeit wie »Schöpferin, Mutter, Amme« Ischtar mit mütterlichen Zügen ausstatten, so sind diese auf die Rechnung einer im Laufe des 2. Jahrtausends einsetzenden*

204

*Entwicklung zu setzen, die Ischtar einer mütterlich-hilfreichen Göttin an-*
*näherte* (Haussig I 83).
Bei den Kanaanäern hieß diese Muttergöttin Astarte oder Aschera. Sie ist
die »Schöpferin, Gebärerin der Götter«. Diese Göttin hatte auch für die
Israeliten eine große Anziehungskraft. Unter den tausend Frauen des
Salomo waren auch viele ausländische: *die Tochter des Pharao und*
*moabitische, ammonitische, edomitische, sidonische und hetitische. ... So diente*
*Salomo der Astarte, der Göttin derer von Sidon ...* (1 Kön 11, 1). Zu Ehren der
Astarte wurde geopfert, und zu ihrem Fest wurden in den Straßen
Jerusalems für die »Himmelskönigin« Kuchen gebacken (Jer 7, 17 f).
*Nach 1 Kön 18, 19 dienten unter der Herrschaft des Königs Ahab vierhundert*
*Propheten dem Kult der Aschera. Ihr Kult war in Israel und Juda verbreitet und*
*wurde besonders an einigen Orten wie Ofra (Ri 6, 25), Bethel (2 Kön 23, 15),*
*Samaria (1 Kön 16, 23), auf den Höhen im Osten von Jerusalem (2 Kön 23, 13 f)*
*und sogar im Tempel zu Jerusalem (2 Kön 21, 7; 23, 6) gepflegt. Die deutero-*
*nomischen Darsteller der Geschichte Israels schreiben Josia die Ausrottung und*
*das Verbot der Ascheren zu (2 Kön 23; 5 Mos 7, 5; 12, 3). ... Erst in der Endzeit*
*wird sich Israel ganz von der Aschera abwenden (Jes 17, 8) und Gott auch die*
*letzte Aschera vernichten (Jes 27, 9)* (Loretz, Ugarit 85).

Die größte Affinität zur christlichen Himmelskönigin hat jedoch die
ägyptische Göttin Isis. Bereits im Neuen Reich (1550-1070) wurde sie als
»Gottesmutter« verehrt. Sie wurde sitzend abgebildet mit dem Horus-
Kind auf ihrem Schoß. Dieses Horus-Kind inkarniert sich immer wieder
neu im König, der in Ägypten als der regierende Weltgott galt, der
Pantokrator also. Der Isis-Kult breitete sich schon im 4. Jahrhundert vor
im ganzen Mittelmeergebiet aus und verbreitete sich in hellenistisch-
römischer Zeit sogar bis Köln.

In der griechischen Philosophie, die von vornherein mit dem Logos
gegen den Mythos zu Felde zieht, fährt Parmenides mit seinem Stuten-
gespann hinaus aus dem Haus der Nacht. Dabei geleiten ihn die
Heliaden, die Strahlen der Sonne, zum Reich des Lichtes, wo ihn eine
Göttin begrüßt und ihm verspricht, ihn rückhaltlos in alle Wahrheit
einzuführen.
Auch diese Göttin bleibt wie die Frau der Apokalypse namenlos.

## Die Mutter Jesu

Von Mirjam (griech. Mariam), der Mutter Jesu, überliefern die kanonischen Evangelien nur wenig Historisches.
Als Jesus bald nach seiner Geburt zum Tempel gebracht wurde und der
greise Simeon über das Kind die prophetischen Worte sprach, dass es
der verheißene Erlöser sein werde, da *waren sein Vater und seine Mutter*
*über diese Aussagen erstaunt* (Lk 2, 33) und wussten nichts damit an-
zufangen.

Nach Matthäus (13, 55 f) hatte Mariam von ihrem Mann Josef dem Zimmermann neben Jesus noch mindestens sechs weitere Kinder. Lukas (2, 41 ff) berichtet, dass die Eltern alljährlich zum Passahfest reisten, wo sie ihren 12-Jährigen aus den Augen verloren. Und als sie ihn schließlich nach drei Tagen im Tempel fanden, *waren sie außer sich und seine Mutter sprach zu ihm: Kind, warum hast du uns das angetan?* Der Knabe aber antwortete: *Habt ihr denn nicht gewusst, dass ich im Haus meines Vaters sein muss?* Und von den Eltern heißt es weiter: *Sie verstanden nicht, was er mit seinen Worten meinte.*

Als Jesus mit etwa 30 Jahren öffentlich seine Botschaft zu verkünden beginnt und seine Brüder kommen, um ihn zurück zu holen, ist auch Mutter Mariam dabei. Auch sie war offensichtlich der Meinung: *Er ist von Sinnen* (Mk 21 und 31). Auf einer Hochzeitsfeier in Kana, bei der auch Mariam und Jesus zu Gast waren, ging der Wein aus. Mariam machte ihren Sohn darauf aufmerksam, mahnte ihn wohl damit zum Aufbruch. Der aber antwortete: *Was geht´s dich an, Frau, was ich tue?* (Joh 2, 3 f).

All diese Stellen und noch andere legen die Vermutung nahe, dass die Mutter Jesu eher nicht wusste, dass sie den Sohn GOTTES geboren haben sollte.

Während wir von Lukas erfahren, dass bei der Kreuzigung alle Bekannten, auch die Frauen, fernab standen (Lk 23, 49), lässt Johannes Mariam und den Jünger Johannes beim Kreuz stehen, wo Johannes Mariam auf Geheiß des Sterbenden zu sich nimmt (Joh 19, 25 ff). Aus der Apostelgeschichte des Lukas erfahren wir, dass Mariam nach der Kreuzigung ihres Sohnes bei den Jüngern weilte (Apg 1, 13 f).

Damit enden die historischen Zeugnisse über Mariam, wir hören nichts mehr von ihr.

## Der Marienkult der Kirche

Spätestens ab dem 4. Jahrhundert nach begann die kultische Verehrung Mariens in der Ostkirche, wo noch die Erinnerungen an die Muttergöttinnen des Alten Orient lebendig waren. Aus Mirjam/Mariam wurde Maria, die jetzt den Heiligen zugerechnet wurde.

Auf dem Konzil von Ephesus (431) wurde Maria zur »Gottesgebärerin«. Ihr wurden erste Altäre, bald auch Kirchen geweiht, darunter S. Maria Maggiore in Rom.

Schließlich wurde sie zur Königin der Engel und Märtyrer; Gemälde zeigen, wie sie von ihrem Sohn zur »Himmelskönigin« gekrönt wird. Sie sitzt nun neben ihrem Sohn bei Gottvater, an die göttliche Trias von Ägypten gemahnend.

Um das Jahr 1000 war das Lied *Salve Regina* entstanden. Darin wird Maria zur himmlischen Fürsprecherin, zur Tilgerin der Sünden:

Sei gegrüßt, Königin, Mutter der Barmherzigkeit,
du versüßt unser Leben, du bist unsere Hoffnung,
Sei gegrüßt!
Zu dir schreien wir, die verbannten Kinder der Eva,
zu dir seufzen wir stöhnend und weinend
in diesem Tal der Tränen.
Wohlan denn, du unsere Fürsprecherin,
wende uns deine barmherzigen Augen zu. ...
Tilge die Schuld der Elenden,
wische weg den Schmutz der Sünden,
schenke uns das Leben der Seligen
durch deine Bitten,
o süße Jungfrau Maria!

Seit der Kirchenlehrer Augustinus (354-430) seine Erbsündenlehre verkündet hatte, war aus der Freiheit der Kinder GOTTES wieder die anhaftende Sündenschuld geworden.

Um das Jahr 1200 schrieb Thomas von Celentano, Freund und Biograph des Franz von Assisi, das *Dies Irae*, eine Sequenz, die ab dem 12. Jahrhundert Eingang ins Requiem fand und bis 1970 fester Bestandteil der römisch-katholischen Totenmesse blieb. In furchteinflößenden Bildern wird darin das jüngste Gericht geschildert als Tag des Zornes, an dem Christus die Welt in Asche legen und ein strenges Gericht halten werde. Ein Buch, so heißt es, wird aufgeschlagen, in dem alle während des ganzen Lebens begangenen Sünden verzeichnet sind. Beim Verlesen muss selbst der Gerechte erzittern.
So war aus dem erlösenden Christus, der die neue Lehre von GOTT als der reinen LIEBE verkündet und den Menschen aus der alten Schuldhaft entlassen hatte, jetzt ein *rex tremendae majestatis - ein König von schrecklicher Majestät* geworden.

Der GOTT, zu dem die Christen nach Paulus Abba, lieber Vater, sagen durften, wird im Laufe der Zeit immer mehr die Züge des alttestamentlichen HERRN[107] annehmen; aus dem GOTT der LIEBE wird in der Reformation, gipfelnd bei Calvin, mehr und mehr der Rächende und Strafende werden. Und in den reformierten Gotteshäusern werden die Bilderstürmer die Statuen der Himmelskönigin zertrümmern.

Maria als »Schutzmantelmadonna«, in vielen Bildern dargestellt, so auch am Dom zu Überlingen, wurde zu einem Korrektiv. Auf ihnen ist Gottvater zu erkennen, der aus dem Himmel Blitze und Pfeile auf die Welt wirft. Doch die Gläubigen haben sich unter den schützend ausge-

---

107 Vgl. Kap. 12 Die eine gemeinsame Bibel?

breiteten Mantel der Madonna geflüchtet, an dem die göttlichen Wurfgeschosse zunichte werden.
Katholische Kirchenlieder verbreiteten neue Hoffnung gegen das alttestamentlich gewordene christliche Gottesbild:

Maria, breit´ den Mantel aus,
mach Schirm und Schild für uns daraus,
lass uns darunter sicher steh´n,
bis alle Stürm vorübergeh´n.
Patronin voller Güte,
uns alle Zeit behüte!

Als der Kirche bewusst wurde, dass Mariam ja nie die Taufe empfangen hatte, durch die nach kirchlicher Lehre die Erbsünde abgewaschen wird, verkündete Papst Pius IX. im Jahr 1854 das Dogma, das Maria zur »Immaculata«, zur ohne Erbsünde Geborenen macht.
Anno 1950 wird ein römischer Papst das Dogma verkünden, dass Maria nach ihrem Tode mit Leib und Seele in den Himmel aufgenommen worden ist: *Nachdem Wir immer wieder inständig zu Gott gefleht und den Geist der Wahrheit angerufen haben, verkündigen, erklären und definieren Wir ... : Die unbefleckte, immerwährend jungfräuliche Gottesmutter Maria ist, nachdem sie ihren irdischen Lebenslauf vollendet hat, mit Leib und Seele zur himmlischen Herrlichkeit aufgenommen worden*[108].
Das Fest Mariä Himmelfahrt ist seit dem 5. Jahrhundert bezeugt. Es wurde von Kaiser Mauritius im 6. Jahrhundert für das Oströmische Reich als verbindlich erklärt.

### Die Himmelskönigin mit dem Kind

Das große Vorbild für alle Madonnenbilder findet sich neben der ägyptischen Isis in der Apokalypse des Johannes. Es ist unwahrscheinlich, dass der Verfasser dieser Apokalypse der Evangelist war. Insbesondere seine Zahlensymbolik im gehäuften Auftreten der »7«, der »4« und der »12« weist auf den Alten Orient und Ägypten.

Und es wurde ein großes Zeichen sichtbar am Himmel:
Eine Frau mit der Sonne bekleidet
und der Mond unter ihren Füßen.
Auf ihrem Haupt eine Krone mit 12 Sternen.
Sie war schwanger und schrie vor Schmerz in Geburtswehen. ...
Und sie gebar einen Sohn, einen Knaben,
der alle Heiden weiden soll mit ehernem Stabe.
Und ihr Kind wurde weggerissen zu GOTT und seinem Thron.

Off 12, 1 f und 5

---

[108] zitiert nach: Hesemann, Maria 303 A 15

Alle Kommentatoren der Johannes-Offenbarung sind sich einig, dass dieses Bild nicht Mariam, die Mutter Jesu, meint. Die himmlische Vision geht vielmehr auf altorientalische Traditionen zurück.
Der Sonnengott Re ist der höchste Gott im ägyptischen Pantheon. So ist also die in die Sonne gekleidete Frau dem göttlichen Bereich zugeordnet. Die »12« ist die absolute Zahl im babylonischen Rechensystem. Sie findet sich wieder in den 12 Tierkreiszeichen des Jahres. Die Krone bedeutet also Weltherrschaft. Den Mond, das Symbol für Wandel und Vergänglichkeit, hat diese himmlische Gottheit unter ihre Füße getreten: Alles Göttliche unterliegt keiner Vergänglichkeit.

Dem jüdischen Gottesbild als Jahwe, dem HERRN, und dem christlichen Gottesbild als dem liebenden Vater, der einen Sohn hat, ihnen beiden fehlt jede weibliche Seite, während der ganze Alte Orient immer schon Muttergöttinnen kannte. Der rigide Ein-Gott-Glaube ließ keine Göttin daneben zu. Und so scheint auch das aus dem Jüdischen abgeleitete Gottesbild Jesu jede weibliche und mütterliche Seite noch vermissen zu lassen.
Diese Lücke füllt die Offenbarung des Johannes. Das Bild der Frau mit dem Kind auf dem Arm vervollständigt das christliche Gottesbild durch den Aspekt der Mutterschaft GOTTES. GOTT ist LIEBE, sagt der erste Johannesbrief, und: *Wer in der LIEBE bleibt, der bleibt in GOTT .... die vollkommene LIEBE treibt die Furcht aus* (1 Joh 5, 16 f). Wie sieht nun die Liebe dessen aus, der die reine Mutterliebe GOTTES widerspiegelt? Paulus sagt von ihr: *Die Liebe ist geduldig, die Liebe zeigt sich gütig, sie ist nicht eifersüchtig, die Liebe prahlt nicht, sie bläst sich nicht auf. Sie verhält sich nicht ungebührlich, sie ist nicht auf ihren Vorteil bedacht, sie regt sich nicht auf, sie rechnet das Böse nicht zu, sie freut sich nicht über das Unrecht, sondern hat ihre Freude an der Wahrheit, sie erträgt alles, sie vertraut auf alles, sie erhofft alles, sie erduldet alles. Die Liebe versagt niemals. ...* (1 Kor 13, 4 ff)
Die Frau der Apokalypse mit dem zur Herrschaft berufenen Kind auf dem Arm trägt keinen Namen. Will man jedoch jemanden um Hilfe anrufen, so braucht es einen Namen. Denn die Nennung des Namens hat evokativen Charakter.
Besonders in der orthodoxen Kirche des Ostens wurde Maria als die Gottesmutter oder »Gottesgebärerin« verehrt. In dem griechischen Wort theótokos steckt das Verb tíktein mit den Bedeutungen: erzeugen, gebären, hervorbringen.
Unmittelbares Vorbild ist hier die ägyptische Göttin Isis. Sie wurde *als Universalgöttin noch in hellenistisch-römischer Zeit im gesamten Raum der Antike bis nach Köln verehrt.*[109] Isis wird auch abgebildet mit der Sonnenscheibe auf dem Kopf, wie sie den Horusknaben auf ihrem Schoß stillt. Horus ist der Himmelsgott, der sich im König inkarniert.

---

[109] Brunner-Traut, Ägyptenkunde 92

Die Madonna mit dem Kind: GOTT ist Vater und Mutter in einem. Und ihr Kind, seine Schöpfung, ist als sein Ausdruck (Joh 14, 9) untrennbar von ihm (Joh 1, 18).
Es liegt in der Natur der »Philosophia Perennis«, althergebrachte Bilder aufzugreifen und ihre Sinndeutung zu erweitern und zu entfalten. Dies hat mit einem Synkretismus nichts zu tun.

## Die Dreifaltigkeit GOTTES

Auf den Konzilien von Nicäa (325) und Konstantinopel (381) wurde das Dogma von der Dreifaltigkeit GOTTES verkündet.
Danach ist GOTT Vater, Sohn und Heiliger GEIST, drei Personen also in einer oder: **ein** GOTT, der sich dreifach entfaltet, also in drei Aspekten darlegt.

Das Dogma beruft sich in der Hauptsache auf den Missionsbefehl des Auferstandenen[110]: *Macht euch also auf und lehrt alle Völker, tauft sie auf den Namen des Vaters, des Sohnes und des heiligen GEISTES* (Mt 28, 19).

Wie wir gesehen haben, war die Vorstellung von einer Göttertrias im Alten Orient schon lange weit verbreitet. Was aber hat sie in der Christlichen Bibel zu suchen?
Dass Christus, der Sohn, vom Vater untrennbar ist, betont insbesondere das Johannes-Evangelium oft und nachdrücklich. Wie aber kommt der heilige GEIST dazu?

Das Markus-Evangelium berichtet, dass sich bei der Taufe Jesu der Himmel öffnete *und der GEIST wie eine Taube auf ihn herabstieg*. Eine Stimme aus dem Himmel bezeichnete Jesus den Christus als *meinen Sohn* (Mk 1, 10 f).
Bei Matthäus steigt der GEIST GOTTES aus dem Himmel und bezeichnet Jesus den Christus als seinen Sohn (Mt 3, 16 f).
Bei Lukas steigt der heilige GEIST herab und sagt: *Du bist mein geliebter Sohn, an dir bin ich zum Ausdruck gekommen* (Lk 3, 22).

GOTT, GEIST, bezeichnet also Jesus den Christus ausdrücklich als seinen Sohn. Lukas betont am Anfang seines Evangeliums sein sorgfältiges Studium aller verfügbaren Quellen. Diese Quellen waren Spruchsammlungen, welche die echten Aussprüche des Meisters enthielten, natürlich in der Form, wie sie die Hörer verstanden hatten. Die Zuhörer Jesu waren aber allesamt Juden und hörten mit hebräischen Ohren, der Sprache ihrer heiligen Bücher. In diesen Schriften aber heißt Geist *ruach*, und ruach ist feminin. Der heilige GEIST wurde also als weiblich

---

[110] wohl kein echtes Jesus-Wort

verstanden. So war also die göttliche Mutter von Jesus dem Christus von Anfang an da.

Erinnern wir uns kurz an den Anfang der Sieben Schöpfungstage, auf die sich die Christliche Bibel in ihrer Symbolik so oft bezieht. Auch dort ist der Schöpfer genau genommen weiblich:
Und der Geist Elohims schwebte über den Wassern.
Und Elohim sprach: Es werde Licht!                    1 Mos 1, 2 f

Wie aber konnte diese weibliche Seite GOTTES so in den Hintergrund treten? Es gibt dafür im wesentlichen zwei Gründe:
Einmal ist, von den Schöpfungstagen abgesehen, in der ganzen Jüdischen Bibel, dem Alten Testament, nur noch vom HERRN die Rede, der keinerlei weibliche Qualitäten erkennen lässt.
Zum anderen wurde die Christliche Bibel in Griechisch verfasst, und dort steht *pneuma* für GEIST. Pneuma aber ist in der griechischen Sprache ein Neutrum.

Die weibliche Seite GOTTES, welche die christliche Lehre wieder aufgriff, war aber nie in Vergessenheit geraten.
Im »Apogryphon des Johannes«[111], das Irenäus[112] noch kannte, uns aber erst wieder seit dem Fund von Nag Hammadi[113] bekannt ist, sagt eine Stimme aus dem Himmel: *Ich bin der Vater, ich bin die Mutter, ich bin der Sohn. Ich bin der immer Seiende, der Unvermischbare.* Und kurz darauf heißt es: *der heilige Geist, den man das Leben und aller Mutter nennt* (Hörmann, Gnosis 119 und 123).
Zwischen 100 und 150 nach entstand auch in Ägypten das »Hebräerevangelium«. Darin sagt Jesus: *meine Mutter, der Heilige Geist* (Schneemelcher I 146).

Im oben bereits erwähnten *Salve Regina* wird Maria als *advocata nostra* angerufen. *Advocata* ist aber nichts anderes als die lateinische Übersetzung des griechischen *parakletos*, ein aus der Christlichen Bibel geläufiger Name für den Heiligen Geist.
Die Konzilien von Nicäa und Konstantinopel sanktionierten also nur, was lange bekannt und lediglich in den Hintergrund getreten war. Erst die Einbindung des weiblichen Aspektes GOTTES vervollständigt das Göttliche. Die Dreifaltigkeit Gottes entfaltet sich für das heutige Verständnis dann so: Der Vater ist das schöpferische PRINZIP, der Sohn die Schöpfung als Idee, der GEIST als die Mutter lehrt die Untrennbarkeit von schöpferischem PRINZIP und seiner Idee.

✳

---

[111] Geheimschrift des Johannes
[112] ab 178 Bischof von Lyon
[113] Vgl. Exkurs Nag Hammadi

Auch wenn also die Madonna mit dem jüdischen Mädchen Mirjam, der Mutter Jesu, nichts gemein hat - sie symbolisiert einfach die weibliche Seite GOTTES. Warum sollte sie nicht einfach Maria heißen und so mit einem Namen ansprechbar und anrufbar sein?
Der Vatergott stammt aus der jüdischen Tradition. Ihr fügt Jesus die Sohnschaft, den Christus, hinzu, wodurch nichts anderes gemeint ist, als dass der Sohn, die göttliche Idee, nicht vom Schöpfer getrennt werden kann; sie ist ja immer *in des Vaters Schoß* (Joh 1, 18). Erst die Johannes-Apokalypse offenbart GOTT auch als Mutter.
Die schwangere Himmelskönigin der Apokalypse, der Sohn im Schoß oder am Busen des Vaters im Johannesevangelium (Joh 1, 18) und das Bild von der Madonna mit dem Kind – all dies sind Sinnbilder für den Vater-Mutter-GOTT, das schöpferische PRINZIP und die von ihm untrennbare Idee.

Die Marienfeste sind sicher die schönsten Feste in der Kirche, das Bild von der Jungfrau mit dem Kind auf dem Arm ein wunderschönes Symbol. Es finden sich in der Gregorianik herrliche Marienhymnen, bei Monteverdi die Marienvesper. Sollte all dies Götzendienst sein?
Die christliche Himmelskönigin ist nichts anderes als das Ergebnis der geistigen Evolution, auch »Philosophia Perennis« genannt.

Das Kind auf dem Arm der Madonna ist der *einzige Sohn*, die Christus-Idee. Von ihr sagt Johannes im Prolog seines Evangeliums, sie sei *göttlich und in des Vaters Schoß*.
Wer in dieser Madonna mit dem Kind die weibliche und mütterliche Seite GOTTES erkennt und verehrt, wird mit dem altorientalischen Symbol der Himmelskönigin kein Problem haben.

**Kapitel 12**

# Die griechisch-christlichen Lehrer

## Paulus

W iewohl ein gebildeter Mensch, hat Paulus die griechische Philosophie noch schroff verworfen: *Wo sind die Weisen dieser Welt? Hat nicht GOTT die Weisheit dieser Welt zur Torheit gemacht? ... Die Griechen fragen nach Weisheit, wir aber predigen den gekreuzigten Christus, für die Juden ein Ärgernis, für die Griechen eine Dummheit* (1 Kor 20 ff). Paulus argumentiert mit Zitaten aus dem Alten Testament: *Die Weisheit dieser Welt ist Torheit vor GOTT. Denn es steht geschrieben: „Die Weisen fängt er in ihrer Klugheit" und wiederum: „Der Herr kennt die Gedanken der Weisen, dass sie nichtig sind"* (1 Kor 3, 19 ff).

Juden ließen sich eher überzeugen, dass der von ihnen erwartete Messias/Christus gekommen sei, doch bei den philosophisch gebildeten Heiden mit ihrem Vernunftbegriff in der hellenistischen Bildungstradition kam Paulus mit seiner Forderung nach Glauben nicht gut an, wie sein in der Apostelgeschichte bezeugter Auftritt in Athen zeigt.

## Die Apologeten

*Die Apologeten dieser Zeit waren platonische Philosophen, die in dem Christentum eine Vervollkommnung ihrer platonischen Philosophie erkannt hatten. Alle Platoniker dieser Zeit waren auf der Suche nach dem göttlichen Logos, der ihnen Offenbarung vermittelte. Die Apologeten glaubten, diesen Logos in Christus gefunden zu haben. So machten sie das Christentum zur Philosophie und ließen es in das Streitgespräch der Philosophen eintreten. Aber natürlich sind nicht alle platonischen Philosophen diesen Weg gegangen* (Kraft, Denker 191).

## Justinus der Philosoph

Der erste, der die christliche Lehre nicht mehr als Glaubenslehre, sondern als Philosophie auffasste und sie in philosophische Begrifflichkeit zu kleiden wusste, war Justinus. Er wurde um 100 nach in der griechisch-römischen Kolonie Flavia Neapolis, dem ehemaligen Sichem, geboren und war Heide. Der lernbegierige junge Mann suchte in den Philosophenschulen Kleinasiens nach der wahren Lehre. Er versuchte es bei den Stoikern, den Peripatetikern, kam schließlich in die Schule eines Platonikers. Hier gab er sich eifrig dem Studium hin: *Sehr interessierte ich mich für die Geistigkeit des Unkörperlichen, das Schauen der Ideen gab meinem Denken Flügel, in kurzer Zeit wähnte ich weise zu sein, und in meiner Beschränktheit hegte ich die Hoffnung, unmittelbar Gott zu schauen; denn dies ist das Ziel der Philosophie Platons* (Justinus, Dialog 42).
Schließlich begegnete Justinus bei einem Spaziergang am Meer einem Greis, der ihn auf die christliche Lehre hinwies und ihn aufforderte: *Bete, dass dir die Tore des Lichtes geöffnet werden! Denn niemand kann schauen und verstehen, außer GOTT und sein Christus gibt einem die Gnade des Verständnisses.* Und da geschah seine Bekehrung: *In meiner Seele aber fing es sofort an zu brennen, und es erfasste mich die Liebe zu den Propheten und jenen Männern, welche die Freunde Christi sind* (Justinus, Dialog 50 f).

Justinus, für den die christliche Lehre Philosophie und Wissenschaft war, gründete in Rom eine Philosophenschule. Hier lehrte er völlig unabhängig ohne kirchliches Amt oder Auftrag. Er trug den weißen Philosophenmantel, den er schon in Ephesus getragen hatte. Für ihn, der sich weiterhin als Platoniker bezeichnet, ist die Philosophie *ein sehr großer Besitz und von GOTT aufs höchste geachtet.* Er ist überzeugt: *Ohne Philosophie und rechtes Verstehen kann wohl niemandem Einsicht zuteil*

*werden. Daher soll jeder Mensch philosophieren und dies für ein sehr großes und achtenswertes Werk halten.*
Für Justinus hat die platonische Philosophie mit der christlichen Lehre ihre Krönung erfahren. *Christus war der „Logos", d.h. die göttliche „Vernunft" selbst, die Gottvater ohne Minderung seines Seins aus sich hervorgehen ließ* (Campenhausen GK 17).
Die Samen des göttlichen Logos sind jedem Menschen schon in früheren Zeiten eingepflanzt gewesen, in den Philosophen aufgegangen aber in Jesus Christus zur Blüte gebracht. Für Justin ist Christus der Logos: *Der Logos war vor aller Schöpfung in ihm (dem Vater), und er wurde gezeugt, als er (GOTT) das All durch ihn schuf und ordnete. Er wird Christus genannt* (Kelber, Logoslehre 145). Bei Justin findet sich auch schon der Begriff Prinzip für den Logos: *Der Logos wurde als Arché vor allem Geschaffenen von GOTT gezeugt* (s.o. 146). So hatte auch schon Paulus Christus als *Bild des unsichtbaren GOTTES* als *Prinzip* bezeichnet, *auf dass er in allen Dingen den Vorrang habe, denn es hat GOTT wohlgefallen, dass in ihm alle Fülle wohnen sollte* (Kol 1, 15 ff).
Dieser LOGOS, dieses PRINZIP, ist schon am Wirken seit ewiger Zeit: *Was auch immer die Denker und Gesetzgeber Richtiges gesagt und gefunden haben, das ist von ihnen kraft des Teiles des Logos, der ihnen zugekommen war, durch Forschen, Anschauen und Mühe gefunden und erarbeitet worden. Da sie aber nicht das Ganze des Logos, der Christus ist, erkannten, haben sie oft einander Widersprechendes gesagt* (s.o. 147).

## Klemens von Alexandria

Um das Jahr 200 nach wurde Klemens in Athen geboren. Auch er kam über die platonische Philosophie zum Christentum. Nach ausgedehnten Bildungsreisen durch die Länder am Mittelmeer ließ er sich in Alexandria nieder. Hier war eine christliche Wissenschaft entstanden. Klemens wurde Mitarbeiter, dann Nachfolger des Pantainos, der bis dahin die freie christliche Gelehrtenschule geleitet hatte. In seine Schule kamen neben Christen auch Heiden, Juden und Philosophen; alle eben, die wie er nach der Wahrheit suchten. Die wissenschaftliche Denkweise Platons ist für ihn der vernünftige Weg zur Wahrheit. Für Klemens ist die christliche Lehre eine Philosophie und die Krönung der platonischen Philosophie, denn in Christus, dem göttlichen Logos, hat sich die Wahrheit offenbart.
*Klemens betont, der unerkennbare GOTT habe sich in seinem Sohne offenbart und offenbare sich ständig in ihm. Der Logos will den Menschen „GOTT zeigen", er ist das „Angesicht des Vaters", der „wahre Lehrer über GOTT". ... Aber der Sohn GOTTES ist für Klemens kaum im ursprünglich christlichen Sinne als der geschichtliche Jesus von Bedeutung, sondern vor allem als (...) „der göttliche Anfang der Dinge", der „zeitlose und ursprunglose Ursprung und Erstling des Seienden"* (Weischedel, Gott 85 f).

Für die frühen philosophischen Lehrer des Christentums stand es außer Frage, *dass derselbe göttliche Logos, der im Christentum in seiner Fülle erschienen war, die Griechen durch die allgemeine Bildung und auf ihr aufbauend durch die Philosophie ebenso auf seine Offenbarung vorbereitet habe, wie er sich durch die barbarischen Propheten des Judentums angekündigt und durch sie gesprochen hatte* (Kraft, Denker XIII).

Sie hatten also begriffen, dass der Christus als Logos immer schon gegenwärtig ist, wie ja das „Bild und Gleichnis GOTTES", sein Ausdruck also, so alt sein muss wie GOTT selbst.

Der sich organisierenden Kirche stand Klemens deshalb gleichgültig bis distanziert gegenüber. Er hatte deutlich die Gefahr vor Augen, dass die christliche Lehre, die für ihn eine rationale Philosophie war, in der würgenden Fessel von Religion erstickt, weil Religion die Wege des Erkennens und Glaubens vorschreibt und so eigene und wahre Erkenntnis verhindert. *Sein wahrer Gnostiker ist Individualist; er lebt mehr sich selbst und seinem GOTT – was keinen Unterschied bedeutet – als dass er Christ als Mitglied der Gemeinde sei* (Kraft, Denker 153).

Die Kirche nahm diesen „Kirchenvater" natürlich nicht unter die Heiligen auf.

## Die Distanzierung der Philosophen von der Kirche

Schon zu Lebzeiten des Klemens hatten die Bischöfe damit begonnen, ihre Gemeinden und die Kirche straff zu organisieren. Eine Organisation aber will Glaubensstatuten, auf die die Anhänger eingeschworen werden können. Sie will keine selbständigen Denker, die vielleicht eine andere Wahrheit finden könnten als die von der Organisation dogmatisierte.

Diesen Weg konnten die Platoniker nicht mehr mitgehen. Als besonders abstoßend empfanden sie die Kreuzestheologie, wonach ein Gott am Kreuz sterben musste, um die Welt zu erlösen. Sie fragten wie später Friedrich Nietzsche, wo denn nun diese Erlösten zu finden seien.

**Kelsos** war Platoniker, doch ein profunder Kenner der Schriften des Alten und Neuen Testamentes. Im Jahr 178 veröffentlichte er seine Schrift »Alethés Logos« „Der wahre Logos". *Ähnlich wie die meisten Apologeten ist er davon überzeugt, dass der göttliche Logos sich von altersher in den geistigen Schöpfungen des Griechentums offenbart habe. Hier ist der alte und wahre Logos zu finden, aber nicht in dem jungen, spät entstandenen Christentum, das vielmehr als eine Verwilderungs- und Zersetzungserscheinung zu beurteilen ist* (Kraft, Denker 191 f). Insbesondere geißelte er die Ansicht, dass GOTT Mensch geworden sei, dass Jesus als Sohn GOTTES angesehen, ja selbst als GOTT verehrt wurde. Auch seine Empfängnis von einer Jungfrau, geschwängert durch den Heiligen Geist, fand er lächerlich. Für unglaubwürdig hielt er die Auferstehung Jesu, für geisteskrank die Vorstellung von einer Auferstehung der Toten: *Welche Menschenseele möchte sich noch nach einem verfaulten Leib sehnen?[114]* Auch weist er auf Widersprüche zwischen dem Alten und dem Neuen Testament hin, die ja die Christen zu einer Bibel vereint hatten, und fragt: *Wer lügt da, Moses oder Jesus? Oder vergaß der Vater, als er diesen sandte, was er mit Moses verabredet hatte? Oder hat er seinen Sinn geändert und seine eigenen Gesetze verdammt und sendet deshalb den Boten mit ganz entgegengesetzten Bestimmungen ab?*

Auch **Ammonius Sakkas** (175-242) wandte sich wieder vom Christentum ab und lehrte in Alexandria Philosophie. Er wurde zum Begründer des Neuplatonismus. Seine bedeutendsten Schüler waren **Plotin**, der den Neuplatonismus in Rom verbreiten sollte, und **Origenes**. Letzterer war der größte und gelehrteste griechische Kirchenvater, doch wurde seine Lehre 553 auf einem Konzil zur Irrlehre erklärt.

✳

**Athanasios** (295 – 373) beherrschte als Patriarch von Alexandria das ganze Land Ägypten und die angrenzenden Gebiete Libyens. Er entzog der alten Katechetenschule ihre Unabhängigkeit. Er stellte einen verbindlichen Schriftenkanon zum Neuen Testament zusammen und ließ gnostische Schriften, darunter das 1947 wiedergefundene Thomas-Evangelium, aus den Bibliotheken entfernen und vernichten. Er ist der erste, der sich nicht mehr als „christlicher Philosoph" fühlt und die Philosophie aus dem Christentum verbannt. *Er hat es erreicht, dass der Christus-Glaube im strengen Sinne Gottesglaube und von allen heidnischen, philosophischen und idealistischen Formen des Glaubens seinem Wesen nach geschieden wurde* (Campenhausen, GK 82). In dieser Zeit degenerierte die christliche Lehre endgültig zur Religion.

**Kaiser Julian** (332-363) war in seiner Jugend streng christlich erzogen worden. Als junger Mann lernte er die klassische philosophische Bildung Griechenlands kennen und wandte sich, besonders durch persönliche Erlebnisse, vom Christentum ab. *Ich habe die Erfahrung gemacht,* sagt er, *dass selbst die Raubtiere dem Menschen nicht so feindlich gesinnt sind wie die Christen gegeneinander[115].* Im Jahr 415 wurde **Hypatia**, Neuplatonikerin, viel gefeierte Mathematikerin und Lehrerin griechischer Weisheit, vom aufgehetzten christlichen Pöbel durch die Straßen Alexandrias geschleift und in Stücke gerissen.

---

[114] Kelsos Gegen die Christen S. 125; zit. nach: Deschner, Christentum 25 f
[115] zitiert nach: Deschner, Christentum 51

529 wurde in Athen die platonische **Akademie** nach fast tausend-
jährigem Bestehen auf Betreiben der Christen durch Kaiser Justinian
geschlossen.

## Kapitel 13

# Markion der Ketzer[116]

> Es sind die Besiegten, welche auf der Walstatt liegengeblieben sind. ...
> Keineswegs darf der Sieg mit der Wahrheit identifiziert werden.
>
> Walter Nigg

arkion wurde ~ 85 nach in Sinope am Schwarzen Meer geboren.
Sein Vater, ein Judenchrist, war Bischof von Sinope, einer damals
bedeutenden Handelsstadt. Markion war im Besitz des Ur-Evangeliums,
einer Schrift, die einfach »Evangelium« hieß und nach der Zerstörung
des Tempels in Jerusalem durch die Römer im Jahr 70 niedergeschrieben
wurde. Dieses »Evangelium«, wahrscheinlich die Urfassung des Lukas-
Evangeliums, und 10 Paulusbriefe stellte er zu einem Kanon zusammen,
zur ersten Christlichen Bibel. Die Pastoralbriefe (1 Tim, 2 Tim, Tit) erkannte
Markion als erster als nicht paulinisch.
Als reicher Schiffsreeder kam er nach Rom, wo er die dortige Christen-
gemeinde für sein Neues Testament zu gewinnen versuchte. Da er
jedoch hier bei der sich formierenden Amtskirche auf völlige Ablehnung
stieß, gründete Markion seine eigene Kirche. Seine Gemeindegottes-
dienste standen allen offen, Getauften wie Heiden. Die älteste uns
erhaltene Kircheninschrift stammt aus einer markionitischen Kirche bei
Damaskus. Markions Kirche hatte über Jahrhunderte großen Erfolg und
wurde zur schärfsten Konkurrentin der katholischen. Der Kirchenlehrer
Tertullian, Markions schärfster Gegner, schreibt, Markions Häresie habe
*die ganze Welt erfüllt.* Wesentlich gerechter fällt das Urteil des lateinischen
Kirchenlehrers und Bibelübersetzers Hieronymus (348-420) aus: *Kein
Mensch kann eine Häresie konstruieren, es sei denn, er wäre überragend genial
und hätte eine entsprechende natürliche Begabung, die von Gott eigens kunstvoll
gebildet ist. Derartige Menschen waren Valentinos und Markion. Ich jedenfalls
halte beide für hochgebildet und blitzgescheit* (Hieronymus, Commentarius in
Osee II, 10)[117].

Markion hat früh gesehen, welch verhängnisvolle Erbschaft sich die
christliche Kirche auflud, als sie das Alte Testament mit den christlichen
Schriften zusammennahm und für die »Heilige Schrift« des Christentums erklärte. Zum anderen hat er auch klar erkannt, dass Paulus und

---

[116] nach: Harnack, Markion
[117] Hörmann, Gnosis 43

die Evangelisten zwar die völlige Neuheit des christlichen Weges erfasst, sich aber nicht völlig von veralteten Vorstellungen hatten lösen können, so dass sie vieles weiterhin mitschleppten, das mit der neuen Botschaft unvereinbar war.

Paulus hatte das Alte Testament nicht völlig verwerfen wollen, waren in ihm doch die Messias-Verheißungen enthalten. Außerdem führten ihn seine Reisen hauptsächlich zu den jüdischen Kultgemeinden im Mittelmeerraum, um ihnen die Ankunft des verheißenen Messias zu verkünden. Doch hatte er schon auf das neue Gottesbild hingewiesen: *Siehe, es kommen die Tage, spricht der HERR, dass ich über das Haus Israel und über das Haus Juda ein neues Testament machen will; nicht nach dem Testament, das ich gemacht habe mit euren Vätern. ... Indem er sagt "ein neues", hat er das erste für veraltet erklärt. Was aber alt ist und was veraltet, das ist nahe am Verschwinden* (Hebr 8, 8-13).

Im Hebräerbrief spricht Paulus davon, dass die Vollendung nicht durch das levitische Priestertum gekommen ist, *denn unter diesem hat das Volk das Gesetz empfangen.* Der neue Priester ist Jesus Christus, *damit wird das frühere Gebot aufgehoben, weil es zu schwach und nutzlos war; denn das Gesetz konnte nichts zur Vollendung bringen* (Hebr 7, 11 ff). *So ist das Gesetz der Zuchtmeister bis zu Christus hin, damit wir durch den Glauben gerecht würden. Nachdem aber der Glaube gekommen ist, sind wir nicht mehr unter dem Zuchtmeister* (Gal 3, 24). *Christus hat uns erlöst vom Fluch des Gesetzes* (Gal 3, 13).

*Ist jemand in Christus, so ist er eine neue Schöpfung; das Alte ist vergangen, siehe, Neues ist geworden* (2 Kor 5, 17). *Christus ist des Gesetzes Ende; wer an ihn glaubt, der ist gerecht* (Röm 10, 4).

Für Markion ist der Christus, den Jesus verkündet hat, absolute Neuheit. Keine Weissagung, auch nicht im Alten Testament, hat ihn verheißen. Das Alte und das Neue Testament sind miteinander unvereinbar. Mag es auch trostreiche Worte enthalten, so blickt aus dem Alten Testament dennoch, wenn auch verlarvt, das schreckliche Antlitz des grausamen Weltschöpfers.

Der Gott des Alten Testamentes ist vollkommen widersprüchlich, er ist unbarmherzig, von peinigender Strenge und Grausamkeit, er ist voll boshafter Taten, ein Erreger von Kriegen und ein Hasser seiner Feinde bis ins vierte Geschlecht. Dieser Gott ist der Schöpfer dieser Welt. Diese Welt ist verpfuschtes, perfide regiertes Machwerk, das der Demiurg nur durch grausame Gerechtigkeit, durch blutige Rache und das erbarmungslose Gesetz der Vergeltung regieren kann. Er ist ein wegen seiner Härte sattsam „bekannter Gott", der selbst seine Ungerechtigkeit zugibt (Jer 49, 12).

Dieser HERR ist ein strenger und eifersüchtiger Gott: *Du sollst keine anderen Götter neben mir haben ... ich, der HERR, dein Gott, bin ein eifernder Gott, der die Missetat der Väter heimsucht bis ins dritte und vierte Glied an den Kindern derer, die mich hassen* (5 Mos 5, 7 und 9).

Aus diesem Befund konnte Markion den jüdischen Glauben an einen Gott den HERRN, der sein auserwähltes Volk einen Heilsweg führt, nicht hinnehmen. Auch erlag er nicht der Versuchung, solche Texte durch Allegorese unter dem Dach der Philosophie unterzubringen, wie es Philon von Alexandrien versuchen und Origenes später bis zur Perfektion treiben sollte. *Gott schuf den Menschen nach seinem Bild und Gleichnis,* d.h. die Vorstellung von Gott, das Bild, das der Mensch vom Herrn seinem Gott hat, prägt den Menschen. Nach Markions Vorstellung sollte seine Gemeinde durch ein anderes Gottesbild geprägt sein. Für Markion hat der Mensch auch keinesfalls durch ein eigenes Vergehen das Böse in der Welt verschuldet.

Darum verbannte er das Alte Testament aus seiner Bibel d.h. aus den Texten, die bei den Gottesdiensten zu Lesung und Predigt Verwendung finden sollten.

Das durch Jesus verkündete Gottesbild ist ein bis dahin „unbekannter Gott". Er wird wegen seiner schrankenlosen Liebe in dieser Welt des Hasses immer ein „fremder Gott" bleiben, ein Gott außerhalb des materiellen Weltbildes. Der Gott Markions ist „der Fremde", „der ganz andere", „die unbegreifbare reine Liebe". Für Markion ist die von Jesus verkündete Botschaft (Evangelium) ein unfassliches Wunder.

Dieses Wunder ist durch einen plötzlichen, unerwarteten Einbruch als das völlig Neue in die Welt gekommen, um sie vollständig zu verändern. Dieses Gottesbild hat eine erlösende Wirkung. *Die Erlösung erlöst so vollkommen, dass von dem gegebenen alten schlechthin nichts übrigbleibt; sie macht bis zum letzten Grund der Dinge hin alles neu; also ist alles, was bisher bestanden hat, verderblich und nichtig, denn die Erlösung ist Erlösung nicht nur von der Welt, sondern auch von ihrem Schöpfer und Herrn* (Harnack). Der fremde Gott ist der Schöpfer der unsichtbaren, geistigen Welt, die weder dem Auge noch dem Ohr zugänglich ist. Er ist von allen Beschränkungen frei, ihm kann kein Widerstand entgegengesetzt werden. Er steigt aus seinem dritten Himmel nieder und entzieht dem Weltschöpfer seine Kinder. *Das Evangelium ist die Botschaft vom fremden Gott; er ruft uns nicht aus der Fremde, in die wir uns verirrten, in die Heimat, sondern aus der grauenvollen Heimat, zu der wir gehören, in eine selige Fremde* (Harnack).

Wie schon Justinus die christliche Lehre als Fortsetzung und Erfüllung der griechischen Philosophie empfand, insbesondere des Platonismus, konnte das Alte Testament bei den Nichtjuden auch nicht die Autorität beanspruchen, *dass man sich bei der Christusverkündigung seiner als des einzig legitimen Schriftbeweises hätte bedienen müssen. Ist Christus wirklich der Pantokrator, der Kyrios der Welt und der gesamten Menschheit und nicht nur eines einzigen auserwählten Volkes, so muss sein Erscheinen auch in den Schriften der heidnischen Denker seine Vorgeschichte haben* (Heimann, Weg 13).

Der ordinierte Rabbiner und Professor für Religionswissenschaft Jacob Neusner betont mit Nachdruck, *dass Judentum und Christentum gänzlich unabhängig voneinander zu sehen sind ... Sie haben keine gemeinsame Tradition* (Neusner, Rabbi 12 f). Auch die jüdische Philosophin Simone Weil *vertrat mit Vehemenz die Überzeugung, das Christentum besitze viel mehr Verwandtschaft mit der Geisteswelt Griechenlands als mit dem Alten Testament* (Heimann, Weg 14).

Die Kirche der Markioniten reichte vom Euphrat bis zur Rhone. *Im Laufe des 3. Jahrhunderts ging der Einfluss der Markioniten im Abendland zurück, im 4. wurden sie endgültig erledigt. Im Orient dagegen, in Palästina, Ägypten, Arabien, Syrien, in der Thebais war der Markionitismus um diese Zeit noch ein bemerkenswerter Gegner der Orthodoxie, bis er, unausgesetzt bekämpft und immer mehr in die Enge getrieben, seit der Mitte des 5. Jahrhunderts auch im Osten an Bedeutung verlor* (Harnack).

## Das kirchliche Verhängnis

Die Genesis enthält bekanntlich zwei Schöpfungsgeschichten. An die Sieben Schöpfungstage der Genesis schließt unvermittelt die Paradiesgeschichte an, die die vorangehende Schöpfung überhaupt nicht zur Kenntnis nimmt und davon ausgeht, dass *alle die Sträucher auf dem Felde noch nicht auf Erden waren und all das Kraut auf dem Felde noch nicht gewachsen war* (1 Mos 2, 5; Luther 84). In dieser zweiten Schöpfungsgeschichte sündigt der Mensch und wird von Gott verflucht und aus dem Paradies gestoßen, auf dass ihm die unter Schweiß beackerte Erde Dornen und Disteln trage. Bald bereut dieser Gott seine gesamte Schöpfung und will sie - wie in den alten Mesopotamischen Mythen - vernichten: *Da reute ihn, dass er die Menschen gemacht hatte auf Erden, und es bekümmerte ihn in seinem Herzen, und er sprach: Ich will die Menschen, die ich geschaffen habe, vertilgen von der Erde, vom Menschen an bis hin zum Vieh und bis zum Gewürm und bis zu den Vögeln unter dem Himmel; denn es reut mich, dass ich sie gemacht habe* (1 Mos 6, 6 f).

Der jüdische Theologe Friedrich Weinreb gibt seine Verunsicherung zu: *Der Bericht des ersten Kapitels der Genesis unterscheidet sich von dem des zweiten Kapitels; beide Berichte widersprechen sich sogar auf allerlei Weisen ... Der weniger wohlmeinende Leser wird in diesen beiden voneinander abweichenden Schöpfungsberichten Gründe dafür suchen, dass zwei oder mehr Verfasser mit widerstreitenden Auffassungen am Werk gewesen seien. Niemand kann sich dem bestehenden Widerspruch entwinden"* (Weinreb, Zahl 47 f).

Der evangelische Theologe Gerhard von Rad (1901-1971) beschreibt trefflich die unselige Wirrsal, in die die christlichen Kirchen durch Unkenntnis der Quellenlage geraten sind: *Hat die priesterschriftliche Schöpfungsgeschichte dargetan, wie Gott die Welt aus dem Chaos geschaffen hat, so will die jahwistische Paradies- und Sündenfallgeschichte zeigen, wie aus der Schöpfung das Chaos des gestörten Lebens geworden ist, das uns heute umgibt, und insofern haben beide Texte doch eine wichtige innere Bezogenheit* (Rad, Genesis 73).

Entsprechend dieser Theologie, dass also der von Gott geschaffene und von seinem Schöpfer als sehr gut befundene Mensch dann Gottes vollkommene Schöpfung verdorben hat, ist das Böse durch den Menschen in die Welt gekommen, d.h. das Böse wird dem Menschen angelastet. Und wie ein Fehler den nächsten nach sich zieht, so dass die Irrsal immer größer wird, kommt in der Kirche die Erbsündenlehre auf, nach der alle Menschen durch die Schuld des urzeitlichen Elternpaares Adam und Eva mit und unter Sünde geboren werden und diese an ihre Nachkommen wieder weiter vererben. Der Kirchenlehrer Augustinus und der Reformator Calvin werden die Prädestination verkünden, wonach der allwissende Gott die Menschen gar schon bei der Geburt sortiert und für Himmel oder Hölle bestimmt.

So wurden von den Kirchen immer mehr Gewichte aus der Schale des Neuen Testaments genommen, so dass der Zeiger der Waage immer mehr zum Alten Testament und seinem Gottesbild zeigt und der christliche GOTT der LIEBE immer mehr verblasst. Der jüdische Theologe und Religionswissenschaftler Pinchas Lapide (geb. 1922) schreibt: *Ein Gott ohne Zorn auf die Sünde, ohne Eifer für das Recht, der gebieterisch im Himmel thront, wäre ein apathischer Griechengott, der von dem Leid der Welt nichts wissen will ... Diese Theologie vom Leiden Gottes, die später auch zum Nährboden des Christentums geworden ist* (Lapide, Bibel 65).

Der GOTT der LIEBE im Evangelium ist zu einem Gott geworden, der an und mit seiner eigenen Schöpfung leidet (Theopathie). Der evangelische Theologe Jürgen Moltmann wird 1972 erklären: *Jede andere Antwort wäre Blasphemie. Es wird auch keine andere christliche Antwort auf die Frage dieser Qual[118] geben. Hier von einem leidensunfähigen Gott zu sprechen, würde Gott zu einem vernichtenden Nichts machen* (zitiert nach: Lapide, Warum? 72).

Der evangelische Theologe Wilhelm Thüsing setzt dem alldem noch die Krone auf mit seiner Feststellung, dass Jesus Christus gar kein Christ gewesen sei: *Jesus von Nazareth ist Jude und kann natürlich nicht als Christ bezeichnet werden* (Dohmen/Söding, Zwei Testamente 297).

Hier hat das Christentum sein griechisch-philosophisches Erbe zugunsten des Alten Testamentes über Bord geworfen.

Einer der letzten Christen, der „Ketzer" Markion, hatte als letzter versucht, sich dem vorhersehbaren Verhängnis in den Weg zu stellen, indem er den alttestamentlichen Gott und sein Testament aus der christlichen Botschaft ausgrenzte.

---

[118] Das Leid der Juden während des Dritten Reiches.

# Kapitel 14

# Exkurse

## Buße tun

Immer wieder vertreten christliche Theologen die falsche Auffassung, der „Bußruf" von Jesus unterscheide sich nicht von dem Johannes des Täufers.
Ein schwerwiegender Fehler!

Während der Täufer zur **Buße** aufrief, forderte Jesus zum **Umdenken** auf.
Während der Täufer zur **Rückkehr zum Gott der Väter** aufrief, forderte Jesus dazu auf, **das neue, geistige Gottesbild** anzunehmen.

Matthäus hat den Unterschied eigentlich deutlich genug dargelegt, indem er den Täufer sagen lässt:
Ich taufe euch **mit Wasser zur Umkehr.** Der aber nach mir kommt, hat mehr Kraft als ich; ich bin nicht fähig, seine Sandalen zu tragen. Er wird euch **im Heiligen GEIST** und **im Feuer** taufen.      Mt 3, 11

Woher rührt der Fehler?
Ab 382 nach entstand die auf Hieronymus zurückgehende Übersetzung des Alten und Neuen Testamentes aus dem Griechischen ins Lateinische. Diese Übersetzung ist die VULGATA, „die allgemein im Volk verbreitete".
1546 erklärte das Konzil von Trient die VULGATA für authentisch und verbindlich für die Bibelauslegung.

Markus 1, 14:
Das griechische „metanoeîte" (μετανοεῖτε) wurde ins Lateinische übersetzt als poenitemini!
Im lateinischen Wort steckt 1. poeniteri – Reue empfinden und 2. poena – Rache, Strafe

Matthäus 3, 11
spricht von einer Taufe „eis metánoian" (εἰς μετάνοιαν) – Zum Umdenken; daraus wurde lateinisch: in poenitentiam. Poenitentia heißt „Buße": „das wirst du mir büßen!"

Der jüdische Theologe Pinchas Lapide (Lapide, Bibel 117 f) hat richtig gesehen, dass gerade diese lateinische *Fehlübersetzung* die Botschaft der Christlichen Bibel vollkommen verändert hat.

## Christus

Jesus sprach zu ihnen: Wahrlich, ich sage euch:
Ehe Abraham wurde, bin ich.
Joh 8, 58 (Luther 84)

Und nun, Vater,
verherrliche du mich bei dir mit der Herrlichkeit,
die ich bei dir hatte, ehe die Welt war.
Joh 17, 5 (Luther 84)

Man könnte dieses Christus-Wort auch so übersetzen:
Und nun Vater, mache du mich offenbar bei dir selbst
mit der Offenbarheit, wie ich sie hatte bei dir,
bevor die Welt war.

Die Christus-Idee ist so alt wie der ewige GOTT. Sie kann nicht kommen oder gehen. Sie kann dem Menschen zu Bewusstsein kommen, der Mensch kann sie aber auch aus dem Bewusstsein verlieren.
Das griechische Wort »Christus« ist die Übersetzung des hebräischen »maschiach« und bedeutet »der Gesalbte«.
Im Alten Orient ist der »Gesalbte« immer der von einer höheren Macht, etwa dem Pharao, eingesetzte Repräsentant und Bevollmächtigte. Könige nennen sich Gesalbte, wenn sie sich der höheren, göttlichen Macht unterstellt und von ihr eingesetzt sehen.

In der Christlichen Bibel ist »Christus« gleichbedeutend mit »Bild und Gleichnis GOTTES«, »Sohn GOTTES« oder »Ausdruck GOTTES«: *die Ausstrahlung seiner Herrlichkeit und der Ausdruck seines Wesens* (Hebr 1, 3).
»Sohn GOTTES« heißt Schöpfung GOTTES; »Bild und Gleichnis« will sagen, dass der Schöpfergott an seiner Schöpfung auch qualitativ zum Ausdruck gekommen ist.
Als Ausdruck GOTTES ist dieses Bild und Gleichnis so alt wie GOTT selber, weil eine Lichtquelle ohne Licht keine Lichtquelle sein könnte. Das Nicäokonstantinische Credo aus dem 4. Jahrhundert hat dies noch klar gesehen. Es sagt vom Sohn Gottes: *ex patre natum ante omnia saecula –* geboren aus dem Vater außerhalb jedes Zeitbegriffes, und weiter: *lumen de lumine, ... genitum non factum, consubstantialem patri –* Licht vom Licht, ... gezeugt, nicht geschaffen, aus derselben Substanz wie der Vater. Aus einer Lichtquelle kommt aber nur Licht.
Sowohl die Schöpfungstage zu Anfang der Genesis als auch die Christliche Bibel betonen mehrmals nachdrücklich, dass der Schöpfergott GEIST ist. Die Schöpfung muss also geistig sein, wenn sie denn *aus derselben Substanz wie der Vater* sein soll. Der Christus ist also etwas Geistiges: die geistige Idee GOTTES.
Am ersten Schöpfungstag heißt es: *Der GEIST Elohims schwebte über den Wassern. Und Elohim sprach: Es werde!* Jesus belehrt Nikodemus: *Was aus*

GEIST entstanden ist, ist GEIST. *Verwundere dich nicht, wenn ich dir sage, ihr müsst von oben geboren werden* (Joh 3, 6 f).
Christus ist also etwas Geistiges und wir gehen nicht fehl, wenn wir im philosophischen Sinne von einer göttlichen Idee sprechen, der Christus-Idee. Das griechische idea heißt ja »Bild«. Johannes spricht von der *Idee Mensch, die (immer) im Himmel ist* (Joh 3,13). *Im Himmel sein* heißt auf einer höheren, nämlich der göttlich-geistigen Ebene angesiedelt sein. Sie verlässt den Himmel nicht, denn GEIST wird nicht zu einem materiellen Sterblichen, er wird nicht „Fleisch", das übliche Wort für Materie.
Bei der Allgegenwart des GEISTES ist auch diese Idee, seine Erscheinungsform, allgegenwärtig und teilt sich jedem mit, der für sie empfänglich ist. Diese göttliche Idee ist das Ideal, das es zu verwirklichen gilt: *Ihr sollt also vollkommen sein, wie euer himmlischer Vater vollkommen ist* (Mt 5, 48). Dieses höhere Ideal anzustreben und sich ihm anzugleichen, diesen idealen Stand voll zum Ausdruck zu bringen, darin liegt nichts Geheimnisvolles, kein Glaubensgeheimnis, das man nur glauben, aber nicht verstehen könnte. Im materiellen Bereich ist es jedem Künstler, jedem Musiker, jedem Sportler klar.
Wie wir aus der eben zitierten Stelle bei Matthäus ersehen können, muss sich jeder zum Christus machen, wenn er zu GOTT „in den Himmel kommen" will.
Wie Paulus und die Evangelien berichten, hat Jesus von Nazareth dieses Ziel erreicht. Und so ist diese göttliche Idee wahrnehmbar geworden: Johannes spricht von ihr als etwas, *was wir mit unseren eigenen Augen gesehen, was wir betrachtet und was unsere Hände berührt haben* (1 Joh 1, 1), Jesus den Christus nämlich.
Paulus bevorzugt die Diktion »Christus Jesus« und meint damit: Christus, das Bild und Gleichnis GOTTES, wie Jesus es vorbildhaft verwirklichte und wie dieser Christus an ihm zum Ausdruck kam.

Dieser Christus ist es, der
- in der weltlichen Finsternis das Licht des LEBENS aufgehen lässt,
- den Trägen auf die Beine hilft,
- das ewig unversehrte Selbst des Menschen zutage fördert,
- die nichts mehr hören wollen, aufhorchen lässt,
- die Gottfernen ins LEBEN ruft,
- den Unwissenden die WAHRHEIT zu Bewusstsein bringt und
- zur Annahme des neuen Menschenbildes auffordert. (Mt 11, 5 f)[119]

Origenes (185-254), der größte und gelehrteste der griechischen Kirchenväter, lehrte noch, dass es immer wieder Christusse gegeben habe und geben werde, Menschen also, die die Vollkommenheit erreichen. Er und seine Lehre wurden jedoch vom ökumenischen Konzil von Konstantinopel 553 als ketzerisch verurteilt. Bald sprach die Christenheit nicht

---

[119] Vgl. Kap 2.8

mehr von »Jesus dem Christus«, sondern von »Jesus Christus«, so als sei Christus der Beiname von Jesus allein. Damit aber kam die kirchliche Theologie von der ursprünglichen Lehre ab.

Plötzlich war Jesus ein Gott geworden, so alt wie der Vater und stieg eines Tages vom Himmel herab. Ja, dieser Gott starb des grauenhaftesten Todes, um die Menschen zu erlösen. Obwohl er doch geistig war, fuhr er dann in einem materiellen Leib wieder in den Himmel auf unter Missachtung der Warnung des Paulus: *Wer aber in der Materie ist, kann vor GOTT kein Gefallen finden* (Röm 8, 8).

Die Kirche war nicht nur von der ursprünglichen Lehre abgekommen, sie hatte auch denen, die hineingehen wollten, den Weg verbaut. Denn die Evangelien lehren: Es gibt keinen anderen Weg zu GOTT als den über Christus: *Ich bin die Tür, wenn jemand durch mich hineingeht, wird er errettet werden* (Joh 10, 9). *Ich bin der Weg, die WAHRHEIT und das LEBEN. Niemand kommt zum Vater, es sei denn durch mich. Wenn ihr mich erkennen würdet, würdet ihr auch meinen Vater erkennen; von jetzt an erkennt ihr ihn und habt ihn gesehen* (Joh 14, 6 f).

### Diese Welt und jene Welt

Wir haben hier keine bleibende Stadt, sondern
wir suchen nach der kommenden.
Hebr 13, 14

Dieses Weltbild ist jetzt in der Krise,
jetzt muss der Herrscher über diese Welt verbannt werden.
Joh 12, 31

Wacht auf, und lasst uns von hier aufbrechen!
Joh 14, 31

Ich sah einen großen weißen Thron und den, der auf ihm saß.
Vor seinem Angesicht wich die Erde und der Himmel,
und es fand sich für sie kein Platz.
Off 20, 11

Und ich sah einen neuen Himmel und eine neue Erde;
denn die ursprüngliche Vorstellung von Himmel
und das ursprüngliche Weltbild
gehören der Vergangenheit an,
und das Meer[120] gibt es nicht mehr.

---

[120] Symbol für Unberechenbarkeit und Chaos

Und ich sah, wie die heilige Stadt, das neue Jerusalem,
von GOTT aus dem Himmel herabkam.
Off 21, 1 f

Was hat das zu bedeuten, wenn die Christliche Bibel von *dieser Welt*, von
*jener Welt* oder der *kommenden Welt*[121] spricht?
Bei Matthäus (24, 35) spricht Jesus davon, dass Himmel und Erde
vergehen werden. Kann aber das, was das schöpferische PRINZIP schafft,
vergänglich sein? Vergangen ist im Laufe unserer geistigen Entfaltung
das alte Weltbild von einer Scheibe, vergangen die Welt der vielen
Götter, vergangen ist auch die Vorstellung von der Erde als Mittelpunkt
der Welt. Vergehen muss auch unser materielles Weltbild: *Denn alles, was
aus GOTT entstanden ist, überwindet die Welt, und dieser Sieg, der die Welt
überwunden hat, ist unser Glaube*[122] (1 Joh 5, 4). Hier ist die Rede von der
Überwindung des materiellen Weltbildes, der vierdimensionalen Welt
mit ihren Gesetzen, Gesetzen, die mit sich selbst uneins sind, Chaos
stiften und deshalb den Keim zum Untergang bereits in sich tragen: *Jedes
Reich, das mit sich selbst uneins wird, wird verwüstet. Und keine Stadt oder
Haus wird Bestand haben, wenn es mit sich uneins geworden ist. ... Wenn ich
aber in GEIST, GOTT, die dämonischen Mächte*[123] *austreibe, dann ist doch das
Reich GOTTES schon bei euch angekommen* (Mt 12, 25 und 28). Johannes spricht
es deutlich aus: *Wir wissen, dass wir von GOTT stammen und dass die
gesamte Welt im Bereich des Bösen liegt* (1 Joh 5, 19).
Jesus, der sich zum Christus[124], zum Bild und Gleichnis GOTTES, gemacht
hatte, sah seine Sendung darin: *Ich [Christus] bin als der Wendepunkt in
diese Welt gekommen, damit die, die nicht sehen, sehen, und die, die sehen, blind
werden* (Joh 9, 39). *Ich habe die Welt überwunden* (Joh 16, 33). *Es kommt der
Herrscher über diese Welt, doch in mir ist nichts, was ihm gehört. ... Wacht
auf*[125], *und lasst uns von hier aufbrechen!* (Joh 14, 30, f)

*Diese Welt* ist das Weltbild, in dem wir alles für machbar halten, in dem
wir uns eingerichtet haben, in dem wir leben und das wir durchleben
und durchleiden. *Jene Welt* wird treffender als die *kommende Welt*, das
kommende Weltbild, bezeichnet, weil es noch jenseits unseres der-
zeitigen Begreifens liegt, das aber kommen und unser herrschendes,
doch obsoletes vierdimensionales Weltbild ablösen, bzw. um neue
Dimensionen erweitern muss.

---

[121] Mk 10, 30
[122] Vgl. Exkurs Glaube
[123] die Gesetze der Materie
[124] Vgl. Exkurs Christus
[125] egeíro – auf(er)wecken aus dem Schlaf und vom Tod Röm 4, 24; Gal 1,1; Mt 10, 8 u.a.
egeíromai – aufwachen, auf(er)stehen z.B. Mk 6, 14 und Lk 9, 7 vom Täufer;
Joh 21, 14 von Jesus

Aber, so werden Sie einwerfen, diese Krise hat Jesus doch für seine Zeit vor 2000 Jahren prophezeit. Darauf lässt sich zweierlei antworten: Der Weltuntergang für das alte Israel kam doch auch. Im Jahr 70 nach wurde der Tempel in Jerusalem von den Römern zerstört, der Tempelkult wurde eingestellt und ein Viertel der jüdischen Bevölkerung fand bei diesen Kämpfen den Tod. 135 wurde Jerusalem durch Hadrian erneut erobert, an die Stelle des Tempels trat ein Jupitertempel und den Juden wurde das Betreten ihrer heiligen Stadt und ihrer Umgebung unter Todesstrafe verboten, ebenso die Beschneidung.

*Die Sonne wird sich verfinstern, und der Mond wird seinen Schein nicht geben, die Sterne werden vom Himmel fallen, und die Mächte des Himmels werden ins Wanken kommen* (Mt 24, 29). Ist denn dies nicht alles schon wiederholt geschehen? Geschieht es denn nicht immer wieder, dass große Führer wie Sterne am Himmel aufgehen und die Völker aufeinanderhetzen, um dann samt ihrer Ideologie zu verglühen? Haben denn nicht viele Ideologen das Paradies auf Erden versprochen, nur um dann eine Hölle anzurichten? Gibt es denn nicht immer wieder Imperien, die nur ihre eigenen Gesetze gelten lassen wollen und sie für universal erklären, nur um andere Völker rücksichtslos auszubeuten?

Der technische Fortschritt hat heute bewundernswerte Höhen erreicht, doch gleichzeitig mit ihm wuchs auch das Gefahrenpotential für die Menschheit ins Gigantische.

Wer eine neue, fortschrittliche Idee in die Welt bringt, der hat es schwer. Er wird von den Vertretern des etablierten Weltbildes angefeindet und verfolgt. In der Apokalypse des Johannes (Off 12) lesen wir von einer Frau[126], die schwanger ist mit einem Kind, einer neuen Idee. Sie hat große Qual bei der Geburt. Der große rote Drache[127] stellt sich ihr entgegen, er will ihr Neugeborenes fressen. Das Kind wird ihm aber entrissen zu GOTT: es ist eine unsterbliche Idee. Die Frau muss in die Wüste fliehen, ihr folgt die Schlange und speit einen Wasserstrom aus, um sie zu ersäufen. Aber *es öffnete die Erde ihren Mund und trank den Fluss, den der Drache aus seinem Maul gespien hatte.* Es ist die Erde selbst, die dem Weibe hilft.

Das Christustum[128], zu dem Jesus der Christus aufrief, ist von den Christen nie verwirklicht worden. Nachdem sich inzwischen die kirchliche Theologie in die Sackgasse ihrer Irrtümer verrannt hat und auf Grund gelaufen ist, sodass sie ihre inhaltliche Leere mit Klima- und Tagespolitik auffüllen muss, ist es jetzt die Naturwissenschaft, die dem empfänglichen Geist zu Hilfe kommt.

*Die physikalischen Gesetze unseres Makrosystems scheinen nicht mit den physikalischen Gesetzen unseres Mikrosystems übereinzustimmen.* ...

---

[126] Frau/Weib ist Symbol für den aufgeschlossenen, empfänglichen Geist.
[127] Symbol für das Widergöttliche
[128] Vgl. Erklärungen

*Quantenmechanik und Relativitätstheorie sind bislang unvereinbar. ... Warum aber sollten ab einer bestimmten Größendimension plötzlich andere Gesetze gelten? Viele Physiker gehen davon aus, dass die Gesetze des Universums einheitlich sind, wir diese Einheit aber noch nicht vollständig erfasst haben. ... Strukturen, die innerhalb unserer vierdimensionalen Welt chaotisch, undurchsichtig und widersprüchlich erscheinen, können aus der Perspektive einer fünften Dimension zu einem vollständig symmetrischen, regelmäßigen System werden. Die zusätzliche Dimension bringt Ordnung in das vermeintliche Chaos* (Knapp, Quantensprung 153 f).

Das Chaos existiert nur für das irdisch gesinnte Auge. In Wirklichkeit aber ist *das Reich des Vaters ausgebreitet über die* [ganze] *Erde, und doch sehen es die Menschen nicht* (Log 113). Die Wahrnehmung des multidimensionalen Reiches GOTTES ist eine Sache des rechten Bewusstseins: *Das Reich GOTTES ist in eurem Innern* (Lk 17, 20 f).

Wie schon gezeigt[129], hat die Quantenphysik das vierdimensionale Weltbild, das voller Widersprüche ist, aufgebrochen und geöffnet für neue Dimensionen des Denkens, für Dimensionen, in denen Raum und Zeit keine Rolle mehr spielen.

Während sich die einen noch immer zäh an ein materielles Weltbild mit seinen physikalischen Gesetzen klammern, hat der Physiker und Nobelpreisträger Erwin Schrödinger gleich zu Anfang erfasst, dass die Quantenphysik das Tor zur neuen Metaphysik aufgestoßen hat, zur Erweiterung unseres Blickfelds auf die Neue Welt, die in der Apokalypse verheißen wird.

**Ego und Selbst**

Das menschliche »Ich« oder »Ego« ist das Geschöpf der Psyche. Die Psyche bildet sich als Person ab. Das lateinische persona heißt **Maske**. Gemeint ist damit die Maske der Schauspieler im Theater der Antike. Diese Masken verdeckten den gesamten Kopf und hatten am Mund einen Schalltrichter. Persona bedeutet weiterhin **Charakter** oder **Rolle**, die der Schauspieler je nach Theaterstück oder Akt übernahm. Ein Schauspieler konnte in demselben Stück auch mehrere Rollen unter verschiedenen Masken übernehmen.

Hinter all solchen Masken versteckt und tarnt sich die immer gleiche Psyche. Die Person ist nur das Sprachrohr, der Lautsprecher oder Bildschirm, worauf sie sich abbilden und zum Ausdruck bringen kann.

Das »Ich« oder »Ego« ist die Ausdrucksform all der gespeicherten Denkinhalte und Programmabläufe oder Verhaltensmuster, die durch genetische Konditionierung, die bisherige Erfahrung und das kulturelle Umfeld in der Psyche festgelegt sind. Das Leben des Ego spielt sich auf

---

[129] Vgl. Kap 4.1

der Bühne im innerirdischen Gefängnis der platonischen Höhle ab. Es ist ein Leben in der Matrix.

*Wenn das Ego-Erdenschauspiel überhaupt einen Sinn hat, dann einen indirekten: Es erzeugt immer mehr Leid auf der Erde, das zwar weitgehend durch das Ego verursacht wird, jedoch letztlich auch für dessen Zerstörung sorgt. Es ist das Feuer, in dem sich das Ego selbst verzehrt* (Tolle, Erde 117).

*Auf unserer Erde verkörpert das menschliche Ego die letzte Phase des universellen Schlafes, die Identifikation des Bewusstseins mit der Form. Das war eine notwendige Stufe in der Evolution des Bewusstseins* (Tolle, Erde 302).

Das Gegenteil zum Ego ist das wahre »Selbst«. Was ist dieses Selbst? Es ist der »Mensch« des 6. Schöpfungstages, das »Bild und Gleichnis GOTTES«, das vom Schöpfer gesegnet und als *sehr gut* befunden wird. Es ist die unverlierbare »Identität« des Menschen. Sie besteht im wahren Bewusstsein um die geistige Schöpfung (Ideen-Bewusstsein).

Das schöpferische göttliche PRINZIP bringt den »Sohn GOTTES« hervor, den Christus, der von sich sagen kann: *Mir ist ganze Vollmacht gegeben im Himmel und auf der Erde* (Mt 28,18). Christus ist das »Bild und Gleichnis GOTTES«, das am 6. Schöpfungstag als vollkommen bezeichnet und dem die Herrschaft über die ganze Schöpfung zugesagt wird. In seinem Lehrbrief an die christliche Gemeinde von Galatien schreibt Paulus: *Ich lebe, aber nicht mehr als Ego, sondern in mir lebt Christus* (Gal 2, 20).

*Wenn jemand mir nachfolgen will, soll er sein [materielles] Selbst verneinen, sein Kreuz aufrichten und mit mir gehen* (Mt 16, 24). Der Sinn des Lebens ist die Selbstverwirklichung, also die Verwirklichung des wahren Selbst. Diese Verwirklichung geschieht nach Johannes durch Heiligung, d.h. Reinigung: *Meine Lieben, schon jetzt sind wir Kinder GOTTES. Und doch ist das, was wir sein werden, noch nicht voll zum Ausdruck gebracht worden. So viel jedoch wissen wir: Wenn unsere Identität zu Tage getreten ist, werden wir ihm qualitativ gleich sein, und wir werden ihn so sehen, wie er ist.*

*Und jeder, der diese Aussichten hat, zu ihm zu gelangen, der macht sich genau so heilig, so wie GOTT heilig ist* (1 Joh 3, 2 f).

Das Ego hat kein wahres Sein, es ist ein zeitliches Phänomen, ein Gespenst oder Hirngespinst aus der Welt der Sinne. Wir müssen unser Selbst erkennen und es hinausheben (erhöhen[130]) über „diese Welt", über dieses materielle Weltbild hinaus.

Selbst (SEELE) und Ego (Psyche) dürfen auf keinen Fall miteinander verwechselt oder gleichgesetzt werden. SEELE ist eine der Identitäten, durch die GOTT zum Ausdruck kommt. Sie ist unsterblich, wie Platon lehrt. Was aber unsterblich ist, das ist das Göttliche. Daher wird SEELE in Kapitälchen gesetzt.

Diese Selbstverwirklichung beginnt mit der sog. „Selbstverleugnung", d.h. mit Distanzierung und Leugnung, dass das Ego das wahre Selbst

---

130 Vgl. Kap. 7 Auferstehung

des Menschen ausmache. Selbstverleugnung ist Selbsttranszendenz, ein Prozess wachsenden Bewusstseins, das sich immer reicher orchestriert. *Im Unendlichen fällt es mit dem Göttlichen zusammen* (Jantsch, Selbstorganisation 411).

*Uns wird bewusst, dass unsere wahre Identität das Formlose ist, die alles durchdringende Präsenz, das Sein, das allen Formen und allen Identifikationen vorausgeht. Wir erkennen unsere wahre Identität als reines Bewusstsein und nicht als etwas, mit dem sich das Bewusstsein identifiziert hat. Das ist der Friede Gottes. Die letzte Wahrheit dessen, wer wir sind, lautet... »Ich bin«* (Tolle, Erde 66).

*Nun kannst du zwar das Bewusstsein selbst nicht erkennen, aber es kann dir als dein Selbst bewusst werden. Du kannst es in jeder Situation unmittelbar spüren, egal, wo du bist. Du kannst es hier und jetzt als deine eigene Präsenz spüren, als inneren Raum. ... Es ist das grundlegende Ich-bin* (Tolle, Erde 252).

*Ich finde Frieden, seit ich weiß, wer ich im tiefsten Innern bin. Jenseits des personifizierten Ego, das sich in immer neuen Rollen bestätigt sehen will, ist mein ewiges Selbst* (Tolle, Stille spricht).

## Engel

Griechisch: Angelos – Bote, Botschaft.

In der hebräischen Bibel: *Das gewöhnlich mit »Engel« übersetzte Nomen bedeutet den »Boten«, den himmlischen und den irdischen, menschlichen ... Die Spezifizierung führt irre; zumindest vorexilisch existieren die Engel nur in ihrer Botschaft, ihre Seinsart ist die der Auftragsfunktion* (Buber, Schrift. Beilage 25).

Der Brief an die Hebräer sagt: *Sind sie nicht alle dienstbare Geistwesen, die zum Dienst abgesandt werden für die, die Erlösung erben sollen?* (Hebr 1, 14).

Für den, der keine bildlichen Vorstellungen braucht, sind Engel die göttlichen Ideen, die in ihrer Unendlichkeit jedem immer und überall zur Verfügung stehen. Man muss ihnen jedoch die Tür öffnen, sie ins Haus des Bewusstseins eintreten lassen, wie die Johannesoffenbarung darlegt: *Siehe, ich stehe vor der Tür und klopfe an. Wenn einer meine Stimme hört und öffnet, gehe ich zu ihm hinein ...* (Off 3, 20).

Wem die göttlichen Ideen das Bewusstsein erfüllt haben, der wird in der Versuchung geistesgegenwärtig reagieren und den Illusionen keinen Zutritt gewähren.

Wo der Gedanke sich ein Bild zu Hilfe nehmen will, ist das Bild von der »Himmelsleiter« (1 Mos 28, 10 ff) nützlich: Jakob schläft und im Traum sieht er eine Treppe, die in den Himmel hinauf zu Gott führt, *und die Engel Gottes stiegen daran auf und nieder.* Der Schlaf bedeutet hier die Aufhebung aller sinnlichen Wahrnehmung. Die suchenden menschlichen Gedanken steigen zu GOTT empor und kehren als göttliche Ideen zu uns zurück.

*Jeder Bittende empfängt, jeder Suchende findet, und jedem Anklopfenden wird geöffnet.* Jesus gibt für diese niemals versagende LIEBE GOTTES ein Beispiel aus dem menschlichen Bereich: *Gibt es einen Menschen unter euch, den sein Sohn um Brot bäte, und er würde ihm einen Stein geben oder um einen Fisch, und er gäbe ihm eine Schlange?* (Mt 7, 8 ff) Brot ist dabei ein Symbol für Idee, Fisch für LEBEN.[131]

Das Bild vom Engel als einem geflügelten Wesen stammt aus der griechischen Mythologie. Dort übermittelt der Götterbote Hermes, versehen mit geflügelten Schuhen, die Botschaften aus dem Olymp an die Sterblichen.
Dieses Bildsymbol ist durchaus dienlich und widerspricht der philosophischen Aussage in keiner Weise.

## Erbsünde

Die Erbsündenlehre wurde von dem Kirchenlehrer Augustinus (354-430) in die Welt gesetzt. Sie beruft sich auf die Sündenfallgeschichte in der Paradies-Parabel und begeht damit einen schweren und für die Kirchen folgenreichen, schrecklichen Irrtum.
In der Jüdischen Bibel finden sich zu Beginn zwei Schöpfungsgeschichten: die Sieben Schöpfungstage und die anschließende Paradiesgeschichte. In den Sieben Schöpfungstagen (1 Mos 1,1 – 2, 4) findet sich am Ende die Feststellung des Schöpfers: *Und Gott sah alles an, was er geschaffen hatte; und sieh da: sehr gut* (1 Mos 1, 31). Die daran anschließende Paradiesgeschichte (1 Mos 2,5 – 4,26) berichtet vom Sündenfall des ersten Menschenpaares, seiner Verurteilung zum Tode und der Vertreibung aus dem Paradiesgarten. Diese Aneinanderreihung führte zu dem einfachen Schluss, dass der vom Schöpfer ursprünglich als vollkommenes Wesen erschaffene Mensch durch seine Sünde die ursprüngliche Vollkommenheit verloren habe.

Nun hat jedoch die wissenschaftliche Textkritik der Neuzeit erwiesen, dass die Paradiesgeschichte mit dem Sündenfall mindestens 200 Jahre älter ist als die Sieben Schöpfungstage und dass beide Geschichten ganz verschiedene Autoren haben, so dass die alte religiöse Deutung völlig hinfällig wurde. Außerdem zeigt ebendiese Textkritik, dass die Paradiesgeschichte von einem Redaktor (um 538 vor) aus mindestens zwei Quellenschriften neu gestaltet wurde.
Ergebnis dieser neuen Erkenntnis: Die Sieben Schöpfungstage wurden deswegen an den Anfang der Jüdischen Bibel gesetzt, weil sie die vollkommene Schöpfung des Geistgottes Elohim zeigen sollen. Die alten Paradiesüberlieferungen wurden zur lehrhaften Parabel umgestaltet, die zeigen soll, wie es endet, wenn der Mensch seine Herkunft nicht von

---

[131] Fünfter Schöpfungstag

GOTT, GEIST, herleitet, sondern in seinem Denken von einer materiellen Schöpfung aus Fleisch und Blut ausgeht.

Die Erbsündenlehre des Kirchenlehrers Augustinus, dass die Sünde des Urelternpaares eine immerfort von einer Generation auf die nächste vererbte Schuldlast sei, läuft der Lehre, die Jesus der Christus verkündet hat, total zuwider.
Selbst der HERR des Alten Testamentes rächt sich nur bis ins dritte oder vierte Glied (2. Mos 20, 5; und 34, 7), keineswegs aber an allen folgenden Geschlechtern.
Schon die Propheten Jeremia und Hesekiel prophezeien eine Zeit, da man nicht mehr sagen wird: *Die Väter haben saure Trauben gegessen, und den Kindern sind die Zähne stumpf geworden, sondern ein jeder wird um seiner (eigenen) Schuld willen sterben* (Jer 31, 29; Luther 84).

Als Jesus nach der Schuldvergebung gefragt wird, spielt er auf Lamech, den Nachkommen Kains, an, der sich 77-fach für alles rächen will und setzt dem entgegen, man müsse 77 mal vergeben, d.h. immer (Mt 18, 21 f).

Dass Jesus unter Vergebung keine moralische Großtat versteht, sondern einen Akt der Selbstbefreiung, spricht er anderenorts deutlicher aus.
In der sechsten Bitte des Vaterunsers: *Erlass uns unsere Schulden so, wie auch wir sie unseren Schuldnern erlassen haben!*
Der Mensch trägt nach und rechnet Schuld zu. Je mehr er nachträgt, umso schwerer wird die Last, die er selbst zu tragen hat. Je mehr er abwirft, umso leichter wird es für ihn selber.
Die Christus-Botschaft übergibt dem Menschen die Schlüssel zum Himmelreich:
Was immer du losgebunden hast auf der Erde,
wird im Himmel losgebunden sein. Mt 16, 19

Alles also, was man im Erdenleben nicht losgelassen und abgeworfen hat, das schleppt man auch im nächsten Leben noch als Bürde mit sich herum.
Von all dem abgesehen wollen weder die Schöpfungstage noch die Paradiesgeschichte wahre historische Fakten schildern. Schon von daher ist der Erbsündenlehre jeder Boden entzogen.
Die Paradiesgeschichte ist eine lehrhafte Parabel in Form eines Mythos.
*Mythische Orte sind überall und nirgends, so wie auch mythische Zeiten, nach der berühmten Definition des Sallustios „nie geschehen sind, aber immer sind"* (Assmann, Ägypten 161).

Man fragt sich überhaupt: Wenn GOTT die Sünde mit Krankheit oder Tod bestrafen würde, wie dürfte dann der Sohn beides ohne jede Nachfrage heilen? Als Jesus bei einem Blindgeborenen vorbei kam, fragten ihn seine Schüler, ob es sich hier um eine Sünde des Blinden oder seiner Eltern, also um eine Erbkrankheit handele. Jesus wies beides zurück: *Weder er hat gesündigt noch seine Eltern, sondern das Wirken GOTTES soll an ihm offenkundig gemacht werden. Wir müssen die Werke dessen tun, der mich gesandt hat, solange es Tag ist* (Joh 9, 3 f).

## Glaube

**Der religiöse Glaube** beruft sich auf einer Offenbarung, die in historischer Zeit einmal von Gott empfangen worden sein will. Daran hält er sich mehr oder weniger fundamentalistisch und wortwörtlich fest. Weitere Offenbarungen sind nicht zugelassen.

Dieser Glaube ist im Abendland durch die Aufklärung schwer erschüttert worden. Paul Thiry d'Holbach (1723-1789), einer der führenden Vertreter der französischen Aufklärung, argumentiert gegen die Offenbarungsreligionen: *Gott, so heißt es, hat gesprochen und sich selbst den Menschen zu erkennen gegeben. Wann und zu wem? Wo finden sich diese göttlichen Offenbarungen? In absurden und untereinander widersprüchlichen Schriften. Es zeigt sich darin, dass der Gott der Weisheit sich einer dunklen, verfänglichen und vernunftlosen Sprache bedient hat; dass der Gott der Güte grausam und blutdürstig gewesen ist; dass der Gott der Gerechtigkeit ungerecht und parteiisch war und unmoralische Handlungen angeordnet hat; dass der Gott der Barmherzigkeit die Opfer seines Zornes in der furchtbarsten Weise gezüchtigt hat* (in: Religionskritik 38 f).
Für Sigmund Freud (1856-1939), den Begründer der Psychoanalyse, ist *Religion allein der ernsthafte Feind* der Wissenschaft. *Sie wissen, dass der Kampf des wissenschaftlichen Geistes gegen die religiöse Weltanschauung nicht zu Ende gekommen ist. ... Die erste Einwendung, die man hört, lautet, es sei eine Vermessenheit der Wissenschaft, die Religion zum Gegenstand ihrer Untersuchungen zu nehmen, denn diese sei etwas Souveränes, jeder menschlichen Verstandestätigkeit Überlegenes, dem man mit klügelnder Kritik nicht nahekommen darf. ... Die Religion darf nicht kritisch überprüft werden, weil sie das Höchste, Wertvollste, Erhabenste ist, was der menschliche Geist hervorgebracht hat, weil sie den tiefsten Gefühlen Ausdruck gibt, allein die Welt erträglich und das Leben menschenwürdig macht. ... Religion ... hat kein Recht, das Denken irgendwie zu beschränken, also auch nicht das Recht, sich selbst von der Anwendung des Denkens auszunehmen* (in: Religionskritik 106 ff).
Auch die (religiöse) Theologie ist seit der Aufklärung von einer wortwörtlichen Eingebung Gottes abgerückt: *Man hat das Alte Testament im ganzen, als das Buch, das uns vorliegt, als Offenbarung Gottes verstanden und dies in der nachreformatorischen Zeit mit der Lehre von der Verbalinspiration begründet, d.h. mit der Lehre von der wortwörtlichen Eingebung der heiligen Schriften durch Gott. Sie bilden nach dieser Auffassung das Wort Gottes, das dieser durch den Heiligen Geist den biblischen Schriftstellern diktiert hat; sie sind lediglich Schreiber gewesen - nur Mittel und Werkzeug, deren sich Gott zur Niederschrift seines Wortes bedient hat. ... Jedoch sind die*

*Auffassungen von der Verbal- und der Personalinspiration längst als völlig unhaltbar erwiesen* (Fohrer, Erzähler 14).

**Der philosophisch-theologische Glaube**, der in der Tradition Platons steht, lässt den Anspruch auf eine endgültige Offenbarung von Wahrheit in alter Zeit nicht gelten: *Der Offenbarungsglaube hat sich historisch in allen seinen Gestalten als gültig immer nur für begrenzte Kreise innerhalb der Menschheit erwiesen. Sein Anspruch auf Allgemeingültigkeit seiner einen Wahrheit war vergeblich* (Jaspers, Glaube 34).
Die Philosophische Theologie geht von der ewigen Allgegenwart der Wahrheit aus, Wahrheit ist Offenbarheit: *Neidisches Vorenthalten ist mit dem göttlichen Wesen unvereinbar*, sagt Aristoteles in seiner Metaphysik (982b).
*Die Vernunft hat den Vorrang; wo die Offenbarung der Vernunft widerspricht, kann die Offenbarung nicht die Offenbarung Gottes sein* (Jaspers, Glaube 56).

**Der Glaube, den die Christliche Bibel fordert**, ist mit dem der Philosophischen Theologie vereinbar. Jesus sagt zwar, dass er nur verkündet, was er von GOTT gehört, also begriffen habe (Joh 8, 40). Nirgendwo steht in den Evangelien, dass GOTT mit Jesus gesprochen habe. Mit Mose hat der HERR auf dem Berg gesprochen, wenn Jesus auf dem Berg war, tat er dies um zu beten. Er betont, dass er die Einsichten der alten Propheten nicht auflösen, sondern zur Vollendung, zur Vervollständigung bringen wolle. Und er verheißt auch, dass die Offenbarung nach ihm weitergehen werde: *Ich hätte euch noch viel zu sagen, aber ihr könnt es jetzt noch nicht verkraften. Wenn aber jener Geist der Wahrheit gekommen ist, wird er euch in die gesamte Wahrheit einführen. Denn er wird nicht von sich heraus reden, sondern er wird nur das sagen, was er vernimmt. Auch das Künftige wird er euch kundtun* (Joh 16, 12 f).

I

Das deutsche Wort »Glaube« ist schillernd und umschließt eine gewaltige Bedeutungsspannweite, angefangen bei der griechischen *dóxa* bis hin zur *pístis*.
Glaube als *doxa* ist blinder Glaube, ein bloßes Hinnehmen, ein Dafürhalten oder Wähnen, englisch belief.
Der *Glaube*, den die Christliche Bibel fordert, ist *pistis*: **Vertrauen, Treue**; lateinisch fides, englisch faith.
Entsprechend hat das griechische Adjektiv pistós die Bedeutung treu und zuverlässig. Der 1. Johannesbrief nennt GOTT „treu und gerecht" (1, 9). Glaube im richtigen Sinne ist ein Vertrauen auf ein Gesetz, das *dem* treu bleibt, der es auch getreulich befolgt. In diesem Sinne verwendet die Christliche Bibel das Wort pistis (Glaube).

## Glaube als Praxis

Der Glaube, den Jesus der Christus forderte, meint kein blindgläubiges Hinnehmen einer religiös-kirchlichen Lehre, sondern vielmehr: sich einlassen auf die Christus-Idee: An den Früchten, die dieser Glaube trägt, wird man seine Richtigkeit erkennen (Mt 7, 16 und 20).
Der Glaube an den Christus, den die Christliche Bibel unüberhörbar fordert, ist die feste Zuversicht (Hebr 11, 1), dass GOTT, das schöpferische PRINZIP, durch das, was ihm gleich ist, durch sein »Bild und Gleichnis«, den Christus also, immerfort am Wirken ist (Joh 5, 17 und 9, 4), aber eben **nur** durch ihn. Denn Christus ist WAHRHEIT, zum Ausdruck gebracht. So wirkt auch die Mathematik schon immer, sie kann aber durch Rechenfehler, biblisch »Sünde«, niemals zum Ausdruck kommen und wirken, sondern nur durch den, der ihre Regeln beherrscht und richtig anwendet.

Jesus fordert dazu auf, den Christus-Glauben so hinzunehmen, wie ein Kind die Mathematik erlernt:
Wahrlich ich sage euch: Wer nicht das Reich GOTTES annimmt
wie ein Kind, der wird nicht hineinkommen.                    Lk 18, 17

An anderer Stelle lehrt der Christus:
Lasst die Kinder und hindert sie nicht daran, zu mir zu kommen;
denn wer so ist wie sie, für die ist das Himmelreich.     Mt 19, 14

Was ist damit gemeint? Ein Kind, das die Mathematik erlernt, fordert nicht zuerst Beweise dafür, dass die Mathematik auch tatsächlich eine verstehbare Wissenschaft ist, sondern es beginnt zu rechnen, und dem wachsenden Verständnis zeigt sich dann die Richtigkeit der Mathematik. Jeder, der etwas zu berechnen beginnt, kennt die Lösung noch nicht, aber er erwartet sie. Entsprechend lehrt der Hebräerbrief:
Der Glaube ist eine feste Zuversicht auf das,
was man sich erhofft und ein Nichtzweifeln an dem,
was man [noch] nicht sieht.                                    Hebr 11, 1

Dem ersten Annehmen des Christus-Glaubens folgt ein wachsendes Bewusstwerden der WAHRHEIT:
Allen aber, die ihn annahmen, ihnen hat er die Macht gegeben,
Kinder GOTTES zu werden, denen, die an seinen Namen glauben.
                                                              Joh 1, 12

... Wenn ihr euch erkennt, dann werdet ihr erkannt werden,
und ihr werdet wissen,
dass ihr die Söhne des lebendigen Vaters seid.
Wenn ihr euch aber nicht erkennt,
dann seid ihr in der Armut, und ihr seid die Armut.     Log 3

Sich erkennen das heißt, sich mit dem Menschen des 6. Schöpfungstages identifizieren. Jesus der Christus verhieß den wahrhaft Glaubenden eine christliche Zukunft, die bisher veruntreut wurde:
Folgende Dinge werden denen,
die den Glauben annehmen, als Beweise folgen:
In meinem Namen werden sie Dämonen austreiben
und werden in neuen Sprachen sprechen.
Sie werden Schlangen aufheben,
und wenn sie etwas Tödliches trinken,
wird es ihnen nicht schaden.
Kranken werden sie die Hände auflegen,
und es wird ihnen gut gehen. Mk 16, 17 f

Auch die folgende Verheißung blieb bisher aus:
Wahrlich, wahrlich, ich sage euch:
Wer an mich (Christus) glaubt, der wird die Werke auch tun,
die ich tue, und er wird noch größere als diese vollbringen.
Joh 14, 12

Es gibt eine alte Geschichte. Darin wird erzählt, es gebe in uns zwei Wölfe: einen guten und einen bösartigen. Auf die Frage, wer denn der stärkere sei, kommt die Antwort: Der, den du fütterst.
Bei Matthäus findet sich die Geschichte von den zwei Blinden, die Jesus den Christus um Heilung bitten. Als sie seine Frage nach ihrem Glauben bejahen, heilt er sie mit den Worten:
Euch geschehe nach eurem Glauben. Mt 9, 28 f

## II

Der liberale Zeitgeist will uns weismachen, dass es keine Wahrheit, ja überhaupt nichts Absolutes zu entdecken gebe, weil es nicht existiere. Seitdem scheint die Welt aus den Fugen zu geraten. *So stürzt man in hemmungslosen Nihilismus, in Konsumismus, in Negativismus gegenüber allem und jedem, in düsteren Pessimismus. ... Wir sehen, dass viele euro-atlantische Staaten den Weg eingeschlagen haben, ihre eigenen Wurzeln zu verneinen beziehungsweise abzulehnen, einschließlich der christlichen Wurzeln, die die Grundlage der westlichen Zivilisation bilden* (Putin, Reden 75 f).

Ein neues Verständnis von Glaube wird seinen Beweis antreten müssen. Vielleicht nach dem Ratschlag Ken Wilbers: *Existiert GEIST? ... Die technisch richtige Antwort heißt: Nimm die Injunktion an, führe das Experiment durch, sammle die Daten (die Erfahrungen), und prüfe sie mit einer Gemeinschaft Kompetenter. Eine andere Antwort als diese kann man geistig nicht formulieren, denn dies wären immer nur Worte ohne Injunktionen, die einfach keinen Sinn hätten. Es ist, wie G. Spencer Brown sagte, ein wenig wie Kuchenbacken: Man hält sich an das Rezept (die Injunktionen), backt den*

*Kuchen und probiert ihn dann. Auf die Frage: „Wie schmeckt der Kuchen?"* *kann man nur das Rezept geben, so dass jeder selbst backen und probieren kann. Genauso verhält es sich mit der Existenz des* GEISTES*: Man kann keine irgendwie befriedigende theoretische, verbale, philosophische, rationale oder mentale Antwort geben; man kann nur sagen: Befolge die Injunktion. Wenn du dies wissen willst, tue dies. Alles andere wäre ein Versuch, mit dem Auge des Geistes zu sehen, was man nur mit dem Auge der Kontemplation sehen kann, und dies wäre in der Tat eine Metaphysik im schlechtesten Sinne: Aussagen ohne Evidenz. Führe deshalb die Injunktion, das Paradigma oder die Meditation durch; übe und verfeinere dieses kognitive Werkzeug, bis das Bewusstsein lernt, die unglaublich subtilen Phänomene spiritueller Daten wahrzunehmen; prüfe deine Beobachtungen anhand derjenigen anderer, die vor dir diesen Weg gegangen sind, wie Mathematiker ihre inneren Beweise mit denjenigen anderer vergleichen, die den Injunktionen gefolgt sind, und bestätige oder verwirf dadurch deine Ergebnisse. Durch die Verifikation dieser transzendenten Daten wird die Existenz des* GEISTES *unzweifelhaft klar werden: mindestens so klar, wie es Steine für das Auge des Fleisches und Geometrie für das Auge des Geistes sind* (Wilber, Religion 223 f).

### III

Wenn wir diese Injunktion auf den »Glauben« anwenden, den Jesus der Christus fordert, nehmen wir am besten Platons Höhlengleichnis zu Hilfe. Darin wird die Welt, wie wir sie erleben, als Schattenwelt voll Illusionen fern aller Wirklichkeit bezeichnet. Aus diesem Weltbild gilt es auszusteigen und den Höhenweg zu den Ideen zu gehen.

Da hat einer, in unserem Fall Jesus, sein „Kreuz" auf sich genommen und ist den engen und steilen Weg zur WAHRHEIT, zu den ewigen Ideen, hinaufgestiegen. Aus diesem Lichtreich des GEISTES zurückgekehrt, versucht er andere von diesem neu entdeckten Weg aus den irdischen Übeln zu überzeugen. Durch seine Wunderheilungen legt er Beweise für die Richtigkeit seiner Worte vor. Er fordert seine Zuhörer auf, dass sie, wenn sie schon seinen Worten keinen Glauben schenken könnten, doch wenigstens durch seine Beweise überzeugt (Joh 10, 38 und 14, 11) den neuen Weg selber gehen, um noch mehr von der WAHRHEIT zu entdecken: *Wer an mich glaubt, der wird die Taten, die ich vollbringe, auch vollbringen, ja er wird noch größere vollbringen als sie* (Joh 14, 12).

Gehen aber muss jeder seinen Weg selbst, blinder Glaube, der in der Herde mittrottet, genügt nicht.

*Solange wir uns treiben lassen, ohne einem Führer zu folgen, sondern dem Getöse und dem misstönenden Geschrei derer, die uns in verschiedene Richtungen rufen, wird unser Leben zwischen Irrtümern kleingerieben, auch wenn wir uns Tag und Nacht um gute Einsicht bemühen.*

*Zwei Entscheidungen sind nötig: erstens: welches ist das Ziel? zweitens: welches ist der Weg?*

*Und dies nicht ohne einen Experten, der das Gebiet erkundet hat, auf das wir uns wagen. Denn hier gelten andere Regeln als bei den übrigen Reisen. Bei letzteren lassen uns die einmal eingeschlagene Straße und Leute, die man fragen kann, nicht in die Irre gehen. Bei unserer Reise jedoch täuschen gerade die ausgetretensten Wege und die belebtesten am meisten.*
*Am wichtigsten ist, dass wir nicht wie das Vieh der Herde der Vorangehenden folgen und dass wir nicht dahin laufen, wohin man läuft, anstatt dahin, wohin man laufen müsste. Nun verstrickt uns ja nichts in größere Übel, als wenn wir uns danach richten, was die Leute sagen, und wenn wir das für das Beste halten, was auf breite Zustimmung stößt und was viele so machen, und wenn wir uns nicht nach der Vernunft richten, sondern es machen wollen wie die anderen auch,* sagt der Philosoph Seneca in seinem Essay »Über das Glück« (I, 2 f).

Der Glaube, den Jesus bei seiner Verkündigung der ewigen All-gegenwart des Reiches GOTTES fordert, ist die Annahme des neuen Paradigmas. Dieser Glaube führt zum Gewahrwerden und zur Gewahrheit vom ewigen Hier und Jetzt des Gottesreiches als einziger Gegenwart.

## Hellenismus und Gnosis – Griechischer Geist im Alten Orient

König Philipp von Makedonien hatte für die Erziehung seines begabten Sohnes Alexander den berühmten Philosophen Aristoteles an den Königshof von Pella geholt.

Als dann Alexander im Jahr 336 vor auszog, um sich ein Weltreich bis hin zum Indus zu erobern, begann auch der Siegeszug der griechischen Wissenschaften, der Philosophie, Kunst und Bildung im Alten Orient. Überall erfolgten Stadtgründungen mit Namen Alexandria, das Zeitalter des Hellenismus begann.

Im Jahr 332 zog der siegreiche Alexander in Jerusalem ein. Nach seinem Tod 323 teilten seine griechischen Generale das eroberte Gebiet in langen Kämpfen unter sich auf. Diese Diadochenreiche beherrschten über Jahrhunderte den Vorderen Orient. Palästina kam um 312 an die Ptolemäer, die im ägyptischen Alexandria residierten.

Die Hochburg des Hellenismus war die ägyptische Hafenstadt Alexandria, die Residenz der Ptolemäer und der größte Ausfuhrhafen für Getreide am Mittelmeer. Von Alexander 331 gegründet, kam Alexandria rasch zu bedeutender wirtschaftlicher wie kultureller Blüte. Kaufleute aus aller Herren Länder siedelten sich hier an, und so führte die Residenzstadt der Ptolemäer zu einem Zusammentreffen ganz verschiedener Kulturen und geistiger Strömungen. Die Einwohnerzahl wird für das erste Jahrhundert nach auf eine Million geschätzt. *Zwei Drittel von den fünf Stadtteilen waren überwiegend von Juden bewohnt* (Kraft, Denker 80).

In Alexandria entstanden die beiden größten Bibliotheken der Welt, deren eine 700 000 Buchrollen, die andere 300 000 besaß, eine wahre Gelehrtenrepublik. Hier wurden alle Schriften gesammelt und textkritisch ediert. Neben allerlei orientalischen Religionen und ihren Kulten sowie ihren Synkretismen unterhielten in Alexandria auch griechische Philosophen der verschiedenen Strömungen ihre eigenen Schulen, in denen sie gemäß ihrer philosophischen Überzeugung Unterricht erteilten. Besonders in den intellektuellen Schichten begannen wissenschaftliche Denkweisen überkommene mythische abzulösen.

In Alexandria befand sich das 280 vor eingerichtete Museion, eine Akademie, in der die bedeutendsten Denker und Gelehrten der Zeit lebten und forschten. Erwähnt sei lediglich der Astronom Aristarch von Samos (320-250 vor), der hier studiert hatte und als erster das heliozentrische Weltbild lehrte sowie die Drehung der Erde. Hier wurde auch eines der sieben Weltwunder erbaut, der Leuchtturm auf der Insel Pharos, so hoch wie der Kölner Dom.

Die griechische Sprache, die sogenannte Koiné, war überall Verkehrssprache geworden. In ihr ist auch das Neue Testament geschrieben.

Hier wurden im dritten Jahrhundert vor zunächst die fünf Bücher Mose (Pentateuch) und bis 130 vor auch die übrigen Bücher der hebräischen Bibel ins Griechische übersetzt. *Die LXX [Septuaginta]*[132] *wurde dann zur Heiligen Schrift auch der Urgemeinde; die meisten alttestamentlichen Zitate im Neuen Testament stammen aus ihr* (LzB 1477). Zur alexandrinischen Synagoge gehörte auch Philon von Alexandrien (ca. 25 vor – 40 nach). Seine Muttersprache ist Griechisch, Hebräisch beherrscht er nicht mehr. Mit der griechischen Geisteswelt wohl vertraut und dem Platonismus besonders nahestehend, bleibt er doch dem Glauben der Väter treu und versucht die alten Schriften durch Allegorese unter dem Mantel der platonischen Philosophie unterzubringen. Er ging darin so weit, dass er gar Platon zum Schüler Moses machte.

## Die Gnosis

Griechenland selbst hatte nie eine organisierte Religion gekannt. Und in den Göttern der anderen Völker erkannte man einfach die eigenen Götter wieder, nur dass sie hier eben einen anderen Namen hatten.

*Längt waren die Lehren der drei großen Philosophenschulen, der von Platon gegründeten Akademie, des Peripatos, der die Arbeit des Aristoteles fortsetzte, und der Stoa zu einer Einheit verschmolzen und hatten jene Weltanschauung und Universalreligion der Gebildeten hervorgebracht, wie sie uns in Ciceros Somnium Scipionis, in Philons Schriften, in Senecas und Plutarchs Werken und dann im Neuplatonismus von Plotin bis zu Boethius entgegentritt und neben allen Besonderheiten, die immer noch durch den Unterschied der Schulen*

---

[132] Vgl. Kapitel Erläuterungen

*bedingt sind, doch immer dieselben großen typischen Züge zeigt* (Leisegang, Gnosis 13).

*Als sich vor dem Griechen die weite Welt des Orients öffnete, als er die kolossalen Bauten Ägyptens und Babylons sah, die von einer Jahrtausende alten Kultur erzählten, der gegenüber er sich selbst jung und kindlich vorkam, suchte er in den religiösen Schöpfungen dieser alten Völker nach der Urweisheit ebenso wie in seinen eigenen Mythen und Sagen. Keine orientalische Religion, die in den Gesichtskreis der Griechen trat, entging dem Schicksal, mit den Mitteln griechischer Methode in eine tiefsinnige Mysterienweisheit umgedeutet zu werden. Auch das Alte Testament wurde in demselben Sinne von hellenistischen Juden in Alexandria ausgelegt* (Leisegang, Gnosis 2).

Die Begegnung der altorientalischen Kulturen mit der griechischen Philosophie bewirkte eine gegenseitige Durchdringung und es kam zu einer Gärung wie die, bei der aus Wein Sekt entsteht. Die alten Mysterien wurden von der rationalen griechischen Philosophie durchdrungen und es wurde eine neue geistige Bewegung geboren: die Gnosis. *Heiß umstritten ist die Frage nach dem Ursprung dieser Gnosis. Die Kirchenväter, die gegen sie in lebendiger Berührung mit ihren Anhängern kämpften, betrachteten sie als griechische Weisheit. Nicht aber nur die gelehrten Christen, sondern auch die griechischen Philosophen, die mit der gerade in vornehmeren und gebildeteren Kreisen verbreiteten Gnosis in Berührung kamen und doch wohl etwas von der Philosophie verstehen mussten, hielten sie für eine aus der alten griechischen Philosophie erstandene Religion* (Leisegang, Gnosis 3). *Die gnostischen Systeme, die wir kennen, atmen nicht den Geist einer bestimmten orientalischen Religion, sie enthalten vielmehr jüdische, christliche, persische, babylonische, ägyptische und griechische Elemente in verschiedener Stärke und Zahl nebeneinander, so dass sie gleichsam ein Mosaik darstellen, das aus unzähligen kleinen Steinen verschiedenster Art und Herkunft zusammengesetzt ist* (Leisegang, Gnosis 5).

Das griechische Wort »gnosis« bedeutet: Erkenntnis. Die Hauptinspirationsquelle der Gnosis ist Platon. Je nach Landstrich erhielt diese Bewegung eine iranische (Zarathustra), jüdische und christliche Ausprägung. Grundlegende Überzeugung der Gnostiker ist: Der Mensch muss erwachen aus seinem Alptraum von einer materiellen Welt, die der Demiurg geschaffen hat und der für den Menschen Einkerkerung bedeutet. Er muss zur Erkenntnis erwachen oder erweckt werden, dass er immer und unverlierbar der Sohn Gottes war und ist.

Diese erleuchtende Erkenntnis seiner wahren Existenz oder seines wahren Selbst hat für den Menschen eine befreiende Wirkung und erlöst ihn aus der Finsternis der Unwissenheit (Platons Höhlengleichnis). Der Erkenntnisweg steht jedem Menschen offen, der den göttlichen Lichtfunken in sich trägt.

Die gnostischen Systeme sind keineswegs einheitlich, doch lassen sich die Gemeinsamkeiten in der Theologie etwa folgendermaßen zusammenfassen:
Ablehnung des alttestamentlichen Schöpfungsglaubens, wie er in der Paradiesgeschichte dargelegt wird.

1. Der höchste Gott wohnt in einer Geist-Welt, in unzugänglichem Licht und hat mit einer materiellen Welt nichts zu tun.

2. Der Mensch, Lichtfunke des göttlichen Lichtes, fällt durch einen Absturz seines Bewusstseins in die Finsternis der materiellen Welt. Er vergisst sein wahres Selbst, indem er sich mit seinem materiellen oder stofflichen Ego identifiziert. Schöpfer dieses stofflichen Ego ist der Demiurg, der alttestamentliche Jahwe, der die schlechteste aller denkbaren Welten geschaffen hat.

3. Schließlich kommt ein göttlicher Ruf aus der fernen Welt des Lichtes und weckt den Schläfer aus seinem Traum von einem materiellen Dasein, so dass er dem Gefängnis der irdischen Welt entrinnen kann.
Manche stehen nach dem Erwecktwerden auf (Auferstehung), viele aber fallen auch wieder in den Todesschlaf zurück.

Das Johannes-Evangelium spricht dreimal vom »Archon«, dem Fürsten oder Herrscher über diese Welt (Joh 12, 31; 14, 30; 16, 11). In den gnostischen Schriften ist auch häufig von »Archonten« die Rede: *Etwa 20% der Nag Hammadi Texte berichten über die Spezies der Archonten. Sie werden als eine nicht-physische Spezies beschrieben, die aber kurzzeitig physische Form annehmen kann. ... Die Archonten werden als geistige Eindringlinge beschrieben. Sie sind nicht in der Lage längere Zeit in unserer materiellen Welt zu überleben, ähnlich wie Menschen nur kurze Zeit unter Wasser überleben können ohne Luft zu holen. Ihr bevorzugter Zugang zu unserer Realität ist durch den menschlichen Verstand. Gnostische Texte warnen vor den Archonten und ihren Versuchen die menschliche Evolution von ihrem Kurs abzubringen. ... Die Texte über die Archonten beschreiben, dass sie durch Menschen leben wollen, da sie nicht in unserer Realität leben können. Hierzu versuchen sie die Menschen mehr archontisch zu machen: Sie versuchen den Menschen von der natürlichen Welt (und der Natur) zu entfremden und sie dazu zu bringen, mehr in virtuellen Realitäten zu leben. Die Motivation der Archonten für ihr Handeln wird in den gnostischen Texten auf Neid zurückgeführt: Die Archonten beneiden die Menschen für die wunderbare Welt voller Kreativität, die so grundverschieden von der kalten und künstlichen Welt der Archonten ist. Ihr Neid scheint sich besonders auf den „göttlichen Funken" zu beziehen, den jeder Mensch in sich trägt. Gnostiker bezeichnen ihn als „Nous". Jeder Mensch trägt diesen göttlichen Funken in sich und aber er fehlt den Archonten. ... Es scheint ihnen Freude zu bereiten, menschliche Emotionen*

*– speziell Angst – auszulösen oder Menschen in einen Zustand der Verwirrung zu bringen. Es wird angedeutet, dass die Archonten sich energetisch von menschlichen Emotionen „ernähren", da sie selbst über keine Emotionen – und somit keine emotionale Energie – verfügen.* (Wikipedia)

*Die christlichen Evangelien, die in der hellenistischen Welt in griechischer Sprache erschienen, waren alle mehr oder weniger von gnostischen Motiven erfüllt und durchsetzt. Der Apostel Paulus lebte im Weltbild der Gnosis und dachte in ihren Formen* (Leisegang, Gnosis 2 f).

Auch das Johannes-Evangelium weist gnostische Prägung auf: 87 mal begegnen wir dem Wort „erkennen". Die beiden Timotheus-Briefe aus der Schule des Paulus atmen deutlich gnostischen Geist. So heißt es darin von GOTT: *Er hat allein Unsterblichkeit und wohnt in unzugänglichem Licht. Ihn hat keiner von den Menschen je gesehen, noch ist er befähigt, ihn zu schauen* (1 Tim 6, 16) und: *der uns erlöst hat und gerufen durch heiligen Ruf, nicht nach unseren Werken, sondern nach eigenem Vorsatz und seiner Gnade, die uns gegeben wurde in Christus Jesus vor ewigen Zeiten, die uns aber jetzt offenbart wurde durch das Erscheinen unseres Erlösers Christus Jesus, der dem Tod seine Macht genommen, das Leben aber und die Unsterblichkeit ans Licht gebracht hat durch seine Frohe Botschaft* (2 Tim 8, 9 f).

Die Gnosis wurde bald zur ernsthaften Konkurrentin der sich konstituierenden Kirche und daher heftig von ihr bekämpft. Denn während die Gnosis Erkenntnis als angeborenen Naturtrieb des Menschen betrachtet, wie ja auch Aristoteles sagt: *Alle Menschen streben von Natur aus nach Wissen*, bestimmte die Kirche, dass mit der Festlegung des Kanons der neutestamentlichen Schriften Offenbarung und Erkenntnis ihren Abschluss gefunden hätten. An die Stelle von weiterem Erkenntniszuwachs musste nun der Glaube an das bisher Erkannte und Verkündete treten.

Über diesen gewaltigen Kulturraum gnostischen Denkens, der von ehrfürchtigem Respekt, von grenzenloser Neugier und gegenseitiger Befruchtung geprägt war, kam, wie der Kirchenkritiker Karlheinz Deschner feststellt, das kirchliche Christentum wie ein Spätfrost, der die Blüte und den Fruchtansatz freier Philosophischer Theologie für Jahrhunderte bis hin zur Renaissance zum Erliegen brachte.

**Kybernetischer Regelkreis**

Alles ist im Fließen/ Alles ist im Bewegung. (Heraklit)

Ducunt volentem fata, nolentem trahunt – Das Geschick leitet den Willigen, den Unwilligen schleppt es mit sich. (Seneca)

Kybernetik kommt vom griechischen kybernân - steuern, lenken, regeln. Der Regelkreis ist ein Prozess, der die Aufgabe hat, eine vorgegebene Struktur zu stabilisieren und zu erhalten.
Beispiel: Heizungssystem der Wohnung:
1. Wahl der gewünschten Temperatur
2. Das Aufheizen durch den Brenner
3. Erreichen der gewünschten Temperatur
4. Rückkoppelung: Abstellen des Brenners, bis die gewünschte Temperatur wieder unterschritten ist.

Man nennt dies die »negative Rückkoppelung«. Negative Rückkoppelung führt zur Selbstregulation eines stabilen Systems.
Ganz anders die »positive Rückkoppelung«. *Positive Rückkoppelung entsteht, wenn Wirkung und Rückwirkung sich gegenseitig verstärken, also gleichgerichtet sind. Positive Rückkoppelung ist nötig, um in Systemen Dinge zum Laufen zu bringen ... Positive Rückkoppelung – ganz gleich, ob nach oben oder nach unten – kann daher sehr gefährlich sein. Wenn sie nicht durch negative Rückkoppelung kontrolliert ist, führt sie immer zu tödlichen Grenzen für das entsprechende System.* (Vester, System 55)
In der Welt des GEISTES gibt es nur die positive Rückkoppelung, sie führt zu immer weiterer Entfaltung des wahren Selbst, der Idee. In der Christlichen Bibel wird dieser Prozess »Selbstverleugnung«, d.h. Selbsttranszendenz genannt.

Im Alten Orient hatte die Erde 4 Ecken oder Enden, und dies blieb so, auch wo man von einem kreisförmigen Grundriss der Erde ausging.
Die Tempeltürme Mesopotamiens und die ägyptischen Pyramiden haben einen quadratischen Grundriss. Ihre Seiten oder Ecken sind nach den 4 Winden ausgerichtet.
Ein früher Glaube oder ein Wissen, dass irdisches Geschehen und Handeln sich nach universal vorgegebenen Fixpunkten richten müsse.

Die Sterne oder Sternbilder galten als Götter, bzw. göttliche Mächte. Über den 4 Ecken der Erde sah man am Götterhimmel die Sternbilder Wassermann, Löwe, Stier und Adler stehen.
Durch sie waren die immer wiederkehrenden 4 Jahreszeiten festgelegt:
1. Frühling     Aussaat
2. Sommer     Wachstum
3. Herbst       Reife
4. Winter        Überschuss für die neue Aussaat

Die Himmelsrichtungen nannte man die 4 Winde, wobei Wind immer gleichbedeutend ist mit der unsichtbaren Macht Geist, von dem *man nicht weiß, woher er kommt, und wohin er führt* (Joh 3, 8).
Hier zeigt sich ein deutliches Erahnen, vielleicht schon eine erste Erkenntnis des kybernetischen Regelkreises.

Die Schöpfungstage, geschrieben im 6. Jahrhundert vor, steigen in 7 Stufen der Erleuchtung auf bis zur Berührung mit dem Himmel. Vom ersten bis zum sechsten Tag, den eigentlichen Schöpfungstagen im strengeren Sinne, ist jeder Tag gegliedert in die vier Schritte:
1. Es werde!
2. Es wurde.
3. Es war gut.
4. Ein neuer Tag.
Hier ist eindeutig der kybernetische Regelkreis erkannt und formuliert.

Bei Platon ruht der richtig gegründete Staat auf 4 Eckpfeilern, die als die 4 Kardinaltugenden die Tugend an sich ausmachen. Dabei bedeutet »Tugend« so viel wie: Idealzustand bei der Verwirklichung eines Staates, einer Familie und des Einzelnen.
Die 4 Kardinaltugenden sind:

1. Weisheit     Erkenntnis der Wahrheit.

2. Tapferkeit    Mutiger Einsatz für das als richtig Erkannte im Kampf gegen das Verkehrte.

3. Besonnenheit, Bewusstsein
    Der Mensch ist Herr seiner selbst.

4. Gerechtigkeit   Am richtigen Platz tut jeder das Seine und findet darin Erfüllung zum Wohl des Gemeinwesens.

Auch in der Christlichen Bibel wird die göttliche Kybernetik darlegt. An die 7 Bitten des Vaterunsers schließt sich folgende Erklärung an:

Denn dein ist das Reich     Eingabe: ein überspringender Funke aus dem **göttlichen** Ideenreich bringt Erleuchtung.

und die Kraft     Umsetzung: Er schafft Licht in der mentalen Finsternis.

und die Herrlichkeit     Ergebnis: Die Wirklichkeit tritt voll zutage.

in Ewigkeit     Rückkoppelung: *In der Selbsttranszendenz, der Erschließung neuer Ebenen von Selbstorganisation - neuer geistiger Ebenen -, orchestriert sich Bewusstsein immer reicher.*
(Jantsch, Selbstorganisation 413)

Der Anfang des Prologs bei Johannes (1, 1-5) ist ebenfalls eine klare Darlegung des kybernetischen Regelkreises:

1. Der LOGOS war (schon) im Anfang da, und der LOGOS war bei GOTT, und der LOGOS war GOTT. Dieser war im Anfang bei GOTT.

Der LOGOS ist also die erste Offenbarwerdung GOTTES in seinem »Bild und Gleichnis« oder Christus.

2. Alle Dinge sind durch ihn entstanden,
   und gesondert von ihm entstand auch nicht ein Ding,
   das ein Sein hat.

Nur Göttliches wird Wirklichkeit.

3. In ihm war LEBEN,
   und das LEBEN war für die Menschen das Licht.

GOTT kommt als ewiges LEBEN zum Ausdruck, als ewiges Sein, das kein Werden und Vergehen, weder Anfang noch Ende kennt, es ist die Herrlichkeit seiner Gegenwart.

4. Das Licht erleuchtet in der Finsternis,
   und die Finsternis kann es nicht überwältigen.

Die Gotteserkenntnis bringt die Illusion von Tod (die Finsternis des Totenreiches) mehr und mehr zum Verblassen und endlichen Verschwinden. Diesem Prozess kann nichts widerstehen.

Den vier Evangelien wurden später die vier Sternbilder über den Ecken der Welt zugeordnet: Der Wassermann für Matthäus, der Löwe für Markus, der Stier für Lukas und der Adler für Johannes. Denn Matthäus schrieb nur für die Juden, Markus für das übergeordnete römische Herrschaftsgebiet, Lukas für die ganze griechisch sprechende Ökumene, Johannes für die wissenschaftlich denkende Welt.
Der Wassermann steht für Mensch (Bewusstsein),
der Löwe für Kraft,
der Stier für Fruchtbarkeit,
der Adler für Transzendenz.

In der Johannes-Apokalypse sieht der Offenbarer das alte Weltbild von Himmel und Erde vergehen und *einen neuen Himmel und eine neue Erde* kommen. Er sieht die heilige Stadt *aus dem Himmel herunterkommen. ... Und die Stadt ist quadratisch angelegt, ihre Länge ist so groß wie ihre Breite. ... Und die Völker werden wandeln in ihrem Licht; und die Könige auf Erden werden ihre Herrlichkeit in sie bringen* (Off 21).

Um die Mitte des 20. Jahrhunderts wurde der kybernetische Regelkreis für die Physik entdeckt durch Norbert Wiener und Ludwig von Bertalanffy. Dadurch wurde ein absolut wirkendes metaphysisches Gesetz auch in der Physik nachgewiesen und anwendbar gemacht. Physik und Metaphysik sind keine getrennt zu sehenden Bereiche mehr. *Damit wird jener Dualismus von Geist und Materie aufgehoben, der das westliche Denken in seinen Hauptströmungen mehr als zwei Jahrtausende lang geprägt hat.* (Jantsch, Selbstorganisation 411)

Es ist aber auch gezeigt, dass es gefährlich ist, einem solchen universalen Gesetz zuwider zu handeln, und nicht *in ihrem Licht zu wandeln.*

## Licht und Finsternis – GEIST und Materie

Wer in seiner Theologie zur »Licht-Finsternis-Symbolik« greift, ist meist Monotheist. In der »Philosophia Perennis« sind dies vor allem Echnaton, Zarathustra, Platon und Jesus der Christus.

Folgendes zum klaren Begreifen dieser Symbolik: Zwei Räume, einer ist finster, der andere Raum hell. Wenn wir die Zwischentür öffnen, wird es im bisher finsteren Raum heller, im hellen Raum aber nicht finsterer. Oder: Stellen wir uns einen finsteren Raum vor. Wenn wir ihn hell und licht haben wollen, müssen wir eine Lichtquelle einschalten, vielleicht drehen wir den Dimmer immer höher. Dann wird es mehr und mehr licht. Wir müssen dazu nicht etwa zuerst eine Öffnung machen, damit die Dunkelheit abfließen kann. Den umgekehrten Vorgang, dass man etwa in einem hellen Raum eine Dunkelquelle einschalten könnte, die den Raum immer dunkler machte, gibt es nicht.

Wenn wir in einen finsteren Raum Licht einströmen lassen, kann sich die Finsternis dem nicht widersetzen. Sie kann nicht den Kampf gegen das Licht aufnehmen. Es findet kein Kampf statt, bei dem das Licht etwa unterliegen könnte. Stellen Sie einen Stab auf den Tisch und führen Sie im Kreis den Lichtstrahl einer Taschenlampe um den Stab herum. Egal in welche Richtung Sie dies tun: der Schatten flieht vor dem Licht, er kann seinen Platz nicht behaupten oder dem Licht entgegenlaufen. Wenn Sie den Stab wegnehmen, ist der Schatten vollkommen verschwunden. Wohin denn? Ins Nichts.

> Das Licht erleuchtet in der Finsternis,
> und die Finsternis kann das Licht nicht überwältigen. Joh 1, 5

Diese Licht-Finsternis-Symbolik zu verstehen, ist äußerst wichtig für das Verständnis der Christlichen Bibel und den darin vertretenen Monotheismus. Hier findet sich kein Gespräch Gott – Satan wie bei Hiob oder in Goethes Faust.

Wir sprechen von »Licht und Finsternis«, »Gut und Böse«, »GEIST und Materie«. Grundsätzlich gilt für die Christliche Bibel: Gegensätze schließen sich aus. *GEIST ist es, was lebendig macht, das Fleisch ist nutzlos* (Joh 6, 63). Die *Wunschvorstellungen der Materie richten sich gegen den GEIST, die des GEISTES gegen die Materie; denn die letzten beiden sind Gegensätze* (Gal 5, 17). *Eine materielle Auffassung ist Feindschaft gegen GOTT; denn sie findet keinen Platz unter dem göttlichen Gesetz, kann ihn gar nicht finden. Wer in der Materie ist, kann kein Gefallen finden vor GOTT* (Röm 8, 6 f). Wenn Jesus sagt: *Jede Sünde und jede Schmähung wird den Menschen vergeben werden, aber die Schmähung gegen den GEIST wird keine Vergebung finden ... Jeder, der gegen den Heiligen GEIST redet, der wird keine Vergebung finden, weder in dieser Zeit noch in der künftigen* (Mt 12, 31 f), dann meint er, dass jeder Denkansatz zum falschen Ergebnis führt, der die Materie für den Urstoff, für das Baumaterial der Schöpfung hält. Auch wirken GEIST und Materie nicht zusammen bei der Schöpfung: *Niemand kann zwei Herren dienen* (Mt 6, 24). Vielmehr ist GEIST die einzige Wirklichkeit, er ist Herr über das, was für Materie gehalten wird. Jede andere Vorstellung ist ein Wahngebilde der Psyche, der Rauch, mit dem Ahriman die geistige Schöpfung Ahura Mazdas verdunkeln will, der Nebel, der aus der Erde aufsteigt und das »Trockene« des 3. Tages durchfeuchten will. *Die Quantentheorie ... zwingt uns, unser materielles Weltbild zu überdenken. Die Ergebnisse der Quantenphysik werden uns vor Augen führen, dass es kaum etwas Immaterielleres gibt als die Materie* (Knapp, Quantensprung 65).

GOTT ist der *Vater der Lichter, bei dem es keine Veränderung gibt noch Verschattung im Wechsel* (Jak 1,17). *Die Botschaft, die wir von ihm gehört haben, besteht in folgendem: GOTT ist Licht und in ihm ist keinerlei Finsternis* (1 Joh 1, 5). Und GOTT ist Alles-in-allem ( 1 Kor 15, 28). Also ist alles GEIST. »Licht« ist Symbol für Erleuchtung, Intuition, Klarheit, Offenbarwerdung, Manifestation. GOTT ist genau genommen nicht das Licht. Der Jakobusbrief sagt es präziser, er nennt GOTT den *Vater der Lichter*, also die Lichtquelle. (Nicht alle Schreiber der christlichen Lehre trennen so klar.) Das »Licht« ist der Christus, das Bild und Gleichnis, der Mensch des sechsten Schöpfungstages. »Mensch« ist auch Symbol für Bewusstsein. *Ich bin als Licht in die Welt gekommen, dass, wer an mich glaubt, nicht in der Finsternis bleibt* (Joh 12, 46). *Ich bin für die Welt das Licht. Wer sich mir anschließt, wird nicht in der Finsternis wandeln* (Joh 8, 12).

Es kann neben dem allgegenwärtigen GOTT schwerlich ein Reich der Finsternis geben. Neben dem Sein gibt es kein Nichtsein; denn Nichtsein gibt es per definitionem überhaupt nicht. Das »Reich der Finsternis« ist nur ein Bild für mentale Finsternis oder Unwissenheit.
Für alle mathematischen Probleme hat die Mathematik ihre Lösungen – aber nicht jeder sieht diese sofort.
GOTT, Licht, kann aber ein Widergöttliches, Finsternis, nicht wahrnehmen. Ein Gleichnis: Die Sonne hatte noch nie in ihrem Leben Finsternis oder einen Schatten gesehen. Da hörte sie von einer Höhle, in der Finsternis herrschen sollte. Mit Feuereifer machte sie sich auf den

Weg und betrat begierig die Höhle. Enttäuscht fragte sie: „Ja, wo ist denn dieser Schatten?"

Soweit so gut! Nun leben wir aber in einer Welt bzw. in einem Weltbild, wo Licht und Finsternis wahrgenommen werden und wo das Böse grauenvoll erfahren wird. Ist das Böse die Strafe GOTTES für einen Verstoß gegen seine Gebote? Der GOTT der Christlichen Bibel straft nicht. Kann er denn etwas strafen, was er nicht sieht, weil es nicht existiert? Übernehmen wir Platons Beispiel: Die Mathematik ist allgegenwärtig. Man kann nicht sagen, da oder dort, auf dieser Insel oder in jener Wüste oder hinter dem Mond gäbe es sie nicht. Sie existiert überall und kann überall angewendet werden, wo jemand sie versteht.

Es könnte jemand einwenden: Es gibt aber auch Mathematikfehler und sie können sich schwerwiegend auswirken. Wohl wahr, aber kann die Mathematik sie wahrnehmen? Enthält die allgegenwärtige Mathematik auch Fehler, sind sie in Ihr enthalten? Oder gibt es neben dem Reich der Mathematik noch ein Reich der Fehler? Wohl kaum jemand wird derlei bejahen. Es könnte einer sagen: Ich nehme aber doch das Böse wahr! Dies ist unbestreitbar. Doch auch wenn wir in allen Medien hörten oder in allen Zeitungen läsen 2 mal 2 sei 5, so wüssten wir doch: Auch wenn wir es „schwarz auf weiß" sehen, es ist nicht wahr, vielmehr „lügt man hier wie gedruckt".

Wie die Mathematik Fehler nicht wahrnehmen kann, weil sie ja Nicht-Mathematik sind, so wenig kann WAHRHEIT, GOTT, Irrtum oder Sünde wahrnehmen.

Und woher kommt dann das, was als das Böse erfahren wird? Durch falsch berechnete Statik kommt ein Gebäude zum Einsturz. Mathematik-fehler rächen sich eben.

Das Wort für Sünde, das die Christliche Bibel zumeist benutzt, hamartía, bedeutet im Griechischen nichts anderes als Rechenfehler, Denkfehler. Nicht GOTT straft die Sünde, vielmehr rächt sich ein Fehler im Denken und Handeln von selbst.

Ein Denkgebäude, das nicht mit den Identitäten des Seins, den göttlichen Ideen oder Normen errichtet wird, sondern auf Illusionen beruht, stürzt von selber ein ohne GOTTES Zutun.

Ist Gott, wie besonders bei christlichen Beerdigungen gepredigt wird, der »Herr des Tods und des Lebens« (Sirach 11, 14)? Er ist es nicht und kann es nicht sein; denn GOTT ist LEBEN, und Gegenteile schließen sich aus. *GOTT ist aber nicht ein GOTT von Toten, sondern von Lebenden, denn für ihn leben alle* (Lk 20, 38). *Jedes Reich, das mit sich selbst uneins ist, wird verwüstet; und jede Stadt oder jedes Haus, das mit sich selbst uneins ist, kann nicht bestehen* (Mt 12, 25; Luther 84).

Wenn demnach das Gute das Böse gar nicht wahrnimmt, soll das etwa heißen, es sei ihm gegenüber völlig apathisch, uninteressiert und

teilnahmslos? Wie stünde es da um die erlösende LIEBE, die die Kern-
aussage der Christlichen Bibel bildet?
Johannes sagt: *Das Licht erleuchtet in der Finsternis* – die erlösende
göttliche LIEBE bringt die mentale Finsternis zum Verschwinden. Darum
fährt Johannes fort: *Und die Finsternis kann es nicht überwältigen.*
Die göttliche LIEBE ist es, die ewige Lichtquelle, die ihr Licht, ihren
LOGOS, Christus, in die mentale Finsternis schickt:
Ich bin für die Welt das Licht. Wer sich mir anschließt,
wird nicht in der Finsternis wandeln,
sondern er wird das Licht des LEBENS haben.     Joh 8, 12

In Platons Höhlengleichnis ist es die Wahrheit, die hie und da einem in
der Höhle die Fesseln löst, um ihn zum Aufstieg zum Licht zu zwingen.

Doch nicht jeder, der die Licht-Finsternis-Symbolik für seine Theologie
verwendet, ist ein Monotheist. Der Perser Mani (216-276 nach), der sich für
den von Jesus verheißenen Vollender der christlichen Lehrer hielt, und
die Manichäer waren es nicht.

Für Mani ist *die Welt, in der wir leben, entstanden aus dem Kampf zweier von
einander unabhängiger Reiche, dem des Lichts und dem der Finsternis. Licht
und Finsternis sind die Urprinzipien, das reine Gute und das reine Böse in
absoluter Geschiedenheit. ... Dabei wurde die Finsternis stets von einer
rastlosen zerstörerischen Gier getrieben. Dieser Gier folgend kehrte sich die
Finsternis gegen das Licht, im Versuch, es zu zerstören. Da das Licht aufgrund
seiner reinen Güte der Vernichtungswut der Finsternis entbehrte, unterlag es
ihr im Kampf und gab einen Teil seiner selbst als Opfer preis, um der Gefahr
einer völligen Zerstörung zu entgehen. So gelang es der Finsternis, Teile des
Lichts zu verschlingen, so dass sich das nicht Zusammengehörige, Gut und
Böse, Licht und Finsternis, miteinander vermischten. Aus dieser Mischung
ging der Kosmos hervor, in dem die Teile des Licht als Seelen in der der
Finsternis zugehörigen körperlichen Welt gefangen bleiben, bis sie irgendwann
wieder daraus befreit werden und das Licht wieder vollständig und von der
Finsternis geschieden ist* (Hauskeller, Ethik MA 18).

### Nag Hammadi

*Im Dezember 1945 wurden bei Nag Hammadi in Oberägypten dreizehn Kodizes
in koptischer Sprache gefunden, die 51 Schriften in unterschiedlichem Er-
haltungszustand enthalten. Diese größtenteils gnostischen Schriften sind
Übersetzungen in griechischer Sprache und stammen aus dem ersten bis vierten
Jahrhundert nach Christus. Sie bereichern unsere Kenntnis der frühen Kirche
ungemein, stellen viele bisherigen Annahmen in Frage und sind überhaupt der
bedeutendste Fund gnostischer Texte in diesem Jahrhundert* (Lüdemann,
Häretiker 10).

*Während des Konzils von Nicäa im Jahr 325 n. Chr. wurden die zur Selbsterfahrung aufrufenden apokryphen Schriften von den zu Macht gekommenen Kirchenfunktionären ausgesondert, weil man gezielt einen an Dogmen orientierten Glauben etablieren wollte. Menschen, die auf eigenen Bewusstseinswegen zu besonderen Erkenntnissen gelangen konnten, wären nicht so beherrschbar gewesen, wie es vorgesehen war. Deshalb wurden diese Erfahrungswege als Irrlehre bezeichnet und das gnostische Gedankengut der Vernichtung preisgegeben. Aber Wahrheit lässt sich niemals aussperren, und echte, weil naturgegebene Wahrheit ist zeitlos* (Warnke, Quantenphilosophie 258 f).

*Der Fund bei Nag Hammadi belegt, wie weit verbreitet in der christlichen Ära die »Gottsuche« war – und das nicht nur bei den Verfassern solcher »apokryphen Schriften«, sondern auch bei deren Lesern, Kopisten und ehrfürchtigen Bewunderern. Zu diesen zählen auch die ägyptischen Mönche, die das Schrifttum, das Irenäus abqualifiziert hatte, noch zweihundert Jahre später in ihrer Klosterbibliothek wie einen Schatz hüteten. Im Jahre 367 jedoch verfügte Athanasius, der eifernde Bischof von Alexandria und Bewunderer des Irenäus[133], in einem Hirtenbrief zum Osterfest, dass die Klöster sämtliche in ihrem Besitz befindlichen Schriften dieses Genres zu vernichten hätten mit Ausnahme derjenigen, die er als »unbedenklich« oder sogar »kanonisch« eigens anführte. Seine Liste umfasst praktisch all die Stücke, aus denen sich heute unser »Neues Testament« zusammensetzt. Aber irgendjemand – vielleicht Mönche des oberägyptischen Sankt-Pachomius-Klosters – trug von den Büchern, die Athanasius dem Feuer überantwortet sehen wollte, Dutzende zusammen, entfernte sie aus der Klosterbibliothek und verstaute sie in einem mächtigen, ein Meter hohen Tonkrug, den er hermetisch versiegelte und dann sicherheitshalber bei einer Kalksteinklippe unweit von Nag Hammadi vergrub.* (Pagels, 5. Evangelium 101 f)

### Parmenides und Platon – Der Aufstieg zum Licht der Wahrheit

**Parmenides** (~515-445 vor) lebte und lehrte in Elea, einer Stadt in Unteritalien etwa 40 km südlich von Pästum, wo er ein hochgeehrter Bürger war. Damals war Elea die größte Stadt Süditaliens, neugegründet durch Jonier, die nach der Unterwerfung ihrer Küstenstädte durch die Perser Elea neu gegründet hatten. Bei Ausgrabungen wurde eine Stele gefunden, ein Ehrenmal für den berühmten Bürger, auf dem er als physikós – Naturphilosoph – bezeichnet wird.

Wie Homer das Proömium seiner Ilias beginnen lässt mit der Bitte an die Göttin, das Heldenepos zu singen, so gibt auch Parmenides sein Werk als offenbarende Worte der Gottheit.
Den Seelenwagen aus Platons Phaidros vorwegnehmend, schildert der Dichterphilosoph seine Fahrt aus dem »Haus der Nacht« hinauf zum

---

[133] 2. Jhd. n. Chr.

Licht der Erkenntnis. Die rasante Fahrt und die Stuten, die den Rennwagen ziehen, symbolisieren die große Wissbegierde des Philosophen und seine Empfänglichkeit für die Wahrheit. Heliaden, die Strahlen der Sonne, geben ihm das Geleit, soweit ihn sein Mut trägt. So gelangen sie in Äthers Höhen an das Tor, wo der Weg durch die Nacht endet und der Weg der lichten Erkenntnis beginnt. Wie in Mykene hat dieser Eingang eine Schwelle und einen Türsturz aus Stein. Zwei riesige Türflügel sind mit Erz beschlagen und einem ehernen Riegel gesichert. Zu diesem Tor hat Dike, Wächterin der Weltordnung und schwer strafende Göttin der Vergeltung, die Schlüssel, mit denen sie einlassen oder aussperren kann. Die Sonnenmädchen reden ihr mit freundlichen Worten zu, und Dike tut auf.

Im Lichtreich empfängt den Dichterphilosophen freundlich eine Göttin, die Muse der Philosophie, indem sie ihn bei der Hand nimmt und willkommen heißt: *Sei gegrüßt! Denn dich hat kein schlimmes Los verleitet, diesen Weg zu gehen - weit ab liegt er ja vom Pfade der Menschen - sondern Fug und Recht.*

Das Tor, an dem Dike wacht, ist der Grenzstein zwischen dem Haus der Nacht[134] und dem Licht, zwischen Unwissenheit und Erkenntnis, zwischen der Welt der Sinne und der des Logos; hier endet die Welt des Scheins und es beginnt die Welt der Wahrheit[135].
Die Göttin macht den Wahrheitssuchenden zunächst darauf aufmerksam, dass es scheinbar zwei Wege des Erforschens gibt: *Der eine, dass es ein Sein gibt und dass es ein Nicht-Sein nicht gibt. Es ist der Pfad der Peitho, der zuredenden Überzeugung, denn er hält sich an Wahrheit* (B 2).

Der andere Weg ist der, dass es neben dem Sein auch ein Nichtsein geben müsse: *Von ihm zeige ich dir, dass er ganz unerkundbar ist. Denn weder kann man etwas, wenn es nicht existiert, erkennen - denn man kann ja nicht hinkommen - noch kann man es beschreiben.* (B 2).
*Es ist notwendig, dass man es ausspricht und es geistig erfasst: Nur das, was ist, existiert; denn es ist möglich, dass es existiert, ein Nichts kann aber gar nicht existieren. Dieses heiße ich dich zu bedenken. Denn als erstes halte ich dich von diesem Wege der Suche [nach dem Nichts] ab* (B 6).

Die Göttin warnt ausdrücklich vor einem dualistischen Denken, das Seiendes und Nichtseiendes als zwei Tatsachen neben einander bestehen lässt, denn dieser Weg führt zu keinerlei Ergebnis, sondern nur in die Irre. Weiter fordert die Göttin dazu auf, kein von den Sinnen gewonnenes empirisches Weltbild aufzubauen und darüber zu reden:

---

134 umnachtetes Bewusstsein
135 Hier müssen wir uns im Klaren sein: Wahrheit heißt im Griechischen Unverborgenheit. Die sog. Welt der Sinne verschleiert also lediglich die wahren Tatsachen.

*Führe du vielmehr für das von mir Gesagte den streitbaren Beweis mittels des Logos* (B 7).
*Entweder ist etwas, oder es ist nicht. Zwangsweise ist also die Entscheidung gefallen, die eine Denkrichtung als undenkbar und namenlos wegzulassen – es ist ja kein wahrer Weg – so dass nur die andere Richtung existiert und die wahre ist* (B 8).
Wenn aber die Entscheidung endgültig gefallen ist, dass es nur Seiendes geben kann, dann gibt es auch kein Entstehen und Vergehen: Seiendes ist immer Seiendes: *Wie könnte Seiendes dann vergehen, wie könnte es entstehen? Denn wenn es entstanden ist, hat es kein Sein, auch dann nicht, wenn es einmal sein wird. Damit ist ein Werden ausgelöscht, ein Vergehen unbekannt* (B 8).

**Platon** (428-347 vor) stammte aus dem attischen Hochadel. Seine Mutter Periktione leitete ihre Herkunft aus der Familie Solons her. Das Landgut seiner begüterten Eltern lag im Kephisostal bei Athen, einem der fruchtbarsten Landstriche Attikas. Seine Kindheit und Jugend fiel in die Zeit des 30 Jahre währenden Peloponesischen Krieges, der 404 mit der totalen Niederlage Athens endete.
Im »Höhlengleichnis« (Pol 514 a ff) vergleicht Platon das Leben in einem von den Sinnen gewonnenen Weltbild mit der Gefangenschaft in einer unterirdischen Höhle. Dieses Gleichnis wurde in jüngster Zeit durch den Film »Matrix« wiederaufgenommen und perfekt dargestellt.
Aus dieser Höhle gibt es zwar hinten einen langen, zum Licht hin offenen Ausgang, doch sitzen die Menschen hier *seit ihrer Geburt, an Beinen und am Hals gefesselt, so dass sie sitzen bleiben müssen und nur nach vorn sehen können, durch die Fesselung unfähig, den Kopf herumzudrehen.* Sie sind gezwungen immer nur auf die Wand vor ihren Augen zu schauen, auf der sich Schattenbilder bewegen und das Welttheater aufführen. Die Schattenbilder kommen von künstlich gefertigten Marionetten und Geräten hinter ihrem Rücken, die von Gauklern vor einem künstlichen Licht hin und her getragen werden. Die Stimmen der Schausteller hallen als Echo von der Projektionswand wider.
*Glaubst du, dass solche Menschen in erster Linie von sich selbst und von einander wohl etwas anderes zu sehen bekommen haben außer den Schattenbildern, die vom Feuer auf die ihnen gegenüber liegende Wand der Höhle geworfen werden? "Wie denn wohl, wenn sie ihr Lebtag gezwungen sind, gerade ihren Kopf unbewegt zu halten?"... Solche Menschen können also überhaupt nichts anderes für die Wirklichkeit halten außer den Schattenbildern der künstlichen Gegenstände.*
Die Sinnenwelt ist also ein Gefängnis, in dem Menschen durch die Schatten von kunstvoll verfertigten Puppen und Geräten manipuliert werden. Doch sind sie nicht dazu verdammt, in alle Ewigkeit in dieser Scheinwelt zu verbleiben. Sie werden erlöst. Die geistige Evolution – Platon spricht von »Natur« - erzwingt einen Paradigmenwechsel, eine Befreiung von den Fesseln, d.h. die Heilung von Unvernunft. Das

Gefängnis hat ja einen breiten Ausgang nach oben zum Licht. *Achte nun auf ihre Befreiung und Heilung aus Fesseln und Unvernunft, wie es dazu kommen könnte, wenn von Natur aus eine solche für sie eintreten sollte. Jedesmal, wenn einer entfesselt und gezwungen würde, plötzlich aufzustehen, den Hals zu wenden, Schritte zu machen und zum Licht hinaufzublicken ...*

Plötzlich wird einer entfesselt und gezwungen aufzustehen, den Blick in die Gegenrichtung zu wenden, wo ja schon immer ein breiter Ausweg offensteht, eigene Schritte zu machen und zum Licht aufzublicken, auch wenn es schmerzt. Er wird erkennen, dass er bisher nur substanzlose Schatten von leblosen Marionetten gesehen hat. Ihm wird nun klar, dass ihm etwas vorgegaukelt wurde, was er für wahr und wirklich halten sollte.

Und doch, das neue Licht ist wie jede Desillusionierung eine sehr schmerzliche Erfahrung, und die Versuchung, sich den alten Schattenbildern oder Illusionen wieder zuzuwenden, ist sehr groß.

Allein, die Gewalt, die ihn erfasst hat, lässt ihn nicht los und zwingt ihn, die Höhle zu verlassen und den rauen und steilen Aufstieg hinaufzugehen. *Wenn du den Aufstieg nach oben und die Schau der Dinge, die oben sind, als den Höhenweg der Seele zum geistig wahrnehmbaren Bereich nimmst, dann wirst du meine Vorstellung jedenfalls genau treffen ... Im geistig Erkennbaren kommt als letztes und auch nur mit Mühe das Bild des Guten zu Gesicht. Hat man es aber gesehen, muss man davon ausgehen, dass dieses Bild für alle der Ausgangspunkt für alles Richtige und Schöne ist. ... Im erkennbaren Bereich hat es selbst als Herrscher Wahrheit und Einsicht geschaffen. Auch muss man davon ausgehen, dass jeder, der im privaten Bereich oder in der Politik einsichtig handeln will, hierauf sein Augenmerk richten muss.*

Wie Zarathustra seinen einzigen Gott als Ursprung oder Ausgangspunkt für alle Lichter bezeichnet hatte, so spricht auch Platon von Gott, dem Guten, als dem Urquell aller Ideen. Denn nur durch die erleuchtenden Lichter der Ideen wird das unsichtbare weiße Licht, das Göttliche, sichtbar. Wer nun außerhalb der Höhle diese wahre Sonne gesehen hat, auch erkannt hat, *dass sie es ist, die die Jahreszeiten verursacht und die Jahre und alles lenkt am Ort, den man sieht, und dass sie auch irgendwie die Ursache für all jene Dinge ist, die sie sahen,* wird denn der noch einmal seinen neu gewonnenen Standpunkt mit einem Thron in der Höhle vor der Schattenwand vertauschen wollen? Und wird er *die beneiden, die bei jenen gesellschaftliche Geltung und politischen Einfluss haben, oder glaubst du nicht, dass es ihm wie bei Homer ergeht und dass es sein entschiedener Wunsch ist, „als Tagelöhner einem anderen armen Bauern zu dienen" und lieber alles mögliche auf sich nehmen, als jene Vorstellungen zu hegen und so wie dort zu vegetieren?* Platon zitiert hier die Worte des homerischen Achill, der Odysseus auf seine Frage geantwortet hatte, er wolle lieber auf der Erde dem ärmsten Bauern als Taglöhner dienen, als in der Unterwelt König sein über vermodernde Tote.

Nun gibt es aber immer wieder Weise wie Sokrates, die die wahre Welt gesehen haben und voll Mitleid wieder hinuntersteigen, um die Gefangenen aus ihrer Fesselung zu erlösen, sie von ihrer mentalen Finsternis, der Ursache aller irdischen Übel, zu befreien. *Meinst du nicht, dass sie jeden, der Anstalten macht, sie zu befreien und hinaufzuführen, wenn sie seiner habhaft werden und ihn töten könnten, auch töten würden? "Mit Sicherheit!"*

Ein kurzer Rückblick zur Verdeutlichung der Symbolsprache, mit deren Gewärtigkeit Platon bei seinen Lesern vor zweieinhalb Jahrtausenden rechnen durfte.

Die unterirdische **Höhle** ist eine Grabhöhle; denn der Körper mit seiner sinnlich-materiellen Wahrnehmung ist für die Pythagoreer das „Grab der Seele". »Seele« meint bei Pythagoras und Platon nicht die Psyche, sondern die unsterbliche Identität des Menschen, sein wahres Selbst im Gegensatz zu einer Identifizierung mit dem Ego in einem vergänglichen Körper.

Die **Fesselung** oder das **Gefängnis** ist die Befangenheit in einer Weltsicht, die an die körperlichen Sinne gebunden ist. *Eine Grundfähigkeit der Seele [Psyche] besteht darin, die Welt wahrzunehmen. Nicht das Auge sieht, noch hört das Ohr, sondern die Seele [Psyche] sieht, hört, riecht, schmeckt und tastet – vermittels der Sinnesorgane. ... Wenn man das weiter bedenkt, kommt man zu dem Schluss, dass wir über die Existenz einer außerhalb unserer Seele [Psyche] liegenden Welt nichts Objektives wissen. Wir kennen nur unsere subjektiven Wahrnehmungen, die zweifellos etwas Seelisches [Psychisches] sind* (Barz, Wesen 28).

Die **Projektionswand**, das sind die „Bretter, die die Welt bedeuten". Die substanzlosen Schatten sind die Idole, Ausdrucksformen der künstlich hergestellten Puppen und Gerätschaften. Auf dieser Leinwand läuft der Horrorfilm der menschlichen Geschichte ab. *Wenn die Geschichte der Menschheit der klinische Zustandsbericht eines einzelnen Menschen wäre, müsste die Diagnose lauten: chronische paranoide Wahnvorstellungen, ein pathologischer Hang zu Mord und anderen extremen Gewalt- und Gräueltaten gegenüber angeblichen "Feinden" - Projektion des eigenen Unbewussten nach außen. Verbrecherischer Wahnsinn im Wechsel mit ein paar lichten Momenten* (Tolle, Erde 22). *Aber das Grauen geht weiter (... Vietnam - Kambodscha - Iran - Afghanistan ...) Immer wieder werden Menschen, Kinder, Frauen und Männer, die Opfer von machttrunkenen Fanatikern. ... Warum glaube ich, dass wir, die Intellektuellen, helfen können? Einfach deshalb, weil wir, die Intellektuellen, seit Jahrtausenden den grässlichsten Schaden gestiftet haben. Der Massenmord im Namen einer Idee, einer Lehre, einer Theorie - das ist unser Werk, unsere Erfindung: die Erfindung von Intellektuellen* (Popper, Suche 214).

Wer von den Zuschauern den weiteren Verlauf des Stücks mit dem Thema unersättliche Habgier und Macht, um unsterblich zu sein wie Alexander oder Herostrat, im Sinne des Regisseurs zu kommentieren und zu deuten weiß, der wird mit Preisen und ehrenvollen Auszeichnungen zum Vorbild erhoben.

Das **Lösen** der Fesseln ist das Gewecktwerden aus dieser schattenhaften Traumwelt; es wird von der *Natur*, das heißt der geistigen Evolution erzwungen.

**Aufstehen**, Aufstieg und Verlassen der Höhle meint die Auferstehung der Seele oder des Bewusstseins aus dem Grab nach dem Bild der Pythagoreer. Die Christliche Bibel wird für diese »Auferstehung von den Toten« dasselbe Wort wie Platon benutzen.

## Psyche

> Der HERR sah, dass die Bosheit der Menschen groß war auf Erden
> und alles Dichten und Trachten ihres Herzens
> nur böse war immerdar ... und er sprach:
> Ich will die Menschen, die ich geschaffen habe,
> vertilgen von der Erde.
> 1 Mos 6, 5 ff

*Als Krates[136] einen jungen Mann in der Abgeschiedenheit spazieren gehen sah, fragte er ihn, was er denn da so allein mache. Der junge Mann gab zur Antwort: "Ich führe Selbstgespräche." Darauf Crates: "Vorsicht bitte, und pass sorgfältig auf: Mit einem bösen Menschen sprichst du da!"*
*Einen, der unter Depressionen und Angstzuständen leidet, pflegen wir im Auge zu behalten, dass er sein Alleinsein nicht zu Schlimmem nutzt. Keinen, der ohne Vernunft ist, darf man sich selbst überlassen. Denn dann schmieden sie schlimme Pläne, dann brüten sie Dinge aus, die für andere oder sie selbst gefährlich enden können, dann bringen sie ihre unseligen Wunschvorstellungen auf die Reihe. Jetzt lässt ihre Psyche heraus, was sie die ganze Zeit aus Angst oder Scham verborgen hielt, jetzt stachelt sie die Hemmungslosigkeit an, heizt die Begierden auf und lässt dem Irrationalen freien Lauf. Den einzigen Vorteil schließlich, den das Alleinsein hat: sich vor niemandem zu verplappern, keinen fürchten zu müssen, der´s weitersagt, diesen Vorteil verscherzen sich die Dummen, sie liefern sich selbst ans Messer* (Sen. ep. mor. 10, 1-2).

»Seele« ist die deutsche Übersetzung des griechischen Wortes Psyche (psyché). Sowohl das griechische psyché wie auch das hebräische Pendant næphæsch bedeuten: Hauch, Atem; Seele, Leben.

Der Begriff »Seele« wird in verwirrender Vielfalt gebraucht. Eine der Grundbedeutungen ist aber immer »Leben«.

### Die Geschichte der Psyche

Das älteste Symbol für die Psyche, das wir kennen, ist die Schlange. Sie gilt als klug und hinterlistig. Da sie in der Erde wohnt, eine gespaltene

---

[136] Krates: griechischer Philosoph im 4. Jhd. vor

Zunge und einen faszinierenden Blick hat, wird sie zum Symbol für ein „Leben in und von der Materie", Hylozoismus (Thales), und animalischen Magnetismus (Anton Mesmer).

Im Alten Orient begegnet sie uns als der Urdrache oder die Chaos-Schlange. Sie lebt im Meer oder in der Unterwelt.

Das Meer mit seinen Toten auf dem Grund (Off 20, 13) und seinen unberechenbaren Strömungen, weist auf das Chaotische hin. Die Unterwelt ist das „Meer des Unbewussten".

Auf Rollsiegeln in **Mesopotamien** sehen wir den babylonischen Reichs-gott Marduk im Kampf mit der 7-köpfigen Schlange Tiâmat (Meer). Diese Chaosmutter nimmt den Kampf gegen die Götter auf:

Lasst uns Ungeheuer schaffen,
zu stören die Götter inmitten der himmlischen Wohnung. ...
Die Abgrundmutter, die alles erschafft, schuf überdies
unwiderstehliche Waffen, gebar entsetzliche Schlangen. ...
Mit Gift anstatt mit Blut füllte sie ihren Leib.
Wütende Drachen bekleidete sie mit Furchtbarkeit. ...
Sie schuf die Viper, den roten Drachen und die Sphinx ...

So heißt es auf der ersten Tafel des Enuma Elisch.[137] Doch dieses grausige Heer unterliegt im Kampf den Göttern unter der Führung des Marduk, der nun eine neue Weltordnung schafft.

In den Unterweltsbüchern **Ägyptens** aus dem 15. Jhd. vor begegnen wir der Chaosschlange Apophis, dem ewigen Götterfeind an der Grenze zwischen Chaos und Ordnung, Sein und Nichtsein. Er ist aus dem Urgewässer entstanden. *Schon bei der Schöpfung der Welt ist er da und muss vom Schöpfergott zum ersten Mal überwunden und aus dem gestalteten Sein vertrieben werden. Von da an kreuzt er immer wieder feindlich den Weg des Sonnengottes und bedroht in der Unterwelt die Verstorbenen. ... Der Schlangenleib ist unzerstörbar und nur für einen Augenblick in seiner Bedrohlichkeit ausgeschaltet* (Hornung, der Eine 152 f).

Im »Pfortenbuch« wird Apophis geschildert als ein *brüllendes Urwesen ohne Sinnesorgane:*

*Diese Schlange ist ohne Augen, ohne Nase und ohne Ohren;*
*sie atmet von ihrem Gebrüll und lebt von ihrem eigenen Rufen.*

*Dieses Urwesen ist allgegenwärtig, wo immer die Sonne erscheint. Es muss am Himmel und in der Unterwelt immer wieder vertrieben werden* (Hornung, Sonne 111 f).

Die Psyche im Bild der Apophis-Schlange ist der große »Widersacher«. Er hat keine eigene Wahrnehmung, er lebt nur von der Wirklichkeit, mit der wir ihn ausstatten.

---

[137] Schöpfungsmythen 138

Jesus wird vom Diabolus sagen: *Er hat keinen Bestand in der* WAHRHEIT, *weil keine Wahrheit in ihm ist. Immer wenn er die Lüge redet, redet er von seinen eigenen Dingen; denn er ist ein Lügner und der Vater des Irrtums* (Joh 8, 44).

Im **Iran** hat der schöpferische Geistgott Ahura Mazda einen mächtigen Gegenspieler in Ahriman.

Ahriman will mit Rauch und Schwärze, die er aus der anfanglosen Finsternis der Unterwelt aufsteigen lässt, die Lichtschöpfung Ahura Mazdas vernichten. *Ahriman weiß nicht, dass es sich bei ihm um eine Gegenschöpfung zu der des Ahura Mazda handelt, dass er also ohne deren Vorbild gar nicht hätte schaffen können ... Indem er nicht nur vor, sondern auch nach der Weltschöpfung mit Ahura Mazda kämpft, ist er für bestimmte 1000-Jahres-Perioden praktisch der Fürst dieser Welt. ... Alle Krankheiten, Armut, Vergehen und Tod in dieser Welt kommen von ihm. ... Im Gegensatz aber zu dessen Schöpfung wird die des Ahriman am Ende der Zeiten vernichtet* (Haussig IV 239 f).

Ahriman ist also der Widersacher und, indem er nichts Eigenes, sondern immer nur Gegenbilder erschafft, wird er zum Diabolos (Verleumder). Er ist der Fürst oder Herrscher einer Welt, die nach Johannes im Bereich des Bösen liegt (1 Joh 5, 19).

In der **Jüdischen Bibel** begegnen uns die Symbole Mesopotamiens, Ägyptens und des Iran. Rahab oder Leviathan sind vielköpfige Seeschlangen aus dem Meer, die JHWH in der Urzeit besiegt hat.
In der Paradiesgeschichte, die aus sehr alten Quellen stammt, die später zur Parabel umgearbeitet wurden, wird gleich anfangs berichtet, dass Nebel aus der Erde stieg, der alles vernebelte und das »Trockene«[138] durchfeuchtete – das Vorbild ist der Rauch Ahrimans. Und in diesem vernebelten Weltbild vollzieht sich dann die Erschaffung des Menschen aus Erde oder Lehm, der mit göttlichem Atem beseelt wurde, was ihn zu einer „lebenden Seele" (LXX: Psyché) machte. Eine arglistige Schlange bringt dann das erste Menschenpaar dazu, nicht vom »Baum des LEBENS« zu essen, sondern vom »Baum der Erkenntnis des Guten und des Bösen«, also dem Dualismus zu huldigen und so anstelle von GOTT, LEBEN, Gottesferne und Tod zu ernten.

Auch in den Mythen **Griechenlands** stoßen wir auf Schlangen. So erlegt der Lichtgott Apollon die riesige Giftschlange Python mit seinen Pfeilen. Interessanter aber ist die Zeit nach dem Beginn der Philosophie im 6. Jhd., als die Schlangen verschwinden und das Böse im Menschen selbst gesehen wird.

---

[138] Vgl. 3. Schöpfungstag

**Platon** (427-347) steht mit seiner Auffassung von Seele den Pythagoreern sehr nahe. Auch hier bedeutet Seele immer auch Leben. Danach ist die Seele/Leben im Wesenskern göttlich, kann aber durch Sitten, Gewohnheiten und Erziehung vom Wahren abgelenkt und verunreinigt werden. Die Unterscheidung von Seele und Psyche macht er noch nicht. Im »Staat« spricht er einmal verächtlich von einem »Seelchen« (psychárion), das begabt aber der Wahrheit abgewandt ist und daher Unheil stiftet: *Oder hast du bei denen, die als schlecht und doch als schlau bezeichnet werden, noch nicht wahrgenommen, wie scharf ihr Seelchen schaut und wie genau es das erkennt, worauf sein Augenmerk gerichtet ist? Es hat also keine schlechte Wahrnehmung, ist jedoch gezwungen, dem Bösen zu dienen, so dass es, je scharfsinniger es ist, umso mehr Unheil anrichtet* (Pol. 519 a). Bei Platon ist nicht die Psyche an sich die Unheilstifterin, sondern ihre Unwissenheit: *Jegliche Übel für alle und alles haben ihre Wurzeln in der Unwissenheit. Sie wuchern weiter und zeitigen für die Folgezeit eine Frucht, die ihren Verursachern sehr bitter aufstoßen wird* (7. Brief). Im Dialog Theaitet hat das Böse seinen Sitz *in der sterblichen Natur.*

### Die Entlarvung der Psyche

Ein Dramatiker und ein Historiker entlarven die Psyche und stellen sie bloß, so dass sie sich nicht mehr als das göttliches Selbst des Menschen ausgeben noch in der Seele des Menschen verstecken kann.

Anders als seine Vorgänger und auf der Bühne erfolgreicheren Zeitgenossen Aischylos und Sophokles sah Euripides (480-406 vor) die Ursache menschlicher Tragödien nicht mehr in einem göttlichen Verhängnis oder als Strafe für eine bewusste oder unbewusste Versündigung gegen die Götter. Er identifizierte vielmehr ganz klar die menschliche Psyche als Quelle und Anstifterin zum Übel, als Ursache aller menschlichen Tragödien.
Am deutlichsten bringt er dies in seiner »Medea«, aufgeführt 431 vor, zum Ausdruck.
Medea, von ihrem Mann Jason um einer Prinzessin willen verlassen, nimmt entsetzliche Rache, indem sie unter anderem auch ihre gemeinsamen Söhne tötet, die seine Nachfolge gesichert hätten. Ihr langer Monolog, bevor sie zum Mord schreitet, endet mit den Worten:

> Wohl ist mir bewusst, welch Unheil ich anrichten werde,
> doch meine Psyche[139] ist stärker als mein klarer Verstand;
> sie ist ja für die Sterblichen Ursache der größten Übel.

vv 178-80

Ein Zeitgenosse des Euripides, der Historiker Thukydides (455-396), hat mit seinem Werk über den Peloponnesischen Krieg zukunftsweisende

---

[139] der Dichter verwendet das griech. thymós – Herz (als Sitz der Emotionalität)

Maßstäbe für die Historiografie gesetzt; denn er schrieb Geschichte nicht als Heldengeschichte, sondern als Kriminalgeschichte. Und als den eigentlichen Verbrecher identifizierte er die menschliche Psyche, die er noch als »die Naturanlage des Menschen« oder als »das Menschliche« bezeichnete.

Im dritten Buch seines Werkes berichtet er vom Ausbruch und Verlauf des Bürgerkrieges in Kerkyra (Korfu). Dort führte die Psychopathologie des Krieges zu einem wahren Blutrausch. Die Parteienkämpfe steigerten sich zur blindwütigen Wut und führten zu einem gegenseitigen Abschlachten, bei dem alle bisher geltenden Moralmaßstäbe sich in Rauch verflüchtigten. Sieben Tage mordeten die Bürger jeden, der ihr persönlicher Feind war und wen sie dafür hielten, nutzen auch gleich die Gelegenheit, ihre Gläubiger aus dem Weg zu räumen, um so ihre Schulden zu tilgen: *Viele Gesichter nahm der Tod an, wie es unter solchen Umständen zu geschehen pflegt, nichts, was es nicht gegeben hätte und noch weit darüber hinaus. Der Vater tötete seinen eigenen Sohn, Menschen wurden von den Altären weggerissen oder gleich bei ihnen erschlagen, andere wurden im Tempel des Dionysos eingemauert und verhungerten darin. ... Es brach viel Schweres über die Städte in den Parteikämpfen herein, Dinge, die geschehen und sich wiederholen werden, solange die Naturanlage des Menschen dieselbe bleibt, bald mehr mal weniger schlimm in immer wieder neuen Gesichtern, je danach, wie die Wechselfälle des Zufalls ausfallen* (III 81 f).

Thukydides erkennt also in der „Naturanlage des Menschen", seiner Physis, die wir seit Freud als Psyche kennen, die Anstifterin zu allem Bösen.

Im fünften Buch schildert Thukydides die Landung der Großmacht Athen auf der kleinen bisher neutralen Insel Melos. Die Athener stellen die Inselbewohner vor die Alternative, entweder auf ihre Seite zu treten oder in ihr Verderben zu rennen.

Als sich die Melier bei den Verhandlungen auf göttliches, d.h. universal geltendes Recht berufen, erwidern ihnen die Athener folgendes: *Wir glauben, dass das Göttliche – vermutlich -, dass das Menschliche aber ganz offensichtlich durchweg entsprechend dem Naturgesetz über das herrscht, was es in seine Gewalt bekommt. Wir haben dieses Gesetz nicht geschaffen, noch machen wir als erste von ihm Gebrauch. Wir haben es als bestehend übernommen und als ewig geltend werden wir es hinterlassen. Wir berufen uns darauf in dem Wissen, dass sowohl ihr als auch andere in unserer Machtposition dasselbe wie wir machen würden* (V 105).

Das Recht des Stärkeren wäre demnach in der Natur des Menschlichen fest verankert als ewig geltendes Naturrecht. Was aber soll die Natur der Sterblichen anders sein als die Psyche?

# Heute

Auch heute haben wir trotz vieler neuer Erkenntnisse noch immer nicht zu unterscheiden gelernt zwischen menschlicher »Psyche« und »SEELE«, dem wahren und unsterblichen Selbst des Menschen.
Die Kirchen predigen und lehren im Religionsunterricht die Kinder nach wie vor das alte Bild von Seele.
Die allen belebten oder beseelten Wesen vom Grashalm bis zum Menschen gemeinsame Psyche unterscheidet sich nur durch einen gesteigerten Intelligenzgrad, den man gemeinhin Geist nennt. Sie ist ein durchweg materielles, veränderliches und daher sterbliches Ding.
Dagegen ist SEELE, in Kapitälchen geschrieben, eines der Synonyme für GOTT. In SEELE bringt GOTT die ewig unverlierbare göttliche Identität des Menschen zum Ausdruck.
Ohne diese klare Unterscheidung ist jedes Reden über »Seele« sinnlos.

Die älteste Zeit wusste noch nicht zu scheiden zwischen Psyche und dem nebulösen Begriff Seele. Noch heute herrscht die Vorstellung, der Mensch bestehe aus zwei Komponenten: einem sterblichen Körper und einer Psyche/Seele, die den Tod des Körpers überlebt. Ja man schrieb dieser Psyche/Seele auch göttliche Herkunft und Unsterblichkeit zu.
Die Unsterblichkeit dieser Psyche/Seele wurde schon von den griechischen Atomisten Demokrit und Epikur als unhaltbar abgewiesen. Auch Aristoteles plädierte in seiner Schrift »Über die Seele« für die Sterblichkeit dieser Seele oder Psyche.
Die Ansicht, dass Seele etwas Göttliches sei, kann den alten Völkern nachgesehen werden, da ja auch ihre Götter sehr sündige Wesen waren. Für das an Platon geschulte philosophische Denken ist eine solche Vorstellung indes unhaltbar, da die Psyche des Menschen alles andere als vollkommen ist, eher wohl widergöttlich scheint.

## Vom Wesen der Psyche

Sigmund Freud (1856-1939) entlarvte das, was seit Jahrtausenden unter der Maske von »Seele« ging, als menschliche »Psyche«, ein armseliges Ding, das auf der Couch des Psychiaters um Heilung fleht, um nicht sein Heil im Selbstmord suchen zu müssen.
Es ist das große Verdienst von Sigmund Freud, in dem bisher wirren Begriff »Seele« einige Ordnung geschaffen zu haben, so dass die Psyche als etwas durch und durch Materielles angesehen werden kann.
Der Tiefenpsychologe Josef Rattner sieht denn auch in Freud einen *der letzten großen »Entzauberer« der mythologischen Vorstellungswelt*, weil er dem Stolz des Menschen die Demütigung nicht ersparte: *Die erste war diejenige, die an den Namen des Kopernikus anknüpft. Durch seine Kosmologie musste man zur Kenntnis nehmen, dass die Erde nicht im Mittelpunkt des Weltalls steht, sondern nur ein kleiner Wandelstern ist, der die Sonne umkreist.*

*Darauf folgte die Einsicht Darwins, die den Menschen zu einem Vetter[140] des Affen degradierte. Die dritte Kränkung aber ging von der Psychoanalyse aus, die uns zeigte, dass der Mensch nicht einmal Herr über sich selbst ist und dass sein Bewusstsein von unbewussten und triebhaften Kräften gesteuert wird* (Rattner, Tiefenpsychologie 19).

Freuds Schüler C. G. Jung verwendete die Begriffe Psyche und Seele gleichbedeutend. Er verstand darunter *die Gesamtheit aller psychischen Vorgänge, der bewussten sowohl wie der unbewussten* (GW 6, § 877).

*Weiß man, was Seele ist? Natürlich weiß man es nicht in einem präzisen Sinne. Es gibt keine feststehende Definition dieses Begriffes, ... mit Seele meinen wir heute allemal etwas Nichtstoffliches, das sich lediglich im Leib oder vermittels leiblicher Vorgänge manifestiert. .... Wir können also festhalten, dass die Seele zwar nicht mit dem Leib identisch, aber von ihm mit Sicherheit in höchstem Maße abhängig ist. Dass andererseits die Seele als etwas Autonomes angesehen werden kann, das sich des Leibes bedient oder ihn sich sogar als unerlässliches organisches Substrat seiner Manifestation erschafft, ist eine mögliche Hypothese, .... Eine Grundfähigkeit der Seele besteht darin, die Welt wahrzunehmen. Nicht das Auge sieht, noch hört das Ohr, sondern die Seele sieht, hört, riecht, schmeckt und tastet - vermittels der Sinnesorgane. .... Wenn man das weiter bedenkt, kommt man zu dem Schluss, dass wir über die Existenz einer außerhalb unserer Seele liegenden Welt nichts Objektives wissen. Wir kennen nur unsere subjektiven Wahrnehmungen, die zweifellos etwas Seelisches sind. .... Die Seele... existiert nicht nur in der Gegenwart, sondern sie umfasst die gesamte Vergangenheit des Individuums, ja sie besitzt sogar Beziehungen zu den seelischen Grundstrukturen der Ahnen, die mit der Erbmasse weitergegeben werden und dem Bewusstsein nur indirekt zugänglich sind. .... Die menschliche Seele hat ein Bewusstsein ihrer selbst entwickelt und damit eine gewisse Freiheit gewonnen, andererseits aber auch die Entdeckung gemacht, dass sie weit mehr ist als die Summe dessen, was wir hier kurz beschrieben haben; nämlich eine kleine Insel von bewussten seelischen Kräften in einem Meer von Unbewusstem* (Barz, Wesen 25-35).

Für Francis Crick, den Entdecker der DNA-Doppelhelix, handelt es sich bei dem, was als Seele bezeichnet wird, *in Wirklichkeit nur um das Verhalten einer riesigen Ansammlung von Nervenzellen und dazugehörigen Molekülen* (Crick, Seele 17). Die Seele gliche dann einem Computer mit seinem Datenspeicher und der Datenverarbeitung durch seine Programmierungen. Aus diesem Datenspeicher mit seinen unbewussten und unterbewussten Inhalten, einem abgrundtiefen Meer, auf dem das Bewusstsein wie eine kleine Insel (C. G. Jung) schwimmt, dringen willkürlich Daten nach oben und werden von vererbten Programmierungen verarbeitet, die nicht unserem Willen unterliegen.

---

[140] d.h. Mensch und Affe haben denselben Vorfahren

*Wie entstand diese außergewöhnliche, neuronale Maschine? ... Die Gene, die wir von unseren Eltern erhalten haben, sind über viele Millionen Jahre hinweg durch die Erfahrung unserer entfernten Vorfahren beeinflusst worden. Diese Gene - und die durch sie vor der Geburt ausgelösten Prozesse - legen weitgehend die Struktur der Teile unseres Hirns fest. Bei der Geburt ist das Hirn, wie wir inzwischen wissen, keine tabula rasa, sondern eine komplizierte Struktur, bei der viele Teile schon da sind, wo sie hingehören. Die Erfahrung besorgt dann die Feineinstellung dieses provisorischen Apparates, bis er so weit ist, dass er Präzisionsarbeit leisten kann* (Crick, Seele 25 f). *Wenn die Mitglieder einer religiösen Gemeinschaft tatsächlich an ein Leben nach dem Tod glauben, warum stellen sie dann keine ordentlichen Experimente an, um den Nachweis dafür zu erbringen? ... Wenn Religionen mit einer Offenbarung jemals etwas offenbart haben, dann den Umstand, dass sie gewöhnlich unrecht haben* (Crick, Seele 316f).

## Vom Wirken der Psyche

Was ist es denn, was den Menschen für andere zum Wolf macht, um sich am Ende sogar gegen sich selbst zu wenden? Ist es die schmähende Zunge, die andere verletzt, so dass sie herausgeschnitten werden müsste? Ist es das Messer oder die Hand, die stiehlt und mordet, dass sie zur Besserung der Sitten abgehackt werden müsste? Ein Leichnam, ein Toter, sie morden nicht mehr, es sei denn in Schauerromanen.
Es ist die menschliche Psyche, fälschlich noch immer Seele genannt. Daher kann sie weder göttlich noch unsterblich sein. Sie ist fehlerhaft und materiell, leicht manipulierbar, ihre Ströme sind messbar und auch zu scannen.

Der Journalist Peter Scholl-Latour, der jahrzehntelang alle Länder der Welt bereist hat, wurde im Alter von 84 Jahren bei einem Interview gefragt: *Sie haben in ihrem Leben unzählige Menschen kennengelernt. Gibt es unter ihnen auch Vorbilder, oder sind Sie grenzenlos ernüchtert in Bezug auf die menschliche Natur?*
Scholl-Latour: *Ich gehe nicht davon aus, dass der Mensch gut ist. Der Mythos der sogenannten Erbsünde hat einen tiefen Sinn. Der Mensch ist von Natur aus böse. Aber er kann durch Erziehung, teilweise auch durch Zucht und Religion, in seinen schlimmsten Instinkten gebremst und zu einer gewissen Güte erzogen werden. Trotzdem – von sich aus ist der Mensch nicht gut. Er ist das schlimm-ste Raubtier, das es jemals gegeben hat.*[141]
Der Psychiater und Psychotherapeut Reinhardt Haller hat mit vielen Mördern Gespräche geführt. Er kommt zu dem Schluss: *Die Bösen sind nicht nur die anderen, und es lebt nicht nur in den als Verbrecher deklarierten Menschen, auch wenn sich diese und ihre böse Tat so ideal für unsere*

---

[141] Peter Scholl-Latour, Der Weg in den neuen Kalten Krieg 322
[141] persona (lat.) – die Maske

*psychischen Projektionen anbieten. Das Böse existiert auch in uns, vielleicht in einem verschatteten Anteil unserer Psyche oder in der Tiefe des Unbewussten, vielleicht in einer Gestalt, die wir selbst gar nicht kennen und, wenn es das Schicksal gut mit uns meint, nie in vollem Umfang kennenlernen.* (9)
*Das Böse ändert sein Gesicht und zeigt sich in immer neuer Form, sein Potenzial ist aber unerschöpflich. Das Böse ... wird das menschliche Wesen immer begleiten* (Haller, Böse 232).

Der philosophische Denker Eckhart Tolle sagt über die von der Psyche beherrschten Sterblichen: *Die sichtbaren Formen des im Menschen begründeten kollektiven Wahnsinns füllen den größeren Teil der Menschheitsgeschichte. Sie ist weitgehend eine Geschichte des Wahnsinns. Wenn die Geschichte der Menschheit der klinische Zustandsbericht eines einzelnen Menschen wäre, müsste die Diagnose lauten: chronische paranoide Wahnvorstellungen, ein pathologischer Hang zu Mord und anderen extremen Gewalt- und Gräueltaten gegenüber angeblichen „Feinden" – Projektion des eigenen Unbewussten nach außen. Verbrecherischer Wahnsinn im Wechsel mit ein paar kurzen lichten Momenten* (Tolle, Erde 22).
Die sterbliche Psyche, immer dieselbe, versteckt sich hinter unendlich vielen Masken[142] in der platonischen Höhle und auf der politischen Bühne bis heute, ihre Waffen sind Hypnotismus, Suggestion und Manipulation, ihr Gewand ist die Moral, ihr Kothurn der Anspruch auf Göttlichkeit, d.h. Absolutheit.
Ihr Hauptkennzeichen ist Eigenwille und Herrschsucht, verbunden mit grenzenloser Machtgier. Der peruanische Schriftsteller Mario Vargas Llola stellte nach drei Jahren in der Politik fest: *Sie können die hehrsten Ideen haben, aber sobald es an die Verwirklichung geht, sind Sie Intrigen, Verschwörungen, Paranoia, Verrat und Abgründen an Schmutz und Niedertracht ausgesetzt. Wenn ich eins über den Morbus Politik gelernt habe, dann dies: Der Kampf um die Macht lockt die Bestie in uns hervor. Was den Berufspolitiker wirklich erregt und antreibt, ist das maßlose Verlangen nach Macht. Wer diese Obsession nicht hat, wird der kleinlichen und trivialen Praxis der Politik angeekelt den Rücken zukehren* (aus: »eigentümlich frei« 16. Jahrgang Nr. 135 S. 40).

Die Psyche ist ein Despot, heute als grausamer Massenschlächter, morgen als selbstgerechter Gutmensch mit dem Dolch im Gewande gegen Andersdenkende, ein Heuchler. Unter Meinungsfreiheit versteht sie: frei sein von eigener Meinung. Sie verführt ihr Opfer, um es dann zu manipulieren, völlig zu versklaven und schließlich zu pervertieren.
Ihre Macht beruht auf dem Grundsatz divide et impera – spalte und herrsche! Sie spaltet die Sterblichen auf in Rassen und Völker, unterteilt in Hierarchien und Kasten. Ihre Geißel ist geflochten aus den Religionen oder zur Religion erhobenen Ideologien. Sie verlangt absolute und rückhaltlose Unterwerfung unter Abschaltung jeglicher Vernunft.

---

[142] persona (lat.) - Maske

Innerhalb der Religionen schafft sie wieder Konfessionen, Sekten und Ketzer. Sie teilt die Menschen ein in Gläubige und Ungläubige, Erwählte und Verworfene, Rechtgläubige und Fehlgeleitete, Reine und Unreine. Die sich unterwerfen, sind die Guten, die anderen die Bösen. Sie gilt es in heiligem Krieg zu bekämpfen. Wer für sie kämpft, dem verspricht sie köstlichen Lohn im Himmel; die Bösen erwartet grausame Höllenstrafe für alle Ewigkeit.

Sie kennt keinen Frieden. Sie kennt nur den Frieden, *wie ihn die Welt gibt* (Joh 14, 27): vorübergehenden Waffenstillstand aus Erschöpfung. Wenn sie einen Krieg angestiftet hat, behauptet sie, der Krieg sei ausgebrochen. Als sei Krieg ein Raubtier in einem Käfig. Sie selbst ist das Raubtier, das alle moralischen Hemmnisse zerrissen hat. Ihre destruktive Gewalt und widergöttliche Natur entblößt sie besonders deutlich dann, wenn sie einen gesetzlichem Rechtsanspruch auf nie endende Rache schafft.

Sie hasst Freundschaften, sät lieber Misstrauen, Eifersucht und Zwietracht, sie streut Gerüchte in dem Wissen: *Es bleibt immer etwas hängen.*

Die sterbliche Psyche hat Freude an der Folter, und im Ersinnen qualvoller Todesarten ist ihre Fantasie unerschöpflich.

Die Schlange Psyche, *listiger als alle anderen Tiere auf dem Felde,* verführt den Menschen mit dem Versprechen: *Ihr werdet sein wie Gott und wissen, was gut und böse ist,* dazu, nach eigenem Gutdünken moralische Gesetze zu erlassen und sie zu seinem Vorteil zu universalisieren, die absoluten universalen Gesetze GOTTES und des Seins aber zu brechen. Sie führt den Menschen in Versuchung und malt den Lustgewinn in den verlockendsten Farben aus. An dem, der ihren Einflüsterungen widersteht, rächt sie sich, indem sie ihn sündhafter Gedanken schuldig spricht, für die es durch Selbstkasteiung zu büßen gilt.

Sie verspricht Geheimhaltung und gaukelt Straflosigkeit vor. Doch *der Wahn ist kurz, die Reue lang.* Denn kaum ist die Tat begangen, raubt sie nach kurzem Glücksgefühl dem Delinquenten den Schlaf und quält ihn Tag und Nacht mit Entdeckungsängsten. Nun hetzt die Psyche die Erinnyen auf ihn, *das furchtbare Geschlecht der Nacht. Und glaubt er fliehend zu entspringen, geflügelt sind wir da, die Schlingen ihm werfend um den flüchtigen Fuß, dass er zu Boden fallen muss. So jagen wir ihn ohn Ermatten, versöhnen kann uns keine Reu, ihn fort und fort bis zu den Schatten, und geben ihn auch dort nicht frei* (Friedrich Schiller, die Kraniche des Ibykus). Der Gesetzesbrecher liefert sich selbst dem Richter aus oder wird in den Selbstmord getrieben.

Wie alles unter der Sonne untersteht auch die Psyche dem Gesetz des Wachstums und freut sich dessen. Die kleine Viper im Paradies-Mythos, der man noch den Kopf zertreten konnte, ist in der Apokalypse, dem letzten Stück der Christlichen Bibel, zum großen roten Drachen angeschwollen. Sie hat das Arsenal ihrer Werkzeuge und Waffen bis

zum vielfachen Overkill gesteigert, ahnt wohl, dass es ihr Schicksal ist, sich selbst zu vernichten und pervertiert immer mehr.
*Mir scheint, dass die Zukunft der menschlichen Gattung heute ernsthaft bedroht ist. Arthur Koestler hat die abschreckende Hypothese aufgestellt, dass der Mensch ein auf Selbstzerstörung programmiertes Lebewesen ist, dass es in der menschlichen Psyche etwas gibt, das am Ende eine Katastrophe herbeiführen wird. In diesem Zusammenhang beschäftigt mich der alte Mythos von Atlantis.*
(Karan Sing in: Grof, Weisheit 63)

Obwohl richtig ist, was Paulus an die Gemeinde in Rom schreibt: *Die im Fleisch sind, können* GOTT *nicht gefallen* (Röm 8, 8), sollten wir keineswegs wie die Asketen oder die Flagellanten auf die Idee kommen, den Leib zu schinden und das Fleisch zu kreuzigen (Gal 5, 24). Denn der arme Körper ist ja lediglich der Monitor, auf dem uns anzeigt wird, an welchen Problemen wir zu arbeiten haben. Jesus und seine Schüler haben sich noch nicht einmal an das rituelle jüdische Fasten gehalten (Mk 2, 18).
Wir dürfen auch nicht auf den Gedanken verfallen, die Psyche abzutöten. Obwohl sie uns *Tag und Nacht vor* GOTTES *Angesicht verklagt* (Off 12, 10), rät uns Jesus dringend dazu, sich mit ihr zu vertragen, so lange wir auf dem Lebensweg sind: *Vertrage dich mit deinem Prozessgegner rasch, solange du noch mit ihm auf dem Weg bist, damit dich dein Gegner nicht dem Richter überantwortet und der Richter dem Gefängniswärter und du ins Gefängnis geworfen wirst. Ich sage dir: Schwerlich wirst du von dort herauskommen, ehe du den letzten Heller bezahlt hast* (Mt 5, 25 f). Wir sind so lange mit unserer Psyche unterwegs, bis wir wie Jesus der Christus sagen können: *Es kommt der Herrscher über diese Welt, doch in mir ist nichts, was ihm gehört* ((Joh 14, 30).

## Religion

In der christlichen Kirche wird Religion, lateinisch religio, seit Lactanz (~300 nach) meist hergeleitet von religare – zurückbinden, anbinden, festbinden.
Religion wäre demnach ein Festbinden oder Anbinden, ein Andocken gewissermaßen am Absoluten im Sinne von Yoga.
Meist ist es aber so, dass ein religiöser Mensch sich an eine Gemeinschaft bindet und sein Lebensschifflein an einem Konvoi festmacht, weil er der eigenen Vernunft nicht zutraut, dass sie ihn den rechten Weg zum gewünschten Hafen finden lässt.
Der Konvoi fährt meist nach seit Jahrhunderten nicht mehr korrigierten Seekarten, die nicht hinterfragt werden dürfen. Nötig ist dann ein blindes Vertrauen, dass die Richtung stimmt, und dass nicht ein Blinder die Blinden führt (Mt 15, 14; Lk 6, 39).
Dabei fordern der Kapitän und seine Mannschaft Unterwerfung. Sollten einem während der Fahrt Zweifel kommen, so dass er gar sein Schiff wieder vom Konvoi abkoppeln wollte, wird er als Verräter und Ab-

trünniger bestraft, in manchen Religionen mit dem Tode. Scheitert das Lebensschifflein, so zeigt sich, dass auch die Theologen, die doch den Weg zum Himmel so sicher zeigen wollten, sich hinter der Feststellung verschanzen, dass Gottes Wege eben unerforschlich seien. Landet das Lebensschifflein nicht am versprochen Ziel, Himmel oder Paradies genannt, so sind Reklamationen gegen den veruntreuten, oft teuer erkauften Himmel nicht möglich.

Der Machthunger der Religion ist unstillbar, ihre Gier grenzenlos. Ihr Ziel ist Weltherrschaft. Mit ihrem Spinnfaden fesselt sie ihre Opfer und spritzt ihnen ihr den Verstand lähmendes Gift ein. Sie bevorzugt unmündige Kinder, die ihr der Aberglaube als Opfer darbringt. Ihnen brennt sie schon durch Geburt, später durch Rituale ihr Siegel auf, das sie ihr Leben lang in Gefangenschaft halten soll. Auch über den Tod hinaus droht sie mit ewiger Feuerqual.

Keine Aufklärung vermochte bisher diesen Verstoß gegen die Menschenrechte zu unterbinden. Martin Buber sagt: *Wer der Jugend Religion auferlegt, verschließt ihr von den tausend Fenstern ihres Rundbaus alle bis auf eines, von tausend Wegen ins Weite alle bis auf einen* (Buber, Einsichten 28).

Bertrand Russel meint dazu: *Das Wissen, das ein allgemeines Glück sichern könnte, ist vorhanden, aber die Lehre der Religion hindert uns daran, es für diesen Zweck einzusetzen. Die Religion hindert uns auch daran, unseren Kindern eine vernünftige Erziehung zu geben, die Grundursachen der Kriege zu beseitigen und an Stelle der alten grimmigen Lehren von Sünde und Strafe eine Ethik wissenschaftlicher Zusammenarbeit zu verbreiten. Es ist möglich, dass sich die Menschheit an der Schwelle eines goldenen Zeitalters befindet, wenn dies jedoch der Fall ist, muss zuerst der Drache getötet werden, der den Eingang bewacht, und dieser Drache ist die Religion* (In: Deschner, Christentum 473 f).

Der Tiefenpsychologe Josef Rattner meint: *Als moderne Menschen sollten wir die Geschichte der Religionen sozusagen als Krankheitsgeschichte des Patienten Menschheit lesen. Wir erkennen hierbei im religiösen Weltbild eine Gestaltwerdung des Nihilismus, das heißt des Chaos und der Ausweglosigkeit, die künstlich mit »heiliger Fassade« umgeben wurden. In Wirklichkeit spielen in allen Religionssystemen Weltflucht, Unvernunft, Grausamkeit, Fanatismus und Unterwürfigkeit eine dominierende Rolle. Man darf sich nicht über den universellen Erfolg der Religionen wundern; auf einer primitiven Stufe der Kultur setzt sich allemal das Absurde, das Unmenschliche und das Verrückte durch* (Rattner, Tiefenpsychologie 185).

Gilles Kepel sagte 1991 zum Multikulturalismus: *Mittelfristig wird die parallele Entwicklung der religiösen Bewegungen, die alle die Welt zurück-erobern wollen, unvermeidlich zur Konfrontation führen. So scheint der Konflikt zwischen den »Gläubigen« vorprogrammiert, die das Wiedererstarken ihrer religiösen Identität zum Maßstab ihrer ebenso ausschließlichen wie begrenzten Wahrheiten machen* (Kepel, Rache 289).

In Büchern über Religionen finden wir auch Jesus und Buddha als »Religionsstifter« aufgezählt. Beides ist falsch. Jesus hat keine Religion gestiftet, schon gar keine, wie sie in den real existierenden christlichen Kirchen gepredigt werden. Ein Hauptcharakterzug der Religion besteht darin, immerzu zu spalten, zuerst in viele Religionen, diese wieder in Konfessionen, um dann viele Hierarchien aufzubauen, die sich im Streit um ihre eigenen „Wahrheiten" befehden sollen.

In den synoptischen Evangelien von Matthäus, Markus und Lukas finden sich viele Stellen, wo Jesus die Jünger beim Rangstreit untereinander ertappt und dies tadelt: *Ihr wisst, die als Herrscher auftreten bei den Völkern, die unterjochen sie. Und ihre Großen missbrauchen ihnen gegenüber ihre Amtsgewalt. So etwas darf es bei euch nicht geben!* (Mk 10, 42 f)

Heiligsprechungen erfolgen heutzutage, wenn ein Kofessionsangehöriger neben einem kirchenkonformen Wirken nach seinem Tode Wunder gewirkt haben soll. Man fragt sich, warum er denn diese Wunder nicht schon zu Lebzeiten getan hat.
Jesus bezeichnet bei Markus (16, 17 f) die Fähigkeit zum Heilen als den Beweis für den rechten Christus-Glauben: *Folgende Dinge werden denen, die den Glauben annehmen, als Beweise folgen: In meinem Namen werden sie Dämonen austreiben und werden in neuen Sprachen sprechen. Sie werden Schlangen aufheben, und wenn sie etwas Tödliches trinken, wird es ihnen nicht schaden. Kranken werden sie die Hände auflegen, und es wird ihnen gut gehen.*
Die Apostelgeschichte berichtet von verschiedenen Heilungen durch Apostel und Glaubende. So heilen Petrus und Johannes einen Gelähmten (3), Hananias heilt Paulus von Blindheit (9, 17), Petrus erweckt die tote Tabita (9, 40), Paulus den zu Tode gestürzten Eutychos (20, 10). Irenäus, Bischof von Lyon im 2. Jahrhundert, berichtet: *Seine wahren Schuler, die von ihm die Gnade empfangen haben ... treiben wahrhaft und bestimmt Geister aus.. ... Die anderen schauen in die Zukunft, haben Gesichte und weissagen. Wieder andere legen den Kranken die Hände auf und machen sie gesund. Ja sogar Tote sind auferstanden, wie wir bereits gesagt haben, und lebten unter uns noch etliche Jahre. Doch wer möchte alle die Gnaden aufzuzählen, welche die Kirche auf der ganzen Welt empfängt und zum Heile der Völker im Namen Jesus Christi... Tag für Tag ausspendet. Und keinem nimmt sie sein Geld ab. Denn was sie umsonst von Gott empfangen hat, teilt sie umsonst auch aus.*[143]
Am 18. Juli 1870 beschloss das Erste Vatikanische Konzil auf Drängen von Papst Pius IX. das Dogma von der Unfehlbarkeit des Papstes. In den

---

[143] Irenäus (Eirenaios) adversus haereses 5, 6, 1 (aus: E. Pagels, Das Geheimnis des fünften Evangeliums 96)

Römischen Tagebüchern des Deutschrömers Ferdinand Gregorovius findet sich für den 19. Juni 1870 folgender Eintrag: *Der Papst hat vor kurzem seine Infallibilität* [Unfehlbarkeit] *probieren wollen. ... Auf einem Spaziergange hat er einem Paralytischen zugerufen: erhebe dich und wandle! Der arme Teufel versuchte es und stürzte zusammen. Dies hat den Vizegott sehr verstimmt. Die Anekdote wird bereits in Zeitungen besprochen. Ich glaube wirklich, dass er verrückt ist.*

Im Jahr 1541 wurde in der Sixtinischen Kapelle das »Jüngste Gericht« von Michelangelo enthüllt. *Sein Fresko zeigt das Ende der Geschichte ... als dies irae, als Tag des Zorns. Dieser richtet sich ... auch gegen die Kirche. Die Schlüssel, die Petrus ... erhalten hatte, entdeckt der aufmerksame Betrachter auf dem riesenhaften Wandfresko des Jüngsten Gerichtes wieder. Dort gibt sie Petrus an Christus zurück. ... Die Schlüssel sind nicht mehr intakt. Die Mission ist also gescheitert. ... Der Zorn des Weltenrichters im Fresko ist grenzenlos. ... Die Kirche hat ihre Aufgabe, die Menschen mit ihrer Seelsorge durch das irdische Jammertal zum Heil zu führen, sträflich vernachlässigt* (Reinhardt, Schönheit 294 ff).

Julius Wellhausen, Professor für evangelische Theologie und orientalische Sprachen an verschiedenen deutschen Universitäten, war der bedeutendster Alttestamentler des 19. Jahrhunderts. 1881 schrieb er: *"Ich glaube nicht an die Möglichkeit der Neubeseelung des stinkenden Leichnams, welcher die orthodoxe oder gar die liberale deutsche protestantische Kirche heißt."*


## Erläuterungen

**Zitate** aus der christlichen Bibel sind, sofern nicht anders vermerkt, Übersetzungen des Autors.

Luther 84: Zitate nach der revidierten Fassung von 1984 der EKD

In KAPITÄLCHENSCHRIFT stehen Begriffe, die aus dem allgemeinen Verständnis herausgehoben und dem Bild von GOTT in der Christlichen Bibel zugeordnet sein sollen.

LEBEN meint nicht das biologische Leben, das im Tode endet, sondern das ewige LEBEN, das GOTT ist. Das Johannes-Evangelium verwendet zwei Begriffe: Für LEBEN »zoé«, für das biologische Leben »psyché«.

WISSENSCHAFT hebt das Wort aus dem allgemeinen Verständnis von Geistes- und Naturwissenschaften heraus und bedeutet so viel wie göttliche Metaphysik, die WISSENSCHAFT, die GOTT hat, wie Aristoteles in seiner Metaphysik sagt.

GOTT (in KAPITÄLCHEN) meint immer das Gottesbild der Christlichen Bibel, auch Neues Testament genannt, wie es hauptsächlich in der Schule des Johannes formuliert wurde. Der Befehl: Es werde Licht! geht aber ewig vor sich.

»**Christustum**« ist Leben in und gemäß der christlichen Lehre, ein Leben im neuen Welt- und Gottesbild, wie es Jesus der Christus gelehrt hat. »**Christentum**« meint die später daraus entstandenen Religionsformen der Christenheit.

**Bibel:** Der Begriff meint das sog. Alte Testament (AT), also die Jüdische Bibel, und das sog. Neue Testament (NT), die Christliche Bibel, zu **einer** Schrift vereinigt. Die darin enthaltenen Vorstellungen von Gott (Gottesbild) unterscheiden sich jedoch erheblich voneinander und sind nicht miteinander vereinbar.

**Pentateuch:** die 5 Bücher Mose, die den Anfang der Jüdischen Bibel bilden.

**LXX:** Abkürzung für Septuaginta (70). *Die Septuaginta ist die alte jüdische Übersetzung des Alten Testaments ins Griechische. (...) Ihre Übersetzungen rühren von einer großen Zahl verschiedener Hände her. (...) Gegen Ende des 2. Jahrhunderts v. [lag] das ganze AT, mindestens der Hauptsache nach, in griechischer Übersetzung vor. (...) Die LXX war ein jüdisches Werk und hat bei den Juden anfangs in hohem Ansehen gestanden. (...) Die Übersetzung des Pentateuchs [ist] von der jüdischen Gemeinde in Alexandria offiziell anerkannt worden, und jüdische Schriftsteller wie Philo und Josephus haben die LXX ausschließlich oder vorzugsweise benützt. Sie ist auch für die Erhaltung und Ausbreitung des Judentums von der größten Bedeutung gewesen; denn sie erhielt die fern vom Stammlande in der Diaspora lebenden Juden, welchen die Kenntnis des Hebräischen naturgemäß immer mehr abhanden kam, in steter Vertrautheit mit dem Gesetz und den übrigen heiligen Schriften, und sie ermöglichte auch den Nichtjuden das Studium dieser Schriften. Hierdurch bereitete sie aber zugleich der später einsetzenden christlichen Mission den Boden. (...) So haben die jüdischen Diasporagemeinden einen Hauptbestandteil der ältesten christlichen Gemeinden geliefert, und die LXX, welche schon überall bekannt und verbreitet war, ist von den Christen einfach übernommen und zur Kirchenbibel geworden.* (Rahlfs LXX, VII-VIII)

**1 Mos:** 1. Buch Mose (Genesis) usw.

**Mt:** Matthäus-Evangelium
**Mk:** Markus-Evangelium
**Lk:** Lukas-Evangelium
**Joh:** Johannes-Evangelium
**Apg:** Apostelgeschichte
**ThE:** Thomas-Evangelium
**Log:** Die einzelnen Aussprüche von Jesus im ThE heißen Logien.

Die Briefe des Paulus:
**Röm:** Brief an die Römer

**1 Kor:** 1. Brief an die Korinther
**Kol:** Brief an die Kolosser usw.

**S. 63 ff: frg A9; A ... ; B...**
Die Schriften der Philosophen vor Sokrates, der Vorsokratiker, sind nur fragmentarisch erhalten. Bei diesen Fragmenten (frg) handelt es sich um Zitate bei anderen antiken Schriftstellern, z.b. bei Platon oder Aristoteles. Heutige Wissenschaftler (Philosophen und Altphilologen) haben diese Zitate zusammengestellt und sie wie oben angegeben nummeriert.

**Demiurg und Archonten:** Der Demiurg ist in der Gnosis[144] der Schöpfer der materiellen Welt und des Adam-Menschen. In der Christlichen Bibel begegnet er uns als »Fürst dieser Welt« oder als »Herrscher dieser Welt«, im Griechischen »árchon«, (Joh 12, 31; 14, 30; 16, 11). In der Gnosis[145] begegnen uns die »Archonten«, Mächte, die zwischen der irdischen und der jenseitigen Welt ihr Unwesen treiben und die Menschen versklaven.

**Somnium Scipionis** (das Traumgesicht des Scipio): Der junge Militär-tribun Publius Cornelius Scipio, der spätere Sieger über Karthago, sieht in einem Traumgesicht seinen gestorbenen Großvater, der ihm den Weltbau, den Sinn des Lebens und seinen weiteren Lebensweg enthüllt. Dieses Traumgesicht ist der Schlussstein in Ciceros Werk de re publica – Der Staat, verfasst 54 vor. Es enthält pythagoreisch-platonisches Gedankengut.

**PRINZIP:** Prinzip ist die lateinische Übersetzung des griechischen Wortes arché und bedeutet Anfang, Ursprung, Ursprungsgrund, Ausgangs-punkt von allem, Impulsgeber, Herrschaft. Es wurde in der griechischen Philosophie dem Göttlichen zugeordnet.
Prinzip ist der Ursprungsgrund, der alle Eigengesetzlichkeiten regiert; Symbol: zentrale Sonne als Mittelpunkt des Weltalls.

**vor** und **nach** hinter Jahreszahlen: Lesen Sie „vor/nach Christus" oder „vor/nach unserer Zeitrechnung" oder „vor/nach der christlichen Zeitrechnung" – nach Ihrem Belieben.

**Vulgata:** Bibelübersetzung in Latein, zurückgehend auf Hieronymus (347-419). Diese Bibelübersetzung wurde 1546 auf dem Konzil von Trient für den Gottesdienst als verbindlich erklärt.

**Hologramm:** Ein Hologramm ist eine besondere Art von optischem Speichersystem. Nimmt man die fotographische Platte mit der holographischen Aufnahme eines Menschen, schneidet den Kopfteil ab und projiziert diesen Teil, dann erscheint nicht etwa nur der Kopf,

---

144 Vgl. Exkurs Hellenismus und Gnosis
145 Vgl. Exkurs Hellenismus und Gnosis

sondern der ganze Mensch, wie er auf der unversehrten Platte abgebildet war. Und ein Teil dieses Teiles ergibt wiederum das ganze Bild. Mit anderen Worten: Jeder einzelne Teil des Hologramms enthält das ganze Bild in verdichteter Form. Der Teil ist im Ganzen und das Ganze ist in jedem Teil - eine Form von Einheit-in-der-Vielfalt und Vielfalt-in-der-Einheit. Der entscheidende Aspekt ist, dass der *Teil* Zugang zum *Ganzen* hat. (Ken Wilber)

**Upanishaden:** Eine Sammlung philosophischer Schriften aus dem Hinduismus; zwischen 700 und 200 vor zusammengestellt.


Lösungsvorschläge

zu **Ps 27**
1
2-3
4-6 (her sind)
6 (darum) – 7    [Lob opfern: zustimmen, übereinstimmen; Ps 50, 14.23]
8-10
11-12
13-14

zu Ps **91**:    1-2;      3-4 (Flügel)    4 (seine Wahrheit) -6      7-8
          9-10      11-13      14-16

# Verzeichnis der zitierten Literatur

**Ägyptisches Totenbuch** Gregoire Kolpaktchy. München 1973
**Alexander, Ewigkeit:** Eben Alexander, Blick in die Ewigkeit (Proof of Heaven). München 2013
**Assmann, Ägypten:** Jan Assmann, Ägypten, Theologie und Frömmigkeit einer frühen Hochkultur. Stuttgart 1991
**Assmann, Gedächtnis:** Jan Assmann, Das kulturelle Gedächtnis. München 1997
**Assmann, Moses:** Jan Assmann, Moses der Ägypter. München 1998
**Assmann, Sinngeschichte:** Jan Assmann, Ägypten. Eine Sinngeschichte. Darmstadt 1996
**Barz, Wesen:** Helmut Barz, Vom Wesen der Seele. Stuttgart 1979
**Ben Chorin, Jesus:** Schalom Ben Chorin, Bruder Jesus – Der Nazarener in jüdischer Sicht. München 1977
**Benninger, Offenbarung:** Karlheinz Benninger, Offenbarung und Wahrheit – Christentum im 3. Jahrtausend. Berlin1998
**Beyerlin AT:** Religionsgeschichtliches Textbuch zum Alten Testament, herausgeg. von Walter Beyerlin. Göttingen 1985
**Brunner, Weisheitsbücher:** Hellmut Brunner, Die Weisheitsbücher der Ägyptischer. Weisheit. Düsseldorf und Zürich 1988
**Brunner-Traut, Ägyptenkunde:** Emma Brunner-Traut, Kleine Ägyptenkunde. Stuttgart 1991
**Brunner-Traut, Erkennen:** Emma Brunner-Traut, Frühformen des Erkennens. Darmstadt 1992
**Buber, Schrift:** Martin Buber, Die Schrift. Bd. 1. Darmstadt 1988
**Buber, Einsichten:** Martin Buber, Einsichten. Frankfurt 1989
**Calwer:** Calwer Bibellexikon. Stuttgart 1985
**Campenhausen GK:** Hans Freiherr von Campenhausen, Griechische Kirchenväter. Stuttgart 1967
**Capelle, VS:** Wilhelm Capelle, Die Vorsokratiker. Stuttgart 1968
**Crick, Seele:** Francis Crick, Was Seele wirklich ist – Die naturwissenschaftliche Erforschung des Bewusstseins. München 1994
**Dawkins, Gotteswahn:** Richard Dawkins, Der Gotteswahn. Berlin 2007
**Deschner, Christentum:** Karlheinz Deschner, Das Christentum im Urteil seiner Gegner. München 1986
**Deschner, Kriminalgeschichte:** Karlheinz Deschner, Kriminalgeschichte des Christentums. Reinbek 1986 ff
**Dohmen/Söding, Zwei Testamente:** Christoph Dohmen/Thomas Söding, Eine Bibel-Zwei Testamente. Paderborn 1995
**Doorly:** John W. Doorly, Die Wissenschaft der Bibel. Öffentlicher Vortrag 1947
**dtv Bibel:** dtv-Lexikon Die Bibel und ihre Welt. München 1972
**Dürr, Physik:** Hans-Peter Dürr, Physik und Transzendenz. München 1988

**Martini-Eco:** Carlo Maria Martini / Umberto Ecco, Woran glaubt, wer nicht glaubt? Wien 1998

**Eddy, WG:** Mary B. Eddy, WISSENSCHAFT und Gesundheit mit Schlüssel zur Heiligen Schrift. Massachusetts 1980

**Edfu:** Dieter Kurth, Edfu. Darmstadt 1994

**Ekschmitt, Weltmodelle:** Werner Ekschmitt, Weltmodelle – Griechische Weltbilder von Thales bis Ptolemäus. Mainz 1990

**Emerson, Essays:** Ralph Waldo Emerson, Essays. Stuttgart o.J.

**Flashar, Aristoteles:** Hellmut Flashar, Aristoteles - Lehrer des Abendlandes. München 2013

**Fohrer, Einleitung:** Georg Fohrer, Einleitung in des Alte Testament. Heidelberg 1979

**Fohrer, Erzähler:** Georg Fohrer, Erzähler und Propheten im Alten Testament. Heidelberg / Wiesbaden 1988

**Fried, Tod:** Johannes Fried, Kein Tod auf Golgatha – Auf der Suche nach dem überlebenden Jesus. München 2019

**Friedman, Wer?** Richard Elliott Friedman, Wer schrieb die Bibel? Köln 2007

**Gigon, Epikur:** Olof Gigon, Epikur – Von der Überwindung der Furcht. Zürich 1949

**Gnosis:** Die Gnosis. Zürich 1995

**Görg, Nilgans:** Manfred Görg, Nilgans und Heiliger Geist – Bilder der Schöpfung in Israel und Ägypten. Düsseldorf 1997

**Graeber, Schulden:** David Graeber, Schulden – Die ersten 5000 Jahre. Stuttgart 2012

**Grof, Weisheit:** Stanislav Grof, Alte Weisheit und modernes Denken. München 1986

**Grout:** Pam Grout, $E^2$ Wie ihre Gedanken die Welt verändern. Berlin 2014

**Haller, Böse:** Reinhardt Haller, Das ganz normale Böse – Warum Menschen morden. Reinbek 2011

**Harnack, Marcion:** Adolf von Harnack, Marcion. Das Evangelium vom fremden Gott. Darmstadt 1985

**Harnisch, Gleichniserzählungen:** Wolfgang Harnisch, Die Gleichniserzählungen Jesu. Göttingen 1990

**Hauskeller, Ethik MA:** Michael Hauskeller, Geschichte der Ethik-Mittelalter, München 1999

**Haussig:** Wörterbuch der Mythologie. Stuttgart 1986

**Hesemann, Maria:** Michael Hesemann, Maria von Nazareth – Geschichte, Archäologie, Legenden. Augsburg 2012

**Heimann, Weg:** Peter Heimann, Der griechische Weg zu Christus. Stuttgart 1991

**Heinemann, Nein:** Uta Ranke-Heinemann, Nein und Amen - Anleitung zum Glaubenszweifel. München 1994

**Helferich, Philosophie:** Christoph Helferich, Geschichte der Philosophie. München 1999

**Hirschfeld, Qumran:** Yizhar Hirschfeld, Qumran – Die ganze Wahrheit. Hamburg 2008

**Höffe, Philosophie I:** Klassiker der Philosophie I herausgeg. von Otfried Höffe. München 1985

**Hörmann, Gnosis:** Werner Hörmann, Gnosis – Das Buch der verborgenen Evangelien. Augsburg 1990

**Hornung, Der Eine:** Erik Hornung, Der Eine und die Vielen. Darmstadt 1971

**Hornung, Sonne:** Erik Hornung, Die Nachtfahrt der Sonne. Zürich/München 1991

**Huonder, Gottesbeweise:** Quirin Huonder, Die Gottesbeweise – Geschichte und Schicksal. Stuttgart 1968

**Iber, NT:** Neues Testament, Einführungen, Texte, Kommentare; hgg. von Gerhard Iber und Herrmann Timm. München 1984

**Iamblichos, Pythagoras.** Herausgegeben, übersetzt und eingeleitet von Michael von Albrecht. Darmstadt 1985

**Jantsch, Selbstorganisation:** Erich Jantsch, Die Selbstorganisation des Universums. München 1986

**Jaspers, Glaube:** Karl Jaspers, Der Philosophische Glaube angesichts der Offenbarung. Darmstadt 1984

**Keel, Welt:** Othmar Keel, Die Welt der altorientalischen Bildsymbolik und das Alte Testament. Darmstadt 1984

**Kepel, Rache:** Kepel, Gilles. Die Rache Gottes. Radikale Moslems, Christen und Juden auf dem Vormarsch. München 1991

**Klassiker der Philosophie:** Herausgegeben von Otfried Höffe. München 1985

**Klengel, Hammurapi:** Horst Klengel, König Hammurapi und der Alltag Babylons. Zürich 1991

**Knapp, Quantensprung:** Natalie Knapp, Der Quantensprung des Denkens. Hamburg 2013  5. Aufl.

**Koch, Religion:** Klaus Koch, Geschichte der ägyptischen Religion. Stuttgart 1993

**Kraft, Denker:** Heinrich Kraft, Die großen Denker der christlichen Antike. Augsburg 1999

**Kytzler, Mythen:** Bernhard Kytzler, Platons Mythen. Frankfurt/Leipzig 1997

**Lamsa, Evangelien:** George M. Lamsa, Die Evangelien in aramäischer Sicht. Gossau – St. Gallen 1963

**Lapide, Bibel:** Pinchas Lapide, Ist die Bibel richtig übersetzt? Gütersloh  1986

**Lapide, Warum:** Pinchas Lapide, Warum kommt er nicht? Gütersloh  1988

**Lapide, Meer:** Pinchas Lapide, Er wandelte nicht auf dem Meer. Gütersloh  1986

**Leisegang, Gnosis:** Hans Leisegang, Die Gnosis. Stuttgart 1985

**Lichtmesz, Gott:** Martin Lichtmesz, Kann nur ein Gott uns retten? – glauben, hoffen, standhalten. Schnellroda 2014

**Loretz, Ugarit:** Oswald Loretz, Ugarit und die Bibel. Darmstadt 1990

**Lüdemann, Häretiker:** G. Lüdemann, M. Janssen, Bibel der Häretiker. Stuttgart 1997

**Lüdemann, 2000:** Gerd Lüdemann, Jesus nach 2000 Jahren - Was er wirklich sagte und tat. Springe 2012³

**Lüdemann, Auferstehung:** G. Lüdemann, Die Auferstehung Jesu – Historie, Erfahrung, Theologie. Stuttgart 1994

**Lüdemann, Jungfrauengeburt:** G. Lüdemann, Jungfrauengeburt? Springe 2008

**Lüdemann, AT:** G. Lüdemann, Altes Testament und christliche Kirche. Springe 2006

**Lurker, Götter:** Manfred Lurker, Lexikon der Götter und Symbole der alten Ägypter. Darmstadt 1987

**LzB:** Lexikon zur Bibel, Hg. F. Rienecker und G. Maier. Wuppertal 1998

**Maier, Qumran:** Johann Maier/Kurt Schubert. Die Qumran-Essener, Texte der Schriftrollen und Lebensbild de Gemeinde. München 1982

**Mall, Hinduismus:** Mall, Der Hinduismus, Seine Stellung in der Vielfalt der Religionen. Darmstadt 1997

**Martini-Eco:** Carlo Maria Martini-Umberto Eco, Woran glaubt, wer nicht glaubt? Wien 1998

**Neusner, Rabbi:** Jacob Neusner, Ein Rabbi spricht mit Jesus. München 1997

**Nigg, Ketzer:** Walter Nigg, Das Buch der Ketzer. Zürich 1970

**Nixey, Zorn:** Catherine Nixey, Heiliger Zorn – Wie die frühen Christen die Antike zerstörten. München 2019 2. Aufl.

**Ogilvy, Anleitung:** James Ogilvy, Anleitung zu einem Leben ohne Ziel. München 1997

**Pagels, Fünftes Evangelium:** Pagels, Elaine. Das Geheimnis des fünften Evangeliums. München 2006

**Parnia, Tod:** Sam Parnia/Josh Young, Der Tod muss nicht das Ende sein. 2. Aufl. München 2015

**Popper, Suche:** Karl R. Popper, Auf der Suche nach einer besseren Welt. München 1989

**Putin, Reden:** Wladimir Putin, Reden an die Deutschen. Compact-Edition Ausgabe Nr. 1   2014

**Qumran, Psalmen:** Klaus Berger, Psalmen aus Qumran. Stuttgart 1994

**Rad, Genesis:** Gerhard von Rad, Das erste Buch Mose Genesis. Göttingen/Zürich 1987

**Rahlfs LXX:** Septuaginta edidit Alfred Rahlfs. Stuttgart 1982

**Rattner, Tiefenpsychologie:** Josef Rattner, Tiefenpsychologie und Religion. Ismaning 1987

**Reinhardt, Schönheit:** Volker Reinhardt, die Macht der Schönheit – Kulturgeschichte Italiens. München 2019

**Religionskritik:** Religionskritik; herausgeg. von Norbert Hoerster. Stuttg. 1984 Reclam

**Richert, Christus:** Richert, Friedemann, Platon und Christus – Antike Wurzeln des Neuen Testaments. Darmstadt 2012[2]

**Ringgren, Religionen:** Helmer Ringgren, Die Religionen des Alten Orients. Göttingen 1979

**Sand, Jude:** Shlomo Sand: Warum ich aufhöre, Jude zu sein - Ein israelischer Standpunkt. Berlin 2013

**Schmökel, Gilgamesch:** Hartmut Schmökel, Das Gilgamesch-Epos. Stuttgart 1974

**Schneemelcher I:** Wilhelm Schneemelcher, Neutestamentliche Apogryphen I Evangelien. Tübingen 1987

**Schöpfungsmythen:** Die Schöpfungsmythen. Ägypter, Sumerer, Hurriter .... Darmstadt 1977

**Schrödinger, Leben:** Erwin Schrödinger, Mein Leben, meine Weltansicht. Zürich 1989

**Schrödinger, Geist:** Erwin Schrödinger, Geist und Materie. Zürich 1989

**Schwab, Melanchthon:** Hans-Rüdiger Schwab, Philipp Melanchthon, der Lehrer Deutschlands. München 1997

**Seybold, Psalmen:** Klaus Seybold, die Psalmen. Eine Einführung. Stuttgart 1991

**Shahak, Geschichte:** Israel Shahak, Jüdische Geschichte, Jüdische Religion. Der Einfluss von 3000 Jahren. Süderbrarup 1998

**Sheldrake, Universum:** Rupert Sheldrake, Das schöpferische Universum. München 2001

**Sheldrake, Spiritualität:** Rupert Sheldrake, die Wiederentdeckung der Spiritualität. München 2018

**Smolin, Quantenwelt:** Lee Smolin, Quantenwelt – Wie wir zu Ende denken, was mit Einstein begonnen hat. München 2019

**Soden, Einführung:** Wolfram von Soden, Einführung in die Altorientalistik. Darmstadt 1985

**Stevenson, Reinkarnation:** Jan Stevenson, Reinkarnation – Der Mensch im Wandel von Tod und Wiedergeburt. 20 überzeugende und wissenschaftlich bewiesene Fälle. Braunschweig 1994

**Tolle, Erde:** Eckhart Tolle, Eine neue Erde – Bewusstseinssprung anstelle von Selbstzerstörung. München 2005

**Uhlig, Buddha:** Helmut Uhlig, Buddha – Die Wege des Erleuchteten. Bergisch Gladbach 1994

**Vester, System:** Frederik Vester, Unsere Welt – ein vernetztes System. München 1999

**Wagner, Gnosis:** Reinhard Wagner, Die Gnosis von Alexandria. Stuttgart 1968

**Warnke, Quantenphilosophie:** Ulrich Warnke, Quantenphilosophie und Spiritualität. München 2017 5. Aufl.

**Weinreb, Zahl:** Friedrich Weinreb, Zahl, Zeichen, Wort. Weiler im Allgäu 1986

**Weischedel, Gott:** Wilhelm Weischedel, Der Gott der Philosophen. Darmstadt 1983[3]
**Werner, Philosophie:** Charles Werner, Die Philosophie der Griechen. Freiburg 1966
**Widengren, Iran:** Geo Widengren, Die Religionen Irans. Stuttgart 1965
**Wilber, Religion:** Ken Wilber, Naturwissenschaft und Religion – Die Versöhnung von Wissen und Weisheit. Frankfurt 1998
**Wilber, Weltbild:** Ken Wilber u.a. Das holographische Weltbild. Bern, München, Wien 1988
**Wilber, Das Wahre:** Ken Wilber, Das Wahre, Schöne, Gute. Geist und Kultur im 3. Jahrtausend. Frankfurt 2002
**Wilber, Bewusstsein:** Ken Wilber, Das Spektrum des Bewusstseins. Reinbek 1996
**Zeller, Grundriss:** Eduard Zeller, Grundriss der Geschichte der griechischen Philosophie. 188

# Dank

*Wir bringen wohl Fähigkeiten mit, aber unsere Entwicklung verdanken wir tausend Einwirkungen einer großen Welt, aus der wir uns aneignen, was wir können und was uns gemäß ist. Ich verdanke den Griechen und den Franzosen viel, ich bin Shakespeare, Sterne und Goldsmith Unendliches schuldig geworden. Allein damit sind die Quellen meiner Kultur nicht nachgewiesen; es würde ins Grenzenlose gehen und wäre auch nicht nötig. Die Hauptsache ist, dass man eine Seele habe, die das Wahre liebt und die es aufnimmt, wo sie es findet.* Eckermann, Gespräche mit Goethe vom 16. Dezember 1828

Mein besonderer Dank gilt neben den zitierten Autoren

Dr. Henning Schmidt
für seine wertvollen Hinweise,
Anregungen und Korrekturen

und
Ludwig Leiß
für seine unentbehrliche technische
Hilfestellung bei der
Gestaltung.

Zeitfracht Medien GmbH
Ferdinand-Jühlke-Straße 7
99095 Erfurt, Deutschland
produktsicherheit@kolibri360.de